AF732889

Strafrechtliche Aspekte des Versandes wettbewerbsrechtlicher und urheberrechtlicher Abmahnungen

DEUTSCHES, EUROPÄISCHES UND INTERNATIONALES STRAFRECHT UND STRAFPROZESSRECHT

Herausgegeben von
Martin Waßmer

Band 7

PETER LANG

Corinna Reckmann

Strafrechtliche Aspekte des Versandes wettbewerbsrechtlicher und urheberrechtlicher Abmahnungen

PETER LANG

Bibliografische Information der Deutschen Nationalbibliothek
Die Deutsche Nationalbibliothek verzeichnet diese Publikation in der Deutschen Nationalbibliografie; detaillierte bibliografische Daten sind im Internet über http://dnb.d-nb.de abrufbar.

Zugl.: Köln, Univ., Diss., 2017

D 38
ISBN 978-3-631-75659-1 (Print)
E-ISBN 978-3-631-76170-0 (E-PDF)
E-ISBN 978-3-631-76171-7 (EPUB)
E-ISBN 978-3-631-76172-4 (MOBI)
DOI 10.3726/b14388

© Peter Lang GmbH
Internationaler Verlag der Wissenschaften
Berlin 2018
Alle Rechte vorbehalten.

Peter Lang – Berlin • Bern • Bruxelles • New York •
Oxford • Warszawa • Wien

Das Werk einschließlich aller seiner Teile ist urheberrechtlich geschützt. Jede Verwertung außerhalb der engen Grenzen des Urheberrechtsgesetzes ist ohne Zustimmung des Verlages unzulässig und strafbar. Das gilt insbesondere für Vervielfältigungen, Übersetzungen, Mikroverfilmungen und die Einspeicherung und Verarbeitung in elektronischen Systemen.

Diese Publikation wurde begutachtet.

www.peterlang.com

Inhaltsverzeichnis

Vorwort und Danksagung 17

Einleitung 19

A. Ziel der Untersuchung 19

B. Statistische Betrachtung 19

C. Gang der Untersuchung 21

1. Kapitel: Die Abmahnung im Wettbewerbsrecht und Urheberrecht 25

A. Begriffsbestimmung: Wettbewerbsrechtliche und urheberrechtliche Abmahnung 25

B. Überblick über das Institut der Abmahnung 26

I. Begriff der Abmahnung 26

II. Zweck der Abmahnung 27

III. Rechtsnatur der Abmahnung 28

IV. Abgrenzung zur Abmahnung in anderen Rechtsgebieten und dem Mahnverfahren nach § 688 ZPO 29

V. Schwerpunkte der Abmahntätigkeit 31

1. Die wettbewerbsrechtliche Abmahnung im Online-Handel 31

2. Im Urheberrecht 32

a) Filesharing über Peer-to-Peer-Netzwerke 32

b) Streaming 33

c) Lichtbildnutzung im Internet 35

VI. Unseriöse Abmahntätigkeit 35

C. Die Abmahnung im Wettbewerbsrecht 39

I. Gesetzliche Grundlagen 39

1. Unterlassungsanspruch und Abmahnung 39

2. Sonstige Ansprüche 40

II. Inhalt des Abmahnschreibens ... 40
1. Aktiv- und Passivlegitimation ... 40
2. Beanstandetes Verhalten ... 41
3. Unterlassungserklärung ... 41
4. Fristsetzung ... 42
5. Androhung gerichtlicher Schritte ... 42
6. Folge inhaltlicher Mängel ... 43
7. Zahlungsansprüche ... 43
a) Aufwendungsersatzanspruch gem. § 12 Abs. 1 Satz 2 UWG ... 43
b) Schadensersatzanspruch gem. § 9 UWG bzw. §§ 823 ff. BGB ... 43
c) Aufwendungsersatzanspruch nach den Grundsätzen der Geschäftsführung ohne Auftrag ... 44
III. Formelle Anforderungen ... 44
IV. Muster: Anwaltliche Abmahnung im Wettbewerbsrecht ... 45
V. Die unberechtigte Abmahnung im Wettbewerbsrecht ... 45
1. Inhaltliche Anforderungen (Unwirksam) ... 45
2. Wettbewerbsverstoß (Unbegründet) ... 45
3. Aktiv-/Passivlegitimation (Unbefugt) ... 46
4. Missbräuchliche Geltendmachung ... 46
5. Entbehrlichkeit ... 46
6. Anfallen/Erforderlichkeit der Aufwendungen ... 47

D. Die Abmahnung im Urheberrecht ... 49
I. Gesetzliche Grundlagen ... 49
1. Unterlassungsanspruch und Abmahnung ... 49
2. Sonstige Ansprüche ... 50
II. Inhalt ... 50
1. Aktiv-/Passivlegitimation und beanstandetes Verhalten ... 50
2. Unterlassungserklärung ... 51
3. Fristsetzung und Androhung gerichtlicher Schritte ... 51
4. Folge inhaltlicher Mängel ... 51

5. Zahlungsansprüche (Aufwendungs- und Schadensersatzanspruch) 52
III. Form 52
IV. Muster: Anwaltliche Abmahnung im Urheberrecht 53
V. Die unberechtigte Abmahnung im Urheberrecht 53
1. Inhaltliche Anforderungen (Unwirksamkeit) 53
2. Urheberrechtsverstoß (Unbegründet) 53
3. Aktiv-/Passivlegitimation (Unbefugt) 53
4. Missbräuchliche Abmahnung 54
5. Entbehrlichkeit 55
6. Anfallen und Erforderlichkeit der Aufwendungen 55
E. Zusammenfassung des 1. Kapitels 56

2. Kapitel: Versand einer unberechtigten wettbewerbs- oder urheberrechtlichen Abmahnung als Straftat 59

A. Vorbemerkung: (Strafrechtsautonome) Begriffsbestimmung 59
B. Betrug, § 263 StGB 60
I. Übersicht 60
II. Fallbeispiele 61
1. „Ebay-Schuhhändler-Fall“ 61
2. „E-Card-Fall“ 63
3. „Zahlungsaufforderung durch Unbefugten“ 65
4. „Abo-Fallen-Fall“ 66
5. „Redtube-Fall“ 67
6. „Ebay-Sporthändler-Fall“ 69
III. Die Tatbestandsmerkmale des Betruges 73
1. Täuschung über Tatsachen 74
a) Abgrenzung von Tatsache und Werturteil 74
aa) Die Diskussion um die Abmahnung als Tatsache oder Werturteil im Lauterkeitsrecht 74
bb) Einfordern einer Leistung: Tatsachenbehauptung oder Werturteil? 75

b) Ausdrückliche Täuschung ... 78

c) Das Problem der konkludenten Täuschung ... 79

aa) Problemstellung ... 79

bb) Unzureichende Lösungsansätze in der Rechtsprechung ... 80

cc) Lösungsansätze in der Literatur ... 81

(1) Faktische und normative Betrachtungsweise ... 81

(2) Exemplarische Darstellung unterschiedlicher Lösungsansätze ... 82

α) Perron ... 82

β) Lackner ... 82

γ) Kindhäuser ... 83

δ) Pawlik ... 84

ε) Frisch ... 84

ζ) Wittig ... 85

η) Kasiske ... 86

θ) Vergleich der Lösungsansätze ... 86

dd) Kriterien zur Bestimmung des Aussagegehalts einer Erklärung ... 88

(1) Informationskriterium ... 89

(2) Vertrauenskriterium ... 91

(3) Verantwortungszuweisung durch außerstrafrechtliche Normen ... 92

(4) Absage an das Kriterium der „Redlichkeit im Geschäftsverkehr“ ... 93

ee) Die Maßstabsfigur des Getäuschten ... 93

(1) Einfluss des § 16 UWG auf diese Maßstabsfigur? ... 94

(2) Berücksichtigung rollenmäßiger Disposition ... 97

ff) Anwendung auf den Fall der Abmahnung ... 97

(1) Konkludente Täuschung über Aktivlegitimation bzw. Abmahnbefugnis? 98
α) Kriterium der Informationsherrschaft 98
β) Vertrauenskriterium 100
γ) Verantwortungs- oder Risikokriterium (Berücksichtigung außerstrafrechtlicher Normen) 101
Im Wettbewerbsrecht 101
Im Urheberrecht 102
δ) Fazit 103
Für das Wettbewerbsrecht 103
Für das Urheberrecht 104
(2) Konkludente Täuschung über die Entbehrlichkeit der Abmahnung 104
α) Kriterium der Informationsherrschaft 104
β) Vertrauenskriterium 105
γ) Verantwortungs- oder Risikokriterium (Berücksichtigung außerstrafrechtlicher Normen) 105
δ) Fazit 105
Für das Wettbewerbsrecht 105
Für das Urheberrecht 106
(3) Konkludente Täuschung über die Missbräuchlichkeit 106
α) Kriterium der Informationsherrschaft 107
β) Vertrauenskriterium 107
γ) Verantwortungs- oder Risikokriterium (Berücksichtigung außerstrafrechtlicher Normen) 107
Im Wettbewerbsrecht 107
Im Urheberrecht 108
δ) Fazit 108
Für das Wettbewerbsrecht 108
Für das Urheberrecht 109

(4) Konkludente Täuschung über Anfallen und Erforderlichkeit der Aufwendungen 109

α) Kriterium der Informationsherrschaft 110

β) Vertrauenskriterium 110

γ) Verantwortungs- oder Risikokriterium (Berücksichtigung außerstrafrechtlicher Normen) 111

Im Wettbewerbsrecht 111

Im Urheberrecht 111

δ) Fazit 111

Im Wettbewerbsrecht 111

Im Urheberrecht 112

(5) Konkludente Täuschung über Rechtsverbindlichkeit 112

α) Kriterium der Informationsherrschaft 114

β) Vertrauenskriterium und die Bedeutung von Gerichtsurteilen in Abmahnschreiben 114

γ) Verantwortungs- oder Risikokriterium (Berücksichtigung außerstrafrechtlicher Normen) 116

δ) Fazit 117

2. Irrtum 117

3. Vermögensverfügung 121

4. Vermögensschaden 122

5. Der subjektive Tatbestand 126

a) Übersicht 126

b) Nichtwissen bezüglich des Nichtvorliegens bzw. Irrtum bezüglich des Vorliegens der anspruchsbegründenden Tatsachen 127

c) Zweifel hinsichtlich des Vorliegens der anspruchsbegründenden Tatsachen 128

aa) Bedeutung des § 138 ZPO bei der Abmahnung 129

bb) Bedeutungslosigkeit des § 254 Abs. 2 Nr. 2 ZPO für die Abmahnung 131

cc) Folge der Anwendung des § 138 ZPO auf den Betrug durch Abmahnungen 131
d) Unkenntnis oder Zweifel hinsichtlich der fehlenden Rechtsverbindlichkeit des geltend gemachten Anspruchs 133
e) Bereicherungsabsicht 134
IV. Regelbeispiele, Geringwertigkeit und Strafantrag 135
1. Regelbeispiele 135
a) Gewerbsmäßigkeit, § 263 Abs. 3 Nr. 1 Alt. 1 StGB 135
b) Bandenmäßige Begehung, § 263 Abs. 3 Nr. 1 Alt. 2 StGB 135
c) Herbeiführung eines großen Vermögensverlustes, § 263 Abs. 3 Nr. 2 Alt. 1 StGB 136
d) Große Zahl von Menschen, § 263 Abs. 3 Nr. 2 Alt. 2 StGB 137
e) Wirtschaftliche Not, § 263 Abs. 3 Nr. 3 StGB 137
f) Amtsträger, § 263 Abs. 3 Nr. 4 StGB 138
g) Banden- und gewerbsmäßige Begehung, § 263 Abs. 5 StGB 138
2. Geringwertigkeit und Strafantrag 138
V. Zusammenfassung zu § 263 StGB 138
VI. Eigene Bewertung der Fallbeispiele 142
1. „Ebay-Schuhhändler-Fall“ 142
2. „E-Card-Fall“ 144
3. „Zahlungsaufforderung durch Unbefugten“ 145
4. „Abo-Fallen-Fall“ 145
5. „Redtube-Fall“ 146
6. „Ebay-Sporthändler-Fall“ 146

C. Nötigung 148
I. Übersicht 148
II. Fallbeispiele 149
III. Die Tatbestandsmerkmale der Nötigung 150
1. Abgenötigtes Verhalten 150
2. Nötigungsmittel 151

a) Drohung und Abgrenzung zur Warnung 151
b) Das in Aussicht gestellte Übel 155
aa) Der Erklärungsinhalt 155
bb) Zivilverfahren als Übel 159
cc) Strafanzeige/Strafverfahren als Übel 160
dd) Bloßstellung als Übel 161
c) Die Empfindlichkeit des Übels 161
aa) Ansätze zur Bestimmung der Empfindlichkeit 161
bb) Zivilverfahren als empfindliches Übel 163
cc) Strafanzeige als empfindliches Übel 166
dd) Bloßstellung als empfindliches Übel 166
3. Nötigungsspezifischer Zusammenhang 168
4. Verwerflichkeit 168
a) Bedeutung der Verwerflichkeitsklausel, § 240 Abs. 2 StGB 168
b) Verwerflichkeit des Mittels 171
aa) Androhung eines Zivilverfahrens 171
bb) Drohung mit Strafanzeige 171
cc) Drohung mit Bloßstellung 173
c) Verwerflichkeit des Zwecks 173
d) Verwerflichkeit der Tat unter Berücksichtigung der Zweck-Mittel-Relation 174
aa) Drohung mit einem Zivilverfahren zur Durchsetzung eines begründeten Anspruchs 174
bb) Drohung mit einem Zivilverfahren zur Durchsetzung eines unbegründeten Anspruchs 176
(1) Justizgewährungsanspruch als Argument gegen Verwerflichkeit 177
(2) Zivilrechtliche Haftung als Indiz für Verwerflichkeit 177
(3) Irrelevanz der Kenntnis bzgl. der Unbegründetheit des Anspruchs und das entscheidende Kriterium der Missbrauchsabsicht 179

cc) Drohung mit einer berechtigten Strafanzeige zur Durchsetzung eines begründeten Anspruchs . 182
dd) Drohung mit einer berechtigten Strafanzeige zur Durchsetzung eines unbegründeten Anspruchs 183
ee) Drohung mit einer unberechtigten Strafanzeige zur Durchsetzung eines (un) begründeten Anspruchs 185
ff) Drohung mit Bloßstellung zur Durchsetzung eines (un)begründeten Anspruchs 186
gg) Aufbau einer Drohkulisse 187
5. Besonders schwerer Fall 189
IV. Zusammenfassung zu § 240 StGB 190

D. Erpressung, § 253 StGB 192
I. Die Tatbestandsmerkmale der Erpressung 192
II. Die Verwerflichkeitsklausel in § 253 Abs. 2 StGB 194
III. Besonders schwere Fälle gem. § 253 Abs. 4 StGB 194
IV. Zusammenfassung zu § 253 StGB 195

E. Gebührenüberhebung, § 352 StGB 195
I. Keine Anwendung im Verhältnis von Rechtsanwalt und Prozessgegner 195
II. Voraussetzungen des § 352 StGB im Verhältnis von Rechtsanwalt und Mandant 196
III. Bedeutung des § 352 StGB als Auslegungshilfe für § 263 StGB .. 198
IV. Zusammenfassung zu § 352 StGB 199

3. Kapitel: Die Rolle des Anwalts 201

A. Übersicht 201

B. Berücksichtigung der besonderen Stellung des Rechtsanwalts 202
I. Inanspruchnahme eines besonderen Vertrauens? 202
1. Mögliche Ansatzpunkte für eine Modifikation der gefundenen Ergebnisse 202
2. Die tatsächliche Situation 203

3. Die rechtliche Situation ... 205
4. Der konkrete Fall der Abmahnungen ... 208
5. Anwendung auf das Problem der konkludenten Täuschung 211
a) Konkludente Täuschung über anspruchsbegründende Tatsachen ... 211
b) Konkludente Täuschung über die Rechtsverbindlichkeit der Ansprüche ... 212
II. Besonderes Drohpotential durch rechtsanwaltliches Abmahnschreiben? ... 214
1. Keine erhöhte Empfindlichkeit des Übels ... 214
2. Verwerflichkeit des Verhaltens des Rechtsanwalts ... 215
III. Die Anwaltstätigkeit als „neutrale Handlung"? ... 217
1. Überblick ... 217
2. Beispiele anwaltlicher Gehilfentätigkeit ... 218
a) Fallbeispiel 1) (angelehnt an „E-Card-Fall") ... 219
b) Fallbeispiel 2) ... 219
c) Fallbeispiel 3) ... 219
d) Fallbeispiel 4) ... 220
e) Fallbeispiel 5) ... 220
3. Lösungsansätze in Literatur und Rechtsprechung ... 220
a) Objektive Ansätze und Kriterien ... 220
b) Subjektive Ansätze ... 222
c) Gemischt objektiv-subjektiver Ansatz: Die Lehre Roxins ... 222
d) Die Entwicklung in der Rechtsprechung ... 223
4. Anwendung auf rechtsanwaltliche Abmahnungen ... 224
a) Bevorzugter Lösungsansatz ... 224
b) Behandlung der Fallbeispiele ... 226
IV. Der Nachweis des subjektiven Tatbestandes beim Rechtsanwalt ... 231
C. Geltendmachung von Rechtsanwaltsgebühren im Abmahnschreiben ... 233
I. Überblick ... 233

II. Täuschung über die Höhe des Gegenstandswerts und der Geschäftsgebühr 235
1. Im Wettbewerbsrecht 235
a) Tatsachenbehauptung 235
b) Konkludente Täuschung über die Einhaltung des rechtlichen Rahmens 236
aa) Kriterium der Informationsherrschaft 236
bb) Vertrauenskriterium 237
cc) Verantwortungs- oder Risikokriterium (Berücksichtigung außerstrafrechtlicher Normen) 238
(1) Im Wettbewerbsrecht 238
(2) Im Urheberrecht 239
dd) Fazit 240
III. Absprachen zwischen Mandant und Rechtsanwalt im Bereich der Massenabmahnungen 241
D. Zusammenfassung des 3. Kapitels 245

4. Kapitel: Abschließende Überlegungen zur Opfermitverantwortung 249
A. Überblick 249
B. Ansichten zur Berücksichtigung der Opfermitverantwortung 250
I. Literaturansichten 250
II. Auffassung der herrschenden Meinung 252
C. Einbeziehung des Opferverhaltens in der hiesigen Arbeit 253
I. Beim Betrug 253
1. Konkludente Täuschung 253
2. Irrtum 254
II. Bei der Nötigung/Erpressung 255
III. Fazit 255
D. Weitere denkbare Ansatzpunkte für eine Berücksichtigung der Opfermitverantwortung 256

I. Individualisierung als Folge verstärkter Berücksichtigung von Opfermitverantwortung: Bestimmung des „durchschnittlichen Abmahnungsempfängers“ im Urheber- und Wettbewerbsrecht ... 257
II. Berücksichtigung der Opfermitverantwortung bei ausdrücklicher Täuschung ... 259
E. Zusammenfassung des 4. Kapitels ... 262

Fazit ... 265

Ausblick und Stellungnahme ... 273

Anhang ... 275

Abkürzungsverzeichnis ... 279

Literaturverzeichnis ... 283

Vorwort und Danksagung

Die vorliegende Arbeit entstand im Wesentlichen während meiner Tätigkeit als wissenschaftliche Mitarbeiterin am Lehrstuhl für Strafrecht, Strafrechtstheorie und Strafrechtsvergleichung und wurde im Wintersemester 2017 von der Rechtswissenschaftlichen Fakultät als Dissertation angenommen. Eine letztmalige Aktualisierung der Quellenangaben erfolgte im Dezember 2017.

Großen Dank möchte ich meinem Doktorvater, Herrn *Prof. Dr. Martin Waßmer*, aussprechen, der mit kritischem Blick und wertvollen Anregungen die Erstellung dieser Arbeit betreut und gefördert hat. Er war bei Rückfragen stets ansprechbar und bestrebt, seinen Teil zur Vereinbarkeit von Forschung und Kinderziehung beizutragen.

Ich danke ihm außerdem herzlich für die Aufnahme in die Schriftenreihe deutsches, europäisches und internationales Strafrecht und Strafprozessrecht.

Darüber hinaus gebührt mein Dank Herrn *Prof. Dr. Dr. h.c. Michael Kubiciel* für die zügige Erstellung des Zweitgutachtens und für eine lehr- und erlebnisreiche Zeit als Mitarbeiterin an seinem Lehrstuhl. Indem er beste Rahmenbedingungen für die Erstellung dieser Arbeit schuf, hat er in besonderem Maße zum Gelingen des Promotionsvorhabens beigetragen.

Daran anschließend möchte ich meinen Kolleginnen und Kollegen ganz herzlich für eine wunderbare Zeit am Lehrstuhl danken. Die positive Grundstimmung, die unsere Zusammenarbeit stets prägte und aus der Freundschaften erwachsen sind, hat mich bei meiner Arbeit motiviert und gestärkt.

Weiterhin danke ich *Katja Burghardt*, die diese Arbeit mit ihren kritischen und gerade deshalb so hilfreichen Anmerkungen voranbrachte, sowie *Dr. Christian Deckenbrock* und *Benjamin Wahlen* für ihre Expertise aus mir weniger vertrauten Rechtsgebieten.

Großer Dank gebührt auch *Sebastian Pieper*, der mir bei Fragen rund um das Promotionsverfahren stets mit Rat und Tat zur Seite stand und mir mit seiner hilfsbereiten Art vieles erleichtert hat.

Mein besonderer Dank gilt *Tim Reckmann*, der mich während der letzten Jahre begleitet und in vielfältiger Weise zum Gelingen dieser Arbeit beigetragen hat. Er hat mich stets motiviert, unterstützt und umsorgt und gerade in schwierigen Phasen den Blick immer wieder auf die schönen Dinge des Lebens gelenkt.

Der größte Dank gebührt meiner Familie, die mir trotz der räumlichen Distanz in jeder Phase meines Lebens ein Anker war. Ganz besonders danke ich meinen Eltern *Edith Drescher* und *Michael Drescher*, die mir Studium und Promotion überhaupt erst ermöglicht haben, stets Vertrauen in meine Fähigkeiten hatten und deren Rat und Beistand ich mir immer sicher sein kann. Insbesondere meine Mutter hat mit ihrem außergewöhnlichen Gefühl für Sprache kostbare Unterstützung geleistet.

Köln im Januar 2018
Corinna Reckmann

Einleitung

A. Ziel der Untersuchung

Ziel dieser Untersuchung ist es herauszuarbeiten, in welchen Fällen sich der Versender einer wettbewerbsrechtlichen oder urheberrechtlichen Abmahnung strafbar macht, insbesondere wenn diese in unberechtigter Weise erfolgt. Die Besonderheit dieser Fragestellung liegt vor allem darin, dass es sich bei dem Institut der Abmahnung um ein grundsätzlich zulässiges und staatlich bereit gestelltes Mittel zur außergerichtlichen Streitbeilegung handelt. Mit Blick auf dieses Spezifikum sollen in dieser Untersuchung die Grenzen des zulässigen Verhaltens abgesteckt werden, die sowohl den am Abmahnverfahren Beteiligten als auch den Gerichten bei der Beurteilung der Sachverhalte als Orientierung dienen können.

B. Statistische Betrachtung

Angesichts der vielfältigen Einsatzgebiete von Abmahnungen in unterschiedlichen Rechtsgebieten und der unzähligen möglichen Sachverhalte ist eine Erfassung der Zahl aller innerhalb eines Jahres versandten Abmahnungen nicht möglich. Allerdings wurden in der Vergangenheit einzelne Teilbereiche statistisch untersucht. Dazu gehören im Urheberrecht der Bereich des sog. Filesharings und im Wettbewerbsrecht der Bereich des Online-Handels.

Die Interessengemeinschaft gegen den Abmahnwahn untersucht seit dem Jahr 2005 die Abmahntätigkeit im Bereich des Filesharings.[1] Danach erreichte der sog. Abmahnwahn im Jahr 2010 seinen Höhepunkt. Damals wurden innerhalb eines Jahres insgesamt 575.000 Abmahnungen wegen illegalen Filesharings verschickt.[2] Für das Jahr 2014 beträgt die hochgerechnete Anzahl von Abmahnungen 74.547, was einer Reduzierung auf ca. 12,9 Prozent zum Jahr 2010 entspricht. Allerdings ist bemerkenswert, dass die Zahl der abgemahnten Werke seit

---

1 Die folgenden Informationen sind der von der *Interessengemeinschaft gegen den Abmahnwahn (IGGDAW)* erstellten Jahresstatistik 2014 für das Filesharing Abmahnwesen Deutschland entnommen, abrufbar unter: https://www.iggdaw.de/filebase/index.php?download/22/ (Stand: 25.04.2018).

2 *Interessengemeinschaft gegen den Abmahnwahn (IGGDAW),* Abmahnwahnwesen Deutschland Jahresstatistik 2010, abrufbar unter: https://www.iggdaw.de/filebase/index.php?download/18/ (Stand: 25.04.2018).

Beginn der Datenerhebung kontinuierlich gestiegen ist – im Jahr 2014 betrug sie 7.027 – und auch die Zahl der Abmahnkanzleien mit 72 im Vergleich zu 2010 um 19 höher ist. Der Großteil der Abmahnungen bezog sich im Jahr 2014 auf das Genre Spielfilme/Pornographische Filme.

Darüber hinaus legen die erhobenen Daten nahe, dass die Nutzer bei dem Thema *Abmahnung* inzwischen besser informiert sind und bei Erhalt einer Abmahnung selbstbewusster reagieren als noch vor einigen Jahren. Die Anzahl derer, die auf eine Abmahnung hin sofort zahlt, scheint zurückgegangen zu sein.

Für das Jahr 2015 wurde keine Statistik für den Bereich des Filesharing-Abmahnwesens von der Interessengemeinschaft gegen den Abmahnwahn erstellt. Dennoch hat das Thema nichts an Aktualität eingebüßt, wie die Diskussionen in den einschlägigen Foren und die Meldungen und Ratschläge auf den Internetseiten der beratenden Rechtsanwaltskanzleien nahelegen. In einer Bevölkerungsumfrage im August 2016 zum Thema Abmahnungen wegen Urheberrechtsverstößen gaben immerhin sechs Prozent der 1.012 Befragten an seit dem Jahr 2014 eine Abmahnung erhalten zu haben.[3] Die sog. Redtube-Affäre, die Ende 2013 für Aufsehen sorgte, als massenhaft Nutzer wegen Streamings von auf der Internetseite *www.redtube.com* bereit gestellten Pornofilmen abgemahnt wurden,[4] zeigt, dass Abmahnwellen immer wieder durch neue „Ideen" der Abmahnenden, neue informationstechnische oder Rechtsprechungsentwicklungen sowie eine unklare Rechtslage[5] angestoßen werden können.

Für den Bereich des Online-Handels ergab eine Studie der Trusted Shops GmbH,[6] dass innerhalb eines Jahres von 1.007 teilnehmenden Händlern 207 Teilnehmer abgemahnt und insgesamt 300 Verstöße gerügt wurden. In 20 Prozent der Fälle war ein Verstoß in Bezug auf das Widerrufsrecht der Grund für die Abmahnung. Daneben führten vielfach Verletzungen von Marken- und Urheberrechten sowie falsche oder irreführende Preisangaben zu Abmahnungen.

---

3 *TNS Emnid* im Auftrag des *Bundesverbands der Verbraucherzentralen und Verbraucherverbände (vzbv)*, Bevölkerungsbefragung zum Thema Abmahnungen wegen Urheberrechtsverstößen – August 2016, abrufbar unter: http://www.vzbv.de/sites/default/files/umfrage-urheberrechtsverstoesse-vzbv-2016.pdf (Stand: 12.05.2017).

4 Ausführlich dazu *Solmecke*, CR 2014, 137.

5 *Wagner*, Vorsicht Rechtsanwalt, S. 182 f.

6 Die folgenden Informationen sind der *Trusted Shops* Studie: Abmahnungen im Online-Handel 2015, entnommen, abrufbar unter: http://www.trustedshops.de/info/wp-content/uploads/sites/7/2015/11/20151110_Auswertung-Abmahnstudie.pdf (Stand: 12.06.2016).

Da in knapp 40 Prozent der Fälle die Abmahnung Kosten von mehr 1.500 Euro verursachte und Händler häufig mehr als eine Abmahnung pro Jahr erhielten, war ein Ergebnis der Studie, dass Abmahnungen existenzbedrohende Wirkung entfalten können. Möglicherweise ist gerade dies der Grund, dass sich rund zwei Drittel der Teilnehmer gegen die Abmahnung zur Wehr setzten. In über 82 Prozent der Fälle ergab sich für die Händler dadurch eine Verbesserung: Die Abmahnungen wurden zurückgezogen, der Gegner akzeptierte eine Kostenreduzierung oder eine inhaltliche Änderung der Unterlassungserklärung. Diese Zahlen legen nahe, dass ein beachtlicher Teil der versandten Abmahnungen, zumindest teilweise, unberechtigt war.

C. Gang der Untersuchung

Die Untersuchung beschränkt sich auf wettbewerbsrechtliche und urheberrechtliche Abmahnungen. Die maßgebliche Handlung, an der die Prüfung der Strafbarkeit anknüpft, ist der Versand der Abmahnung; weitere Handlungen im Vorfeld oder im Anschluss an den Versand (etwa zur Vorbereitung der Abmahnung oder zur Durchsetzung der Ansprüche vor Gericht nach erfolgloser Abmahnung) bleiben indes unberücksichtigt.

Das erste Kapitel dient der Erlangung eines grundsätzlichen Verständnisses für das Institut der Abmahnung, das für eine fundierte strafrechtliche Bewertung unerlässlich ist.

Zunächst erfolgt eine Begriffsbestimmung der wettbewerbs- und urheberrechtlichen Abmahnung (Kap. 1, A.). Daran anschließend werden das Institut der Abmahnung überblicksartig dargestellt und unter anderem Zweck und Funktionsweise, aber auch typische Einsatzfelder von Abmahnungen, sowie die unseriöse Abmahntätigkeit vorgestellt (Kap. 1, B.). Sodann folgen getrennte Darstellungen der Abmahnung im Wettbewerbsrecht (Kap. 1, C.) und der Abmahnung im Urheberrecht (Kap. 1, D.). Erläutert werden die gesetzlichen Grundlagen, der erforderliche Inhalt eines Abmahnschreibens sowie mögliche Fehlerquellen und deren Konsequenzen für die Berechtigung der Abmahnung und etwaige Schadens- und Aufwendungsersatzansprüche. Für die Beurteilung der Strafbarkeit ist entscheidend, welchen Inhalt das Abmahnschreiben in der Regel aufweist, da sich der (Erst-)Kontakt zwischen Abmahnendem und Abgemahntem auf dieses Schreiben beschränkt.

Das zweite Kapitel widmet sich der Prüfung der einzelnen infrage kommenden Straftatbestände, namentlich Betrug (§ 263 StGB), Nötigung (§ 240 StGB) und Gebührenüberhebung (§ 352 StGB). Die Prüfung der einzelnen Tatbestandsmerkmale orientiert sich dabei an der in der Strafrechtswissenschaft einschlägigen Reihenfolge. Da die rechtliche Beurteilung nicht ohne einen ihr unterliegenden Sachverhalt erfolgen kann, sind sowohl dem Abschnitt zum Betrug (Kap. 2, B.II.) als auch jenem zur Nötigung (Kap. 2, C.II.) Fallbeispiele aus der Praxis vorangestellt. Sie sollen ein Bild von den typischen Sachverhaltskonstellationen vermitteln und bilden den Ausgangspunkt[7] für die weitere Prüfung und Problemerörterung.

Im Rahmen der Betrugsprüfung liegt der Fokus auf dem Tatbestandsmerkmal der *Täuschung über Tatsachen* und dabei insbesondere dem Problemkreis der konkludenten Täuschung (Kap. 2, B.III.1.). Dabei werden die möglichen Anknüpfungspunkte für die Täuschung in einem Abmahnschreiben dargestellt. Daran anschließend werden kleinere Problemkreise im Rahmen der übrigen Betrugsmerkmale behandelt (Kap. 2, B.III.2.–5.).

Eine Strafbarkeit wegen Nötigung wird lediglich im Hinblick auf die Drohungsalternative geprüft. Der Schwerpunkt der Prüfung liegt auf der Frage nach der Verwerflichkeit des Verhaltens (Kap. 2, C.III.4.).

Schließlich erfolgt eine jeweils knappe Prüfung der Tatbestände der Erpressung (Kap. 2, D.) und der Gebührenüberhebung (Kap. 2, E.).

Im dritten Kapitel werden Fragen geklärt, die sich besonders bei der anwaltlichen Abmahntätigkeit stellen. Es wird aufgezeigt, inwieweit die im zweiten Kapitel gefundenen Ergebnisse übertragbar und an welchen Stellen Modifikationen erforderlich sind (Kap. 3, B.I. und II.). Ferner wird der Aspekt der neutralen Beihilfe im Zusammenhang mit der anwaltlichen Abmahntätigkeit erörtert (Kap. 3, B.III.), auf den subjektiven Tatbestand eingegangen (Kap. 3, B.IV.) und schließlich ein besonderes Augenmerk auf die Geltendmachung der Rechtsanwaltsgebühren im Abmahnschreiben gelegt (Kap. 3, C.).

Das vierte Kapitel widmet sich einem Gesichtspunkt, der von maßgeblicher Bedeutung für die Ergebnisse im zweiten und dritten Kapitel ist: die Opfermitverantwortung. Es wird dargestellt, welche Ansichten zur Berücksichtigung der Opfermitverantwortung existieren (Kap. 4, B.), wie sich dieser Aspekt im Rahmen des Ergebnisfindungsprozesses innerhalb der Untersuchung ausgewirkt hat (Kap. 4, C.) und welche Schlüsse daraus für eine zukünftige Bewertung der Strafbarkeit gezogen werden können (Kap. 4, D.).

---

7 Dazu *Larenz*, Methodenlehre der Rechtswissenschaft, S. 278: „Die Tätigkeit des Juristen setzt gewöhnlich nicht erst bei der rechtlichen Beurteilung des ihm fertig vorliegenden, sondern schon bei der Bildung des seiner rechtlichen Beurteilung unterliegenden Sachverhalts, des Sachverhalts ‚als Aussage', ein."

Aus Gründen der besseren Lesbarkeit wird in der Untersuchung auf eine geschlechtliche Differenzierung in den Formulierungen verzichtet. Sämtliche Bezeichnungen der Akteure des Abmahnverfahrens (z. B. Abgemahnter, Rechtsanwalt) gelten im Sinne der Gleichbehandlung grundsätzlich für beide Geschlechter.

1. Kapitel: Die Abmahnung im Wettbewerbsrecht und Urheberrecht

A. Begriffsbestimmung: Wettbewerbsrechtliche und urheberrechtliche Abmahnung

Die vorliegende Arbeit konzentriert sich auf die wettbewerbsrechtliche und die urheberrechtliche Abmahnung, wobei diese Begriffe näherer Bestimmung bedürfen.

Das Wettbewerbsrecht im weiteren Sinne zerfällt in die Bereiche des Lauterkeitsrechts und des Kartellrechts. Während das Kartellrecht als Recht gegen Wettbewerbsbeschränkungen im AEUV und im GWB geregelt ist, bekämpft das hier interessierende, im UWG geregelte Lauterkeitsrecht den unlauteren Wettbewerb.[8] Das Gesetz gegen den unlauteren Wettbewerb dient gemäß seinem § 1 dem Schutz der Mitbewerber, der Verbraucherinnen und Verbraucher sowie der sonstigen Marktteilnehmer vor unlauteren geschäftlichen Handlungen und schützt zugleich das Interesse der Allgemeinheit an einem unverfälschten Wettbewerb. Zu den Schutzinstrumenten des UWG gehören unter anderem Unterlassungs- und Schadensersatzansprüche, aber auch die Möglichkeit der Abmahnung. Der Begriff der wettbewerbsrechtlichen Abmahnung wird in der vorliegenden Arbeit ausschließlich für Abmahnungen nach dem UWG verwendet.

Das Urheberrecht schützt gem. § 11 UrhG den Urheber in seinen geistigen und persönlichen Beziehungen zum Werk sowie in der Nutzung des Werkes und dient der Sicherung einer angemessenen Vergütung für die Nutzung des Werkes. Als Urheber wird gem. § 7 UrhG der Schöpfer eines Werkes der Literatur, Wissenschaft oder Kunst bezeichnet. Zu den geschützten Werken gehören gem. § 2 UrhG etwa Schriftwerke, Werke der Musik, Lichtbildwerke oder Filmwerke. Zur Sicherung der Rechte des Urhebers hält das Urhebergesetz verschiedene Instrumentarien bereit. Dazu gehören Unterlassungs- und Schadensersatzansprüche des Urhebers gegenüber dem Rechtsverletzer sowie das Institut der Abmahnung.

Das Urheberrechtsgesetz schützt darüber hinaus die sog. verwandten Schutzrechte (§§ 70 ff. UrhG). Auf diese Weise erfahren künstlerische oder wirtschaftlich-organisatorische Leistungen,[9] die nicht als Werke i. S. d. § 2 UrhG gelten,

---

8 *Ohly*, in: Ohly/Sosnitza-UWG, Einf. Rn. 2.

9 *Hauck/Heim*, JuS 2014, 303 (304).

dem Urheberrechtsschutz vergleichbaren Schutz.[10] So gelten etwa die für Lichtbildwerke geltenden Vorschriften auch für nichtschöpferische Fotografien als einfache Lichtbilder gem. § 72 UrhG.[11] Auch bei Verletzung eines Leistungsschutzrechts sieht das UrhG die Möglichkeit der Abmahnung vor. Üblicherweise wird im Rahmen von gewerblichen Schutzrechten von Schutzrechtsverwarnungen anstelle von Abmahnungen gesprochen. Der Unterschied ist jedoch rein terminologisch und nicht inhaltlicher Natur,[12] daher wird sich im Folgenden aus Gründen der Verständlichkeit auf den Begriff der Abmahnung beschränkt.

Der Begriff der urheberrechtlichen Abmahnung wird in der vorliegenden Arbeit daher sowohl für Abmahnungen verwendet, die einen Urheberrechtsverstoß rügen, als auch für jene, die die Verletzung eines Leistungsschutzrechtes zum Gegenstand haben.

B. Überblick über das Institut der Abmahnung

I. Begriff der Abmahnung

Seit 2004 ist das Institut der Abmahnung in § 12 Abs. 1 S. 1 UWG gesetzlich geregelt;[13] eine Legaldefinition findet sich hingegen nicht.[14] Mit der Aufnahme der Abmahnung in das UWG wurde die seit fast drei Jahrzehnten bestehende ständige Rechtsprechung nachvollzogen.[15] Danach muss der von einer wettbewerbsrechtlichen Verletzungshandlung Betroffene, also der Anspruchsberechtigte, dem Verletzer vor Einleitung eines gerichtlichen Verfahrens mitteilen, dass er sich durch eine im Einzelnen bezeichnete Handlung wettbewerbswidrig verhalten habe, und ihn auffordern, dieses Verhalten in Zukunft zu unterlassen und binnen einer bestimmten Frist eine strafbewehrte Unterlassungserklärung abzugeben.[16]

---

10 *Ahlberg*, in: BeckOK-UrhG, Einf. zum UrhG, Rn. 76; *Dreier*, in: Dreier/Schulze-UrhG, Vor § 70 ff. Rn. 1.

11 *Thum*, in: Wandtke/Bullinger-UrhG, § 72 Rn. 1; *Schack*, Urheber- und Urhebervertragsrecht, § 20 Rn. 720.

12 *Nosch*, Die Abmahnung im Zivilrecht, S. 11.

13 *Bornkamm*, in: Köhler/Bornkamm-UWG, § 12 Rn. 1.1.

14 *Nosch*, Die Abmahnung im Zivilrecht, S. 11.

15 *Bornkamm*, in: Köhler/Bornkamm-UWG, § 12 Rn. 1.2; *Ottofülling*, in: MüKo-UWG, § 12 Rn. 1, spricht sogar von einem Einsatz des Rechtsinstituts der Abmahnung seit den frühen 60er Jahren des letzten Jahrhunderts.

16 BT-Drucks. 15/1487, S. 25.

Diese aus dem Wettbewerbsrecht stammende Begriffsbestimmung kann ohne Weiteres auf das Urheberrecht übertragen werden. Die Regelung für die urheberrechtliche Abmahnung, § 97a Abs. 1 UrhG ist der wettbewerbsrechtlichen Abmahnung, § 12 Abs. 1 UWG, nachgebildet.[17]

Begrifflich kann zwischen der anwaltlichen und der nicht-anwaltlichen Abmahnung unterschieden werden, wobei inhaltlich keine Unterschiede bestehen. Die Abmahnung wird in der Regel von einem Rechtsanwalt im Auftrag seines Mandanten als Anspruchsberechtigtem durchgeführt. Gesetzlich zulässig, jedoch selten ist die Abmahnung durch den juristischen Laien. Nicht-anwaltliche Abmahnungen, die der Laie etwa mithilfe von Vorlagen aus dem Internet erstellt, sind am ehesten im Wettbewerbsrecht im Verhältnis von kleinen oder Einzelunternehmen denkbar.

II. Zweck der Abmahnung

Die Abmahnung dient dazu, Streitigkeiten über Unterlassungspflichten nach erfolgter oder erwarteter Verletzungshandlung ohne Inanspruchnahme der Gerichte zu regeln und künftige Störungen zu verhindern.[18] Sie bezweckt also die außergerichtliche Streitbeilegung und damit einhergehend eine Zeit- und Kostenersparnis für den Anspruchsberechtigten und -gegner (Kostenvermeidungsfunktion).[19] Im Wege der Abmahnung weist der Gläubiger den Schuldner auf einen gesetzlichen Rechtsverstoß hin (Hinweisfunktion) und fordert ihn auf, diesen künftig unter Androhung gerichtlicher Schritte zu unterlassen und eine strafbewehrte Unterlassungserklärung abzugeben.[20] Damit ist der Abgemahnte, dem sein rechtsverletzendes Verhalten möglicherweise gar nicht bewusst ist, gleichzeitig gewarnt (Warnfunktion).[21] Die Abmahnung ist erfolgreich, wenn der Verletzer eine entsprechende strafbewehrte Unterlassungserklärung abgibt, denn dadurch werden die Wiederholungsgefahr und damit der

17 BT-Drucks. 16/5048, S. 35, 48.

18 *BGH*, Urt. v. 17. 01. 2002 – I ZR 241/99 = BGHZ 149, 371 (374); *BGH*, Beschl. v. 20. 10. 2005 – I ZB 21/05 = GRUR 2006, 439 (440); *Achilles*, in: Ahrens, Kap. 2 Rn. 5; *Bornkamm*, in: Köhler/Bornkamm-UWG, § 12 Rn. 1.4, 1.6; *Brüning*, in: Harte-Bavendamm/Henning-Bodewig-UWG, § 12 Rn. 4.

19 *Bacher*, in: Teplitzky, Kap. 41 Rn. 7; *Bornkamm*, in: Köhler/Bornkamm-UWG, § 12 Rn. 1.5; *Brüning*, in: Harte-Bavendamm/Henning-Bodewig-UWG, § 12 Rn. 3.

20 *Nosch*, Die Abmahnung im Zivilrecht, S. 12.

21 *Bornkamm*, in: Köhler/Bornkamm-UWG, § 12 Rn. 1.5; *Ottofülling*, in: MüKo-UWG, § 12 Rn. 10.

Unterlassungsanspruch beseitigt.[22] Auf diese Weise erhält der Gläubiger einen dem gerichtlichen Titel gleichwertigen Schutz.[23] Bei der Abmahnung wegen vorbeugenden Unterlassungsanspruchs genügt auch eine Erklärung, die keine Sanktion für den Fall der Zuwiderhandlung vorsieht, um die Erstbegehungsgefahr zu beseitigen.[24]

Die erfolglose Abmahnung hingegen dient der Verhinderung der Kostenfolge des § 93 ZPO. Eine Klageveranlassung des Schuldners i. S. d. § 93 ZPO ist nur dann anzunehmen, wenn ein bestehender gesetzlicher Unterlassungsanspruch zunächst mithilfe einer Abmahnung außergerichtlich erfolglos geltend gemacht wurde.[25] Dem liegt die Überlegung zugrunde, dass der Schuldner aufgrund der Abmahnung regelmäßig bereit ist, sich einsichtig zu zeigen und zu unterwerfen, um so ein gerichtliches Verfahren zu vermeiden.[26] Fehlt die Abmahnung indes, hat der Schuldner durch sein Verhalten regelmäßig (noch) keinen Anlass zu Klage gegeben und der Gläubiger hat, trotz möglicherweise bestehenden Unterlassungsanspruchs, die Kosten gem. § 93 ZPO zu tragen.[27] Mit seinem unzulässigen Verhalten allein gibt der Schuldner nämlich noch keinen Anlass zur Klage.[28]

III. Rechtsnatur der Abmahnung

Die Abmahnung ist eine einseitige, empfangsbedürftige Erklärung, die für sich genommen kein Rechtsgeschäft, aber eine geschäftsähnliche Handlung (Willensäußerung) ist.[29] Die Vorschriften über Rechtsgeschäft und Willenserklärung

---

22 *Nosch*, Die Abmahnung im Zivilrecht, S. 283.

23 *Nosch*, Die Abmahnung im Zivilrecht, S. 283; *Sosnitza*, in: Ohly/Sosnitza-UWG, § 12 Rn. 2.

24 *Bornkamm*, in: Köhler/Bornkamm-UWG, § 12 Rn. 1.6.

25 *Bornkamm*, in: Köhler/Bornkamm-UWG, § 12 Rn. 1.8; *Ottofülling*, in: MüKo-UWG, § 12 Rn. 14.

26 *OLG Düsseldorf*, Beschl. v. 14. 06. 1996 – 20 W 13/96 = NJWE-WettbR 1996, 256 (256); *OLG Düsseldorf*, Beschl. v. 19. 04. 1999 – 20 W 55/98 = NJWE-WettbR 1999, 263 (263).

27 *Nosch*, Die Abmahnung im Zivilrecht, S. 286.

28 *Goldbeck*, Der ‚umgekehrte' Wettbewerbsprozess, S. 28.

29 *OLG Nürnberg*, Beschl. v. 04. 01. 1991 – 3 W 3523/90 = GRUR 1991, 387 (387); *OLG Düsseldorf*, Beschl. v. 19. 04. 1999 – 20 W 55/98 = NJWE-WettbR 1999, 263 (263); *Bornkamm*, in: Köhler/Bornkamm-UWG, § 12 Rn. 1.10; *Brüning*, in: Harte-Bavendamm/Henning-Bodewig-UWG, § 12 Rn. 5; *Sosnitza*, in: Ohly/Sosnitza-UWG, § 12 Rn. 3; a. A. *OLG Köln*, Beschl. v. 25. 01. 1985 – 6 W 159/84 = WRP 1985, 360 (361); *OLG Karlsruhe*, Beschl. v. 17. 04. 1990 – 4 W 117/87 = NJW-RR 1990, 1323 (1323).

sind somit entsprechend anwendbar.[30] Die Abmahnung konkretisiert das durch den Rechtsverstoß entstandene gesetzliche Schuldverhältnis und begründet ein besonderes Pflichtenverhältnis mit Aufklärungspflichten zwischen Verletzer und Abmahner.[31]

Neben der Aufforderung zur Abgabe einer Unterlassungserklärung enthält die Abmahnung meist auch ein Angebot zum Abschluss eines bestimmten Unterlassungsvertrags mit Vertragsstrafenversprechen.[32] Dieses Vertragsangebot stellt eine Willenserklärung dar. Das hat zur Folge, dass oftmals von einer Doppelnatur[33] oder doppelten Funktion[34] der Abmahnung gesprochen wird. Richtigerweise sind die Abmahnung – mit der von ihr verfolgten Zwecke (Hinweis-, Warn-, Kostenvermeidungsfunktion etc.) – und das Vertragsangebot strikt voneinander zu trennen. Die Abmahnerklärung bzw. das Abmahnschreiben enthält zum einen die Abmahnung im eigentlichen Sinn und zum anderen das auf Abschluss eines Unterlassungsvertrages gerichtete Angebot.[35]

IV. Abgrenzung zur Abmahnung in anderen Rechtsgebieten und dem Mahnverfahren nach § 688 ZPO

Die Abmahnung im Sinne einer Aufforderung eine bestimmte Handlung zu unterlassen oder vorzunehmen, findet sich in zahlreichen Gebieten des Zivilrechts.

Vor allem im Rahmen von Unterlassungsansprüchen taucht die Abmahnung als Mittel zur außergerichtlichen Streitbeilegung auf, da durch sie die Wiederholungsgefahr (bzw. die Erstbegehungsgefahr bei vorbeugenden Unterlassungsansprüchen)

---

30 *Bornkamm*, in: Köhler/Bornkamm-UWG, § 12 Rn. 1.10; *Nosch*, Die Abmahnung im Zivilrecht, S. 14.

31 *BGH*, Urt. v. 19. 06. 1986 – I ZR 65/84 = GRUR 1987, 54 (55); *BGH*, Urt. v. 05. 05. 1988 – I ZR 151/86 = GRUR 1988, 716 (717); *BGH*, Urt. v. 01. 12. 1994 – I ZR 139/92 = GRUR 1995, 167 (169); *Achilles*, in: Ahrens, Kap. 2 Rn. 11; *Bacher*, in: Teplitzky, Kap. 41 Rn. 5; *Brüning*, in: Harte-Bavendamm/Henning-Bodewig-UWG, § 12 Rn. 4; *Nosch*, Die Abmahnung im Zivilrecht, S. 44 m. w. N.

32 *Bacher*, in: Teplitzky, Kap. 41 Rn. 24b.

33 *Achilles*, in: Ahrens, Kap. 2 Rn. 11; *Brüning*, in: Harte-Bavendamm/Henning-Bodewig-UWG, § 12 Rn. 5; *Schmitz-Fohrmann/Schwab*, in: Götting/Nordemann-UWG, § 12 Rn. 6.

34 *BGH*, Beschl. v. 20. 10. 2005 – I ZB 21/05 = GRUR 2006, 439 (440); *Schmitz-Fohrmann/Schwab*, in: Götting/Nordemann-UWG, § 12 Rn. 6.

35 *Bacher*, in: Teplitzky, Kap. 41 Rn. 5; *Goldbeck*, Der ‚umgekehrte' Wettbewerbsprozess, S. 37; *Nosch*, Die Abmahnung im Zivilrecht, S. 15.

gebannt werden kann. In der Regel ist die Abmahnung dabei keine Anspruchsvoraussetzung, sondern dient lediglich der Vermeidung der Kostenlast des § 93 ZPO.[36] Eine ausdrückliche Erwähnung der Abmahnung findet sich lediglich in § 12 Abs. 1 UWG und § 97a UrhG, jedoch ist sie u. a. auch bei gesetzlichen Unterlassungsansprüchen im Kartellrecht, bei den gewerblichen Schutzrechten, im Medienrecht, nach dem UKlaG (dort verweist § 5 Abs. 1 UKlaG auf § 12 UWG), nach § 1004 Abs. 1 S. 2 BGB oder bei vertraglichen Unterlassungsansprüchen, z. B. nach §§ 60 f. HGB (analog) erforderlich.[37] Fehlt die Abmahnung in diesen Fällen, trifft den Schuldner die Kostenlast gem. § 93 ZPO.[38]

Teilweise ist die Abmahnung auch echte Anspruchsvoraussetzung, wie in § 541 BGB, § 1053 BGB oder § 1217 BGB, ohne deren Vorliegen der Unterlassungsanspruch schon nicht zur Entstehung kommt.[39]

Umgekehrt dient eine (Ab-)Mahnung nach § 286 BGB dazu, den Schuldner zur Erbringung der geschuldeten und fälligen Leistung zu bewegen.[40] Abmahnung und Unterwerfung bei einem geschuldeten Unterlassungsanspruch kommen ähnliche Funktionen zu wie Mahnung und Erfüllung bei einem geschuldeten positiven Tun.[41]

Eine weitere Kategorie der Abmahnung bildet die Abmahnung als Voraussetzung für eine Vertragsbeendigung. Die Abmahnung ist dabei erforderlich, um ein Vertragsverhältnis bei einem vertragswidrigen Verhalten wirksam beenden zu können.[42] Der mit diesem Zweck verbundenen Abmahnung kommt insbesondere im Arbeitsrecht überragende Bedeutung zu.[43] Dort ist sie, wie bei allen Kündigungen von Dauerschuldverhältnissen aus wichtigem Grund (außerordentlichen Kündigungen) Ausfluss des Verhältnismäßigkeitsprinzips.[44] Das Abmahnerfordernis wurde in § 314 Abs. 2 S. 1 BGB allgemein gesetzlich

---

36 *Bacher*, in: Teplitzky, Kap. 41 Rn. 2; *Kefferpütz*, in: Wandtke/Bullinger-UrhG, § 97a Rn. 2; *Schmitz-Fohrmann/Schwab*, in: Götting/Nordemann-UWG, § 12 Rn. 5; *Wimmers*, in: Schricker/Loewenheim-UrhG, § 97a Rn. 8.

37 Überblick über die Abmahnung in den unterschiedlichen Rechtsgebieten bei *Nosch*, Die Abmahnung im Zivilrecht.

38 *Nosch*, Die Abmahnung im Zivilrecht, S. 286.

39 *Nosch*, Die Abmahnung im Zivilrecht, S. 285.

40 *Bornkamm*, in: Köhler/Bornkamm-UWG, § 12 Rn. 1.4.

41 *Bornkamm*, in: Köhler/Bornkamm-UWG, § 12 Rn. 1.4; *Köhler*, in: FS-Piper, 1996, S. 313 ff.

42 *Nosch*, Die Abmahnung im Zivilrecht, S. 284.

43 *Nosch*, Die Abmahnung im Zivilrecht, S. 171.

44 *von Hoyningen-Huene*, RdA 1990, 193 (196).

niedergeschrieben, ist aber auch speziell, beispielsweise im Miet- und Pachtrecht, § 543 Abs. 3 S. 1 BGB (i. V. m. § 549 Abs. 1 bzw. § 581 Abs. 2 bzw. § 594e Abs. 1 BGB), geregelt.[45]

Das Mahnverfahren gem. § 688 ZPO ist eine besonders ausgestaltete Mahnung durch den Gläubiger und dient der schnelleren und kostengünstigen Durchsetzung von Ansprüchen, denen der Antragsteller nichts entgegensetzt; insoweit ist es vergleichbar mit der Abmahnung bei Unterlassungsansprüchen. Allerdings dient es gerade nicht der außergerichtlichen Streitbeilegung, auch wenn es nicht zwingend zu einer Verfahrenseinleitung kommt. Das Mahnverfahren soll dem Gläubiger nämlich einen Vollstreckungstitel verschaffen und ist damit – anders als die Abmahnung nach § 12 Abs. 1 UWG oder § 97a Abs. 1 UrhG – bereits Teil des gerichtlichen Verfahrens.[46]

V. Schwerpunkte der Abmahntätigkeit

Sowohl im Wettbewerbs- als auch im Urheberrecht existieren Bereiche, in denen in den vergangenen Jahren eine verstärkte Abmahntätigkeit zu beobachten war. Im Folgenden werden vier Schwerpunktbereiche, auf die im weiteren Verlauf der Arbeit wiederholt Bezug genommen wird, exemplarisch dargestellt und erläutert.

1. Die wettbewerbsrechtliche Abmahnung im Online-Handel

Mit der Ausweitung des Online-Handels ist auch die Zahl der leicht abzumahnenden Wettbewerbsverstöße gestiegen. Dies ist zum einen darauf zurückzuführen, dass die im Online-Handel zu beachtenden Vorschriften durch die häufigen, oftmals auf EU-Richtlinien zurückzuführenden Änderungen sehr komplex geworden und gerade die vielfach im Online-Handel tätigen Existenzgründer und Kleinhändler mit der Beachtung des komplizierten Regelwerks überfordert sind.[47] So wissen viele Online-Händler nicht über die von ihnen einzuhaltenden Informationspflichten aus Art. 246 EGBGB oder § 1 PAngV oder die ordnungsgemäße Gestaltung Allgemeiner Geschäftsbedingungen Bescheid und verletzen auf diese Weise Marktverhaltensregeln i. S. d. UWG. Insbesondere Ebay-Händler begehen leicht abmahnfähige Wettbewerbsverstöße, oftmals ohne sich ihrer Unternehmereigenschaft und der daraus resultierenden wettbewerbsrechtlichen

45 *Nosch*, Die Abmahnung im Zivilrecht, S. 284.
46 *Schüler*, in: MüKo-ZPO, Vor §§ 688 ff. Rn. 3; *Voit*, in: Musielak/Voit-ZPO, § 688 Rn. 1.
47 Vgl. BT-Drucks. 17/13057, S. 10.

Verpflichtung bewusst zu sein. Denn überschreitet ein vermeintlich privater Verkäufer eine gewisse Anzahl an Verkäufen innerhalb eines Zeitraums, kann dies zur Annahme einer Unternehmereigenschaft führen, die wiederum Voraussetzung für einen abmahnfähigen wettbewerbsrechtlichen Verstoß ist.[48]

Überdies können Wettbewerbsverstöße durch Online-Händler mithilfe entsprechender Software ohne größeren Aufwand aufgedeckt werden.[49]

2. *Im Urheberrecht*

a) *Filesharing über Peer-to-Peer-Netzwerke*

Filesharing bezeichnet die direkte Weitergabe von Dateien zwischen Benutzern des Internets (meist) unter Verwendung eines Filesharing-Netzwerks.[50] Diese Netzwerke fungieren als Tauschbörsen, in denen vor allem Musik und Filme zum Tausch angeboten werden. In einem Peer-to-Peer(P2P)-Sharing-System sind die einzelnen Rechner der Nutzer direkt untereinander verbunden und der Austausch der Daten findet unmittelbar zwischen diesen statt.[51] Dabei kommt es zu einem Download und dauerhaften Speichern einer Datei und – quasi als Gegenleistung – zum Upload einer Datei.[52]

In rechtlicher Hinsicht können sowohl der Datei-Download als auch der Upload die Verletzung von Urheber- und Leistungsschutzrechten nach sich ziehen. Voraussetzung dafür ist, dass es sich bei den Dateien um urheberrechtlich geschützte Werke oder Leistungen handelt:[53] Bei Musikstücken ist dies etwa gem. § 2 Nr. 2 UrhG, bei Filmen gem. § 2 Nr. 6 UrhG der Fall. Durch den Download einer Musikdatei wird in das Vervielfältigungsrecht des Tonträgerherstellers (§ 85 Abs. 1 S. 1 i. V. m. § 16 Abs. 1 UrhG) eingegriffen;[54] ein Upload stellt einen Eingriff in die Rechte des Komponisten (§§ 19a, 16 UrhG), des Tonträgerherstellers (§ 85 Abs. 1 S. 1 UrhG) sowie des ausübenden Künstlers (§ 78 Abs. 1 S. 1 UrhG) dar.[55] Diese Eingriffe können in zwei Fällen rechtmäßig sein. Erstens, wenn eine vertragliche Gestattung vorliegt, die in den typischen

---

48 *Nosch*, Die Abmahnung im Zivilrecht, S. 110 ff.; ausführlich dazu auch *Lorenz*, VuR 2013, 369.

49 *Solf*, in: *Wabnitz/Janovsky*, Handbuch Wirtschafts- und Steuerstrafrecht, Kap. 16 Rn. 94; *Wagner*, Vorsicht Rechtsanwalt, S. 182 f.

50 Ausführlich dazu *Lang*, Filesharing und Strafrecht, S. 12 ff.

51 *Eisele*, Computer- und Medienstrafrecht, § 50 Rn. 14 f.

52 *Hauck/Heim*, JuS 2014, 303 (303).

53 *Hauck/Heim*, JuS 2014, 303 (303).

54 *Schaefer*, in: Wandtke/Bullinger-UrhG, § 85 Rn. 24.

55 *Loewenheim*, in: Schricker/Loewenheim-UrhG, § 16 Rn. 21.

Filesharing-Fällen jedoch fehlen wird. Zweitens, wenn sich der Nutzer auf eine Schranke berufen kann, wie sie für den Datei-Download die Regelung zur sog. Privatkopie (§ 53 Abs. 1 S. 1 UrhG) darstellen kann. Für den Upload existiert hingegen keine Schrankenregelung,[56] sodass damit regelmäßig die Verletzung von Urheber- und Leistungsschutzrechten einhergeht.[57]

Die Identität des Verletzers kann anhand der IP-Adresse, über die die Verletzungshandlung vorgenommen wurde, festgestellt werden. Dazu muss zunächst die IP-Adresse mithilfe einer speziellen Software ermittelt werden und sodann ein Auskunftsanspruch gem. § 101 Abs. 9 UrhG gegen den Access-Provider, also gegen denjenigen, der den Internetzugang bereitstellt und die IP-Adresse zuteilt, geltend gemacht werden.[58] Der auf diese Weise ermittelte Rechtsverletzer kann dann gem. § 97a UrhG abgemahnt werden.

b) Streaming

Streaming bezeichnet die Datenübertragung über ein Netzwerk, wobei die Video- oder Audiodateien gleichzeitig auf dem Rechner des Nutzers wiedergegeben werden.

Beim Streaming geht es nicht um die dauerhafte Speicherung oder den Tausch von Daten, sondern lediglich um den Werkgenuss durch Anhören oder Ansehen. Dennoch kommt es durch den Abruf zu einer kurzzeitigen und technisch notwendigen Zwischenspeicherung der Daten im Cache oder auf der Festplatte. Diese Daten werden jedoch ständig durch neue Daten überschrieben oder gelöscht.[59]

In rechtlicher Hinsicht genügt auch die kurzzeitige Speicherung der Daten für einen Eingriff in das Vervielfältigungsrecht gem. § 16 UrhG, da dieser auch die vorübergehende Vervielfältigung erfasst.[60] Die Zulässigkeit des Streamings entscheidet sich daher erst auf der zweiten Ebene bei der Frage nach einer möglichen Privilegierung. Der Streit über die Rechtmäßigkeit des Streamings entzündet sich dabei an der Schrankenregelung des § 44a UrhG, wonach unter bestimmten Voraussetzungen flüchtige oder begleitende Vervielfältigungshandlungen zulässig sind. Bisher wurde überwiegend die Meinung vertreten, dass

---

56 Abgesehen von § 52a UrhG, der eine Zulässigkeit im Rahmen des Unterrichtsgebrauchs an Schulen sowie zu Forschungszwecken statuiert.

57 *Hauck/Heim*, JuS 2014, 303 (304 f.).

58 *Hauck/Heim*, JuS 2014, 303 (306 f.).

59 *Eisele*, Computer- und Medienstrafrecht, § 50 Rn. 21; *Hauck/Heim*, JuS 2014, 303 (305).

60 *Dreyer*, in: Dreyer/Kotthoff/Meckel-UrhG, § 16 Rn. 11; *Fangerow/Schulz*, GRUR 2010, 677 (678).

die Voraussetzungen des § 44a UrhG beim Streaming erfüllt und dieses daher urheberrechtlich unbedenklich sei.[61] Nachdem sich jedoch der Europäische Gerichtshof zur Rechtmäßigkeit von Streaming geäußert hat,[62] könnte sich an dieser Bewertung in Zukunft etwas ändern.

In dem zugrunde liegenden Rechtsstreit ging es um einen Multimedia-Player, der den Zugang zu einem kostenlosen und nicht zugelassenen Angebot geschützter Werke mittels Streaming ermöglichte. Der Europäische Gerichtshof entschied, dass in diesem Fall die dem § 44a UrhG entsprechende Ausnahmeregelung, Art. 5 Abs. 1 der Urheberrechtsrichtlinie[63], nicht greife und das Streaming dementsprechend illegal sei. Zwar ging es im konkreten Fall vorrangig um die Zulässigkeit des Vertriebs des Multimedia-Players, jedoch ist die Argumentation auch auf das Streaming im Internet übertragbar.[64] Der Europäische Gerichtshof betont noch einmal die Bedeutung des Art. 5 Abs. 5 der Urheberrechtsrichtlinie, wonach die Ausnahme des Abs. 1 nur in bestimmten Sonderfällen angewandt werden darf; nämlich nur wenn die normale Verwertung des Werks oder eines sonstigen Schutzgegenstandes nicht beeinträchtigt wird und die berechtigen Interessen des Rechteinhabers nicht ungebührlich verletzt werden.[65] Zwei Aspekte, die der EuGH anführt, weshalb ein solcher Sonderfall nicht gegeben sei, betreffen auch den deutschen Internet-Streaming-Nutzer. Zum einen ist für den Gerichtshof der Umstand entscheidend, dass der Nutzer weiß, dass die Inhalte ohne die Erlaubnis der Urheberrechtsinhaber angeboten werden.[66] In vielen Fällen wird auch beim klassischen Streaming ein entsprechender Vorsatz gegeben sein, denn gerade beim Streaming etwa von aktuellen

61 *LG Köln*, Beschl. v. 24. 01. 2014 – 209 O 188/13 = GRUR-RR 2014, 114 (115); *Eisele*, Computer- und Medienstrafrecht, § 50 Rn. 25; *Hauck/Heim*, JuS 2014, 303 (306); Antwort der Bundesregierung auf die Kleine Anfrage des Abgeordneten *Wawzyniak, Lay u. a.* und der Fraktion Die Linke, BT-Drucks. 18/195, abrufbar unter: http://irights.info/wp-content/uploads/2014/01/KA_Linke_Antwort_Redtube_Abmahnungen.pdf (Stand: 25. 05. 2016).

62 *EuGH*, Urt. v. 26. 04. 2017 – C-527/15 = NJW 2017, 1933.

63 Richtlinie 2001/29/EG des Europäischen Parlaments und des Rates vom 22.05-2001 zur Harmonisierung bestimmter Aspekte des Urheberrechts und der verwandten Schutzrechte in der Informationsgesellschaft (ABl. 2001, L 167, S. 10).

64 *Solmecke*, EuGH – Streaming von illegal verbreiteten Kinofilmen ist eine Urheberrechtsverletzung – eine Abmahnwelle ist dennoch nicht zu erwarten, abrufbar unter: https://www.wbs-law.de/urheberrecht/eugh-zu-streaming-72808/ (Stand: 15. 08. 2017).

65 *EuGH*, Urt. v. 26. 04. 2017 – C-527/15 = NJW 2017, 1933 (1936 f).

66 *EuGH*, Urt. v. 26. 04. 2017 – C-527/15 = NJW 2017, 1933 (1937).

Kinofilmen oder Fußballbundesligaspielen liegt dies auf der Hand. Zum anderen ist für den EuGH von Bedeutung, dass Streaming die normale Verwertung der Werke beeinträchtigt und die berechtigten Interessen der Rechtsinhaber ungebührlich verletzt, da Streaming „normalerweise eine Verringerung der rechtmäßigen Transaktionen im Zusammenhang mit den geschützten Werken zur Folge" habe.[67] Auch dieses Argument kann bei der Bewertung des klassischen Streamings verwertet werden. Sollten sich deutsche Gerichte vor diesem Hintergrund in Zukunft entscheiden § 44a UrhG nicht anzuwenden, müsste Streaming als unzulässig eingestuft werden und Nutzer könnten wegen Streamings gem. § 97a UrhG abgemahnt werden.

c) Lichtbildnutzung im Internet

Vielfach werden im Internet für private Zwecke Fotografien genutzt, ohne dass Urheberrechte beachtet würden. So greifen Internetnutzer für die Gestaltung eigener Internetseiten oder Blogs unbedacht auf Bilddatenbanken wie Pixelio oder Fotolia zu oder Verkäufer auf Internethandelsplattformen (z. B. Ebay) preisen ihre Produkte mit Produktfotografien an, die sie nicht selbst hergestellt, sondern von der Webseite des Herstellers kopiert haben.[68] Lichtbildwerke bzw. Lichtbilder erfahren gem. § 2 Abs. 1 Nr. 5 bzw. § 72 Abs. 1 UrhG urheberrechtlichen Schutz. Werden sie ohne Gestattung des Urhebers bzw. Lichtbildners vervielfältigt oder öffentlich zugänglich gemacht, indem sie für die eigene Verkaufsanzeige, Internetseite oder einen Blog eingesetzt werden, oder wird der Fotograf nicht benannt,[69] kann darin eine Verletzung eines Urheber- oder Leistungsschutzrechts liegen. Diese Verletzungshandlung kann eine Abmahnung gem. § 97a UrhG des betroffenen Rechteinhabers nach sich ziehen.

VI. Unseriöse Abmahntätigkeit

Der Begriff *Abmahnung* ist oftmals negativ besetzt und wird mit den Schlagworten *Abmahnvereine*, *Gebührenvereine* oder *Massenabmahnungen* in Verbindung gebracht. Dabei wird Bezug auf eine oftmals unseriöse Abmahntätigkeit genommen, die ihren Ursprung in der Rechtsprechung zur Erstattung der Abmahnkosten

---

67 *EuGH*, Urt. v. 26. 04. 2017 – C-527/15 = NJW 2017, 1933 (1937).

68 Vgl. *OLG Brandenburg*, Urt. v. 03. 02. 2009 – 6 U 58/08 = MMR 2009, 258.

69 Zum Geschäftsmodell der Abmahnungen wegen unterlassener Urheberbenennung *Maaßen*, GRUR-Prax. 2013, 127.

hat (*Fotowettbewerb*).[70] Der BGH nahm darin einen Aufwendungsersatzanspruch hinsichtlich der Abmahnkosten nach den Grundsätzen der Geschäftsführung ohne Auftrag, §§ 683, 677, 670 BGB, an und schuf auf diese Weise einen Anreiz, die Verfolgung von Wettbewerbsverstößen als Einnahmequelle zu missbrauchen.[71]

In den siebziger Jahren entstanden im Zuge dieser Rechtsprechung zahlreiche Vereine, deren satzungsmäßiger Zweck die Verfolgung des unlauteren Wettbewerbs war, denen es in Wirklichkeit aber darauf ankam, die Abmahnkosten erstattet zu bekommen und so an der Abmahntätigkeit zu verdienen. Sie beschränkten sich auf eindeutige und massenhaft vorkommende Wettbewerbsverstöße und verlangten Abmahnpauschalen, die weit über den ihnen entstandenen Aufwendungen lagen. Oftmals schalteten sie auch Anwälte ein, die die Abmahnungen aussprachen und stellten dann die Anwaltsgebühren in Rechnung. Insbesondere kleine oder mittlere Gewerbetreibende reagierten mit Verärgerung und Verunsicherung auf dieses Vorgehen der „Abmahnvereine".[72]

Der Gesetzgeber erkannte diesen Missstand, was in den folgenden Jahren zu verschiedenen Gesetzesentwürfen[73] mit dem Ziel der Eindämmung des Missbrauchs führte. Im Jahr 1986 wurde schließlich der Missbrauchstatbestand des § 13 Abs. 5 UWG a. F. (§ 8 Abs. 4 UWG n. F.) eingeführt,[74] der die Geltendmachung des Unterlassungsanspruchs im Falle des Missbrauchs ausschließt. Von einem Missbrauch ist insbesondere dann auszugehen, wenn die Abmahnung vorwiegend dazu dient, einen Anspruch auf Aufwendungsersatz oder Rechtsverfolgungskosten entstehen zu lassen. Da die erhoffte Wirkung des neuen § 13 Abs. 5 UWG a. F. ausblieb[75], folgte im Jahr 1994 eine weitere Gesetzesänderung.[76] Zum einen gab es mit § 24 Abs. 2 S. 2 UWG a. F. (§ 13 Abs. 2 S. 2 UWG n. F.) eine Neuregelung zum Gerichtsstand des Begehungsortes und zum anderen wurde in § 13 Abs. 2 UWG a. F. (§ 8 Abs. 3 UWG n. F.) die Klagebefugnis von gewerblichen Interessenverbänden beschränkt. Die Begrenzung der

70 *BGH*, Urt. v. 15. 10. 1969 – I ZR 3/68 = BGHZ 52,393.

71 *Reinbothe*, WRP 1982, 387 (392); *von Ungern-Sternberg*, in: FS-Klaka, S. 75.

72 *Ulrich*, WRP 1997, 918 (920).

73 BT-Drucks. 8/2145; BT-Drucks. 9/1707.

74 Gesetz zur Änderung wirtschafts-, verbraucher-, arbeits- und sozialrechtlicher Vorschriften vom 25. 07. 1986 (BGBl. I S. 1169).

75 *Ulrich*, WRP 1997, 918 (921).

76 Gesetz zur Änderung des Gesetzes gegen den unlauteren Wettbewerb vom 25. 07. 1994 (BGBl. I S. 1738).

Anspruchsberechtigung wurde im Rahmen der UWG-Reform im Jahr 2004[77] noch weiter verstärkt, indem die Anspruchsberechtigung des Gewerbetreibenden abgeschafft wurde und nun lediglich der unmittelbar verletzte Mitbewerber gem. § 8 Abs. 3 Nr. 1 UWG anspruchsberechtigt ist. Das Inkrafttreten der EU-Richtlinie über unlautere Geschäftspraktiken (UGP-RL) machte weitere Änderungen erforderlich. So brachte das am 09. 10. 2013 in Kraft getretene „Gesetz gegen unseriöse Geschäftspraktiken"[78] eine Ergänzung des § 8 Abs. 4 UWG um einen Satz 2 mit sich, demgemäß der missbräuchlich Abgemahnte Ersatz der für seine Rechtsverteidigung erforderlichen Aufwendungen verlangen kann.[79]

Bislang konnte der Missbrauch des Instituts der Abmahnung nicht zufriedenstellend eingedämmt werden. Noch immer mahnen angebliche Verbraucherschutzverbände im Sinne von § 8 Abs. 3 Nr. 2 oder 3 UWG Bagatellverstöße ab, wobei die Verbände zum Teil gar nicht anspruchsberechtigt sind oder ihr Vorgehen, weil vorwiegend auf Einnahmeerzielung gerichtet, missbräuchlich im Sinne des § 8 Abs. 4 UWG ist.[80] Darüber hinaus wird zunehmend festgestellt, dass Missbrauch auch durch (Pseudo-)Mitbewerber stattfindet. In der Regel werden die Abmahnungen in diesen Fällen von Anwälten durchgeführt, die ihre Mandanten nicht selten zuvor erst auf den Wettbewerbsverstoß hingewiesen haben.[81] Gelegentlich hat dieser Mandant nur zum Schein ein Gewerbe angemeldet oder der Anwalt versendet die Abmahnung im Namen eines zuvor selbst gegründeten Unternehmens. Einen Großteil der Einnahmen macht in diesen Fällen die Erstattung der (überhöhten) Anwaltsgebühren aus.[82]

Insbesondere die Geschäftstätigkeit im Internet, die in den letzten Jahren rasant gestiegen ist, hat großes Missbrauchspotenzial. Zum einen ist es für Abmahner ein Leichtes, im Internet gezielt nach tatsächlichen oder vermeintlichen

77 Gesetz gegen den unlauteren Wettbewerb vom 03. 07. 2004 (BGBl. I S. 1414).

78 Gesetz gegen unseriöse Geschäftspraktiken vom 01. 10. 2013 (BGBl. I S. 3714).

79 Die jüngsten Änderungen in den Jahren 2015 (2. ÄndG vom 02. 12. 2015, BGBl. I S. 2158) und 2016 (Gesetz zur Verbesserung der zivilrechtlichen Durchsetzung von verbraucherschützenden Vorschriften des Datenschutzrechts vom 17. 02. 2016, BGBl. I S. 233) korrigierten noch einmal Fehler der Umsetzung der UGP-RL aus dem Jahre 2008, hatten jedoch nicht primär die Missbrauchsbekämpfung zum Ziel und sind für die hiesige Arbeit daher von untergeordneter Bedeutung. Überblick über das neue UWG bei *Ohly*, GRUR 2016, 3.

80 *Wabnitz/Janovsky*, Handbuch Wirtschafts- und Steuerstrafrecht, Kap. 16 Rn. 97 f.

81 *Wabnitz/Janovsky*, Handbuch Wirtschafts- und Steuerstrafrecht, Kap. 16 Rn. 99; *Nosch*, Die Abmahnung im Zivilrecht, S. 106.

82 *Wabnitz/Janovsky*, Handbuch Wirtschafts- und Steuerstrafrecht, Kap. 16 Rn. 100.

Wettbewerbsverstößen zu fahnden[83] und zum anderen werden diese von unerfahrenen Gewerbetreibenden in großer Zahl und vielfach ungewollt begangen.[84]

Für das Urheberrecht wurde das richterrechtliche Institut der Abmahnung durch das „Gesetz zur Verbesserung der Durchsetzung von Rechten des geistigen Eigentums"[85] im Jahr 2008 in § 97a UrhG normiert. Die Abmahnung ist insbesondere im Bereich des Filesharings von großer Bedeutung.[86] Das lange fehlende Unrechtsbewusstsein dafür, dass es sich hierbei um Urheberrechtsverletzungen handelt, sowie das massenhafte Vorkommen dieser Art des „Diebstahls" führten schließlich auch zu massenhaften, durchaus berechtigten Abmahnungen.[87] Gleichzeitig blieb auch im Urheberrecht ein Missbrauch nicht aus, auf den wie im Lauterkeitsrecht mit dem „Gesetz gegen unseriöse Geschäftspraktiken"[88] reagiert wurde. In § 97a Abs. 2 UrhG wurde der Inhalt einer urheberrechtlichen Abmahnung exakt geregelt, der Aufwendungsersatzanspruch des Abmahnenden wurde nach § 97a Abs. 3 UrhG zugunsten des zu privaten Zwecken handelnden Ersttäters[89] gedeckelt und in § 97a Abs. 4 UrhG wurden dem Abgemahnten, wie in § 8 Abs. 4 S. 2 und 3 UWG, Gegenansprüche gegen den unberechtigt Abmahnenden zugestanden. Es gab sogar Stimmen, die noch weitergehenden Reformbedarf sahen. So forderte der Deutsche Anwaltverein (DAV) bereits im Januar 2014 eine weitere Verschärfung des § 97a UrhG, wonach die Wirksamkeit der Abmahnung von der Vorlage einer vom Vertretenen unterschriebenen Individualvollmacht abhängig gemacht werden sollte, um so die Abmahntätigkeit des Anwalts besser kontrollieren zu können.[90] Ferner ergab eine Untersuchung des Verbraucherzentrale Bundesverbands, dass die urheberrechtlichen Neuregelungen, die durch das Gesetz gegen die unseriösen Geschäftspraktiken

83 *Wabnitz/Janovsky*, Handbuch Wirtschafts- und Steuerstrafrecht, Kap. 16 Rn. 94.

84 Ausführlicher dazu in diesem Kapitel unter B.V.1. Zum massenhaften Missbrauch von Rechten im Bereich des Online-Handels siehe auch *Wagner*, Vorsicht Rechtsanwalt, S. 181 ff.

85 Gesetz zur Verbesserung der Durchsetzung von Rechten des geistigen Eigentums vom 07. 07. 2008 (BGBl. I S. 1191).

86 Vgl. *Nürmann/Mayer*, ZUM 2010, 321 (321 f.).

87 *Reisewitz*, in: ZDF-zoom, Sendung vom 27. 05. 2015, abrufbar unter: https://www.youtube.com/watch?v=d-fNf5nz40s (Stand: 24. 04. 2018); *Wagner*, Vorsicht Rechtsanwalt, S. 185; vgl. auch *BGH*, Urt. v. 17. 07. 2008 – I ZR 219/05 = ZUM 2008, 781 (785).

88 Gesetz gegen unseriöse Geschäftspraktiken vom 01. 10. 2013 (BGBl. I S. 3714).

89 *Köhler*, NJW 2013, 3473 (3476).

90 *Mayer*, FD-RVG 2014, 355160.

eingeführt wurden, nur eingeschränkt die erhoffte Wirkung entfaltet hatten. Es wurde festgestellt, dass sich die abgemahnten Verbraucher nach der Gesetzesänderung im Ergebnis mit höheren Forderungen konfrontiert sahen als vor der Gesetzesänderung.[91] Dies zeugt von einem, trotz aller Reformbemühungen, noch immer nicht beseitigten Missbrauchsrisiko.[92]

C. Die Abmahnung im Wettbewerbsrecht

I. Gesetzliche Grundlagen

1. Unterlassungsanspruch und Abmahnung

Das richterrechtlich entwickelte Institut der Abmahnung wurde im Zuge der UWG-Novelle 2004 erstmals gesetzlich normiert.[93] Seitdem regelt § 12 Abs. 1 Satz 1 UWG:

> *Die zur Geltendmachung eines Unterlassungsanspruchs Berechtigten sollen den Schuldner vor der Einleitung eines gerichtlichen Verfahrens abmahnen und ihm Gelegenheit geben, den Streit durch Abgabe einer mit einer angemessenen Vertragsstrafe bewehrten Unterlassungsverpflichtung beizulegen.*

Ausgangspunkt ist demnach ein (vorbeugender) Unterlassungsanspruch des Berechtigten, der in § 8 Abs. 1 UWG geregelt ist:

> *Wer eine nach § 3 oder § 7 unzulässige geschäftliche Handlung vornimmt, kann auf Beseitigung und bei Wiederholungsgefahr auf Unterlassung in Anspruch genommen werden. Der Anspruch auf Unterlassung besteht bereits dann, wenn eine derartige Zuwiderhandlung gegen § 3 oder § 7 droht.*

§ 3 UWG regelt in Absatz 1, der sog. großen Generalklausel, dass alle unlauteren geschäftlichen Handlungen unzulässig sind, während in den Absätzen 2–4 geschäftliche Handlungen speziell gegenüber Verbrauchern geregelt sind.[94] § 7 UWG stellt daneben einen eigenen Tatbestand der Zuwiderhandlung dar und

---

91 *Verbraucherzentrale Bundesverband e. V.*, Untersuchung der urheberrechtlichen Regelungen des Gesetzes gegen unseriöse Geschäftspraktiken, S. 15, abrufbar unter: http://www.vzbv.de/sites/default/files/untersuchung-gesetz_gegen_unserioese_geschaeftspraktiken-2016-10-04.pdf (Stand: 13. 05. 2017).

92 Ausführlich zum massenhaften Missbrauch von Rechten im Bereich des Urheberrechts *Wagner*, Vorsicht Rechtsanwalt, S. 184 ff.

93 *Schmitz-Fohrmann/Schwab*, in: Götting/Nordemann-UWG, § 12 Rn. 1.

94 *Köhler*, in: Köhler/Bornkamm-UWG, § 3 Rn. 1.2.

erklärt geschäftliche Handlungen, durch die ein Marktteilnehmer in unzumutbarer Weise belästigt wird, für unzulässig.[95]

2. *Sonstige Ansprüche*

Eine unzulässige geschäftliche Handlung kann einen Schadensersatzanspruch nach § 9 UWG auslösen:

> *Wer vorsätzlich oder fahrlässig eine nach § 3 oder § 7 unzulässige geschäftliche Handlung vornimmt, ist den Mitbewerbern zum Ersatz des daraus entstehenden Schadens verpflichtet. Gegen verantwortliche Personen von periodischen Druckschriften kann der Anspruch auf Schadensersatz nur bei einer vorsätzlichen Zuwiderhandlung geltend gemacht werden.*

Darüber hinaus führt eine berechtigte Abmahnung zu einem Aufwendungsersatzanspruch nach § 12 Abs. 1 Satz 2:

> *Soweit die Abmahnung berechtigt ist, kann der Ersatz der erforderlichen Aufwendungen verlangt werden.*

II. Inhalt des Abmahnschreibens

Gesetzliche Vorschriften zur inhaltlichen Gestaltung der Abmahnung existieren nicht, daher bestimmt sich der Inhalt nach Sinn und Zweck der Abmahnung.[96] Zum einen bezweckt die Abmahnung, den Schuldner auf den Rechtsverstoß hinzuweisen (Hinweisfunktion) und ihn vor weiteren Konsequenzen für den Fall, dass er dem Begehren des Gläubigers nicht nachkommt, zu warnen (Warnfunktion). Zum anderen dient die Abmahnung der außergerichtlichen Streitbeilegung.[97]

1. *Aktiv- und Passivlegitimation*

Damit der Schuldner der Abmahnung nachkommen und ein gerichtlicher Prozess vermieden werden kann, muss es ihm möglich sein, die Abmahnung auf ihre Berechtigung hin zu überprüfen. Der Abmahnende muss dementsprechend seine Sachbefugnis, also Abmahnberechtigung, darlegen und den Adressaten der Abmahnung genau bezeichnen.[98]

---

95 *Köhler*, in: Köhler/Bornkamm-UWG, § 7 Rn. 4.

96 *Achilles*, in: Ahrens, Kap. 2 Rn. 21; *Brüning*, in: Harte-Bavendamm/Henning-Bodewig-UWG, § 12 Rn. 35.

97 Ausführlicher in diesem Kapitel unter B.II.

98 *Bornkamm*, in: Köhler/Bornkamm-UWG, § 12 Rn. 1.13 f.; *Brüning*, in: Harte-Bavendamm/Henning-Bodewig-UWG, § 12 Rn. 35 f.

2. *Beanstandetes Verhalten*

Damit die Abmahnung ihre Hinweisfunktion erfüllt und um dem Abgemahnten eine Überprüfung des Sachverhalts zu ermöglichen, ist das beanstandete Verhalten hinreichend deutlich und konkret zu benennen.[99] Eine in rechtlicher Hinsicht umfassende und richtige Beurteilung braucht die Abmahnung nicht zu enthalten; es ist ausreichend, dass der Abgemahnte in die Lage versetzt wird, das Verhalten selbst rechtlich zu würdigen und seine Schlüsse daraus zu ziehen.[100] Der Abmahnende muss auch weder Beweismittel[101] noch Rechtsprechungsnachweise[102] liefern.

3. *Unterlassungserklärung*

Damit ein Prozess vermieden werden kann, muss der Abgemahnte wissen, wie er sich zu verhalten hat. Der Abmahner muss ihn daher auffordern, eine ernsthafte, unbefristete, vorbehaltlose, strafbewehrte Unterlassungserklärung abzugeben.[103] Dabei handelt es sich um ein abstraktes Schuldversprechen bzw. Schuldanerkenntnis,[104] das ein Dauerschuldverhältnis[105] mit einer neuen selbstständigen Unterlassungsverpflichtung begründet, die den gesetzlichen Unterlassungsanspruch ersetzt.[106] Nicht erforderlich ist, dass die Erklärung dem Abgemahnten vorformuliert zugeschickt wird.[107] Auch ohne Strafbewehrung hat der Schuldner

---

99 *Brüning*, in: Harte-Bavendamm/Henning-Bodewig-UWG, § 12 Rn. 35; *Ottofülling*, in: MüKo-UWG, § 12 Rn. 37.

100 *OLG Koblenz*, Urt. v. 22. 01. 1981 – 6 U 1037/80 = GRUR 1981, 671 (674); *OLG Stuttgart*, Beschl. v. 08. 02. 1984 – 2 W 87/83 = WRP 1984, 439 (439); *OLG Hamburg*, Beschl. v. 05. 03. 1996 – 3 W 17/96 = WRP 1996, 773 (773); *Bacher*, in: Teplitzky, Kap. 41 Rn. 14 f.

101 *KG*, Beschl. v. 04. 01. 1983 – 5 W 5541/82 = GRUR 1983, 673 (674); *Achilles*, in: Ahrens, Kap. 2, Rn. 29; *Bacher*, in: Teplitzky, Kap. 41 Rn. 14c m. w. N.

102 *Bornkamm*, in: Köhler/Bornkamm-UWG, § 12 Rn. 1.17; *Bacher*, in: Teplitzky, Kap. 41 Rn. 14c m. w. N.

103 *Schmitz-Fohrmann/Schwab*, in: Götting/Nordemann-UWG, § 12 Rn. 58, 80.

104 *BGH*, Urt. v. 12. 07. 1995 – I ZR 176/93 = BGHZ 130, 288 (292); *BGH*, Urt. v. 05. 03. 1998 – I ZR 202/95 = GRUR 1998, 953 (954); *Ohly*, in: Ohly/Sosnitza-UWG, § 8 Rn. 49.

105 *BGH*, Urt. v. 12. 07. 1995 – I ZR 176/93 = BGHZ 130, 288 (293).

106 *BGH*, Urt. v. 05. 03. 1998 – I ZR 202/95 = GRUR 1998, 953 (954); *BGH*, Urt. v. 06. 07. 2000 – I ZR 243/97 = GRUR 2001, 85 (86); *Bornkamm*, in: Köhler/Bornkamm-UWG, § 12 Rn. 1.155.

107 *Bornkamm*, in: Köhler/Bornkamm-UWG, § 12 Rn. 1.18.

Anlass zur Klage i. S. d. § 93 ZPO gegeben, wenn er dem Unterlassungsverlangen nicht nachkommt. Allerdings entfallen nur bei einer strafbewehrten Unterlassungserklärung auch die Wiederholungsgefahr und damit der Unterlassungsanspruch.[108]

4. *Fristsetzung*

Der Abmahnende muss dem Abgemahnten eine angemessene Frist setzen, innerhalb derer die Unterlassungserklärung abzugeben ist. Die Angemessenheit der Frist ist einzelfallabhängig und in einer Interessenabwägung unter Berücksichtigung von Art, Dauer, Gefährlichkeit und Schwere des Wettbewerbsverstoßes zu bestimmen. Die Frist muss dem Abgemahnten darüber hinaus die Möglichkeit geben, über das weitere Vorgehen nachzudenken und gegebenenfalls Rechtsrat einzuholen.[109] Eine zu kurze oder gar nicht angesetzte Frist setzt eine angemessene Frist in Gang.[110]

5. *Androhung gerichtlicher Schritte*

Der Warnfunktion der Abmahnung wird durch die Androhung gerichtlicher Schritte Rechnung getragen.[111] Diese kann ausdrücklich oder konkludent erfolgen.[112] Seine Ankündigung legt den Abmahnenden nicht auf ein bestimmtes gerichtliches Vorgehen fest.[113] Sollte er aber nach erfolgloser Abmahnung lediglich den Anspruch auf Zahlung der Abmahnkosten und nicht auch den Unterlassungsanspruch geltend machen, kann dies ein Indiz für die von Anfang an fehlende Ernsthaftigkeit des Unterlassungsverlangens sein und zur Klageabweisung führen.[114]

---

108 *Nosch*, Die Abmahnung im Zivilrecht, S. 37.

109 *Bornkamm*, in: Köhler/Bornkamm-UWG, § 12 Rn. 1.21; *Brüning*, in: Harte-Bavendamm/Henning-Bodewig-UWG, § 12 Rn. 50.

110 *BGH*, Urt. v. 19. 10. 1989 – I ZR 63/88 = GRUR 1990, 381 (382); *BGH*, Urt. v. 17. 09. 2009 – I ZR 217/07 = GRUR 2010, 355 (357); *Bacher*, in: Teplitzky, Kap. 41 Rn. 14d; *Bornkamm*, in: Köhler/Bornkamm-UWG, § 12 Rn. 1.19.

111 *Brüning*, in: Harte-Bavendamm/Henning-Bodewig-UWG, § 12 Rn. 6; *Sosnitza*, in: Ohly/Sosnitza-UWG, § 12 Rn. 2.

112 *Bornkamm*, in: Köhler/Bornkamm-UWG, § 12 Rn. 1.23; *Sosnitza*, in: Ohly/Sosnitza-UWG, § 12 Rn. 18.

113 *Bornkamm*, in: Köhler/Bornkamm-UWG, § 12 Rn. 1.24; *Büscher*, in: Fezer/Büscher/Obergfell-UWG, § 12 Rn. 24; *Sosnitza*, in: Ohly/Sosnitza-UWG, § 12 Rn. 18.

114 *Bornkamm*, in: Köhler/Bornkamm-UWG, § 12 Rn. 1.25.

6. *Folge inhaltlicher Mängel*

Abgesehen von der strafbewehrten Unterlassungserklärung, die vom Abgemahnten abzufassen ist, gehen inhaltliche Mängel der Abmahnung zulasten des Abmahnenden.[115]

Nicht jeder Fehler führt aber zur Unwirksamkeit der Abmahnung, sondern nur dann, wenn dadurch der Zweck der Abmahnung nicht erreicht werden kann. Wenn dies jedoch der Fall ist, ist der Abgemahnte nicht verpflichtet, der Abmahnung nachzukommen und gibt auch keinen Anlass zur Klage i. S. d. § 93 ZPO.[116]

7. *Zahlungsansprüche*

Neben der Abmahnung werden im Abmahnschreiben in der Regel über den Unterlassungsanspruch hinausgehende Zahlungsansprüche geltend gemacht.

a) *Aufwendungsersatzanspruch gem. § 12 Abs. 1 Satz 2 UWG*

Dem Abmahnenden sind durch die Abmahnung Kosten entstanden, deren Erstattung er vom Abgemahnten über § 12 Abs. 1 Satz 2 UWG verlangen kann. Voraussetzung ist, dass die Aufwendungen (der Höhe nach) tatsächlich angefallen und erforderlich waren.[117] Als erforderliche Aufwendungen werden in der Regel Rechtsanwaltskosten sowie Personal- und Sachkosten geltend gemacht.[118]

b) *Schadensersatzanspruch gem. § 9 UWG bzw. §§ 823 ff. BGB*

Der Abmahnende kann, sofern ihm bereits ein Schaden durch die unlautere geschäftliche Handlung nach § 3 oder § 7 UWG bzw. die rechtswidrige unerlaubte Handlung gem. den §§ 823 ff. BGB entstanden ist, in seinem Abmahnschreiben diesbezüglich Schadensersatz verlangen. Unter Umständen können auch die Abmahnkosten als ersatzfähiger Schaden gelten.[119]

---

115 Vgl. *Brüning*, in: Harte-Bavendamm/Henning-Bodewig-UWG, § 12 Rn. 62.

116 *Nosch*, Die Abmahnung im Zivilrecht, S. 42.

117 *OLG Köln*, Beschl. v. 06. 01. 1985 – 6 W 69/85 = WRP 1986, 426 (428); *OLG Hamburg*, Urt. v. 12. 11. 2008 – 5 U 245/07 (zitiert nach juris, Rn. 32); *Bornkamm*, in: Köhler/Bornkamm-UWG, § 12 Rn. 1.112, 1.114; *Sosnitza*, in: Ohly/Sosnitza-UWG, § 12 Rn. 22.

118 *Sosnitza*, in: Ohly/Sosnitza-UWG, § 12 Rn. 22 f.

119 Ausführlich dazu *Bacher*, in: Teplitzky, Kap. 41 Rn. 82 ff.

c) *Aufwendungsersatzanspruch nach den Grundsätzen der Geschäftsführung ohne Auftrag*

Bis zur Einführung des § 12 Abs. 1 Satz 2 UWG wurde ein Aufwendungsersatzanspruch über die §§ 670, 683 S. 1, 677 BGB hergeleitet.[120] Trotz Kritik an der dogmatischen Konstruktion – es liege gar kein fremdes Geschäft vor, schließlich besorge der Abmahnende nicht das Geschäft des Abgemahnten, sondern fordere ihn lediglich dazu auf, dies selbst zu tun –[121] wurde der Anspruch allgemein als verbindliches Richterrecht anerkannt.[122] Diese Begründung des Aufwendungsersatzanspruchs ist aufgrund der gesetzlichen Regelung des § 12 Abs. 1 Satz 2 UWG jedoch größtenteils hinfällig geworden und ist daher auch für das Abmahnschreiben weitestgehend ohne Belang.[123]

III. Formelle Anforderungen

Für die Abmahnung besteht kein Formzwang, allerdings wird aus Beweisgründen in der Regel schriftlich abgemahnt.[124] Umstritten ist, ob in Vertretungsfällen die Vollmachtsurkunde im Original beigefügt werden muss, da eine unverzügliche Zurückweisung der Erklärung nach § 174 BGB zu einer Unwirksamkeit der Abmahnung führen könnte.[125] Der BGH hat für den (Regel-)Fall, dass die Abmahnung mit einem Angebot auf Abschluss eines Unterlassungsvertrags verbunden ist, eine analoge Anwendung des § 174 BGB abgelehnt.[126]

---

120 *Sosnitza*, in: Ohly/Sosnitza-UWG, § 12 Rn. 21.

121 *Einsiedler*, WRP 2003, 354 (254); *Heermann*, GRUR 1999, 625 (631); *Loritz*, GRUR 1981, 883 (885); *Melullis*, WRP 1982, 1 (2).

122 *Bacher*, in: Teplitzky, Kap. 41 Rn. 84.

123 *Bornkamm*, in: Köhler/Bornkamm-UWG, § 12 Rn. 1.109; *Büscher*, in: Fezer/Büscher/Obergfell-UWG, § 12 Rn. 61; *Ottofülling*, in: MüKo-UWG, § 12 Rn. 134.

124 *Achilles*, in: Ahrens, Kap. 2 Rn. 42; *Bacher*, in: Teplitzky, Kap. 41 Rn. 10; *Bornkamm*, in: Köhler/Bornkamm-UWG, § 12 Rn. 1.26; *Büscher*, in: Fezer/Büscher/Obergfell-UWG, § 12 Rn. 5.

125 Eingehend dazu *Bacher*, in: Teplitzky, Kap. 41 Rn. 6 f; *Bornkamm*, in: Köhler/Bornkamm-UWG, § 12 Rn. 1.30 ff.

126 *BGH*, Urt. v. 19. 05. 2010 – I ZR 140/08 = GRUR 2010, 1120 (1121).

IV. Muster: Anwaltliche Abmahnung im Wettbewerbsrecht[127]

V. Die unberechtigte Abmahnung im Wettbewerbsrecht

Die Abmahnung bzw. die geltend gemachten Ansprüche in einem Abmahnschreiben können fehlerbehaftet sein. Die Mängel können an unterschiedlichen Stellen auftreten und haben zur Folge, dass die Abmahnung bzw. die geltend gemachten Ansprüche unberechtigt sind.

1. Inhaltliche Anforderungen (Unwirksam)

Sind die oben dargestellten inhaltlichen Anforderungen nicht beachtet, ist die Abmahnung unter Umständen unwirksam. Dies berührt jedoch nicht den Unterlassungsanspruch oder Schadensersatzanspruch, sondern ist lediglich deshalb von Nachteil für den Abmahnenden, weil im Falle einer gerichtlichen Auseinandersetzung der Schuldner ohne sie keinen Anlass zur Klage gegeben und der Gläubiger bei einem sofortigen Anerkenntnis gem. § 93 ZPO die Kosten zu tragen hat.

Darüber hinaus lösen beachtliche inhaltliche Mängel, die zur Unwirksamkeit der Abmahnung führen, auch keinen Aufwendungsersatzanspruch gem. § 12 Abs. 1 Satz 2 UWG aus.[128]

2. Wettbewerbsverstoß (Unbegründet)

Hat kein Wettbewerbsverstoß nach § 3 UWG oder § 7 UWG stattgefunden, besteht auch kein Unterlassungsanspruch und die Abmahnung ist unbegründet.[129] Ein Schadensersatzanspruch nach § 9 UWG oder § 823 ff. BGB ist ebenfalls nicht gegeben.

Eine unbegründete Abmahnung ist außerdem unberechtigt i. S. d. § 12 Abs. 1 Satz 2 UWG und lässt mithin keinen Aufwendungsersatzanspruch entstehen.[130]

---

127 *Diekmann*, in: Beck'sche Formularsammlung zum gewerblichen Rechtsschutz mit Urheberrecht, S. 399 f.; siehe Anhang.

128 *Goldbeck*, Der ‚umgekehrte' Wettbewerbsprozess, S. 71; *Nosch*, Die Abmahnung im Zivilrecht, S. 53; *Sosnitza*, in: Ohly/Sosnitza-UWG, § 12 Rn. 21.

129 *Schmitz-Fohrmann/Schwab*, in: Götting/Nordemann-UWG, § 12 Rn. 49.

130 *Bornkamm*, in: Köhler/Bornkamm, § 12 Rn. 1.82, 1.98.

3. *Aktiv-/Passivlegitimation (Unbefugt)*

Auch wenn das abgemahnte Verhalten wettbewerbswidrig ist, löst es möglicherweise keinen Unterlassungsanspruch des Abmahnenden gegen den Abgemahnten aus. Dies ist etwa dann der Fall, wenn dem Abmahnenden die Berechtigung fehlt, den Unterlassungsanspruch geltend zu machen, weil er keiner in § 8 Abs. 3 UWG genannten Gruppe unterfällt, oder wenn der Abgemahnte nicht verantwortlich ist.[131] In diesen Fällen bestehen weder Unterlassungs- noch Schadensersatzansprüche und die Abmahnung ist unbefugt.

Eine unbefugte Abmahnung ist unberechtigt i. S. d. § 12 Abs. 1 Satz 2 UWG[132] und löst keinen Aufwendungsersatzanspruch aus.

4. *Missbräuchliche Geltendmachung*

Trotz wirksamer, begründeter und befugter Abmahnung ist diese unbeachtlich, wenn sie missbräuchlich i. S. d. § 8 Abs. 4 UWG ist. Eine missbräuchliche Abmahnung hat nach der überwiegenden Ansicht in Literatur und Rechtsprechung zur Folge, dass dem Kläger die Prozessführungsbefugnis fehlt und die Klage als unzulässig abzuweisen ist. Materiell-rechtlich bleibt der Unterlassungsanspruch hingegen bestehen.[133] Auch die Schadensersatzansprüche werden hierdurch nicht berührt.

Allerdings ist eine missbräuchliche Abmahnung unberechtigt[134] und begründet daher keinen Aufwendungsersatzanspruch gem. § 12 Abs. 1 Satz 2 UWG.[135]

5. *Entbehrlichkeit*

Hat der Schädiger auch ohne vorangegangene Abmahnung Anlass zur Klage gegeben, kann die Abmahnung entbehrlich sein. Es handelt sich beispielsweise um Fälle von unnachgiebigen Schuldnern oder hartnäckigen Wettbewerbsverstößen[136]

---

131 *Schmitz-Fohrmann/Schwab*, in: Götting/Nordemann-UWG, § 12 Rn. 50.

132 *Brüning*, in: Harte-Bavendamm/Henning-Bodewig-UWG, § 12 Rn. 104.

133 *BGH*, Urt. v. 10. 12. 1998 – I ZR 141/96 = GRUR 1999, 509 (510); *BGH*, Urt. v. 06. 04. 2000 – I ZR 76/98 = BGHZ 144, 165 (168 f.); *BGH*, Urt. v. 17. 11. 2005 – I ZR 300/02 = GRUR 2006, 243 (243); *Ohly*, in: Ohly/Sosnitza-UWG, § 8 Rn. 155; *Büch*, in: Teplitzky, Kap. 13 Rn. 50 m. w. N.; a. A. *Köhler/Feddersen*, in: Köhler/Bornkamm-UWG, § 8 Rn. 4.4; *Rath/Hausen*, WRP 2007, 133 (138).

134 *BGH*, Urt. v. 15. 12. 2011 – I ZR 174/10 = WRP 2012, 930 (931).

135 *BGH*, Urt. v. 19. 07. 2012 – I ZR 199/10 = GRUR 2013, 307 (308).

136 *OLG Hamburg*, Beschl. v. 17. 07. 1995 – 3 W 64/95 = WRP 1995, 1037 (1038); *OLG München*, Beschl. v. 18. 04. 1996 – 29 W 616/96 = WRP 1996, 930 (931 f); *OLG*

oder solche, in denen der Schuldner bereits angekündigt hat, das wettbewerbswidrige Verhalten auch nach Abmahnung fortzusetzen.[137]

Eine entbehrliche Abmahnung ist unberechtigt i. S. d. § 12 Abs. 1 Satz 2 UWG und begründet keinen Aufwendungsersatzanspruch.[138] Denn grundsätzlich führt nur eine Abmahnung, die „erforderlich ist, um dem Schuldner einen Weg zu weisen, den Gläubiger ohne Inanspruchnahme der Gerichte klaglos zu stellen", zu einem Aufwendungsersatzanspruch.[139]

Allerdings entfällt der Aufwendungsersatzanspruch nur dann, wenn die Abmahnung deshalb entbehrlich ist, weil sie schlicht „überflüssig" ist. Es erschiene nämlich unbillig, dem Abmahnenden den Ersatzanspruch auch dann zu verwehren, wenn die Abmahnung zwar entbehrlich ist, aber gleichwohl nützlich, weil im Interesse des Abgemahnten.[140] Der Aufwendungsersatzanspruch entfällt daher etwa im Falle der Zweitabmahnung, die versandt wird, obwohl bereits zuvor wirksam abgemahnt wurde.[141] Ferner entfällt der Anspruch nach § 12 Abs. 1 Satz 2 UWG, wenn der Abgemahnte bereits eindeutig zum Ausdruck gebracht hat, sich nicht zu unterwerfen.[142]

6. *Anfallen/Erforderlichkeit der Aufwendungen*

Die Aufwendungen sind nur dann ersatzfähig, wenn sie tatsächlich angefallen[143] und erforderlich[144] sind. Mängel können hier insbesondere den Ersatz der

---

Düsseldorf, Beschl. v. 23. 10. 1997 – 20 W 31/97 = WRP 1998, 1028 (1028); *KG*, Beschl. v. 01. 11. 2002 – 5 W 139/02 = WRP 2003, 101 (101 f.); Achilles, in: Ahrens, Kap. 3 Rn. 22; *Bacher*, in: Teplitzky, Kap. 41 Rn. 35 ff.; *Sosnitza*, in: Ohly/Sosnitza-UWG, § 12 Rn 6.

137 *OLG Nürnberg*, Beschl. v. 05. 12. 1980 – 3 W 2689/80 = WRP 1981, 229 (229); *Bornkamm*, in: Köhler/Bornkamm-UWG, § 12 Rn. 1.65.

138 Die sog. Verknüpfungsthese, nach der die Entbehrlichkeit mit der Berechtigung der Abmahnung verknüpft wird, wird inzwischen überwiegend vertreten (weitere Nachweise auch für die Gegenansicht bei *Goldbeck*, Der ‚umgekehrte' Wettbewerbsprozess, S. 58).

139 *BGH*, Urt. v. 21. 01. 2010 – I ZR 47/09 = GRUR 2010, 354 (355); *Bornkamm*, in: Köhler/Bornkamm-UWG, § 12 Rn. 1.98.

140 *Goldbeck*, Der ‚umgekehrte' Wettbewerbsprozess, S. 70 f.; ähnlich auch *Nosch*, Die Abmahnung im Zivilrecht, S. 56 f.

141 *BGH*, Urt. v. 21. 01. 2010 – I ZR 47/09 = GRUR 2010, 354 (355).

142 *Nosch*, Die Abmahnung im Zivilrecht, S. 56.

143 *Schmitz-Fohrmann/Schwab*, in: Götting/Nordemann-UWG, § 12 Rn. 46.

144 *Ottofülling*, in: MüKo-UWG, § 12 Rn. 134; *Schmitz-Fohrmann/Schwab*, in: Götting/Nordemann-UWG, § 12 Rn. 42.

Rechtsanwaltskosten betreffen. So muss es etwa Verbänden i. S. d. § 8 Abs. 3 Nr. 2 UWG möglich sein, ohne anwaltliche Hilfe typische und durchschnittlich schwer zu verfolgende Wettbewerbsverstöße zu erkennen und abzumahnen.[145] Ebenso muss ein Rechtsanwalt, wenn er in eigener Sache handelt, seine Sachkunde bei der Abmahnung einsetzen.[146] Wird in diesen Fällen dennoch ein externer bzw. weiterer Anwalt hinzugezogen, gelten diese Aufwendungen als nicht erforderlich.

Nach § 2 Abs. 2 Satz 1 RVG i. V. m. Nr. 2300 RVG-VV beträgt die Geschäftsgebühr für die anwaltliche Tätigkeit zwischen 0,5 und 2,5. Eine Gebühr von mehr als 1,3 kann gem. Nr. 2300 RVG-VV nur gefordert werden, wenn die Tätigkeit umfangreich oder schwierig war.[147] Wird eine höhere Gebühr gefordert, obwohl die Voraussetzungen nicht gegeben sind, sind die Aufwendungen in der Höhe nicht erforderlich, in der sie die sich aus einer Gebühr von 1,3 ergebenden Rechtsanwaltskosten übersteigen.

Die Höhe der Rechtsanwaltsgebühren ergibt sich aus dem Gegenstandswert der außergerichtlichen anwaltlichen Tätigkeit, der sich nach den für die Gerichtskosten geltenden Wertvorschriften bestimmt (§ 23 Abs. 1 Satz 1 und 3 RVG). Grundsätzlich ist der Streitwert im Wettbewerbsrecht nach Ermessen zu bestimmen, § 51 Abs. 2 GKG. Allerdings verlangt § 51 Abs. 3 Satz 1 GKG eine angemessene Minderung des Streitwerts, wenn die Bedeutung der Sache für den Beklagten erheblich geringer zu bewerten ist. Davon erfasst werden wohl die Fälle, in denen die unlautere geschäftliche Handlung dem nicht vorsätzlich handelnden Beklagten keine besonderen Vorteile auf dem Markt verschafft.[148] Darüber hinaus wurde mit § 51 Abs. 3 Satz 2 GKG ein Regelstreitwert von 1000 Euro eingeführt, wenn der Sach- und Streitstand für die Bestimmung des Streitwerts hinsichtlich des Beseitigungs- oder Unterlassungsanspruchs keine genügenden Anhaltspunkte bietet. Von dieser Regelung erfasst werden beispielsweise Fälle, in denen kleine Mitbewerber im Bereich des Online-Handels einen Verstoß gegen Informationspflichten (§ 5a Abs. 2 und 3 UWG) oder eine Marktverhaltensregel (§ 3a UWG) zum Gegenstand ihrer Abmahnung machen und nicht nachweisen können, inwieweit der Fehler des Mitbewerbers die eigenen

---

145 *BGH*, Urt. v. 12. 04. 1984 – I ZR 45/82 = GRUR 1984, 691 (692); *BGH*, Beschl. v. 18. 12. 2003 – I ZB 18/03 = GRUR 2004, 448; *Bornkamm*, in: Köhler/Bornkamm-UWG, § 12 Rn. 1.122 ff.

146 *BGH*, Urt. v. 06. 05. 2004 – I ZR 2/03 = WRP 2004, 903 (903 f.).

147 *BGH*, Urt. v. 19. 05. 2010 – I ZR 140/08 = GRUR 2010, 1120 (1122); *Bornkamm*, in: Köhler/Bornkamm-UWG, § 12 Rn. 1.116.

148 *Krbetschek/Schlingloff*, WRP 2014, 1 (6).

Marktchancen beeinträchtigt.[149] Wird der Gegenstandswert falsch, das heißt ermessensfehlerhaft oder unter Verletzung des § 51 Abs. 3 GKG bestimmt, und führt dies dazu, dass die Rechtsanwaltsgebühren zu hoch angesetzt werden, sind diese im überhöhten Teil nicht erforderlich und nicht nach § 12 Abs. 1 Satz 2 UWG erstattungsfähig. Dafür sprechen Sinn und Zweck des § 51 Abs. 3 GKG, der die finanziellen Anreize für Abmahnungen verringern soll.[150]

Sind die Aufwendungen nicht oder nicht in voller Höhe angefallen oder erforderlich, ist der Aufwendungsersatzanspruch (teilweise) unberechtigt. Unabhängig davon ist freilich die Berechtigung der Abmahnung selbst.

D. Die Abmahnung im Urheberrecht

I. Gesetzliche Grundlagen

1. Unterlassungsanspruch und Abmahnung

Die Regelung zur Abmahnung im Urheberrecht wurde nach dem Vorbild des § 12 Abs. 1 UWG gestaltet und mit ihr ein neuer § 97a UrhG geschaffen.[151] Dessen Absatz 1 regelt:

> *Der Verletzte soll den Verletzer vor Einleitung eines gerichtlichen Verfahrens auf Unterlassung abmahnen und ihm Gelegenheit geben, den Streit durch Abgabe einer mit einer angemessenen Vertragsstrafe bewehrten Unterlassungsverpflichtung beizulegen.*

Auch hier geht es um die außergerichtliche Geltendmachung eines (vorbeugenden) Unterlassungsanspruchs, der im Urheberrecht in § 97 Abs. 1 UrhG geregelt ist:

> *Wer das Urheberrecht oder ein anderes nach diesem Gesetz geschütztes Recht widerrechtlich verletzt, kann von dem Verletzten auf Beseitigung der Beeinträchtigung, bei Wiederholungsgefahr auf Unterlassung in Anspruch genommen werden. Der Anspruch auf Unterlassung besteht auch dann, wenn eine Zuwiderhandlung erstmalig droht.*

Voraussetzung für das Entstehen des Unterlassungsanspruchs ist die Verletzung eines absoluten Urheberrechts oder verwandten Schutzrechts. Die Folgen des § 97 UrhG werden also etwa durch die Verletzung des Urheberpersönlichkeitsrechts oder der dinglichen Verwertungs- und Nutzungsrechte ausgelöst.[152]

---

149 *Krbetschek/Schlingloff*, WRP 2014, 1 (6).

150 BT-Drucks. 17/13057, S. 14.

151 *Dreier/Specht*, in Dreier/Schulze-UrhG, § 97a Rn. 1; *Reber*, in: BeckOK-UrhG, § 97a Rn. 1.

152 *Dreier/Specht*, in: Dreier/Schulze-UrhG, § 97 Rn. 8; *von Wolff*, in: Wandtke/Bullinger-UrhG, § 97 Rn. 4 ff.

2. Sonstige Ansprüche

Die Urheberrechtsverletzung kann nach § 97 Abs. 2 UrhG auch Schadensersatzansprüche auslösen:

> *Wer die Handlung vorsätzlich oder fahrlässig vornimmt, ist dem Verletzten zum Ersatz des daraus entstehenden Schadens verpflichtet. Bei der Bemessung des Schadensersatzes kann auch der Gewinn, den der Verletzer durch die Verletzung des Rechts erzielt hat, berücksichtigt werden. Der Schadensersatzanspruch kann auch auf der Grundlage des Betrages berechnet werden, den der Verletzer als angemessene Vergütung hätte entrichten müssen, wenn er die Erlaubnis zur Nutzung des verletzten Rechts eingeholt hätte. Urheber, Verfasser wissenschaftlicher Ausgaben (§ 70), Lichtbildner (§ 72) und ausübende Künstler (§ 73) können auch wegen des Schadens, der nicht Vermögensschaden ist, eine Entschädigung in Geld verlangen, wenn und soweit dies der Billigkeit entspricht.*

Gem. § 97a Abs. 3 Satz 1 UrhG kann Ersatz der Aufwendungen für die Abmahnung gefordert werden:

> *Soweit die Abmahnung berechtigt ist und Absatz 2 Satz 1 Nummer 1 bis 4 entspricht, kann der Ersatz der erforderlichen Aufwendungen verlangt werden.*

Dies gilt allerdings nur unter den Voraussetzungen des § 97a Abs. 2 UrhG, der detailliert die inhaltlichen Anforderungen an die Abmahnung regelt:

> *Die Abmahnung hat in klarer und verständlicher Weise*
> 1. *Name oder Firma des Verletzten anzugeben, wenn der Verletzte nicht selbst, sondern ein Vertreter abmahnt,*
> 2. *die Rechtsverletzung genau zu bezeichnen,*
> 3. *geltend gemachte Zahlungsansprüche als Schadensersatz- und Aufwendungsersatzansprüche aufzuschlüsseln und*
> 4. *wenn darin eine Aufforderung zur Abgabe einer Unterlassungsverpflichtung enthalten ist, anzugeben, inwieweit die vorgeschlagene Unterlassungsverpflichtung über die abgemahnte Rechtsverletzung hinausgeht.*
>
> *Eine Abmahnung, die nicht Satz 1 entspricht, ist unwirksam.*

II. Inhalt

1. Aktiv-/Passivlegitimation und beanstandetes Verhalten

In § 97a Abs. 2 Satz 1 UrhG sind spezifische inhaltliche Vorgaben enthalten, deren Nichtbeachtung gemäß Satz 2 zur Unwirksamkeit führt. Die Anforderungen in Nr. 1 und 2 gehören ohnehin zu den allgemeinen grundlegenden

Anforderungen an eine Abmahnung, wie sie auch schon zuvor erforderlich waren.[153] Einige Neuerungen bringt § 97a Abs. 2 UrhG dennoch mit sich. An die Bezeichnung der Rechtsverletzung sind mit der ausdrücklichen Regelung nun wohl höhere Anforderungen zu stellen. Der Verletzer muss der Abmahnung ohne Weiteres entnehmen können, welches konkrete Verhalten ihm vorgeworfen wird und wieso dieses eine Rechtsverletzung darstellt; allgemeine, unspezifische Darstellungen der Rechtsverletzung reichen nicht mehr aus.[154]

2. *Unterlassungserklärung*

Erforderlich ist auch im Urheberrecht die Aufforderung zur Abgabe einer Unterlassungserklärung. Dies gilt trotz der Formulierung des § 97a Abs. 2 Satz 1 Nr. 4 UrhG, gemäß derer die Unterlassungsverpflichtung optional ist. Denn ohne Unterlassungsverpflichtung kann ein wesentlicher Zweck der Abmahnung, die Beseitigung der Wiederholungsgefahr, nicht erreicht werden. Eine entsprechende Aufforderung ist daher zumindest allgemein üblich. Überdies wird eine Angabe erwartet, inwieweit die vorgeschlagene Unterlassungsverpflichtung über den materiell-rechtlichen Unterlassungsanspruch hinausgeht.[155]

3. *Fristsetzung und Androhung gerichtlicher Schritte*

§ 97a Abs. 2 UrhG ist jedoch nicht abschließend. Die darüber hinaus gehenden Anforderungen, wie sie aus dem Wettbewerbsrecht bekannt sind, gelten ebenso für das Urheberrecht. Daher verlangt auch die urheberrechtliche Abmahnung die Setzung einer angemessenen Frist, sowie die Ankündigung, im Falle der Nichtbeachtung der Abmahnung, gerichtliche Schritte einzuleiten, da nur so die Wiederholungsgefahr vollständig gebannt werden kann.

4. *Folge inhaltlicher Mängel*

§ 97a Abs. 2 Satz 2 UrhG ordnet ausdrücklich die Unwirksamkeit der Abmahnung für den Fall der Nichtbeachtung der in Satz 1 genannten inhaltlichen

153 *OLG Düsseldorf*, Beschl. v. 14. 11. 2011 – I-20 W 132/11 = MMR 2012, 253 (253); *Kefferpütz*, in Wandtke/Bullinger-UrhG, § 97a Rn. 7.

154 *Kefferpütz*, in Wandtke/Bullinger-UrhG, § 97a Rn. 10; *Reber*, in: BeckOK-UrhG, § 97a Rn. 6.

155 *Reber*, in: BeckOK-UrhG, § 97a Rn. 9.

Voraussetzungen an. Bezüglich der übrigen, nicht in Satz 1 erwähnten Voraussetzungen gilt das zur wettbewerbsrechtlichen Abmahnung Gesagte. Ihr Fehlen führt nicht zwingend zur Unwirksamkeit, sondern die Unwirksamkeit ergibt sich aus sonstigen allgemeinen Grundsätzen.[156] Insoweit gilt auch hier: Nur, wenn der Zweck der Abmahnung aufgrund der inhaltlichen Mängel nicht erreicht werden kann, ist diese unwirksam und der Kläger trägt bei einem sofortigen Anerkenntnis des Beklagten die Prozesskosten gem. § 93 ZPO.[157]

5. *Zahlungsansprüche (Aufwendungs- und Schadensersatzanspruch)*

Auch das Abmahnschreiben im Urheberrecht enthält in der Regel Zahlungsansprüche. Dazu gehören der Aufwendungsersatzanspruch gem. § 97a Abs. 3 Satz 1 UrhG, über den beispielsweise Rechtsanwaltskosten oder Rechtsermittlungskosten wie Detektivkosten, Kosten von technischen Dienstleistern, Gutachterkosten, Reisekosten und Kosten für den Testkauf erstattet werden können.[158] Ein Erstattungsanspruch nach den Grundsätzen der Geschäftsführung ohne Auftrag, §§ 677, 683 Satz 1, 670 BGB, ist damit nicht mehr zwingend anzunehmen.[159] Außerdem werden oftmals Schadensersatzansprüche geltend gemacht. Der Ersatz materieller und immaterieller Schäden kann über § 97 Abs. 2 UrhG verlangt werden oder nach den Vorschriften des allgemeinen Deliktsrecht, §§ 823 ff. BGB.[160] § 97a Abs. 2 Satz 1 Nr. 3 UrhG fordert hier mehr Transparenz, sodass die Schadens- und Aufwendungsersatzansprüche genau aufzuschlüsseln sind.

III. Form

Ebenso wenig wie die wettbewerbsrechtliche, bedarf auch die urheberrechtliche Abmahnung einer bestimmten Form. Üblicherweise wird sie schriftlich oder in Textform (E-Mail) verfasst.[161]

---

156 *Kefferpütz*, in Wandtke/Bullinger-UrhG, § 97a Rn. 6.
157 *Nosch*, Die Abmahnung im Zivilrecht, S. 147.
158 *Reber*, in: BeckOK-UrhG, § 97a Rn. 23.
159 *Kefferpütz*, in: Wandtke/Bullinger-UrhG, § 97a Rn. 47.
160 *Dreier/Specht*, in Dreier/Schulze-UrhG, § 97 Rn. 2.
161 *Reber*, in: BeckOK-UrhG, § 97a Rn. 14; *Dreier/Specht*, in: Dreier/Schulze-UrhG, § 97a Rn. 6.

IV. Muster: Anwaltliche Abmahnung im Urheberrecht[162]

V. Die unberechtigte Abmahnung im Urheberrecht

Die Abmahnung bzw. die geltend gemachten Ansprüche in einem Abmahnschreiben können fehlerbehaftet sein. Die Mängel können an unterschiedlichen Stellen auftreten und haben unter Umständen zur Folge, dass die Abmahnung bzw. die geltend gemachten Ansprüche unberechtigt sind.

1. Inhaltliche Anforderungen (Unwirksamkeit)

Die Nichtbeachtung der in § 97a Abs. 2 Satz 1 UrhG normierten inhaltlichen Anforderungen führt nach § 97a Abs. 2 Satz 2 UrhG zwingend zur Unwirksamkeit der Abmahnung. Bei den nicht ausdrücklich normierten Anforderungen hängt die Unwirksamkeit von der Zweckerreichung ab.[163] Die Unwirksamkeit der Abmahnung hat jedoch keinen Einfluss auf den Unterlassungsanspruch oder den Schadensersatzanspruch.

Mängel nach § 97a Abs. 2 UrhG haben zur Folge, dass gem. § 97a Abs. 3 Satz 1 UrhG keine Aufwendungen erstattet werden. Dies muss genauso für nicht normierte, beachtliche inhaltliche Mängel gelten.

2. Urheberrechtsverstoß (Unbegründet)

Ohne Rechtsverstoß besteht schon kein Unterlassungsanspruch und die Abmahnung ist unbegründet. Schadensersatzansprüche nach § 97 Abs. 2 UrhG oder den §§ 823 ff. BGB scheiden aus. Eine unbegründete und damit unberechtigte Abmahnung löst auch keinen Erstattungsanspruch nach § 97a Abs. 3 Satz 1 UrhG aus.

3. Aktiv-/Passivlegitimation (Unbefugt)

Ist der Abmahnende zum Zeitpunkt der Rechtsverletzung nicht Inhaber des verletzten Urheber- oder Leistungsschutzrechts, so ist er nicht aktivlegitimiert.[164] Er ist dann nicht zur Abmahnung befugt.[165] Gerade im Bereich des Filesharings sind die Abmahnenden oftmals nicht originäre Rechtsinhaber, sondern gehen

162 *Bullinger, in: Beck'sche Formularsammlung zum gewerblichen Rechtsschutz mit Urheberrecht*, S. 713 f.; siehe Anhang.

163 *Nosch*, Die Abmahnung im Zivilrecht, S. 147.

164 *Reber*, in: BeckOK-UrhG, § 97a Rn. 18 f.

165 Die Verwendung des Begriffs *unbefugt* erfolgt hier parallel zum Wettbewerbsrecht, siehe in diesem Kapitel unter C.V.3.

aus abgeleitetem Recht gegen den (vermeintlichen Verletzer) vor. Noch nicht im Abmahnschreiben,[166] doch spätestens im Prozess müssen sie darlegen und gegebenenfalls beweisen, dass sie aufgrund einer geschlossenen Rechtekette selbst Rechteinhaber sind.[167]

An der Abmahnbefugnis fehlt es außerdem dann, wenn der Abgemahnte in Anspruch genommen wird, obwohl er gar kein fremdes Urheberrecht oder Leistungsschutzrecht verletzt hat. Fragen rund um die Passivlegitimation haben Wissenschaft und Rechtsprechung im Bereich des Urheberrechts in den vergangenen Jahren stark beschäftigt. Von besonderem Interesse war dabei die Haftung von Inhabern privater Internetanschlüsse, von denen aus Dritte Rechtsverletzungen im Rahmen von Online-Tauschbörsen begingen.[168]

Fehlt es an der Aktiv-/oder Passivlegitimation, ist die Abmahnung also unbefugt, stehen dem Abmahnendem gegenüber dem Abgemahnten somit auch keine Unterlassungs- und Schadensersatzansprüche zu.[169]

Eine unbefugte Abmahnung ist ferner unberechtigt i. S. d. § 97a und löst keinen Aufwendungsersatzanspruch aus.

4. *Missbräuchliche Abmahnung*

Im Urheberrecht existiert keine spezifische, mit § 8 Abs. 4 UWG vergleichbare Missbrauchsregelung. Mangels planwidriger Regelungslücke ist § 8 Abs. 4 UWG auch nicht analog anwendbar.[170] Allerdings gibt es Stimmen in Literatur und Rechtsprechung, die das Verbot der missbräuchlichen Rechtsausübung im Urheberrecht auf § 242 BGB stützen möchten.[171] Der BGH hat in seiner Entscheidung „Ferienluxuswohnung“[172] die Anwendung des § 242 BGB jedoch verneint und ausgeführt, dass, im Gegensatz zum Wettbewerbsrecht, wo es in der Regel mehrere Anspruchsinhaber gebe, es im Urheberrecht mit nur einem Anspruchsinhaber durch die Versagung des Rechtsschutzes zur endgültigen Rechtsvereitelung käme. Folgt man dieser Ansicht, muss die Anwendung von

---

166 *Reber*, in: BeckOK-UrhG, § 97a Rn. 4.

167 *Forch*, GRUR-Prax. 2014, 193 (194).

168 Zuletzt dazu *BGH*, Urt. v. 11. 06. 2015 – I ZR 19/14 = GRUR 2016, 176; *BGH*, Urt. v. 11. 06. 2015 – I ZR 7/14 = GRUR 2016, 184; *BGH*, Urt. v. 11. 06. 2015 – I ZR 75/14 = GRUR 2016, 191. Ausführlich zur Haftung des Inhabers eines privaten Internetanschlusses *Schaub*, GRUR 2016, 152.

169 *Reber*, in: BeckOK-UrhG, § 97a Rn. 18 f.

170 *BGH*, Urt. v. 31. 05. 2012 – I ZR 106/10 = NJW 2013, 787 (788).

171 *Reber*, in: BeckOK-UrhG, § 97a Rn. 20.

172 BGH, Urt. v. 31.05.2012 – I ZR 106/10 – WRP 2013, 336 (337).

§ 242 BGB im Urheberrecht auf seltene Fälle begrenzt bleiben, wie z. B. bei Eingriffen in Urheberrechte an Werken mit geringer Schöpfungshöhe[173] oder wenn die Abmahnung vornehmlich dem sachfremden Ziel der Gebührenerzielungs- oder Schädigungsabsicht dient.[174]

Sollte der seltene Fall eines Missbrauchs vorliegen, ist die Abmahnung unberechtigt und ein Aufwendungsersatzanspruch nach § 97a Abs. 3 Satz 1 UrhG ist nicht gegeben.

5. *Entbehrlichkeit*

Hinsichtlich der Entbehrlichkeit wird auf die Ausführungen zum Wettbewerbsrecht verwiesen. Eine entbehrliche Abmahnung ist unberechtigt i. S. d. § 97a Abs. 3 Satz 1 UrhG, wenn sie „überflüssig“[175] ist, und lässt keinen Aufwendungsersatzanspruch entstehen.

6. *Anfallen und Erforderlichkeit der Aufwendungen*

Nur Aufwendungen, die tatsächlich angefallen und erforderlich sind, sind gem. § 97a Abs. 3 Satz 1 erstattungsfähig. Bezüglich der Rechtsanwaltskosten, die als Aufwendungen geltend gemacht werden, kann auf die Ausführungen zur wettbewerbsrechtlichen Abmahnung verwiesen werden.

Besondere Beachtung verdient im Urheberrecht aber § 97a Abs. 3 Satz 2 UrhG, der den Aufwendungsersatzanspruch für die Inanspruchnahme anwaltlicher Dienstleistungen hinsichtlich der gesetzlichen Gebühren auf Gebühren nach einem Gegenstandswert für den Unterlassungs- oder Beseitigungsanspruch von 1000 Euro beschränkt. Dies gilt unter den Voraussetzungen, dass es sich um eine natürliche Person handelt, die den Schutzgegenstand nur für private Zwecke verwendet, dass diese Person nicht bereits wegen eines Anspruchs des Abmahnenden durch Vertrag aufgrund einer rechtskräftigen Entscheidung oder einer einstweiligen Verfügung zur Unterlassung verpflichtet ist und dass der Wert nach den besonderen Umständen des Einzelfalles nicht unbillig ist. Liegen diese Voraussetzungen vor und legt der Abmahnende seinem Ersatzanspruch gleichwohl einen Gegenstandswert höher als 1000 Euro zugrunde, sind die Aufwendungen nicht in voller Höhe erforderlich und damit auch nicht (voll) ersatzfähig.

---

173 *Krbetschek/Schlingloff*, WRP 2014, 1 (5).

174 *Nosch*, Die Abmahnung im Zivilrecht, S. 155; vgl. auch *Büch*, in: Teplitzky, Kap. 13 Rn. 56 ff.

175 Siehe Kap. 1, C.V.5.

E. Zusammenfassung des 1. Kapitels

Die Abmahnung ist die Mitteilung des anspruchsberechtigten Verletzten an den Verletzer, dass dieser sich durch eine im Einzelnen bezeichnete Handlung rechtswidrig verhalten habe. Sie enthält überdies die Aufforderungen, das Verhalten in Zukunft zu unterlassen und binnen einer bestimmten Frist eine strafbewehrte Unterlassungserklärung abzugeben.

Der Zweck der Abmahnung besteht in der außergerichtlichen Streitbeilegung, die einerseits für die Parteien eine Zeit- und Kostenersparnis mit sich bringt und andererseits die Gerichte entlastet. Eine erfolglose Abmahnung dient ferner der Verhinderung der Kostenfolge des § 93 ZPO, da der Abgemahnte allein mit dem ursprünglichen Rechtsverstoß noch keinen Anlass zur Klage gibt, sondern erst mit Nichtbeachtung der Abmahnung.

Ein typischer Anwendungsbereich für wettbewerbsrechtliche Abmahnungen eröffnet sich mit dem Online-Handel. So werden etwa auf Ebay vielfach unbewusst Wettbewerbsverstöße begangen, da die zahlreichen Informationspflichten ob ihrer Komplexität oftmals nicht eingehalten werden. Im Urheberrecht stellt die Abmahnung das zentrale Instrument zur Bekämpfung des illegalen Filesharings dar. Streaming ist hingegen nach überwiegender Ansicht zulässig, wurde in der Vergangenheit jedoch gleichwohl abgemahnt.

Der Umstand, dass es sich beim Abmahnverfahren – anders als etwa beim Mahnverfahren nach § 688 ZPO – um ein Verfahren ohne jegliche Beteiligung des Gerichts handelt, birgt die Gefahr des Missbrauchs, der trotz zahlreicher gesetzgeberischer Bemühungen bisher nur bedingt eingedämmt werden konnte. Während eine seriöse Abmahnung vorrangig zum Ziel hat, den Abgemahnten dazu zu verpflichten, das rechtsverletzende Verhalten einzustellen, verspricht sich der unseriös Abmahnende regelmäßig einen finanziellen Vorteil durch die Abmahntätigkeit. Insbesondere die Möglichkeit, Schadens- und Aufwendungsersatzansprüche im Wege der Abmahnung einzufordern, bietet Anreize für eine kriminelle Abmahntätigkeit.

Die maßgeblichen Normen, in denen die Abmahnung ausdrücklich geregelt ist, sind für das Wettbewerbsrecht § 12 UWG und das Urheberrecht § 97a UrhG. Die inhaltlichen Anforderungen an das Abmahnschreiben ergeben sich teilweise aus diesen Vorschriften und zum Teil aus Sinn und Zweck der Abmahnung bzw. der Rechtsprechung der letzten Jahrzehnte.

Eine Abmahnung enthält üblicherweise:

1. Angaben zur Person des Rechtsverletzers und des Verletzten,
2. Angaben zum beanstandeten Verhalten,

3. die Aufforderung zur Abgabe einer Unterlassungserklärung,
4. eine Fristsetzung,
5. die Androhung gerichtlicher Schritte,
6. die Aufforderung zur Zahlung von Aufwendungs- und Schadensersatz.

Eine Abmahnung kann fehlerbehaftet sein. Die jeweiligen Mängel haben unterschiedliche Konsequenzen:

1. Inhaltliche Mängel
   - Beachtliche inhaltliche Mängel führen zur Unwirksamkeit der Abmahnung.
   - Sie berühren weder Unterlassungs- noch Schadensersatzansprüche.
   - Beachtliche inhaltliche Mängel verhindern das Entstehen eines Aufwendungsersatzanspruches.
2. Mangelnder Rechtsverstoß
   - Hat kein Rechtsverstoß durch den Abgemahnten stattgefunden, ist die Abmahnung unbegründet.
   - Es entstehen weder Unterlassungs- noch Schadensersatzansprüche.
   - Bei fehlendem Rechtsverstoß ist die Abmahnung unberechtigt und es entsteht kein Aufwendungsersatzanspruch.
3. Fehlende Aktiv- oder Passivlegitimation
   - Ist der Abmahnende nicht aktivlegitimiert oder der Abgemahnte nicht der richtige Anspruchsgegner, ist die Abmahnung unbefugt.
   - Es entstehen weder Unterlassungs- noch Schadensersatzansprüche.
   - Fehlt es an der Aktiv- oder Passivlegitimation, ist die Abmahnung unberechtigt und begründet keinen Aufwendungsersatzanspruch.
4. Missbräuchliche Abmahnung
   - Bei einer rechtsmissbräuchlichen Abmahnung bleiben Unterlassungs- und Schadensersatzansprüche bestehen.
   - Eine rechtsmissbräuchliche Abmahnung ist unberechtigt und begründet keinen Aufwendungsersatzanspruch.
5. Entbehrliche Abmahnung
   - Bei einer entbehrlichen Abmahnung bleiben Unterlassungs- und Schadensersatzansprüche bestehen.
   - Eine entbehrliche Abmahnung ist unberechtigt und begründet keinen Aufwendungsersatzanspruch, wenn sie „überflüssig“ ist.
6. Aufwendungen nicht angefallen oder nicht erforderlich
   - Aufwendungen, die (ganz oder teilweise) nicht getätigt wurden oder (ganz oder teilweise) nicht erforderlich sind, begründen keinen Aufwendungsersatz (in voller Höhe).

2. Kapitel: Versand einer unberechtigten wettbewerbs- oder urheberrechtlichen Abmahnung als Straftat

A. Vorbemerkung: (Strafrechtsautonome) Begriffsbestimmung

Die Begrifflichkeiten im Zusammenhang mit wettbewerbs- und urheberrechtlichen Abmahnungen werden in der vorliegenden Arbeit nicht streng zivilrechtsakzessorisch gebraucht, sondern strafrechtsautonom bestimmt.

Als **Abmahnender** wird der gedankliche Urheber des Aussageinhalts der Abmahnung, der regelmäßig auch Versender der Abmahnung ist, bezeichnet.

Bei dem Abmahnenden im strafrechtlichen Sinne handelt es sich stets um eine natürliche Person. Dieser ist daher nicht gleichzusetzen mit dem Abmahnbefugten im zivilrechtlichen Sinne, der auch eine juristische Person sein kann. Bedeutungslos sind daher auch etwaige zivilrechtliche Vertretungsverhältnisse oder Haftungen.

Zwischen der Eigenschaft als Abmahnender und der Täterschaft i. S. d. § 25 StGB wird oft, nicht aber zwingend ein Gleichlauf bestehen. Bei einer nichtanwaltlichen Abmahnung wird der Abmahnende in der Regel Versender der Abmahnung und als Täter zu behandeln sein. Bei einer anwaltlichen Abmahnung kann die Einordnung von Rechtsanwalt und Mandant als Täter oder bloßer Gehilfe nur einzelfallabhängig erfolgen, da es hierfür maßgeblich auf die Verantwortungs- und Aufgabenverteilung zwischen Rechtsanwalt und Mandant ankommt.[176]

Als **Abgemahnter** wird der Empfänger einer Abmahnung bezeichnet, also diejenige natürliche Person, die Adressat der Aussageinhalte ist. Der Abgemahnte ist regelmäßig Opfer eines deliktischen Verhaltens des Abmahnenden.

Der Begriff der **Abmahnung** wird sowohl für das Institut der Abmahnung als auch als Bezeichnung für das Schriftstück mit den strafrechtlich relevanten Erklärungsinhalten verwendet. Letzteres wird auch als **Abmahnschreiben** bezeichnet.

Der Begriff des **Abmahnverfahrens** beschreibt den Vorgang der außergerichtlichen Klärung des Sachverhalts mithilfe des Instituts der Abmahnung.

---

176 Ausführlicher dazu im 3. Kapitel unter B.III.1.

B. Betrug, § 263 StGB

I. Übersicht

Eine Betrugsstrafbarkeit im Zusammenhang mit urheber- und wettbewerbsrechtlichen Abmahnungen drängt sich deshalb auf, weil der Abmahnende sich durch den Versand der unberechtigten Abmahnungen in der Regel einen Vermögensvorteil verspricht. Er macht sich dabei zunutze, dass im Verhältnis zwischen Abmahnendem und Abgemahntem – neben der Abgabe der Unterlassungserklärung – üblicherweise Vermögensverschiebungen stattfinden: Der Abgemahnte soll auf die geltend gemachten Schadens- und Aufwendungsersatzansprüche zahlen. Die Geltendmachung dieser Ansprüche im Abmahnschreiben bildet dementsprechend den Ausgangspunkt für eine Betrugsstrafbarkeit.

Das täuschende Verhalten, durch das der Abmahnende auf den Abgemahnten einwirkt, manifestiert sich ausschließlich im schriftlichen Kontakt über das Abmahnschreiben. Das in diesem Schreiben Gesagte oder Nicht-Gesagte bestimmt den Täuschungsgegenstand; für eine Strafbarkeit muss es also im Widerspruch zur Wahrheit stehen. Das Schreiben muss dementsprechend eine wahrheitswidrige Erklärung beinhalten, die sich auf einen Zahlungsanspruch bezieht. Zahlt der Abgemahnte – von der unwahren Behauptung motiviert – auf diesen Anspruch, liegt die Annahme eines vollendeten Betruges nahe.

Zunächst stellt sich die Frage, ob die bloße Behauptung, ein Zahlungsanspruch bestünde, Tatsachenqualität hat und damit Gegenstand einer Täuschung sein kann (dazu unter B.III.1.a)). Es wird sich zeigen, dass dies nicht der Fall ist, sodass in einem weiteren Schritt zu klären sein wird, was überhaupt Erklärungsinhalt eines Abmahnschreibens und damit Täuschungsgegenstand ist. Nach einem kurzen Blick auf den unproblematischen Fall der ausdrücklichen Täuschung (dazu unter B.III.1.b)), findet sodann unter dem Stichwort der konkludenten Täuschung eine ausführliche Analyse des täuschenden Verhaltens statt (dazu unter B.III.1.c)). Darüber hinaus werfen die Merkmale des Irrtums (dazu B.III.2.), der Vermögensverfügung (dazu B.III.3.) und des Vermögensschadens (dazu B.III.5.) kleinere Fragestellungen auf, die zu behandeln sein werden. Schließlich wird der subjektive Tatbestand im Hinblick auf die an ihn zu stellenden Anforderungen einer genaueren Prüfung unterzogen (dazu B.III.5.). Abschließend wird ein Blick auf die möglicherweise einschlägigen Regelbeispiele geworfen (dazu B.IV.).

Um einen Eindruck von der unberechtigten Abmahnpraxis zu vermitteln und um aufzuzeigen, wo die diskutierten Probleme in der Praxis Bedeutung erlangen, sind der abstrakten Analyse einige Fallbeispiele vorangestellt (dazu B.II.).

II. Fallbeispiele

Im Folgenden werden einige Fälle aus der Praxis dargestellt, um aufzuzeigen, welche Konstellationen den Ausgangspunkt der Untersuchung bilden. Die Vielzahl an Fallgestaltungen macht deutlich, dass diese Arbeit nicht umfassend alle Varianten erfassen und prüfen und zu einer umfassenden Bewertung des strafrechtlich relevanten Verhaltens, das im Zusammenhang mit dem Versand von wettbewerbs- und urheberrechtlichen Abmahnungen auftreten kann, gelangen kann. Die Strafbarkeit hängt im Einzelnen von der Formulierung des Abmahnschreibens oder dem Umstand ab, der im konkreten Fall dazu führt, dass die Abmahnung unberechtigt wird. Es ist anhand der Fallbeispiele jedoch möglich, bestimmte Fragestellungen zu extrahieren und zum Untersuchungsgegenstand zu erheben.

1. „Ebay-Schuhhändler-Fall"

Im „Ebay-Schuhhändler-Fall"[177] ging es um wettbewerbsrechtliche Abmahnungen gem. § 12 Abs. 1 UWG, die der Kleinanbieter K, der über das Auktionsportal Ebay einen Kleinhandel mit Schuhen betrieb, an Wettbewerber mit ebenfalls geringen Umsätzen versandte. Der Schuhhandel lief schlecht und brachte Umsätze von nur knapp 33.000 Euro im Jahr 2006 ein. Bei seiner Tätigkeit wurde er von Rechtsanwalt R, der auf dem Gebiet des gewerblichen Rechtsschutzes tätig war, unterstützt. Im Internet wurden mittels Suchmaschine Anbieter von Schuhen ausfindig gemacht, deren Angebote Wettbewerbsverstöße wie etwa Preisangaben mit der nicht näher erläuterten Abkürzung „UVP" enthielten.

Die Abmahnschreiben lauteten – beispielhaft – wie folgt:[178]

> *„Mein Mandant vertreibt unter dem Ebay-Mitgliedsnamen [...] in großem Umfang vor allem Damen- und Herrenschuhe auf der Auktionsplattform Ebay, wobei er besonderen Wert auf einen professionellen Auftritt legt und sich zu diesem Zweck einer aufwendigen Gestaltung bedient, um die Auktionsseiten zu erstellen. [...] Sie vertreiben ebenfalls über die Verkaufsplattform Ebay in großem Umfang Schuhe. Zwischen Ihnen und meinem Mandanten besteht somit ein Wettbewerbsverhältnis. Meinem Mandanten liegt nunmehr Ihr Angebot [...] bei Ebay vor. Sie bieten dort eine Vielzahl von Schuhen zum Verkauf an. [...] Sie werben mit Preisgegenüberstellungen dergestalt, dass Sie einem höheren ‚UVP'-Preis einen deutlich niedrigeren, von Ihnen verlangten Preis gegenüberstellen. [...] Soweit*

---

177 *OLG Köln*, Beschl. v. 14. 05. 2013 – III-1 RVs 67/13 = NJW 2013, 2772.

178 Nahezu wörtlich zitiert nach *OLG Köln*, NJW 2013, 2772 (2772).

Sie diesen höheren Preis ohne jegliche weitere Erläuterungen als ‚UVP' bezeichnen, ist dies in erheblichem Umfang irreführend und damit wettbewerbswidrig iS der §§ 3, 5 UWG. […] Meinem Mandanten stehen deshalb Ihnen gegenüber Unterlassungsansprüche ebenso wie Auskunfts- und Schadensersatzansprüche zu. […] Aus dem Gesichtspunkt des Schadensersatzes bzw. gem. § 12 II UWG ebenso wie der Geschäftsführung ohne Auftrag sind Sie auch dazu verpflichtet, die hier entstandenen Kosten für dieses Abmahnungsschreiben zu übernehmen."

Den Rechtsanwaltsgebühren wurde ein Gegenstandswert von 25.000 Euro bis 75.000 Euro zugrunde gelegt, für den Fall einer streitigen Durchführung der Wettbewerbsverfahren wurde er jedoch auf 10.000 Euro herabgesetzt. Der Gegenstandswert war dementsprechend überhöht angesetzt. Dem abmahnenden Kleinanbieter und seinem Rechtsanwalt kam es bei ihrem Vorgehen lediglich auf die Erzielung von Erlösen und nicht auf die Wahrung und Wiederherstellung eines lauteren Wettbewerbs an. Die Einnahmen sollten absprachegemäß nach einem bestimmten Schlüssel aufgeteilt werden. Sofern bei den Abgemahnten aufgrund ihrer wirtschaftlichen Situation keine Gebührenansprüche zu realisieren waren, verzichtete der Rechtsanwalt bereits im Voraus auf deren Erstattung.

Das Gericht sah in diesem Verhalten keine Täuschung und verzichtete auf eine Verurteilung wegen (versuchten) Betruges.

In der Bezeichnung des Umfangs der Geschäftstätigkeit des K als *groß* lag nach Ansicht des Gerichts lediglich ein Werturteil und keine Tatsachenbehauptung. Auch die überhöhten Gegenstandswerte führten nicht zur Annahme einer Täuschung. Da dieser nach freiem Ermessen zu bestimmen sei und keine Ausführungen im Abmahnschreiben zu den Bemessungsgrundlagen gemacht wurden, fehle es auch hier an der erforderlichen Tatsachenbehauptung. Das Gericht lehnte darüber hinaus eine Täuschung über jene Umstände ab, die die Abmahnung rechtsmissbräuchlich und damit unberechtigt erscheinen ließen. Es stellte fest, dass dem Abmahnschreiben eine Behauptung hinsichtlich des zur Rechtsmissbräuchlichkeit führenden Motivs des reinen Gebührenerzielungsinteresses nicht – auch nicht konkludent – zu entnehmen gewesen sei. Obwohl das Gericht die Missbräuchlichkeit und die daraus resultierende fehlende Berechtigung der Abmahnung durchaus bestätigte, konnte es im Einfordern der Leistung keine Täuschung erkennen:

„In dem Einfordern einer Leistung, auf die kein Anspruch besteht, liegt eine Täuschung über Tatsachen aber nur, wenn entweder ein Bezug zu einer unzutreffenden Tatsachenbasis hergestellt wird – was vorliegend, wie ausgeführt, nicht der Fall ist – oder wenn die rechtliche Wirksamkeit des Anspruchs wahrheitswidrig als – etwa durch Gerichtsentscheidungen – gesichert dargestellt wird".

Beide Varianten hielt es im konkreten Fall für nicht einschlägig und gelangte so zu einer Ablehnung der Täuschung.

Im weiteren Verlauf der Untersuchung wird der „Ebay-Schuhhändler-Fall“ bei der Frage nach dem Bezugspunkt der Täuschung Bedeutung erlangen. Das Gericht prüfte drei mögliche Ansatzpunkte: Die Missbräuchlichkeit nach § 8 Abs. 4 UWG, die Höhe des Gegenstandswertes und das Einfordern der Leistung, auf die kein Anspruch bestand. Die Untersuchung wird aufzeigen, ob und unter welchen Voraussetzungen eine Täuschung über diese Aspekte möglich erscheint.

2. *„E-Card-Fall“*

Im „E-Card-Fall“[179] mahnte A Anbieter von sog. Grußkartenfunktionen (E-Cards) und Newsletter-Funktionen ab. Zu den Anbietern gehörten Unternehmen, Vereine und politische Parteien. In den Abmahnschreiben behauptete A wahrheitswidrig, die E-Cards und Newsletter seien ihm unerwünscht zugegangen und würden für ihn entsprechend der Rechtsprechung eine unzumutbare Belastung seines Privatbereichs sowie eine unzulässige Belästigung darstellen. Tatsächlich waren ihm die bei ihm eingegangenen E-Cards und Newsletter als Grundvoraussetzungen für die Geltendmachung von Aufwendungsersatz für Rechtsanwaltsgebühren und zur Geltendmachung von Vertragsstrafen bei wiederholter Zusendung gegenüber dem Funktionsanbieter höchst willkommen. Um nicht passiv Zusendungen abwarten zu müssen, veranlasste A Mitbewohner in der Wohngemeinschaft, ihm E-Cards und Newsletter zuzusenden oder sandte sich diese selbst zu.

Das weitere Vorgehen fand in Kooperation mit einer Rechtsanwaltskanzlei statt. A erstellte den Abmahnschriftsatz und Rechtsanwalt R unterzeichnete unter seinem Rechtsanwaltsbriefkopf. Eine Mitarbeiterin des R veranlasste dann die Versendung der Abmahnschreiben. Für den Fall erfolgloser Abmahnungen hatten A und R abgesprochen, dass Forderungen von R an A für das anwaltliche Tätigwerden nicht realisiert würden und entsprechende Rechnungen „in die Verjährung laufen“ sollten. Teilweise sollten sie auch zum Schein mit von A vereinnahmten und auf das Konto von R eingezahlten Vertragsstrafen aus den Abmahnungen verrechnet werden.

179 *LG Osnabrück*, Urt. v. 17. 02. 2011 – 15 KLs 35/09 = ZWH 2013, 401. Die Darstellung beschränkt sich auf die Tatbeiträge der Angeklagten A und R.

Das Abmahnschreiben lautete wie folgt:[180]

„Abmahnung

Sehr geehrte Damen und Herren,

unter Vorlage einer auf mich lautenden Vollmacht zeige ich Ihnen an, dass mich Herr A. mit der Wahrnehmung seiner rechtlichen Interessen beauftragt hat. Eine Vollmacht übergebe ich Ihnen in der Anlage zu diesem Schreiben.

1. Verletzungshandlung

Am [...] haben Sie meinem Mandanten ein Werbeschreiben mit dem Titel [...] übersandt bzw. an einer solchen Versendung mitgewirkt. Eine Kopie der eMail erhalten Sie als weitere Anlage zu diesem Schreiben. Auch erhalten Sie eine Kopie des elektronischen eMail-Headers, dem Sie eindeutig Ihre Urheberschaft der unzulässigen Werbemethode entnehmen können. [...]

Nach ständiger Rechtsprechung stellt die Werbung mittels eMail eine unzulässige Belästigung im Sinne von §§ 823, 1004 BGB dar, da Sie die Aufmerksamkeit des Betroffenen über die Gebühren hinaus in Anspruch nimmt und zu einer unzumutbaren Belastung des Privatbereichs führt, und zwar auch dann, wenn sie zur Aufnahme eines erstmaligen geschäftlichen Kontakts dient. [...]

Von einem stillschweigenden Einverständnis kann grundsätzlich nicht ausgegangen werden, insbesondere dann nicht, wenn kein sachlicher Zusammenhang zwischen dem Angebot der Werbung und dem Privatbereich des Adressaten besteht. Dies ist der Fall, da das Werbeschreiben ohne vorherige Interessenbekundung übermittelt wurde.

2. Unterlassungsaufforderung

Ich fordere Sie daher auf, Ihr rechtswidriges Verhalten abzustellen und gebe Ihnen die Möglichkeit, sich meinem Mandanten gegenüber zur Unterlassung zu verpflichten.

Ich weise darauf hin, dass die bloße Beseitigung eines Wettbewerbsverstoßes ebensowenig ausreicht, um die Wiederholungsgefahr zu beseitigen, wie das Versprechen, sich künftig rechtstreu verhalten zu wollen. Die – nach einer Verletzung stets vermutete – Wiederholungsgefahr (vgl. nur: BGH GRUR 1978, 182; GRUR 1994, 516; WRP 1996, 198) kann nur durch eine hinreichend strafbewehrte Unterlassungserklärung beseitigt werden (st. Rspr. des BGH seit GRUR 1955, 342; vgl. auch: BGH NJW 1990, 3147 [464]). Diese von der Rechtsprechung entwickelten Grundsätze sind mit der UWG-Novelle nun auch vom Gesetzgeber übernommen worden, § 12 I 1 UWG n. F.

Ein vorformuliertes Angebot zur Abgabe einer hinreichend strafbewehrten Unterlassungserklärung übersende ich Ihnen in der Anlage mit der Bitte, dieses an mich eigenhändig unterzeichnet zurück zu geben. [...]

4. Kosten einer Beauftragung

Ferner haben Sie die Kosten zu ersetzen, die meinem Mandanten durch meine Beauftragung entstanden sind. Anspruchsgrundlage für die Erstattungspflicht der Abmahnkosten ist § 823 BGB. Die vom BGH seit GRUR 1973, 384 in st. Rspr. entwickelten Grundsätze zur Geschäftsführung ohne Auftrag (§§ 677, 683, 670 BGB) bleiben parallel anwendbar, so dass es auf ein Verschulden hinsichtlich Ihrer Kostenübernahmeverpflichtung nicht ankommt (st. Rspr. seit BGHZ 14, 163 [173] – Constanze II).“

---

180 Nahezu wörtlich zitiert nach *LG Osnabrück*, ZWH 2013, 401.

Das Gericht verurteilte die Angeklagten in den Fällen, in denen die Abgemahnten der Zahlungsaufforderung nachgekommen waren, wegen vollendeten Betruges. Dort, wo keine Reaktion der Abgemahnten folgte oder diese lediglich die Unterlassungserklärung unterzeichneten, nahm es eine Strafbarkeit wegen versuchten Betruges an.

Eine – zumindest konkludente – Täuschung lag nach Ansicht der Richter in der Erklärung, A habe die E-Cards/Links unerwünschter Weise und ohne sein Zutun erhalten, während dies tatsächlich nicht der Fall war. Darüber hinaus nahm es eine ausdrückliche Täuschung darüber an, dass für den A die Einschaltung eines Rechtsanwalts erforderlich gewesen war und dass die Aufwendungen an R in voller Höhe bezahlt wurden. Es stellte ferner klar, dass Zweifel der Abgemahnten hinsichtlich der Richtigkeit der Angaben im Abmahnschreiben, einen Irrtum nicht ausschlössen.

Dieser Fall weist auf die Fragestellung hin, welche Ansatzpunkte für eine Täuschung im Rahmen der Geltendmachung von Rechtsanwaltsgebühren in Betracht kommen. Das Gericht knüpfte an die Erklärung an, die Aufwendungen seien erforderlich gewesen und bezahlt worden. Ferner bietet der Fall Anlass, sich über die Irrtumsproblematik des zweifelnden Verfügenden beim Versand unberechtigter Abmahnungen Gedanken zu machen. Schließlich wirft er die Frage auf, ob auch die Unterzeichnung der Unterlassungserklärung bereits einen Vermögensschaden begründet.

3. *„Zahlungsaufforderung durch Unbefugten“*

Im Fall „Zahlungsaufforderung durch Unbefugten“[181] versandte der Angeklagte Abmahnungen, die er mithilfe von Kommentaren zum Wettbewerbsrecht und unter Verwendung von Briefbögen mit dem Briefkopf „Interessengemeinschaft für Handel und Gewerbe“ sowie der Kontonummer seines Nachbarn, angefertigt hatte. Anstoß dafür war ein Zeitungsartikel, in dem über Verbraucherverbände berichtet wurde, die bei Erteilung sog. Abmahnungen an Gewerbetreibende wegen Wettbewerbsverstößen Kostenpauschalen geltend machten.

Er versandte folgende Abmahnung an Gewerbetreibende, die er aus Branchentelefonbüchern herausgesucht hatte:[182]

> *„Sehr geehrte Damen und Herren,*
> *wir machen darauf aufmerksam, dass ein Verstoß gegen die §§ der Preisangabenverordnung (PrAngV) eine Ordnungswidrigkeit im Sinne des Wirtschaftsstrafgesetzes darstellt und zu Geldbußen bis 50.000 DM führen kann. Die Bestimmungen der PreisangabenVO können über die Vorschriften der §§ 1 und 3 UWG (Gesetz gegen den unlauteren*

---

181 *LG Duisburg*, Urt. v. 01. 08. 2001 – 38/72 Ns 7 Js 128/98 26/99 = WRP 2001, 1457.

182 Nahezu wörtlich zitiert nach *LG Duisburg*, WRP 2001, 1457.

Wettbewerb) Eingang in das Wettbewerbsrecht finden. Sie können von den in § 13 UWG angeführten Klageberechtigten auf Unterlassung verklagt werden.

Wir weisen nachdrücklich darauf hin, dass wir bei Beachtung der o. a. Hinweise sowie der Zahlung einer Kostenpauschale von 245 DM bis 28. 02. 1998 auf das unten angegebene Konto die Sache als erledigt betrachten. Als Verwendungszweck das Aktenzeichen 68/PrA/98 unbedingt angeben.“

Der Angeklagte wurde, da die Firmeninhaber nicht zahlten, wegen versuchten Betruges verurteilt.

Dieser Fall zeigt auf, dass durchaus auch plumpe und laienhafte Abmahnungen eine Strafbarkeit begründen können. Der umfassende Schutz des deutschen Betrugsstrafrechts, der darin zum Ausdruck kommt, wird in der folgenden Untersuchung thematisiert werden. Darüber hinaus wirft der Fall die Frage auf, ob die Abmahnbefugnis, die im Abmahnschreiben unerwähnt bleibt, tauglicher Täuschungsgegenstand ist. Diese Fragestellung bietet Gelegenheit, sich mit Fragen der konkludenten Täuschung im Grundsatz und im Speziellen bei wettbewerbs- und urheberrechtlichen Abmahnungen auseinanderzusetzen.

4. *„Abo-Fallen-Fall“*

Im „Abo-Fallen-Fall“[183] wurde der Tatbestand des Betrugs im Rahmen einer Schadensersatzklage gem. §§ 823 Abs. 2 BGB in Verbindung mit den §§ 263, 22, 27 StGB geprüft. Dem zugrunde liegt eine typische sog. Abo-Falle, wie sie in jener Zeit häufig angewendet wurde und wohl noch heute zum Einsatz kommt.[184] Dabei bieten die Betreiber bestimmte Produkte im Internet an, wobei der Zugang zur Internetseite eine Anmeldung über einen entsprechenden Button erfordert. Während die Nutzer in dem Glauben handeln, lediglich eine kostenlose Anmeldung vorzunehmen, schließen sie in Wirklichkeit ein kostenpflichtiges Abonnement ab. Dies wird dadurch erreicht, dass die Seite von den Betreibern bewusst irreführend gestaltet ist und sich beispielsweise die Information über die Kostenpflichtigkeit lediglich in einem Sternchenhinweis am untersten Ende der Internetseite befindet.

183 *AG Karlsruhe*, Urt. v. 12. 08. 2009 – 9 C 93/09 = NJW-RR 2010, 68.

184 *Stöcker*, Trotz Warn-Button. Millionen Deutsche werden online abgezockt, Artikel auf Spiegel Online vom 04. 09. 2014, abrufbar unter: http://www.spiegel.de/netzwelt/netzpolitik/abzocke-abofalle-erwischt-millionen-deutsche-a-989835.html (Stand: 06. 06. 2016), verweist auf Befragungen des Marktforschungsinstituts Infas, wonach 5,6 Millionen Deutsche angaben, in den zwei Jahren vor der Befragung Opfer einer sog. Abo-Falle geworden zu sein. Ausführlich zu den Abo-Fallen und den Abo-Fallen-Anwälten *Wagner*, Vorsicht Rechtsanwalt, S. 175 ff.

Die Klägerin, die ein solches Abonnement ohne ihr Wissen abschloss, wandte sich mit einer Schadensersatzklage gegen die Anwältin, die im Namen des Seitenbetreibers Ansprüche aus den angeblich zustande gekommenen Verträgen geltend machte. Das Gericht kam zu der Überzeugung, dass die Anwältin von der Gestaltung der Internetseite und damit auch um die fehlende Existenz der Ansprüche wusste und entschied, dass es sich bei der Geltendmachung solcher Forderungen für Mandanten um Beihilfe zu einem versuchten Betrug handele.

Die Anwältin wurde darüber hinaus in weiteren Verfahren zur Zahlung von Schadensersatz verurteilt, in deren Rahmen die Gerichte jeweils von einer Beihilfe zum versuchten Betrug ausgingen.[185] Überdies hat die Staatsanwaltschaft München I Anklage wegen Betruges erhoben.[186]

Zwar war Gegenstand dieses Falles weder eine wettbewerbs- noch eine urheberrechtliche Abmahnung, jedoch ging es um die artverwandte Mahnung. Die Problematik ist jedenfalls übertragbar: die Betrugsrelevanz der Geltendmachung von Ansprüchen, deren Existenz aufgrund der rechtlichen Komplexität oder mangels höchstrichterlicher Entscheidung nicht eindeutig feststeht. Es wird zu klären sein, ob die Geltendmachung solcher Ansprüche zur Annahme einer Täuschung führen kann und welche Anforderungen an den Vorsatz des Abmahnenden zu stellen sind.

5. *„Redtube-Fall"*

Die Abmahnwelle im Zusammenhang mit dem Videoportal Redtube erfuhr Ende des Jahres 2013 und Anfang 2014 eine enorme öffentliche Aufmerksamkeit. Die Rechtsanwaltskanzlei Urmann + Collegen mahnte im Auftrag der Rechteinhaberin The Archive AG massenhaft Nutzer wegen Streamings pornographischer Inhalte ab. Nach Ermittlung der IP-Adresse und der Anschlussinhaber wurde die Kanzlei Urmann + Collegen mit der Abmahnung der Anschlussinhaber beauftragt.[187]

Die massenhaft versandten Abmahnungen lauteten (beispielhaft und ausschnittsweise) wie folgt:[188]

---

185 *AG Schwelm*, Urt. v. 07. 10. 2010 – 24 C 108/10 = NJOZ 2011, 1018; *AG Marburg*, Urt. v. 08. 02. 2010 – 91 C 981/09 = GRUR-RR 2010, 265.

186 Schriftliche Auskunft der Staatsanwaltschaft München I vom 25. 11. 2015.

187 Ausführlich dazu *Solmecke*, CR 2014, 137.

188 Abmahnschreiben aus der sog. Redtube-Abmahnwelle veröffentlicht auf der Internetseite der Rechtsanwaltskanzlei *gulden röttger rechtsanwälte*, abrufbar unter: https://ggr-law.com/fileadmin/rechtsgebiete/Filesharing/u_und_c/abmahnung-streaming-u_c-rechtsanwälte-2013-12-05.pdf (Stand: 06. 06. 2016).

„Gegenstand unserer Beauftragung ist eine von Ihrem Internetanschluss aus begangene Urheberrechtsverletzung am dem Werk […]. Unserer Mandantin steht das ausschließliche Recht zu, dieses Werk zu vervielfältigen (§§ 16, 94 f. UrhG). Dieses Recht wurde durch das Streamen des betreffenden Werkes über Ihren Internetanschluss verletzt. […]

Die beim Streamen des genannten Werkes technisch notwendige Zwischenspeicherung stellt ein Vervielfältigen nach § 16 UrhG dar und steht ausschließlich dem Urheber bzw. dem Rechteinhaber zu. Hierfür spielt es keine Rolle, ob das Werk dauerhaft oder nur vorübergehend gespeichert wird. Eine rechtmäßige Nutzung der Raubkopie (§ 44a UrhG) ist ohne Genehmigung des Urhebers nicht möglich (vgl. AG Leipzig, Urteil vom 21. 12. 2011 – Az. 200 Ls 390 Js 184/11). Eine erlaubte Vervielfältigung zum privaten Gebrauch (§ 53 UrhG) kommt hier von vornherein nicht in Betracht, da eine offensichtlich rechtswidrig hergestellte oder öffentlich zugänglich gemachte Vorlage verwendet worden ist. Daher hat unsere Mandantschaft gegen Sie den Anspruch auf Unterlassung und Schadensersatz (§ 97 UrhG). Weiterhin hat unsere Mandantschaft gegen Sie den Anspruch auf Vernichtung aller bei Ihnen noch befindlichen rechtswidrigen Kopien (§ 98 UrhG). […]

Namens und in Vollmacht unserer Mandantin fordern wir sie hiermit auf, die gegebenenfalls noch vorhandene rechtswidrige Kopie unverzüglich von ihrem Computer zu entfernen. Weiter fordern wir Sie auf, zur Ausräumung der Wiederholungsgefahr, eine Unterlassungserklärung gegenüber unserer Mandantin abzugeben, für deren Eingang in unserer Kanzlei eine Frist bis spätesten 10. 12. 2013 notiert wurde. […]

Gemäß § 97a Abs. 3 UrhG besteht weiterhin ein Kostenerstattungsanspruch gegen Sie. Sie haben unserer Mandantin den durch die unerlaubte Verwertung entstandenen Schaden zu ersetzen […]. Weiterhin haben Sie die Kosten der Ermittlungsfirma zur Feststellung der Rechtsverletzung, die Gerichtskosten des Verfahrens vor dem Landgericht Köln und die anteiligen Aufwendungen, die Ihrem Provider gemäß § 101 Abs. 2 UrhG zu erstatten waren zu ersetzen […]. Die erstattungspflichtigen Kosten unsere Inanspruchnahme bemessen sich nach dem Rechtsanwaltsvergütungsgesetz (RVG) und werden wie folgt beziffert […].“

Der „Redtube-Fall“ lässt bis heute viele Fragen offen. So ist nicht eindeutig geklärt, wie die IP-Adressen der Nutzer ermittelt wurden und ob das Vorgehen rechtmäßig war.[189] Darüber hinaus bestehen Zweifel an der Rechteinhaberschaft der The Archive AG[190] und auch die Anträge an das Gericht nach § 101 Abs. 9 UrhG sollen nach Ansicht einiger Beteiligter irreführend formuliert gewesen sein, sodass nicht klar erkennbar gewesen sein soll, dass es lediglich um Streaming und nicht um illegale Downloads ging.[191]

---

189 *Solmecke*, CR 2014, 137 (138).

190 *Hauck/Heim*, JuS 2014, 303 (Fn. 39); *Solmecke*, CR 2014, 137 (139).

191 Vgl. *LG Köln*, Beschl. v. 24. 01. 2014 – 209 O 188/13 = GRUR-RR 2014, 114 (115); *Biermann*, Die hinterhältigen Tricks der Porno-Abmahner, Artikel auf Zeit Online vom 09. 02. 2014, abrufbar unter: http://www.zeit.de/digital/internet/2014-02/redtube-porno-abmahnung (Stand: 21. 06. 2016).

Die Frage jedoch, die ins Zentrum der Aufmerksamkeit rückte, war jene nach der Zulässigkeit des Streamings. Nach geltendem Recht waren damals und sind noch heute beide Interpretationen möglich. Entweder man wertet die Zwischenspeicherung der Daten im temporären Puffer, wie sie während des Streamings stattfindet, als Urheberrechtsverletzung oder man sieht sie als vorübergehende, flüchtige Vervielfältigung nach § 44a Nr. 2 UrhG als privilegiert an, was eine Urheberrechtsverletzung ausschlösse.[192] Verschiedene Zivilgerichte hatten sich mit dem „Redtube-Fall" zu beschäftigen und entschieden in der Folge übereinstimmend, dass die Abmahnungen unberechtigt gewesen seien, da das Streaming der Videos durch die Portal-Nutzer keine Urheberrechte verletzt habe. Der Europäische Gerichtshof hingegen ließ unlängst durchblicken, dass er Streaming als urheberrechtsverletzend einstufe.[193] Eine Entscheidung des Bundesgerichtshofs oder eine Klarstellung durch den Gesetzgeber fehlt aber bislang.

Im Zuge der sog. Redtube-Affäre wurden auch Strafanzeigen gegen einige der Beteiligten gestellt, unter anderem gegen jenen Rechtsanwalt, der im Rahmen seiner Anwaltstätigkeit die Abmahnungen versandt hatte. Es wurde ihm unter anderem ein betrügerisches Vorgehen vorgeworfen. Die Staatsanwaltschaft Regensburg hat das Verfahren jedoch eingestellt.[194]

Von den unzähligen rechtlichen und tatsächlichen Problemen, die dieser Fall aufwirft, hängen zwei unmittelbar mit dem Versand der Abmahnung und dem Inhalt des Abmahnschreibens zusammen und bieten die Möglichkeit der vom konkreten Fall losgelösten Untersuchung. Zum einen handelt es sich dabei um die Frage der Rechteinhaberschaft, also der Abmahnbefugnis als Bezugspunkt der Täuschung. Zum anderen wirft der Fall die Frage auf, wie es sich mit der Strafbarkeit verhält, wenn rechtliche Grauzonen für die Abmahntätigkeit ausgenutzt werden. Diese Problematik kommt sowohl objektiv beim Tatbestandsmerkmal der Täuschung über Tatsachen als auch subjektiv im Rahmen des Vorsatzes zum Tragen.

6. *„Ebay-Sporthändler-Fall"*

Im Jahr 2017 äußerte sich schließlich auch der Bundesgerichtshof[195] zur Frage der Strafbarkeit wegen Betruges beim Versand wettbewerbsrechtlicher Abmahnungen.

---

192 Ausführlicher zum Streaming im 1. Kapitel unter B.V.2.b).

193 *EuGH*, Urt. v. 26. 04. 2017 – C-527/15 = NJW 2017, 1933.

194 Schriftliche Auskunft der Staatsanwaltschaft Regensburg vom 09. 12. 2015.

195 *BGH*, Beschl. v. 08. 02. 2017 – 1 StR 483/16 = NJW 2017, 2425.

Der Entscheidung lag folgender Sachverhalt zugrunde:[196] Der angeklagte Rechtsanwalt S[197] hatte bei einem Bekannten ein Darlehen in Höhe von 30.000 Euro zum Aufbau seiner Kanzlei aufgenommen und befand sich daher in finanziellen Schwierigkeiten. Der Mitangeklagte W betrieb ein Sportgeschäft mit Onlineshop und wollte aufgrund erheblicher Umsatzeinbußen kurzfristig anderweitige Einkünfte erzielen. S und W kamen daher überein, dass S als anwaltlicher Bevollmächtigter des W Ebay-Verkäufer von Sport- und Freizeitartikeln wegen angeblicher Verschleierung ihrer Unternehmereigenschaft nach § 3 Abs. 1 und 3 UWG i. V. m. dem Anhang zu § 3 Abs. 3 Nr. 23 UWG abmahnen sollte. Sie vereinbarten, dass die durch die Beauftragung des Angeklagten anfallenden Rechtsanwaltsgebühren nicht von W verlangt werden sollten, sondern dass sie vielmehr die eventuell eingehenden Gelder der abgemahnten Personen hälftig unter sich aufteilen würden. Für den Fall, dass die Abgemahnten nicht zahlten, sollten W demgemäß keinerlei Kosten für die Tätigkeit des Angeklagten entstehen. Eine über die Gebührenforderung hinausgehende Durchsetzung behaupteter wettbewerbsrechtlicher Ansprüche gegen die Abgemahnten war von W und dem Angeklagten nicht beabsichtigt.

Diesem Tatplan entsprechend ließ W durch Praktikanten, die in seinem Sportgeschäft tätig waren, auf der Internet-Plattform Ebay nach Anbietern suchen, die eine Vielzahl von Verkäufen aufwiesen. Sodann ließ er Testkäufe durchführen, um an die Kontaktdaten der Verkäufer zu gelangen. Aus den vorgenannten Daten wurde eine Liste von Verkäufern erstellt, bei denen W und S aufgrund der Anzahl der Verkäufe und Bewertungen davon ausgingen, eine Abmahnung als Unternehmer sei erfolgversprechend. Daraufhin schrieb S insgesamt 377 Ebay-Verkäufer mit einem Serienbrief an und mahnte sie im Namen des W wegen getätigter Verkäufe ab.

Die Abmahnungen lauteten wie folgt:[198]

„Sehr geehrter Herr […],

in vorbezeichneter Angelegenheit zeige ich an, dass ich die rechtlichen Interessen des Herrn […], Inhaber des Sport- und Freizeitmodefachgeschäfts […], anwaltlich vertrete. Eine auf mich lautende Vollmacht füge ich anbei.

---

196 Die Sachverhaltsdarstellung basiert sowohl auf *LG Amberg*, Urt. v. 02. 06. 2016 – 12 KLs 102 Js 8208/12, als auch auf *BGH*, Beschl. v. 08. 02. 2017 – 1 StR 483/16 = NJW 2017, 2425.

197 Die hiesige Darstellung beschränkt sich – entsprechend dem Beschluss des BGH – auf die Frage der Strafbarkeit des Rechtsanwalts S.

198 Wörtlich zitiert aus *LG Amberg*, Urt. v. 02. 06. 2016 – 12 KLs 102 Js 8208/12.

Meine Mandantschaft ist, wie sich bereits aus der Unternehmensbezeichnung ergibt, Einzelhändler im Sport, Freizeit und Textil. Meine Mandantschaft betreibt ihren Handel nicht nur über ihr Ladenlokal in Sulzbach-Rosenberg, sondern auch über das Internet im Wege eines sogenannten Internetshops.

Sie stehen zu meiner Mandantschaft im Wettbewerb über das Internetauktionshaus eBay. Zur Auktionsnummer [...] boten Sie unter anderem den Artikel [...] an. Meine Mandantschaft stellte fest, dass Sie in den letzten 6 Monaten insgesamt [...] Mal bewertet wurden; in den letzten 12 Monaten sogar [...] Mal. Erfahrungsgemäß bewerten lediglich 1/3 der eBay-Käufer den Verkäufer. Daher ist zu unterstellen, dass Sie in den letzten 12 Monaten wesentlich mehr als die Verkäufe in 12 Monaten tätigten.

Obwohl Sie damit unzweifelhaft Unternehmer im Sinne des § 14 Abs. 1 BGB sowie des § 2 Abs. 1 Nr. 6 UWG sind, täuschten Sie bei den Internetauktionen wahrheitswidrig vor, Verbraucher im Sinne des § 13 BGB zu sein.

*Aufgrund der Vielzahl Ihrer Angebote und aufgrund Ihrer Bewertungen sind Sie nach der Rechtsprechung [**an dieser Stelle wurden in einer Fußnote zahlreiche gerichtliche Entscheidungen zitiert**] eindeutig als gewerblicher Anbieter und damit als Unternehmer i. S. d. UWG (Unlauteres Wettbewerbsgesetz) zu qualifizieren.*

Ob Sie tatsächlich ein Gewerbe angemeldet haben oder Ihre Einnahmen dem Finanzamt gemeldet haben, ist für Ihre rechtliche Qualifizierung als Unternehmer irrelevant.

Ich mache darauf aufmerksam, dass Einkünfte aus selbständiger Tätigkeit gemäß § 1 S. 1 Nr. 2 EStG (Einkommensteuergesetz) der Einkommensteuer unterliegen. Ferner sind Sie als Gewerbetreibender verpflichtet, auf die von Ihnen veräußerten Artikel Umsatzsteuer zu erheben und die vereinnahmte Umsatzsteuer an das Finanzamt abzuführen, da es sich bei Ihrer Verkaufstätigkeit unzweifelhaft um eine steuerbare Leistung i. S. d. § 1 Nr. 1 UStG (Umsatzsteuergesetz) handelt.

Gemäß § 379 AO (Abgabenordnung) ist die Verkürzung der Steuer eine strafbare Handlung, die mit Freiheitsstrafe bis zu 5 Jahren oder Geldstrafe bestraft wird.

Durch die Verschleierung der Unternehmereigenschaft verschaffen Sie sich gegenüber meiner Mandantschaft und anderen Mitbewerbern einen ungerechtfertigten Wettbewerbsvorteil, denn als gewerblicher Verkäufer müssen Sie unter anderem über die gesetzliche Widerrufs- und Rückgaberechte bei Fernabsatzverträgen informieren (§ 312c BGB) sowie auf die von Ihnen veräußerten Artikel Umsatzsteuer erheben. Hierdurch verschaffen Sie sich einen erheblichen Preisvorteil.

Namens und im Auftrag meiner Mandantschaft fordere ich Sie hiermit auf, die beiliegende strafbewehrte Unterlassungserklärung zu unterschreiben und an mich bis zum

21. 08. 2012

zurückzusenden. Der Unterlassungsanspruch meiner Mandantschaft ergibt sich aus § 8 Abs. 1 UWG in Verbindung mit § 8 Abs. 3 Nr. 1 UWG.

Aufgrund Ihres unlauteren Wettbewerbes sind Sie meiner Mandantschaft darüber hinaus gemäß §§ 3 Abs. 3, Anhang zu Abs. 3, Nr. 23, 9 UWG sowie aus § 12 Abs. 1 S. 2 UWG zum Schadenersatz verpflichtet. Der Schaden meiner Mandantschaft liegt in den durch dieses Schreiben veranlassten außergerichtlichen Anwaltskosten, die sich aus einem Gegenstandswert von Euro 8.000,00 bemessen. Näheres entnehmen Sie bitte der unten stehenden Gebührenberechnung.

Namens und im Auftrag meines Mandanten fordere ich Sie hiermit auf, den meiner Mandantschaft entstandenen Schaden i. H. v.

Euro 555,60

ebenfalls bis zum oben genannten Fristende auf das im Briefkopf angegebene Rechtsanwaltskonto unter Angabe meines Aktenzeichens und Ihres Namens zu zahlen.

Sollten Sie die Unterlassungserklärung und/oder den oben geforderten Schadenersatz nicht bis zum Fristende zahlen, so ist meine Mandantschaft berechtigt, ohne weitere Abmahnung gerichtliche Schritte gegen Sie einzuleiten. Bitte beachten Sie, dass der Streitwert in Wettbewerbsrechtssachen regelmäßig Euro 15.000,00 und höher beträgt. Zur Vermeidung weiterer, erheblicher Kosten empfehle ich Ihnen daher, den Schadenersatz zu zahlen und die Unterlassungserklärung unverzüglich an mich zurück zu senden.

Bitte beachten Sie, dass für den Fall der Fortsetzung Ihrer wettbewerbswidrigen Handlungen, eine gerichtliche Streitigkeit unumgänglich sein wird. In diesem Fall kann nicht ausgeschlossen werden, dass das für Sie zuständige Finanzamt hiervon Kenntnis erlangt und erhebliche Steuernachforderungen auf Sie zukommen."

Auf diesen Text folgten eine Gebührenberechnung sowie eine vorformulierte strafbewehrte Unterlassungserklärung.

Die Schreiben waren, wie bei Serienbriefen üblich, jeweils inhaltsgleich. Sie unterschieden sich lediglich im Adressaten, in der Auktionsnummer, dem verkauften Artikel, der Anzahl der Bewertungen, der Festsetzung des Gegenstandswertes und dem geforderten Schadensersatzbetrag. Im Vertrauen auf diese Angaben zahlten 25 Geschädigte einen Gesamtbetrag von 13.173,20 Euro auf das Anderkonto des Angeklagten. Die übrigen Abgemahnten zahlten nicht.

Darüber hinaus unterstützte der Angeklagte den W und einen weiteren Beteiligten, den H, bei der Durchführung einer zweiten Abmahnaktion, indem er dem H per E-Mail zwei mit seiner eingescannten Unterschrift versehene Blanko-Rechnungsvorlagen übersandte. Die Rechnungsvorlagen wiesen Rechtsanwaltskosten in Höhe von 555,60 Euro bzw. 755,80 Euro aus. Der H passte die Rechnungen anschließend an die jeweiligen Abgemahnten an und organisierte deren Versand. Im Vertrauen auf die Richtigkeit der Angaben überwiesen 31 Abgemahnte insgesamt 16.289,70 Euro auf das Konto des W. Die übrigen Abgemahnten zahlten nicht.

Der angeklagte Rechtsanwalt S wurde wegen Betruges in 25 Fällen und versuchten Betruges in 352 Fällen sowie wegen Beihilfe zu 31 Fällen des Betruges und zu 1118 Fällen des versuchten Betruges verurteilt.

Der BGH bestätigte die Ansicht der Vorinstanz[199], wonach der Angeklagte über Tatsachen getäuscht hatte, indem er die Rechtsanwaltsgebühren als dem Mitangeklagten W entstandener Schaden gegenüber den abgemahnten Ebay-Verkäufern geltend machte. Allerdings knüpfte er für diese Wertung an einem anderen Täuschungsgegenstand an als das LG Amberg. Nach Ansicht des Landgerichts war darüber getäuscht worden, dass dem W Rechtsanwaltsgebühren in Höhe der geforderten Summe tatsächlich entstanden waren, obwohl S seine Gebührenforderung aufgrund der Vereinbarung mit W diesem gegenüber in Wahrheit gar nicht in voller Höhe, sondern nur zur Hälfte realisieren wollte. Den Abgemahnten sei dementsprechend bei Zahlung ein Schaden in Höhe der Hälfte des geforderten Betrages entstanden.

Der BGH hingegen entschied, der angeklagte Rechtsanwalt habe konkludent erklärt, der Forderung liege ein wettbewerbsrechtlich bedeutsamer Abmahnvorgang zugrunde und es gehe ihm nicht um die bloße Generierung von Rechtsanwaltsgebühren, mithin um keine rechtsmissbräuchliche Geltendmachung der Ansprüche. Tatsächlich aber war das Handeln des Angeklagten und des W rechtsmissbräuchlich i. S. d. § 8 Abs. 4 UWG und der Anspruch auf Erstattung der Abmahnkosten damit gar nicht entstanden. Jenen Abgemahnten, die aufgrund des Irrtums über die eigentliche Zielrichtung der Abmahnschreiben die geltend gemachten Rechtsanwaltsgebühren erstatteten, sei damit ein Schaden in voller Höhe des Zahlungsbetrags entstanden.

Das Zurverfügungstellen der mit der Unterschrift des Angeklagten versehenen Blanko-Rechnungsvorlagen wertete der BGH ebenso wie das LG Amberg als Beihilfe zu der Tat der Mitangeklagten W und H im Sinne des § 27 StGB.

Die Entscheidung ist für die weitere Arbeit in zweierlei Hinsicht bedeutsam. Erstens wirft sie die zentrale Frage nach dem Täuschungsgegenstand auf. Dabei werden in der Entscheidung zwei unterschiedliche Anknüpfungspunkte angesprochen; zum einen die Absicht der Gebührengenerierung und damit die tatsächlichen Voraussetzungen eines Rechtsmissbrauchs nach § 8 Abs. 4 UWG und zum anderen die Rechtsanwaltsgebühren.

Zweitens bietet die Gehilfentätigkeit des Angeklagten, die darin bestand, W und H Blanko-Rechnungsvorlagen zur Verfügung zu stellen, Anlass, sich mit der Problematik der neutralen Beihilfe auseinanderzusetzen.

III. Die Tatbestandsmerkmale des Betruges

Der Betrugstatbestand setzt die Täuschung über Tatsachen voraus; ein Werturteil kann hingegen nicht Gegenstand einer Täuschung sein. Tatsachen sind alle konkreten vergangenen oder gegenwärtigen Geschehnisse oder Zustände

199 *LG Amberg*, Urt. v. 02. 06. 2016 – 12 KLs 102 Js 8208/12.

der Außenwelt und des menschlichen Innenlebens, die sinnlich wahrnehmbar oder zumindest empirisch überprüfbar und damit dem Beweis grundsätzlich zugänglich sind.[200] Bloße Annahmen, Schlussfolgerungen, Vermutungen, Urteile oder Meinungsäußerungen als Mitteilung von subjektiven persönlichen Wertungen fallen hingegen nicht unter den Tatsachenbegriff.[201] Im Folgenden soll geklärt werden, ob die Abmahnung bzw. die im Abmahnschreiben enthaltenen Behauptungen als Tatsachen oder Werturteile einzuordnen sind.

1. *Täuschung über Tatsachen*

a) *Abgrenzung von Tatsache und Werturteil*

aa) Die Diskussion um die Abmahnung als Tatsache oder Werturteil im Lauterkeitsrecht

Die Frage, ob eine Abmahnung bzw. Verwarnung[202] eine Tatsache oder ein Werturteil darstellt, wird auch im Lauterkeitsrecht intensiv diskutiert. Grund hierfür ist, dass es von dieser Einordnung der Abmahnung abhängt, ob der zu Unrecht Abgemahnte seinerseits eine Rechtsverletzung geltend machen kann. So bestimmt beispielsweise § 4 Nr. 2 UWG (§ 4 Nr. 8 UWG a. F.) dass derjenige unlauter handelt, der über einen Mitbewerber nicht erweislich wahre Tatsachen behauptet, die geeignet sind, den Betrieb des Unternehmens zu schädigen.[203]

Zum Teil wird vertreten, die Abmahnung sei regelmäßig als Meinungsäußerung aufzufassen, denn der Vorwurf des Wettbewerbsverstoßes sei ein bloßer Akt rechtlicher Wertung bzw. Subsumtion. Der Begriff der Lauterkeit sei derart offen und flexibel, dass er der objektiven Klärung allenfalls in Ausnahmefällen zugänglich sei.[204]

Andere wollen hingegen die Abmahnung grundsätzlich als Tatsachenbehauptung qualifizieren. Es werde – zumindest konkludent – behauptet, der Abgemahnte/Verwarnte begehe eine Rechtsverletzung.[205]

---

200 *Perron*, in: Sch/Sch-StGB, § 263 Rn. 8 m. w. N.

201 *Fischer*, StGB, § 263 Rn. 9; *Hefendehl*, in: MüKo-StGB, § 263 Rn. 79; *Perron*, in: Sch/Sch-StGB, § 263 Rn. 9.

202 Zum rein terminologischen Unterschied von Abmahnung und (Schutzrechts-)Verwarnung siehe im 1. Kapitel unter A.

203 Überblick bei *Goldbeck*, Der ‚umgekehrte' Wettbewerbsprozess, S. 43 ff; ausführlich *Sack*, Unbegründete Schutzrechtsverwarnungen, S. 124 ff.

204 *RG*, Urt. v. 17. 10. 1916 – II 140/16 = RGZ 88, 437 (438); *Hesse*, GRUR 1979, 438 (443); *Ohl*, GRUR 1966, 172 (177); *Reuthal*, Die unberechtigte wettbewerbsrechtliche Abmahnung, S. 194 ff.; *Teplitzky*, GRUR 2005, 9 (13); *Vorwerk*, ZIP 2005, 1157 (1161).

205 *OGH*, Beschl. v. 01. 06. 1999 – 4 Ob 72/99 = GRUR-Int 2000, 558 (560); *Blaurock*, Die Schutzrechtsverwarnung, S. 74 ff.; *Sack*, WRP 2005, 253 (262); *ders.*, Unbegründete Schutzrechtsverwarnungen, S. 153 ff.

Eine im Vordringen befindliche Ansicht will innerhalb der Abmahnung nach Aussageinhalten differenzieren.[206] Einerseits enthalte sie jene dem Beweis zugänglichen Angaben, „die in ihrer Gesamtschau [...] den Sachverhalt konstituieren". Dazu gehörten beispielsweise „Ausführungen zu Vornahme, Art und Umfang der beanstandeten Wettbewerbsmaßnahme oder zur Identität desjenigen, der für das Verhalten verantwortlich sein soll".[207] Andererseits beinhalte sie die auf dieser Grundlage erfolgenden rechtlichen Schlussfolgerungen, die als Subsumtionsakt bloße Werturteile darstellten.[208]

bb) Einfordern einer Leistung: Tatsachenbehauptung oder Werturteil?

Auch wenn sich das Urteil über das Vorliegen einer Tatsache im Rahmen der strafrechtlichen Betrugsprüfung nicht ausschließlich auf die zivilrechtliche Wertung stützen kann, so ist der lauterkeitsrechtlichen Diskussion zumindest zu entnehmen, dass es sinnvoll erscheint, einzelne Aussageelemente des Abmahnschreibens zu trennen und eine differenzierende Bewertung vorzunehmen.

Werden Aussagen über tatsächliche Geschehnisse oder ein tatsächliches Verhalten gemacht (die z. B. eine Rechtsverletzung konstituieren), so sind diese unstreitig dem Beweis zugänglich und dementsprechend als Tatsachenbehauptungen anzusehen.

Schwieriger gestaltet sich indes die Einordnung jener Aussageinhalte, in denen Ansprüche an den Abgemahnten gestellt werden. In wettbewerbs- und urheberrechtlichen Abmahnungen werden regelmäßig am Ende des Schreibens Zahlungsansprüche gegen den Abgemahnten geltend gemacht. Diese Zahlungsaufforderungen sind für die strafrechtliche Prüfung besonders interessant, da diese die letztlich ausschlaggebenden Passagen des Abmahnschreibens sind, die den Abgemahnten zur Zahlung bewegen.

Beispielhaft sei hier die Formulierung aus dem „Ebay-Schuhhändler-Fall" angeführt:

> *„Meinem Mandanten stehen [...] Ihnen gegenüber Unterlassungsansprüche ebenso wie Auskunfts- und Schadensersatzansprüche zu. [...] Aus dem Gesichtspunkt des Schadensersatzes bzw. gem. § 12 II UWG ebenso wie der Geschäftsführung ohne Auftrag sind Sie*

---

206 *Achilles*, in: Ahrens, Kap. 4 Rn. 11; *Faust*, JZ 2006, 365 (368); *Goldbeck*, Der ‚umgekehrte' Wettbewerbsprozess, S. 45 ff.; *Jänich*, in: MüKo-UWG, § 4 Nr. 10 Rn. 125.

207 *Goldbeck*, Der ‚umgekehrte' Wettbewerbsprozess, S. 47.

208 *Goldbeck*, Der ‚umgekehrte' Wettbewerbsprozess, S. 47 Fn. 241, weist jedoch darauf hin, dass in einem solchen Urteil, etwa über die Wettbewerbswidrigkeit des Verhaltens, – als Tatsachenkern – konkludent die Tatsachenbehauptung enthalten sein könne, der Abgemahnte habe sich tatsächlich in dieser Form verhalten.

auch dazu verpflichtet, die hier entstandenen Kosten für dieses Abmahnungsschreiben zu übernehmen.“

Das OLG Köln zog in seinem Urteil diese Zahlungsaufforderung als Anknüpfungspunkt für eine mögliche Täuschung heran, gelangte aber zu dem Ergebnis, dass es an einer Täuschung über Tatsachen fehle. Das Einfordern einer Leistung sei eine schlichte Rechtsauffassung und damit ein Werturteil; es habe also nicht die für § 263 StGB erforderliche Tatsachenqualität.[209] Mit dieser Behauptung gilt es sich näher zu befassen.

Die reine Subsumtion eines Sachverhalts unter eine Rechtsnorm stellt eine Rechtsauffassung dar, die – soweit sie sich in der Darlegung des Subsumtionsergebnisses erschöpft – einhellig als Werturteil qualifiziert wird.[210] Dementsprechend ist die Behauptung, ein bestimmter Anspruch und eine Zahlungspflicht bestünden, richtigerweise keine Tatsache. Es handelt sich lediglich um die Kundgabe des Ergebnisses, das sich aus der Subsumtion des Sachverhalts unter die anspruchsbegründende Norm ergibt, mithin um die Kundgabe eines Werturteils.

Unter bestimmten Umständen soll die Rechtsauffassung aber dennoch unter den Tatsachenbegriff fallen bzw. einen „objektivierbaren Tatsachenkern“[211] aufweisen, der Gegenstand der Täuschung sein kann. So sollen etwa Rechtsausführungen dann einen Tatsachenkern enthalten, wenn die zugrunde liegenden Tatsachen sich auch dem Laien allein aus der rechtlichen Wertung ergeben, da es sich um für jedermann geläufige Lebenssachverhalte handelt (z. B. Kauf, Miete).[212] Außerdem soll eine Rechtsauffassung dann eine Tatsachenbehauptung enthalten, wenn sie „mit weiterer Kompetenz versehen“[213]

---

209 *OLG Köln*, Beschl. v. 14. 05. 2013 – III-1 RVs 67/13 = NJW 2013, 2772 (2774).

210 Vgl. *BGH*, Urt. v. 12. 11. 1957 – 5 StR 447/57 = JR 1958, 106 (106); *OLG Stuttgart*, Beschl. v. 19. 06. 1979 – 3 Ss (8) 237/79 = NJW 1979, 2573 (2574); *OLG Karlsruhe*, Urt. v. 06. 06. 2002 – 1 Ss 277/01 = JZ 2004, 101 (102); *Fischer*, StGB, § 263 Rn. 11; *Hoyer*, in: SK-StGB, § 263 Rn. 19.

211 *Perron*, in: Sch/Sch-StGB, § 263 Rn. 9; vgl. auch *BGH*, Beschl. v. 08. 02. 2017 – 1 StR 483/16 = NJW 2017, 2425 (2426); *BGH*, Beschl. v. 26. 08. 2003 – 5 StR 145/03 = BGHSt 48, 311 (344); *OLG Düsseldorf*, Urt. v. 25. 02. 1965 – 18 U 175/64 = JR 1965, 302 (303); *OLG Celle*, Beschl. v. 01. 11. 2011 – 31 Ss 29/11 = NStZ-RR 2012, 111 (112); *Duttge*, in: Dölling/Duttge/Rössner-StGB, § 263 Rn. 7; *Fischer*, StGB, § 263 Rn 9.

212 *Kindhäuser*, in: NK-StGB, § 263 Rn. 89 m. w. N.

213 *Hefendehl*, in: MüKo-StGB, § 263 Rn. 86.

ist, weil sie als durch Gerichtsentscheidungen gesichert dargestellt wird[214] oder der Erklärende mit besonderer Fachkompetenz ausgestattet ist.[215]

Indem auch Werturteile über den Umweg eines Tatsachenkerns oder Tatsachenbezugs in den Tatsachenbegriff einbezogen werden, soll letztlich deutlich gemacht werden, dass sich bei der Bewertung nicht „auf die Form der Äußerung oder die sinnliche Wahrnehmbarkeit des Äußerungsgegenstandes“[216] beschränkt werden darf, sondern auch implizite Informationen – konkludent Erklärtes – miteinbezogen werden müssen.

Letztlich ist es gar nicht erforderlich, Ausnahmen zu bilden, wann im Einzelfall ein Werturteil eine Tatsache sei oder zu einer Tatsache werde, wenn nur einzelne Aussageelemente klar getrennt werden. So muss beispielsweise zwischen der Geltendmachung des Anspruchs („mir steht ein Schadensersatzanspruch zu“) und der Behauptung des Bestehens der diesen Anspruch begründenden Tatsachen („eine rechtsverletzende Handlung wurde vorgenommen“) differenziert werden.[217]

Die bloße Geltendmachung eines Anspruchs ist und bleibt dementsprechend eine Rechtsauffassung und damit ein Werturteil. Allerdings muss der Aussagegehalt dahin gehend untersucht werden, ob anspruchsbegründende Tatsachen konkludent miterklärt werden.

Entscheidend ist daher die Frage, welche Tatsachen bei Anspruchsgeltendmachung konkludent miterklärt werden und welche Voraussetzungen hierfür gegeben sein müssen. *Hefendehl*[218] etwa geht davon aus, dass bei der Geltendmachung eines (einfachen) Rückzahlungsanspruchs konkludent dessen Fälligkeit behauptet wird; bei komplexeren Fallgestaltungen aber „nicht unmittelbar von der Behauptung eines Anspruchs auf die Behauptung bestimmter zugrunde liegender Tatsachen geschlossen werden“ könne. Der entsprechende Grad an Komplexität sei erreicht, wenn die Anspruchsvoraussetzungen der Interpretation offen stünden.

Ist die Geltendmachung eines Schadensersatzanspruches in einer wettbewerbsrechtlichen Abmahnung aber nun ein komplexer Sachverhalt oder nicht? Spricht die Tatsache, dass es sich bei der Abmahnung um ein Mittel der außergerichtlichen Streitbeilegung handelt, für die Einfachheit des Sachverhalts? Oder lässt die Fülle an Rechtsprechung zu § 12 Abs. 4 UWG darauf schließen, dass

214 Vgl. *Fahl*, JURA 1996, 74 (76); *Protzen*, wistra 2003, 208 (209).
215 *Hoyer*, in: SK-StGB, § 263 Rn. 15.
216 *Perron*, in: Sch/Sch-StGB, § 263 Rn. 9.
217 *Kindhäuser*, in: NK-StGB, § 263 Rn. 89.
218 *Hefendehl*, in: MüKo-StGB, § 263 Rn. 85.

die negative Anspruchsvoraussetzung der Missbräuchlichkeit der Interpretation offen steht und damit den Anspruch komplexer erscheinen lässt?

Es wird deutlich, dass das Kriterium der Komplexität zu unbestimmt ist, um den (konkludenten) Aussagegehalt bei der Geltendmachung eines Anspruchs in einer Abmahnung zu bestimmen. Vielmehr ist eine tiefer gehende Auseinandersetzung mit der Problematik der konkludenten Täuschung erforderlich.

b) Ausdrückliche Täuschung

Üblicherweise werden in Abmahnschreiben jedoch nicht begründungslos Ansprüche geltend gemacht, sondern sie enthalten weitergehende Ausführungen zu den, den Ansprüchen zugrunde liegenden, Tatsachen. Ist eine dieser Tatsachenbehauptungen unwahr, liegt eine ausdrückliche Täuschung vor.

Das folgende Beispiel[219] verdeutlicht, unter welchen Voraussetzungen eine ausdrückliche Täuschung zur Strafbarkeit wegen vollendeten Betruges führt:

> *Der Abmahnende rügt in einer Abmahnung eine Wettbewerbsverletzung wegen Verwendung unrichtiger AGB und fordert den Abgemahnten zur Zahlung von Schadens- und Aufwendungsersatz auf. Der Abgemahnte hat jedoch – wie der Abmahnende weiß – eine entsprechende Verletzungshandlung niemals vorgenommen; die von ihm verwendeten AGB entsprechen in ihrer Gänze den gesetzlichen Vorgaben. Der Abgemahnte geht mit Blick auf die Behauptung im Abmahnschreiben jedoch von einer Rechtsverletzung und mithin auch vom Bestehen der Zahlungsverpflichtung aus. Er zahlt daraufhin – wie vom Abmahnenden geplant – den eingeforderten Betrag.*

Hier wird der Abgemahnte vom Abmahnenden mithilfe des Abmahnschreibens darüber getäuscht, er habe ein wettbewerbswidriges Verhalten an den Tag gelegt. Darauf bezieht sich auch der entsprechende Irrtum des Abgemahnten, der sich daher zur Zahlung verpflichtet sieht. Im kausalen Zusammenhang dazu steht seine Zahlung auf die vermeintlichen Schadens- und Aufwendungsersatzansprüche des Abmahnenden, die bei ihm zu einer Vermögensminderung führt. Eine Kompensation dieser Minderung, etwa dadurch, dass er von einer Zahlungsverpflichtung frei würde, bleibt aus, da eine solche Verpflichtung in Wahrheit niemals bestanden hat. Ein Vermögensschaden ist mithin eingetreten.

Als Anknüpfungspunkte für eine Täuschung bieten sich grundsätzlich alle Voraussetzungen der Zahlungsansprüche an, wie sie im ersten Kapitel herausgearbeitet wurden. Getäuscht werden kann demgemäß:

---

219 Vgl. die Ausführungen zu den Abmahnungen im Online-Handel im 1. Kapitel unter B.V.1.

- über Umstände, die die Aktiv- bzw. Passivlegitimation begründen
- über das rechtsverletzende Verhalten
- über Umstände, die die Abmahnung entbehrlich machen
- über Umstände, die die Abmahnung missbräuchlich erscheinen lassen
- darüber, dass Aufwendungen getätigt wurden und diese auch erforderlich waren

Eine ausdrückliche unwahre Erklärung über eine dieser anspruchsbegründenden Tatsachen führt regelmäßig zu einer tatbestandsmäßigen Täuschung. Dies gilt jedenfalls dann, wenn man mit der herrschenden Meinung einen umfassenden Schutz des Betrugsopfers vertritt und ausdrückliche Täuschungen – völlig unabhängig von Täuschungsqualität oder -eignung – für tatbestandsmäßig erachtet.[220]

c) Das Problem der konkludenten Täuschung

aa) Problemstellung

Die schlichte Anspruchsgeltendmachung reicht nicht aus, um eine Täuschung zu begründen, da es dazu an der erforderlichen Tatsache fehlt.[221] Allerdings ist denkbar, dass anspruchsbegründende Tatsachen miterklärt werden, die sich in der Anspruchsgeltendmachung gleichsam *verbergen*. Einige der Anspruchsvoraussetzungen sind üblicherweise neben der Zahlungsaufforderung ausdrücklich im Abmahnschreiben enthalten. Kaum ein Abmahnschreiben – sei es berechtigt oder unberechtigt – wird ohne Ausführungen etwa zur (vermeintlichen) Rechtsverletzung auskommen. Bei anderen Anspruchsvoraussetzungen ist der ausdrückliche Hinweis auf ihr Vorliegen hingegen nicht zwingend. So wird kaum ein Abmahnender ausdrücklich erwähnen, er sei nicht allein von einem Gebührenerzielungsinteresse geleitet und handele daher nicht rechtsmissbräuchlich – ein solcher Hinweis führte wohl letztlich nur zu Irritationen. In diesen Fällen kann sich die entsprechende Tatsache nur schlüssig aus der Anspruchsgeltendmachung im Gesamtkontext des jeweiligen Abmahnschreibens ergeben.

Es sei darauf hingewiesen, dass sich die Untersuchung zwar auf die konkludente Täuschung konzentriert, dass die gefundenen Ergebnisse aber nicht ohne Bedeutung auch für die ausdrückliche Täuschung sind. Die Problematik um die konkludente Täuschung ist nämlich nur Ausfluss der grundsätzlichen

220 Ausführlich dazu noch im 4. Kapitel unter D.II.
221 Siehe in diesem Kapitel unter B.III.1.a) bb).

Schwierigkeit, das „unerlaubte“[222] oder „tatbestandsmäßige“[223] Verhalten beim Betrug zu bestimmen. Daher bleiben dieselben Überlegungen für die Frage nach der Strafwürdigkeit eines Verhaltens im Zusammenhang mit wettbewerbs- und urheberrechtlichen Abmahnung auch dann verwertbar, wenn man, wie vereinzelt vertreten, die Rechtsfigur der konkludenten Täuschung ablehnt.[224]

Voraussetzung dafür, dass das Verhalten des Abmahnenden einer Bewertung unterzogen werden kann, ist allerdings die Herausarbeitung eines Maßstabs bzw. Lösungsweges, anhand dessen der (konkludente) Aussagegehalt bestimmt wird. Dazu werden im Folgenden unterschiedliche Lösungsansätze dargestellt und einzelne Elemente daraus fruchtbar gemacht, soweit es nötig ist, um die Frage der konkludenten Täuschung im Bereich der wettbewerbs- und urheberrechtlichen Abmahnungen nachvollziehbar zu beantworten.

bb) Unzureichende Lösungsansätze in der Rechtsprechung

Zwar ist allgemein anerkannt, dass eine Täuschung nicht nur durch ausdrückliches, sondern auch durch schlüssiges Verhalten erfolgen kann,[225] allerdings ist die „Rechtsfigur der konkludenten, schlüssigen oder stillschweigenden Täuschung beim Betrug […] nach Grund und Grenzen nicht wirklich geklärt“.[226]

In der Rechtsprechung ist die Kategorie der konkludenten Täuschung stark kasuistisch geprägt. Zur Frage, welche Tatsachen bei der Anspruchsgeltendmachung konkludent erklärt werden, findet sich eine Vielzahl von Entscheidungen und Einzelfallbeispielen:

Die Erstattung von Reise-[227] oder Umzugskosten[228] mithilfe einer unrichtigen Rechnung könne eine Täuschung über die Existenz dieser konkreten abrechnungs- bzw. erstattungsfähigen Beträge bewirken. Ein Arzt erkläre in seiner Abrechnung schlüssig, er mache nur Gebühren für tatsächlich erbrachte Leistungen geltend.[229] Würden öffentlich-rechtliche Abgaben eingefordert, so sei konkludent miterklärt, dass die Tarife unter Beachtung der für die Tarifbestimmungen geltenden

---

222 So der Titel der Habilitationsschrift *Pawliks*: Das unerlaubte Verhalten beim Betrug.

223 So der Titel der Habilitationsschrift *Wittigs*: Das tatbestandsmäßige Verhalten des Betrugs.

224 So etwa *Frisch*, siehe in diesem Kapitel unter B.III.1.c) cc) (2) ε).

225 *Perron,* in: Sch/Sch-StGB, § 263 Rn. 14/15 m. w. N.

226 *Vogel*, in: GS-Keller, S. 313.

227 *KG*, Urt. v. 12. 12. 1956 – 1 Ss 369/56 = NJW 1957, 882 (883).

228 *RG*, Urt. v. 24. 06. 1926 – II 466/26 = RGSt 60, 294 (294 f.); *OLG Celle*, Urt. v. 11. 07. 1963 – 1 Ss 190/63 = NdsRpflege 1963, 239 (239).

229 *BGH*, Beschl. v. 28. 09. 1994 – 4 StR 280/94 = NStZ 1995, 85 (85).

Rechtsvorschriften ermittelt wurden und sie auf einer zutreffenden Bemessungsgrundlage beruhten.[230] Beim Lastschriftverfahren enthielte die Erteilung des Einziehungsauftrages die konkludente Erklärung, dass die Forderung (in der betreffenden) Höhe existiere[231] und eine Einzugsermächtigung bestehe[232], wohingegen ein Bankkunde, der von seinem Girokonto Geld abhebe, nicht konkludent erkläre über eine entsprechende Forderung oder einen entsprechenden Kreditrahmen zu verfügen.[233] Keine konkludente Täuschung sei es auch, wenn ein Anwalt ein zwar der Höhe nach existierendes, aber unstatthaftes Erfolgshonorar verlange, da die standesrechtliche Zulässigkeit der entsprechenden Honorarvereinbarung nicht miterklärt sei.[234]

Aus all diesen Einzelfallentscheidungen lässt sich jedoch nicht ableiten, ob bei der Anspruchsgeltendmachung in einer wettbewerbs- oder urheberrechtlichen Abmahnung konkludent Tatsachen des Inhalts miterklärt werden, die anspruchsbegründenden Umstände seien gegeben.

cc) Lösungsansätze in der Literatur

Die (teils uneinheitliche) Rechtsprechung ist für die Bewältigung neuer Fallgruppen nur begrenzt hilfreich. In der Literatur ist man daher seit Langem auf der Suche nach einem einheitlichen dogmatischen Prinzip.

(1) Faktische und normative Betrachtungsweise

Die faktische und die normative Betrachtungsweise stellen die zwei (vermeintlich) gegensätzlichen Herangehensweisen an die Problematik der konkludenten Täuschung dar.[235] Gemein ist den beiden Betrachtungsweisen jedoch, dass die Verkehrsanschauung bei der Beurteilung der Erklärung und ihres Erklärungsgehalts eine wesentliche Rolle spielt.[236]

Nach der faktischen Betrachtungsweise ist das tatsächliche Vorliegen einer Erklärung maßgeblich bzw. muss der Adressat der Erklärung auf einen bestimmten Erklärungswillen beim Erklärenden schließen können. Das, was vom Adressaten tatsächlich (im empirischen Sinne) verstanden wird, gilt als erklärt oder konkludent miterklärt.

---

230 *BGH*, Beschl. v. 09. 06. 2009 – 5 StR 394/08 = NJW 2009, 2900 (2901).

231 *OLG Hamm*, Urt. v. 15. 06. 1977 – 4 Ss 363/76 = NJW 1977, 1834 (1836); *LG Oldenburg*, Urt. v. 26. 03. 1979 – 10a KLs 12/78 = NJW 1980, 1176 (1177).

232 *LG Oldenburg*, Urt. v. 26. 03. 1979 – 10a KLs 12/78 = NJW 1980, 1176 (1177).

233 *BGH*, Beschl. v. 08. 11. 2000 – 5 StR 433/00 = NJW 2001, 453 (453 f.).

234 *KG*, Urt. v. 02. 02. 1984 – (3) Ss 307/82 (27/83) = JR 1984, 292 (292).

235 *Hefendehl*, in: MüKo-StGB, § 263 Rn. 96.

236 *Kasiske*, GA 2009, 360 (363).

Nach der normativen Betrachtungsweise hingegen ist bedeutsam, was als miterklärt unterstellt werden darf. Das tatsächlich Miterklärte ist unerheblich. Es ist dementsprechend auch nicht von Bedeutung, ob der Täter einen entsprechenden Erklärungswillen hatte bzw. ob der Erklärungsadressat auf einen Erklärungswillen schließt. Entscheidend ist, was nach der Verkehrsanschauung erwartet und verstanden werden darf, denn das ist für die Bewertung der Täuschung relevant. Teilweise wird hier auch der Ausdruck des *konkludenten Miterklärens* abgelehnt, da es gerade nicht um einen Erklärungsinhalt, sondern um die grundsätzliche Täuschungsrelevanz einer Aussage gehe.[237]

(2) Exemplarische Darstellung unterschiedlicher Lösungsansätze

Keine der beiden Ansätze findet sich in Reinform in der Literatur wieder, vielmehr werden in der Regel faktische und normative Elemente mit jeweils unterschiedlicher Gewichtung verknüpft. Im Folgenden sollen exemplarisch für die Vielfalt an Herangehensweisen die Lösungsansätze einiger Autoren dargestellt werden.

α) Perron

Perron, als Vertreter der faktischen Betrachtungsweise gehandelt,[238] hält bei der Bestimmung des Erklärungswerts einer Aussage das Gesamtverhalten des Täters nach der Verkehrsanschauung für entscheidend, ob also „andere aufgrund der Kommunikationssituation vom Bestehen eines bestimmtes Sachverhalts ausgehen dürfen". Ob der Erklärungsempfänger etwas verstehen dürfe, hänge von den objektiven Maßstäben der Verkehrsweise in Bezug auf den konkret infrage stehenden Geschäftstyp ab. Die geschäftliche Situation sei geprägt von einer bestimmten Risikoverteilung und Informationsherrschaft, die zur Ermittlung des Erklärungswerts herangezogen werden könnten. Eine für jeden Geschäftstyp geltende Grenze sei das Minimum an Redlichkeit im Geschäftsverkehr.[239]

β) Lackner

Lackner, Vorreiter im Bereich der normativen Betrachtungsweise,[240] bestimmt das konkludent Miterklärte ebenfalls danach, wie die allgemeine Verkehrsanschauung das Verhalten des Täters bewertet. Entscheidend sei die objektive Empfängersicht, sodass

---

237 Überblick über die verschiedenen Ansätze bei *Hefendehl*, in: MüKo-StGB, § 263 Rn. 55 ff. und *Becker*, JuS 2014, 307 (309 f.).

238 Vgl. *Tiedemann*, in: LK-StGB, § 263 Rn. 29.

239 *Perron*, in: Sch/Sch-StGB, § 263 Rn. 14/15.

240 *Kasiske*, GA 2009, 360 (362).

das Vorliegen eines Erklärungswillens und entsprechende Vorstellungen des Empfängers über einen Erklärungswillen irrelevant seien. Es komme lediglich darauf an, ob nach der Verkehrsanschauung die relevante Tatsache als „miterklärt zu unterstellen" sei.[241] Welcher Erklärungsinhalt im konkreten Fall unterstellt werden dürfe, richte sich nach den für die verschiedenen Geschäftstypen charakteristischen Risikoverteilungen, auch „Orientierungsrisiko" genannt.[242] *Lackner* möchte auf diese Weise die „ebenso unnötige wie fragwürdige Fiktion eines Erklärungswillens überflüssig [...] machen und durch unmittelbaren Rückgriff auf die im Rechts- und Geschäftsverkehr maßgebenden Verhaltensnomen gewisse Fehlermöglichkeiten [ausschalten]".[243]

γ) Kindhäuser

Kindhäuser war der erste, der die Täuschung als Verletzung einer Wahrheitspflicht betrachtete.[244] Er stellte fest, dass kein allgemeiner Anspruch auf Leistung wahrer Information bestehe und nicht jede unwahre Information Täuschungsrelevanz besitze, sondern nur eine solche, die in der konkreten Kommunikationssituation eine Wahrheitspflicht verletze. Eine Wahrheitspflicht bestehe dann, wenn der Erklärungsempfänger eine berechtigte Erwartung auf wahrheitsgemäße Information habe bzw. wenn der Erklärende bei rechtlicher Bewertung der konkreten Kommunikation für die durch seine Äußerung begründete Erwartung auch einzustehen habe.[245] Eine berechtigte Erwartung bestehe etwa dahin gehend, „dass derjenige, der einem anderen ansinnt, sich auf eine Beziehung mit Risiken für eigene Güter einzulassen, sich nicht ohne plausiblen Grund widersprüchlich verhalten darf", denn er nehme besonderes Vertrauen für sich in Anspruch.[246] Dementsprechend sei konkludent miterklärt all das, dessen Negation mit der betreffenden Zwecksetzung unvereinbar sei. Für ein Versprechen sei es beispielsweise wesentlich, dass dieses auch erfüllt werde (das ist Zweck des Versprechens). Es sei logisch unvereinbar würde der Sprecher gleichzeitig erklären, zur Erfüllung nicht willens zu sein. Konkludent miterklärt sei also die (innere) Tatsache den Willen zur Erfüllung zu besitzen.[247] Welche Annahmen (im Wege konkludenten Erklärens) zugeschrieben werden können, bestimmt

---

241 *Lackner*, in: LK[10]-StGB, § 263 Rn. 28.
242 *Lackner*, in: LK[10]-StGB, § 263 Rn. 29.
243 *Lackner*, in: LK[10]-StGB, § 263 Rn. 30.
244 *Basualto*, in: FS-Tiedemann, S. 612 mit Verweis auf *Kindhäuser*, ZStW 103 (1991), 398 (398).
245 *Kindhäuser*, in: NK-StGB, § 263 Rn. 90, 93 ff.
246 *Kindhäuser*, in: NK-StGB, § 263 Rn. 95.
247 *Kindhäuser*, in: NK-StGB, § 263 Rn. 116 f.

sich nach *Kindhäuser* nach Art des betreffenden Geschäfts.[248] Keine Konkludenz könne dort angenommen werden, „wo die Bezugnahme auf einen Umstand im konkreten Kontext nicht mehr überflüssig ist, weil dieser etwa nicht zu den Voraussetzungen der betreffenden Rechtshandlung gehört".[249] Keine berechtigte Erwartung könne es ferner hinsichtlich allgemeinen vertragsgemäßen Verhaltens geben.[250] Nicht jede (enttäuschte) Erwartung des Erklärungsempfängers soll also ihr Pendant in einer konkludent erklärten Tatsache haben.

δ) Pawlik

Pawliks Ausgangspunkt bei der Problematik der konkludenten Täuschung ist ebenfalls das Recht auf Wahrheit des Einzelnen in der kommunikativen Situation.[251] Das Strafrecht solle ihm sein Vertrauen garantieren, dass er seinem Kommunikationspartner dahin gehend schenke, dass er nach der konkreten Ausgestaltung des Rechtsverhältnisses bestimmte Informationen erhalte. Ob dieses Vertrauen strafrechtlich schützenswert sei, sei danach zu beurteilen, wer für die (Fehl-)Information zuständig sei.[252] In der Pflicht sei der Täter immer dann, wenn er Garant dafür sei, dass das Opfer nicht von Fehlannahmen ausgehe. Der Umfang der Pflicht sei nach den Grundsätzen der Lehre von den Garantenstellungen zu bestimmen.[253] Vorausgesetzt der Täter sei Garant, dann treffe ihn sowohl in Situationen, in denen die Fehlvorstellung schon bestehe, eine Aufklärungspflicht, als auch die ständige Pflicht, Informationen nicht so zu präsentieren, dass aus ihr falsche Schlüsse gezogen werden könnten. Aus systematischer Sicht ist es nach *Pawlik* daher nicht ausschlaggebend, welche Begehungsform (Tun oder Unterlassen) vorliegt, sondern wer für ein Informationsdefizit zuständig ist.[254]

ε) Frisch

Auch *Frisch* vertritt die Ansicht, dass es bei der Bestimmung dessen, was bei einer Erklärung konkludent „miterklärt" wird, nicht um eine Auslegung oder Interpretation des Gesagten gehe, sondern darum, dass eine tatsächlich nicht abgegebene Erklärung lediglich behauptet, fingiert oder unterstellt werde. Er

---

248 *Kindhäuser*, in: NK-StGB, § 263 Rn. 94.
249 *Kindhäuser*, in: NK-StGB, § 263 Rn. 118.
250 *Kindhäuser*, in: NK-StGB, § 263 Rn. 119.
251 *Pawlik*, Das unerlaubte Verhalten, S. 73 f.
252 *Pawlik*, StV 2003, 297; *ders.*, Das unerlaubte Verhalten, S. 74, 84.
253 *Pawlik*, Das unerlaubte Verhalten, S. 77, 127 f.
254 *Pawlik*, Das unerlaubte Verhalten, S. 97.

geht darüber hinaus noch einen Schritt weiter und hält fest, dass eigentlich nicht bestimmt werden müsse, was als Sachverhalt zu unterstellen sei, sondern direkt, ob bei einem bestimmten Verhalten einer Person von diesen Sachverhalten ausgegangen werden dürfe.[255] Ob das Gegenüber bei einer Verhaltensweise auf das Gegebensein bestimmter Sachverhalte vertrauen darf, soll sich nach *Frisch* nicht am Maßstab der Verkehrsauffassung oder der Auffassung des Rechtsverkehrs orientieren, sondern soll sich aus (normativen) Gründen ergeben.[256] Als Beispiele für solche Gründe nennt er die Selbstbindung des Erklärenden, ein Verhalten nur beim Gegebensein bestimmter Sachverhalte vorzunehmen[257] oder die entsprechend dem Geschäftstyp spezifizierten Interessen und Erwartungen der Beteiligten.[258] Sobald ein Vertrauen-Dürfen in das Gegebensein bestimmter Sachverhalte bejaht werde, sei dieses Vertrauen schutzwürdig und eine Enttäuschung des Vertrauens stelle sich als tatbestandsmäßige Betrugshandlung dar.[259]

ζ) Wittig

Ebenso wie *Frisch* hält *Wittig* es für überflüssig, an einer Erklärung (sei sie tatsächlich oder fingiert) festzuhalten.[260] Die Strafwürdigkeit sei – auch unabhängig von der Begehungsweise Tun oder Unterlassen – anhand von Verantwortungsbereichen zu bestimmen. Falle die (fehlende) Information in den Verantwortungsbereich des Opfers, liege kein tatbestandsmäßiges Handeln vor, falle sie hingegen in die des Täters, sei ein tatbestandsmäßiges Verhalten zu bejahen.[261] Die Abgrenzung der Verantwortungsbereiche sei „Ergebnis einer Abwägung zwischen den Freiheitsinteressen des Täters und den Gütererhaltungsinteressen des Opfers unter Berücksichtigung seiner Eigenverantwortlichkeit".[262] Als Abwägungskriterien zieht *Wittig* in Anlehnung an *Frisch*[263] u. a. das Vorliegen besonderer Sorgeverhältnisse, aus denen sich Aufklärungspflichten ergeben, heran. Solche besonderen Sorgeverhältnisse hätten ihren Grund in einem bestimmten Vorverhalten des Täters oder in gesetzlichen oder vertraglichen Beziehungen.[264]

255 *Frisch*, FS-Jakobs, S. 101.
256 *Frisch*, FS-Jakobs, S. 103.
257 *Frisch*, FS-Jakobs, S. 103.
258 *Frisch*, FS-Jakobs, S. 104.
259 *Frisch*, FS-Jakobs, S. 107.
260 *Wittig*, Das tatbestandsmäßige Verhalten des Betrugs, S. 299.
261 *Wittig*, Das tatbestandsmäßige Verhalten des Betrugs, S. 330 f.
262 *Wittig*, Das tatbestandsmäßige Verhalten des Betrugs, S. 367.
263 *Frisch*, Tatbestandsmäßiges Verhalten, S. 183 ff.
264 *Wittig*, Das tatbestandsmäßige Verhalten des Betrugs, S. 385 ff.

Darüber könnten auch explizite vorstrafrechtliche Verhaltensanordnungen, aus denen ebenfalls Aufklärungspflichten flössen, als Abgrenzungskriterium dienen. Dabei könne es sich um zivilrechtliche Aufklärungspflichten handeln, für deren Bestimmung etwa der jeweilige Geschäfts- bzw. Vertragstyp mit seinen Üblichkeiten, der Grad des Informationsgefälles oder Intensität und Grad des Vertrauens innerhalb der (Vertrags-)Beziehung im konkreten Fall ausschlaggebend seien.[265]

η) Kasiske

Kasiske stellt fest, dass der faktischen und normativen Betrachtungsweise gemein ist, dass die Verkehrsanschauung eine zentrale Rolle spielt.[266] Unabhängig von der dogmatischen Hinführung müsse ermittelt werden, welche Kriterien für die Ermittlung des Erklärungswerts anzulegen seien. Er kommt zu dem Schluss, dass der Rückgriff auf zivilrechtliche Maßstäbe durchaus möglich sei, dass es aber auch der „Ergänzung um genuin strafrechtliche Kriterien" bedürfe.[267] Ein solches Kriterium stellt für ihn die Informationsherrschaft dar, die an den faktischen Zugang zu bestimmten Informationen anknüpft und deren Ausnützen die Täuschungshandlung präge. Das Ausnützen der Informationsherrschaft sei jedoch nur dann strafwürdig, wenn das normativ zu bestimmende Informationsrisiko nicht beim Opfer liege. Die Risikoverteilung bestimmt *Kasiske* etwa anhand ausdrücklicher zivilrechtlicher Wertungen oder aufgrund des Gesichtspunkts der sozialen Zumutbarkeit.[268] Außerdem stellt er die Nähe zur Zurechnungslehre und der Viktimodogmatik fest, sodass nur solches Verhalten unter Strafe gestellt werden solle, wogegen sich das Opfer nicht selbst wehren könne.[269] Eine strafbare konkludente Täuschung liegt nach der Ansicht *Kasiskes* dementsprechend vor, wenn sich das Opfer die notwendigen Informationen nicht selbst beschaffen kann, um die Täuschung zu durchschauen und den Irrtum zu vermeiden.

θ) Vergleich der Lösungsansätze

Auf den ersten Blick scheinen die Ansätze gänzlich verschieden. Teilweise wird auf eine dogmatische Hinführung verzichtet und lediglich eine Beurteilung des

265 *Wittig*, Das tatbestandsmäßige Verhalten des Betrugs, S. 396 ff.
266 *Kasiske*, GA 2009, 360 (363).
267 *Kasiske*, GA 2009, 360 (364 f.).
268 *Kasiske*, GA 2009, 360 (366).
269 *Kasiske*, GA 2009, 360 (367).

Gesamtverhaltens vorgenommen; andere versuchen, einen in sich schlüssigen dogmatischen Unterbau zu schaffen. Unterschiedliche Auffassungen bestehen auch hinsichtlich der Notwendigkeit einer Erklärung. Während *Perron* den Erklärungswillen und Erklärungswert ermitteln will, hält *Lackner* diese für Fiktionen und *Wittig*, *Frisch* und *Pawlik* wollen das Verhalten nur noch darauf untersuchen, ob Aufklärungspflichten verletzt wurden und ebnen dadurch gleichzeitig die Unterscheidung von Tun und Unterlassen ein.

Letztlich bedienen sich jedoch alle sowohl faktischer als auch normativer Elemente. *Perron* (oft dargestellt als Vertreter der faktischen Betrachtungsweise) stellt darauf ab, was vom Erklärungsempfänger an Erklärungswert verstanden werden dürfe und zieht dafür „objektive Maßstäbe der Verkehrsweise in Bezug auf den konkret infrage stehenden Geschäftstyp" heran.[270] Er hält also an der faktischen Betrachtungsweise im Hinblick auf das Vorliegen eines Erklärungswerts fest, ergänzt diese aber um normative Elemente. Bei der Bestimmung dessen, was vom Erklärungsempfänger verstanden werden darf, zieht er als konkretes Kriterium den jeweiligen Geschäftstyp mit der für ihn typischen Risikoverteilung und Informationsherrschaft heran. Was typisch für ein Geschäft ist, bestimme sich wiederum maßgeblich anhand der tatsächlichen (faktischen) Üblichkeiten und Gebräuche.

Auch *Lackner*, der dem Erfordernis eines (faktischen) Vorliegens einer Erklärung und eines Erklärungswerts eine Absage erteilt und darauf abstellt, ob eine Tatsache als miterklärt zu unterstellen sei, kommt nicht umhin, trotz der normativen Herangehensweise, ebenfalls faktische Elemente einzubinden. Auch er zieht die für die verschiedenen Geschäftstypen charakteristischen Risikoverteilungen heran und greift auf die im Recht und Geschäftsverkehr maßgebenden Verhaltensnormen zurück.

Kindhäuser muss den normativ aufgeladenen Begriff der berechtigten Erwartung, der zur Begründung einer Wahrheitspflicht führt, ebenfalls weiter konkretisieren und muss dabei faktische Gegebenheiten berücksichtigen. Was als Selbstverständlichkeit erwartet wird und daher als konkludent miterklärt unterstellt werden kann, bestimmt er anhand der „Rahmenbedingungen"[271] und dem, was „gewöhnlich" der Fall ist.[272]

---

270 *Perron*, in: Sch/Sch-StGB, § 263 Rn. 14/15.

271 *Kindhäuser*, in: NK-StGB, § 263 Rn. 96.

272 *Kindhäuser*, in: NK-StGB, § 263 Rn. 95.

Frisch lehnt es ganz ab, sich am Maßstab der Verkehrsauffassung zu orientieren; für ihn soll sich allein aus normativen Gründen ergeben, ob der Erklärende einen Sachverhalt in einer bestimmten Weise verstehen dürfe. Ein solch normativer Grund sei etwa, dass entsprechend dem Geschäftstyp spezifizierte Interessen und Erwartungen der Beteiligten bestünden. Ebenso gehen *Wittig*, die zur Bestimmung der Aufklärungspflichten u. a. die vertrags- oder geschäftstypischen Interessen abwägt oder *Pawlik*, der anhand solcher Kriterien die Zuständigkeit für Fehlinformation zuweist, vor. Nicht immer jedoch existieren (ausreichend) normative Vorgaben und so bleibt ein Rückgriff auf soziale Gebräuche und Üblichkeiten – gerade auch zur Vermeidung realitätsfremder Ergebnisse – letztlich unerlässlich.[273]

Kasiske hält fest, dass es weniger um eine Entscheidung normativ-faktisch gehe, sondern vielmehr um die Festlegung von Kriterien, anhand derer eine Täuschungshandlung bestimmt werden kann bzw. anhand derer bestimmt werden kann, ob etwas konkludent miterklärt wird. Er stellt das Kriterium der Informationsherrschaft als Leitprinzip heraus, räumt aber selbst ein, dass dies nicht abschließend sein könne.[274]

dd) Kriterien zur Bestimmung des Aussagegehalts einer Erklärung

Der Streit um eine faktische oder eine normative Betrachtungsweise ist dem eigentlichen Problem daher lediglich vorgelagert. Ob eine Äußerung auf konkludent miterklärte täuschungsrelevante Tatsachenbehauptungen untersucht oder allgemein ein Verhalten im Hinblick auf seine Täuschungsrelevanz bewertet wird, ist für das Subsumtionsergebnis letztlich nicht entscheidend. Im Ergebnis unerheblich ist, ob der Weg zu der Fragestellung über die dogmatische Herleitung, beispielsweise der Verletzung von Wahrheitspflichten, führt oder ob schlicht das Gesamtverhalten betrachtet wird. Entscheidend ist, welche Kriterien angelegt werden sollen, um den täuschungsrelevanten Aussagegehalt zu ermitteln. Dafür müssen zum einen tatsächliche gesellschaftliche Gegebenheiten Berücksichtigung finden, zum anderen aber auch rechtliche Wertungen miteinbezogen werden. Anhand solcher Kriterien kann dann ermittelt werden, wann ein „rationale[r] Erklärungsempfänger“[275] Opfer einer Täuschung im Sinne des § 263 StGB wird.

Insbesondere die Vertreter der normativen Betrachtungsweise haben dazu beigetragen, Kriterien zu entwickeln und die Vorgehensweise bei der Bestimmung

---

273 Vgl. *Hefendehl*, in: MüKo-StGB § 263 Rn. 65, und auch *Frisch*, in: FS-Jakobs, S. 109, räumt selbst ein, dass die „spezifische gesellschaftliche Realität“ zu berücksichtigen sei.

274 *Kasiske*, GA 2009, 360 (366).

275 *Vogel*, in: GS-Keller, S. 323.

der konkludenten Täuschung zu strukturieren.[276] Zur Bewältigung des konkreten Falles der Abmahnung sollen aus den vorstehenden Ansichten die drei wichtigsten Kriterien gefiltert und angewendet werden, um eine transparente Ergebnisfindung zu gewährleisten. Gleich welcher der dargestellten oder sonst vertretenen Sichtweisen man folgen mag, können die hier gefundenen Ergebnisse genutzt werden, da diese unabhängig von einer etwaigen (dogmatischen) Vorstrukturierung sind.

Folgende drei Kriterien, die den skizzierten Lösungsansätzen entnommen sind und sich gegenseitig ergänzen und begrenzen, sollen in der hiesigen Arbeit nutzbar gemacht werden, um das konkludent Miterklärte einer Aussage nachvollziehbar zu bestimmen:

(1) Informationskriterium

Ist es dem potenziell Getäuschten möglich und zumutbar, sich die relevante Information in der konkreten Kommunikationssituation zu beschaffen?

Das Kriterium der Informationsherrschaft[277] trägt dem Charakter des Betruges als Kommunikationsdelikt Rechnung. Beim Betrug nutzt der Täter einen Informationsvorsprung bewusst aus und erlangt auf diese Weise eine Informationsherrschaft über das Opfer. Dieses nimmt seinerseits aufgrund des entsprechenden Informationsdefizits die selbstschädigende Handlung vor. Im Rahmen der Bestimmung des betrugsrelevanten Verhaltens indiziert das Ausnutzen dieser Informationsherrschaft in der Interaktion mit dem potentiellen Opfer ein strafrechtlich relevantes Verhalten. Allerdings begründet nicht jeder

276 *Hefendehl*, in: MüKo-StGB § 263 Rn. 65.

277 *Perron*, in: Sch/Sch-StGB, § 263 Rn. 14/15, zieht dieses Kriterium zur Beurteilung des Gesamtverhaltens im Hinblick auf dessen Erklärungswert heran; *Kasiske*, GA 2009, 360 (365 ff.) hält die Informationsherrschaft für eine notwendige Voraussetzung einer konkludenten Täuschung; *Wittig*, Das tatbestandsmäßige Verhalten des Betrugs, S. 399, hält den „Informationsbedarf des Opfers und die Möglichkeit der Information [für] die sachlich maßgeblichen Gesichtspunkte", wenn es um die Bestimmung der zivilrechtlichen Aufklärungspflichten geht, deren Verletzung Voraussetzung für eine Täuschung ist. Für *Pawlik*, Das unerlaubte Verhalten, S. 175, stellt der Mangel an einer „praktikablen Möglichkeit zur eigenständigen Informationserlangung bzw. -kontrolle [...] eine notwendige [...] Bedingung" für eine Aufklärungsplicht und damit eine konkludente Täuschung dar. Schon *Schröder*, JR 1958, 106 (107) stellt in seiner Urteilsanmerkung zu *BGH*, Urt. v. 12. 11. 1957 – 5 StR 447/57 = JR 1958, 106 (106), fest, dass es für die Tatsachenqualität einer Behauptung spricht, wenn „der andere Teil es ‚glauben' soll und muß, weil er selbst keine Möglichkeit eigener Beurteilung besitzt."

Informationsvorsprung eine betrugsrelevante Informationsherrschaft.[278] Denn in gewissem Maße ist das potentielle Opfer verpflichtet, Selbstschutzmaßnahmen zu ergreifen. Das Strafrecht muss nur dort eingreifen, wo sich der Einzelne nicht selbst helfen kann.[279] Entscheidend ist im Rahmen dieses Kriteriums daher, inwieweit es dem Getäuschten (ohne Weiteres) möglich und zumutbar ist, sich die relevanten Informationen selbst zu beschaffen. Im Rahmen der Bestimmung des zumutbaren Opferverhaltens wird damit letztlich die Frage nach der Selbstverantwortung des Opfers aufgeworfen.[280]

Diese Frage ist nur mit Blick auf die konkrete Kommunikationssituation und die darin herrschenden Kommunikationsregeln zu beantworten. Eine Nachfrage des Getäuschten, um die fehlende Information zu erlangen, wird in der Regel als zumutbar erachtet, solange die Nachfrage sozialadäquat erscheint.[281] Etwaige Kontroll- und Erkundigungspflichten sollen also dort entfallen, wo es als „grobe Taktlosigkeit" aufgefasst würde, würde ihnen nachgekommen.[282] Außerdem ist eine betrugsrelevante Informationsherrschaft des Täters dann abzulehnen, wenn die Information öffentlich zugänglich ist.[283] Eine Hinzuziehung von Dritten, um das Informationsgefälle auszugleichen, soll nur unter engen Voraussetzungen zumutbar sein, etwa dann, wenn damit keine übermäßige finanzielle Belastung des Opfers einhergeht.[284]

Wo dieses Kriterium freilich versagt, ist im Falle der inneren Tatsachen, zu denen der Erklärungsadressat niemals Zugang hat. Bei der Frage, ob eine innere Tatsache konkludent miterklärt wird, kommt diesem Kriterium daher keine bzw. eine nur sehr untergeordnete Bedeutung zu.

Für die sich anschließende Prüfung ergibt sich daraus, dass zunächst festzustellen ist, ob ein Informationsgefälle besteht und weiterhin, ob der Getäuschte verpflichtet ist, dieses Informationsgefälle selbstständig auszugleichen. Anders gewendet: Je schwerer sich der Zugang zu einer betrugsrelevanten Information für den Getäuschten darstellt und je weniger zumutbar es ihm ist, sich die Information selbst zu beschaffen, desto eher ist von einer Täuschungsrelevanz des Verhaltens auszugehen bzw. davon, dass eine Information konkludent miterklärt wird.

---

278 *Kasiske*, GA 2009, 360 (365 f.).

279 *Kasiske*, GA 2009, 360 (367).

280 *Pawlik*, Das unerlaubte Verhalten, S. 172, spricht von „kluger Selbstsorge", die den Einzelnen verpflichtet, sich eigenständig um Informationen zu bemühen.

281 *Wittig*, Das tatbestandsmäßige Verhalten des Betrugs, S. 402.

282 *Pawlik*, Das unerlaubte Verhalten, S. 174; vgl. auch *Frisch*, in: FS-Jakobs, S. 108 f.

283 *Kasiske*, GA 2009, 360 (369).

284 Vgl. *Pawlik*, Das unerlaubte Verhalten, S. 175.

(2) Vertrauenskriterium

Welches Vertrauen dürfen sich Vertragspartner üblicherweise im Rahmen der Rechtsbeziehung schenken?

Vertrauen ist unverzichtbarer Bestandteil des menschlichen Zusammenlebens und der menschlichen Kommunikation.[285] Der Einzelne muss darauf vertrauen, dass sein Gegenüber ihn im Rahmen einer Vermögensverfügung wahrheitsgemäß und umfassend über alle verfügungsrelevanten Umstände informiert, bevor er das vermögensmindernde Verhalten vornimmt. Eine Enttäuschung dieses Vertrauens oder der daraus fließenden Erwartungen[286] an das Verhalten des anderen indiziert einen strafrechtlich relevanten Vertrauensmissbrauch. Allerdings ist im Rahmen menschlicher Interaktion gleichzeitig ein gewisses Maß an Misstrauen angebracht.[287] Entscheidend ist bei der Bestimmung des betrugsrelevanten Verhaltens anhand des Vertrauenskriteriums daher, inwieweit man geschenktes Vertrauen als berechtigt oder vernünftig beurteilt.[288] Auch an dieser Stelle kommt also das Prinzip der Selbstverantwortung des Opfers zum Tragen: Das potentielle Opfer hat selbst Sorge dafür zu tragen, dass es kein blindes Vertrauen schenkt, sondern das erforderliche Maß an Misstrauen an den Tag legt.

Ob Vertrauen berechtigterweise geschenkt werden darf, kann beispielsweise von den Gebräuchen der jeweiligen Geschäftsbeziehung oder auch von gesellschaftlichen Erfahrungswerten abhängen. So kann durch umfassende Medienberichterstattung etwa ein Misstrauen in Bezug auf die Integrität des Erklärenden und die Wahrheit seiner Erklärung im kollektiven Bewusstsein geschaffen worden sein.[289] Umgekehrt kann die (berufliche) Stellung des Erklärenden ein berechtigtes Vertrauen in die Wahrheit und Vollständigkeit

---

285 *Kindhäuser*, in: NK-StGB, § 263 Rn. 93; *Pawlik*, Das unerlaubte Verhalten, S. 71 f., stellt mit Verweis auf *Juchem*, Kommunikation und Vertrauen, S. 114, heraus, dass derjenige, der „alle anderen Personen systematisch für Lügner hält […], zugleich die Bedingung der Möglichkeit von Kommunikation' " verliert.

286 *Kindhäuser*, in: NK-StGB, § 263 Rn. 93.

287 *Pawlik*, Das unerlaubte Verhalten, S. 71; *Volk*, JZ 1982, 85 (86); *Kindhäuser*, in: FS-Tiedemann, S. 582.

288 *Frisch*, in: FS-Jakobs, S. 103 ff., prüft, wann das „Vertrauen-Dürfen auf das Gegebensein bestimmter Sachverhalte" *vernünftig* (S. 108) oder *berechtigt* (S. 110) ist; nach *Kindhäuser*, in: FS-Tiedemann, S. 583, entstehen durch die Inanspruchnahme besonderen Vertrauens *berechtigte* Erwartungen in das Vorliegen einer Tatsache.

289 Vgl. *OLG Frankfurt/M.*, Beschl. v. 03. 12. 2002 – 3 ZS 82/03 = CR 2003, 384, das einen Betrug ablehnte, da es „durch Medienveröffentlichungen jeglicher Art als allgemein bekannt angesehen werden kann, dass 0190-Nummern erhebliche Kosten verursachen".

des Gesagten generieren. Ferner ist für die Frage, ob ein Vertrauen berechtigt ist, die Intensität der Beziehung der Gesprächs- oder Geschäftspartner entscheidend. Je länger eine Beziehung andauert und je mehr positive Erfahrungen in dieser Beziehung gesammelt wurden, desto eher erscheint ein Vertrauen angemessen.[290] Das bedeutet, dass es auch darauf ankommt, inwieweit der Täter zuvor vertrauensstiftendes Verhalten wie eine Auskunft[291] oder eine Empfehlung[292] an den Tag gelegt hat.[293] Ferner kann der Erklärungsempfänger darauf vertrauen, dass Umstände, die für die Erreichung des vom Erklärenden angestrebten Zwecks selbstverständliche Voraussetzung sind, in Wahrheit auch gegeben sind.[294]

Je mehr Vertrauen der Abgemahnte also unter diesen Wertungsgesichtspunkten dem Abmahnenden entgegenbringen darf, desto eher ist von einer Täuschungsrelevanz des Verhaltens auszugehen bzw. davon, dass die Information konkludent miterklärt wird.

(3) Verantwortungszuweisung durch außerstrafrechtliche Normen

Welche außerstrafrechtlichen Normen gestalten das Rechtsverhältnis aus und welche (Selbst-)Verantwortung und welches Risiko bezüglich der Information weisen Sie den Beteiligten zu?

Inwieweit bei der Beurteilung eines Verhaltens auf seine Strafbarkeit hin auch außerstrafrechtliche Normen und Wertungen zu berücksichtigen sind, ist umstritten.[295] Mit der herrschenden Meinung[296] und auch mit Blick auf das Prinzip der Einheit der Rechtsordnung,[297] sollen auch hier „zivilrechtliche […]

---

290 Nach *Lackner*, in: LK[10]-StGB, § 263 Rn. 50, spricht etwa die lose Beziehung zwischen dem Verkäufer im Selbstbedienungsladen und seinen Kunden gegen ein Vertrauensverhältnis.

291 Nach *Wittig*, Das tatbestandsmäßige Verhalten des Betrugs, S. 382 f., kann dem Opfer durch eine *ausdrückliche* Angabe die Sorge für die Informationsbeschaffung abgenommen werden, weil der Täter ihm bereits als Informationsquelle dient.

292 *Kindhäuser*, in: NK-StGB, § 263 Rn. 96.

293 Vgl. auch *Lackner*, in: LK[10]-StGB, § 263 Rn. 29, wonach ein Beratungselement in der (vor-)vertraglichen Beziehung den Erklärenden besonders verpflichtet.

294 *Kindhäuser*, in: NK-StGB, § 263 Rn. 110, 116.

295 Dazu *Vogel*, in: GS-Keller, S. 317.

296 Vgl. *BGH*, Urt. v. 15. 12. 2006 – 5 StR 181/06 = NJW 2007, 782 (784); *Frisch*, FS-Jakobs, S. 104; *Hefendehl*, in: MüKo-StGB, § 263 Rn. 88; *Lackner*, in: LK[10]-StGB, § 263 Rn. 29; *Perron*, in: Sch/Sch-StGB, § 263 Rn. 16e; *Tiedemann*, in: LK-StGB, § 263 Rn. 30; *Wittig*, Das tatbestandsmäßige Verhalten des Betrugs, S. 389 ff.

297 *Tiedemann*, in: LK-StGB, § 263 Rn. 30; *Vogel*, in: GS-Keller, S. 324.

Vorprägungen“[298] oder „rechtsinterne Vorwertungen“[299] bei der Bestimmung des betrugsrelevanten Verhaltens bzw. des konkludent Erklärten berücksichtigt werden. Das bedeutet nicht, dass das strafbare Verhalten stets streng zivilrechtsakzessorisch zu bestimmen wäre, sondern dass die „rechtsnormative Risikoverteilung“ ergänzend zu den anderen Kriterien herangezogen wird.[300] Welches Vertrauen gerechtfertigt ist oder welche Informationen bereit zu stellen sind, kann sich somit auch aus zivilrechtlichen Regelungen ergeben. Insbesondere dann, wenn verkehrsübliche Gepflogenheiten nicht bestehen oder nicht bestimmbar sind, kann auf die zivilrechtlichen Handlungspflichten mit ihrem typischen Inhalt rekurriert werden.[301] Relevant werden hier vor allem jene wettbewerbs- und urheberrechtlichen Regelungen, die eine Zuweisung von Informationspflichten und Informationsrisiken vornehmen.

(4) Absage an das Kriterium der „Redlichkeit im Geschäftsverkehr“

Jedenfalls unzulässig ist die Vorgabe, bei der Ermittlung des Erklärungswerts müsse stets beachtet werden, dass dem Erklärungsempfänger ein „Minimum an Redlichkeit im Geschäftsverkehr verbürgt“[302] bliebe. Ein solches Kriterium erfüllt lediglich eine Auffangfunktion und führt zu nicht mehr als einer Korrekturmöglichkeit zugunsten von Billigkeitserwägungen.[303] Es ist aufgrund seiner Unbestimmtheit nicht geeignet, den konkludent erklärten Aussagegehalt zu erfassen.

ee) Die Maßstabsfigur des Getäuschten

Sowohl beim Kriterium der Informationsherrschaft als auch beim Vertrauenskriterium stellt sich die Frage, welcher Maßstab in Bezug auf den Getäuschten anzuwenden ist. Denn die Antwort auf die Frage, ob eine Informationsbeschaffung möglich und zumutbar oder ein Vertrauen berechtigt erscheint, verlangt zwingend einen Blick auf das potentielle Opfer. Größtenteils wird vertreten,

---

298 *Tiedemann*, in: FS-Klug, S. 407.

299 *Pawlik*, Das unerlaubte Verhalten, S. 160.

300 *Tiedemann*, in: LK-StGB, § 263 Rn. 30.

301 *Tiedemann*, in: LK-StGB, § 263 Rn. 30; vgl. auch *Vogel*, in: GS-Keller, S. 323.

302 *Perron*, Sch/Sch-StGB, § 263 Rn. 14/15.

303 Das zeigt schon die Begründung, die *Perron* für die Einführung dieses Kriteriums anführt: „Nur unter diesem letztgenannten Gesichtspunkt kann insbesondere bei modernen Formen unseriöser Geschäftstätigkeit, die unter Ausnutzung der Informationstechnologie in plumper Weise auf unerfahrene, besonders naive oder sorglose Adressaten zielen und denen deshalb auch nur ein geringer Teil zum Opfer fällt, eine Täuschungshandlung angenommen werden“.

der Betrugstatbestand schütze auch und gerade den Leichtgläubigen, es spiele also keine Rolle, ob ein verständiger, sorgfältig handelnder Täuschungsadressat ebenfalls auf die Täuschung hereingefallen wäre.[304] Sobald der Bereich der ausdrücklichen Täuschung hingegen verlassen und das Feld der konkludenten Täuschung betreten wird, gilt dieser Grundsatz nicht mehr. So wird das täuschende Verhalten im Hinblick auf einen „objektivierten Dritten“[305], einen „rationalen Erklärungsempfänger“[306] oder ein „durchschnittlich sorgfältig handelndes Opfer mit durchschnittlichen rationalen Fähigkeiten“ beurteilt.[307] Auf diese Weise wird der Gefahr einer uferlosen Strafbarkeit entgegengewirkt, die bei der konkludenten Täuschung dadurch entsteht, dass bei der Bestimmung des Täuschungsmerkmals der Wortlaut der Erklärung – mangels Ausdrücklichkeit – nicht als Auslegungsgrenze fungieren kann.

(1) Einfluss des § 16 UWG auf diese Maßstabsfigur?

Gerade auch mit Blick auf die hier zu prüfende wettbewerbsrechtliche Abmahnung, ist möglicherweise § 16 UWG, der irreführende Werbung unter Strafe stellt, bei der Bestimmung der Maßstabsfigur von Bedeutung. Dieser verlangt eine Irreführungseignung der täuschenden Handlung, für deren Bewertung ein normal informierter, aufmerksamer und verständiger Durchschnittsverbraucher zugrunde gelegt wird.[308] Für die Vorgängerregelung des § 16 UWG, § 4 UWG a. F., bot das deutsche Recht umfassenderen Schutz, da die deutsche herrschende Meinung den flüchtigen Verbraucher zum Maßstab nahm.[309] Nach Erlass der EU-Richtlinie über unlautere Geschäftspraktiken[310] (UGP-RL) konnte diese Maßstabsfigur jedoch nicht weiter aufrecht erhalten werden. Hiernach ist nämlich der „Durchschnittsverbraucher, der angemessen gut unterrichtet und angemessen aufmerksam und kritisch ist, unter Berücksichtigung sozialer,

---

304 *BGH*, Urt. v. 22. 10. 1986 – 3 StR 226/86 = BGHSt 34, 199 (201 f.); *BGH*, Urt. v. 05. 12. 2002 – 3 StR 161/02 = NJW 2003, 1198 (1199); *BGH*, Urt. v. 05. 03. 2014 – 2 StR 616/12 = GRUR 2014, 886 (887); *Perron*, in: Sch/Sch-StGB, § 263 Rn. 32a m. w. N.

305 *Kindhäuser*, in: NK-StGB, § 263 Rn. 61.

306 *Vogel*, in: GS-Keller, S. 323.

307 *Schwarz*, Mitverantwortung des Opfers, S. 134.

308 *Dreyer*, in: Harte-Bavendamm/Henning-Bodewig-UWG, § 16 Rn. 16.

309 *Tiedemann*, in: LK-StGB, Vor § 263 Rn. 40.

310 Richtlinie 2005/29/EG vom 11. 05. 2005 über unlautere Geschäftspraktiken im binnenmarktinternen Geschäftsverkehr zwischen Unternehmen und Verbrauchern und zur Änderung der RL 84/450/EWG, der RL 97/7/EG und der RL 98/27/EG, ABl. 2005 L 149 S. 22 (UGP-Richtlinie).

kultureller und sprachlicher Faktoren" Maßstab der Irreführungseignung.[311] Dieses Verbraucherleitbild wird seitdem auch auf § 16 UWG angewendet.

Im Zuge der Übernahme des EU-Verbraucherleitbildes für das UWG kam die Überlegung auf, dieses auch für § 263 StGB fruchtbar zu machen. Einer generellen Übertragung auf den Betrugstatbestand steht aber zunächst einmal die strukturelle Ungleichheit von § 263 StGB und § 16 UWG entgegen. Denn § 16 UWG verlangt weder einen Irrtum noch einen Vermögensschaden, sodass eine Einschränkung der Strafbarkeit zwingend am Täuschungsmerkmal ansetzen muss.[312] Bei § 263 StGB wirkt hingegen schon das Irrtumsmerkmal strafbarkeitsbeschränkend, da nur bei Existenz eines tatsächlich Irrenden die Annahme eines vollendeten Betruges möglich ist. Auf der anderen Seite zwingt möglicherweise die – auch im Strafrecht zu berücksichtigende – richtlinienkonformen Auslegung des Betrugstatbestandes[313] zur Übernahme des Leitbildes der UGP-RL. So können sich Widersprüche in den Fällen ergeben, in denen ein geschäftsbezogenes Verhalten nach dem Maßstab der UGP-RL als lauter einzustufen ist, weil es an der Täuschungseignung fehlt und damit der wettbewerbsstrafrechtliche Straftatbestand des § 16 Abs. 1 UWG nicht erfüllt ist, § 263 Abs. 1 StGB hingegen einschlägig ist, weil es sich im konkreten Fall um einen – für die traditionelle Betrugsdogmatik irrelevant – unterdurchschnittlich informierten, besonders unaufmerksamen Verbraucher handelt, der aufgrund seines Defizits auf die täuschende Werbung hereinfällt. Da dieses Ergebnis zum Teil als unbefriedigend empfunden wird und mit dem Argument, der Werbende solle genau wissen, wann eine Werbung unter strafrechtlichen Gesichtspunkten zulässig sei, wird vertreten, das Merkmal der Täuschung auch bei § 263 Abs. 1 StGB einschränkend auszulegen.[314] Dabei wird die Übertragung des europarechtlichen Verbraucherleitbildes von manchen nur auf Werbeangaben[315] oder von anderen noch enger nur auf Publikumswerbung[316] begrenzt. Wieder andere befürworten hingegen eine generelle Reduzierung des § 263 StGB im Sinne der EU-Richtlinie

---

311 UGP-Richtlinie, 18. Erwägungsgrund.

312 *Tiedemann*, Wirtschaftsstrafrecht BT, Rn. 218 f.; vgl. auch *Ruhs*, in: FS-Rissing-van Saan, S. 577.

313 *BGH*, Urt. v. 05. 03. 2014 – 2 StR 616/12 = NJW 2014, 2595 (2597); *Jokisch*, Gemeinschaftsrecht und Strafverfahren, S. 47 ff.; *Ruhs*, in: FS-Rissing-van Saan, S. 578; *Satzger*, Internationales und Europäisches Strafrecht, § 9 Rn. 77 ff., 90 f.; *Tiedemann*, in: FS-Roxin, S. 1408 ff.

314 *Ruhs*, in: FS-Rissing-van Saan, S. 581.

315 So wohl *Ruhs*, in: FS-Rissing-van Saan, S. 581.

316 *Hecker*, Strafbare Produktwerbung, S. 324.

und eine Aufnahme deren Leitbildes vom verständigen Durchschnittsverbraucher in die Betrugsdogmatik.[317]

Der BGH verfolgt jedoch ein „konservatives Modell"[318] und versucht die deutsche Dogmatik weitestgehend aufrechtzuerhalten, indem er den Einfluss der Richtlinie auf die Auslegung des Betrugstatbestandes ablehnt. Er argumentiert zum einen mit dem Schutzzweck der Richtlinie, der jedenfalls nicht darin bestünde, „Geschäftspraktiken straffrei zu stellen, die zu einer Verletzung von Rechtsgütern der Verbraucher führen und Verhaltensweisen zu privilegieren, die auf die Täuschung unterdurchschnittlich aufmerksamer und verständiger Verbraucher gerichtet sind". Es widerspreche dem von § 263 StGB intendierten Rechtsgüterschutz, gerade besonders schutzwürdigen Verbrauchern, die intellektuell oder situativ nicht zu einem durchschnittlichen Maß an Selbstschutz fähig seien, den strafrechtlichen Schutz zu versagen. Der Europäische Richtliniengeber habe diesen Personenkreis nicht zum Zwecke der Harmonisierung dem Schutz der Mitgliedsstaaten entziehen wollen. Darüber hinaus prangert der BGH eine unzulässige Normativierung des Täuschungs- und Irrtumsbegriffs durch den Einbezug des verständigen Verbrauchers nach EU-Vorbild an.[319]

Der BGH weist im Übrigen darauf hin, dass auch bei Anwendung der Richtlinie eine Einschränkung des Betrugstatbestandes nicht immer in Betracht komme. Denn es werde nicht grundsätzlich ein gründlicher Idealtypus zugrunde gelegt, sondern das Bild eines situationsadäquat aufmerksamen Verbrauchers.[320] Das bedeutet, dass als Bezugspunkt nicht ein einziger Durchschnittstypus existiert, sondern dass es auf den jeweiligen Personenkreis mit seinen individuellen Besonderheiten ankommt. Das führt dazu, dass die Irreführungseignung einer Werbeaussage, die sich an einen Kreis älterer Personen mit niedrigem Bildungsniveau richtet, anders zu bewerten sein kann als jene, in deren Fokus junge, mit den neuen Medien vertraute Akademiker stehen.[321] Die individuelle Disposition des Opfers kann also immer dann, wenn sie sich gleichzeitig als gruppentypische Disposition darstellt, auch bei § 16 UWG Berücksichtigung finden. Widersprüche zu § 263 StGB treten also nur dort auf, wo der Täter auf ein besonders und gruppenuntypisch leichtgläubiges Opfer trifft.

---

317 *Satzger*, in: S/S/W-StGB, § 263 Rn. 116.; *Soyka*, wistra 2007, 127 (130 ff.).

318 So bezeichnet *Soyka*, wistra 2007, 127 (130), die Ansicht des BGH.

319 *BGH*, Urt. v. 05. 03. 2014 – 2 StR 616/12 = NJW 2014, 2595 (2597).

320 *BGH*, Urt. v. 05. 03. 2014 – 2 StR 616/12 = NJW 2014, 2595 (2598).

321 Vgl. *Dreyer*, in: Harte-Bavendamm/Henning-Bodewig-UWG, § 16 Rn. 16.

(2) Berücksichtigung rollenmäßiger Disposition

Zumindest im Bereich der konkludenten Täuschung erübrigt sich damit eine Entscheidung darüber, ob der Maßstab der UGP-RL und des § 16 UWG auch auf § 263 StGB angewendet werden soll. Denn letztlich bleibt festzustellen, dass die Maßstabsfiguren einander entsprechen. Wie bereits dargelegt, gilt der unbedingte Schutz des Leichtgläubigen, an dem die herrschende Meinung für die ausdrückliche Täuschung festhält, jedenfalls nicht bei der konkludenten Täuschung und auch jene, die den Betrug insgesamt auf eine normative Grundlage stellen, gehen von einer „rollenmäßig präformierten Durchschnittsverständigkeit“[322] aus. Bezugspunkt ist mithin stets der Durchschnittstypus aus dem Verkehrskreis des Opfers bzw. der „Repräsentant eines sozialen Typus [...] als Rollenträger“[323].

In der folgenden Untersuchung wird auf eben diesen Maßstab abgestellt: Den durchschnittlich verständigen Abmahnungsempfänger ohne fachspezifisches Sonderwissen. Das bedeutet jedoch gleichzeitig keine grundsätzliche Ablehnung der Berücksichtigung von gruppenspezifischen Besonderheiten (hohes oder niedriges Alter, niedriger Bildungsgrad, unzureichende Sprachkenntnisse), die das Opfer als Abmahnungsempfänger in Bezug auf Täuschungen besonders disponiert erscheinen lassen, etwa weil es besonders unerfahren oder außerstande ist, den Inhalt des Schreibens richtig zu erfassen. Unter der Bedingung, dass der Täter die Disposition kennt und bewusst ausnutzt, können rollentypische Besonderheiten also durchaus Berücksichtigung finden. Voraussetzung ist aber gerade die bewusste Entscheidung des Täters, speziell jene Gruppe oder jenes Gruppenmitglied auszuwählen, um sich auf diese Weise die gruppenspezifische Benachteiligung zunutze zu machen.

Für die folgende Prüfung sind etwaige Abweichungen vom Leitbild des durchschnittlich verständigen Abmahnungsempfängers jedoch weiter unbeachtlich, da die Subsumtion möglichst abstrahiert vom Einzelfall erfolgt. Allerdings wird im vierten Kapitel eine tiefer gehende Betrachtung der Rolle des Abgemahnten für die strafrechtliche Verantwortlichkeit des Abmahnenden vorgenommen.

ff) Anwendung auf den Fall der Abmahnung

Mithilfe der oben herausgearbeiteten Kriterien soll im weiteren Verlauf untersucht werden, welche anspruchsbegründenden Tatsachen bei der Geltendmachung eines urheberrechtlichen oder wettbewerbsrechtlichen Anspruchs konkludent miterklärt werden.

---

322 *Pawlik*, Das unerlaubte Verhalten beim Betrug, S. 173.

323 *Pawlik*, Das unerlaubte Verhalten beim Betrug, S. 149.

(1) Konkludente Täuschung über Aktivlegitimation bzw. Abmahnbefugnis?

Für den Unterlassungsanspruch sowie sämtliche Schadensersatz- und Aufwendungsersatzansprüche ist Voraussetzung, dass eine Rechtsverletzung stattgefunden hat. Die Behauptung dieser Rechtsverletzung, mag sie nun stattgefunden haben oder nicht, ist zentraler Punkt einer jeden Abmahnung. Diesbezüglich liegt also regelmäßig eine ausdrückliche Tatsachenbehauptung vor. Nicht immer wird hingegen ausdrücklich erklärt, dass der Abmahnende tatsächlich zur Abmahnung befugt ist, weil er – im Wettbewerbsrecht – dem in § 12 Abs. 3 UWG genannten Personenkreis angehört oder – im Urheberrecht – als Inhaber des Urheberrechts Verletzter oder sonst Rechteinhaber ist. Beispielhaft sei hier auf den Fall „Zahlungsaufforderung durch Unbefugten" verwiesen. In jenem Fall beschränkt sich der Abmahnende darauf, die Rechtslage bei Verstößen gegen die PreisangabenVO darzustellen und die Zahlungsansprüche geltend zu machen. Er legt indes nicht dar, woraus sich seine Aktivlegitimation ergibt.

Im Urheberrecht ist die Unsicherheit über die Aktivlegitimation des Abmahnenden oft noch größer. Denn gerade wenn es um Rechtsverletzungen im Internet geht, etwa durch illegale Downloads, ist eine Aktivlegitimation nur dann gegeben, wenn der Abmahnende Rechteinhaber ist. Es können aber lange Rechteketten vom Schöpfer des Werkes bis zum tatsächlichen, abmahnbefugten Rechteinhaber reichen. Ein Abmahnender, der selbst um die zweifelhafte Lückenlosigkeit der Rechtekette weiß, mag daher versucht sein, einen ausdrücklichen Hinweis im Abmahnschreiben hinsichtlich der Rechteinhaberschaft zu vermeiden.

Ob der Abmahnende seine Aktivlegitimation und die damit einhergehende Befugnis zur Anspruchsgeltendmachung mit der Zahlungsaufforderung in der Abmahnung – wenn nicht ausdrücklich – jedoch möglicherweise konkludent erklärt, soll Gegenstand der folgenden Prüfung sein. Dabei werden die herausgearbeiteten Kriterien zur Bestimmung der konkludenten Täuschung herangezogen.

α) Kriterium der Informationsherrschaft

In Anwendung des Kriteriums der Informationsherrschaft stellt sich die Frage, ob der Abgemahnte Zugang zur Information hinsichtlich der Aktivlegitimation des Abmahnenden hat.

Grundsätzlich liegt diese Information im Herrschaftsbereich des Abmahnenden, der allein um seine eigene Rechtsstellung weiß. Insbesondere im Urheberrecht ist der Abgemahnte zu einer selbstständigen Nachprüfung der (lückenlosen) Rechtekette regelmäßig außerstande und ist auf eine diesbezügliche Darstellung durch den Abmahnenden angewiesen.[324] Es besteht also ein Informationsgefälle zwischen Abgemahntem und Abmahnendem.

Fehlt eine ausdrückliche Erklärung zur Aktivlegitimation im Abmahnschreiben, bleibt es dem Abgemahnten jedoch unbenommen, sich diese Information durch Nachfrage beim Abmahnenden zu beschaffen.[325] Solch zumutbare Mittel der Informationsbeschaffung können den Herrschaftsbereich an dieser Stelle in Richtung des Abgemahnten verschieben. Von einer Zumutbarkeit ist aber jedenfalls dann nicht mehr auszugehen, wenn die selbstständige Informationsbeschaffung als sozial inadäquat empfunden würde. Beispielhaft wird in diesem Zusammenhang regelmäßig der Fall der Restaurantbestellung angeführt: Ganz überwiegend wird angenommen, der Kunde erkläre bei der Bestellung seine Zahlungsfähigkeit und -bereitschaft konkludent mit. Als Grund für diese Interpretation des Gesagten wird angeführt, eine diesbezügliche Nachfrage des Kellners würde vom Kunden mit hoher Wahrscheinlichkeit als unpassend empfunden; die innere Tatsache, zahlungsfähig und -willig zu sein, könne daher als konkludent miterklärt unterstellt werden.[326]

Der Fall der wettbewerbs- und urheberrechtlichen Abmahnung ist jedoch anders gelagert. Eine Restaurantbestellung ist eine Dienstleistung, im Rahmen derer der Dienstleister gehalten ist, eine respektvolle und zuvorkommende Haltung gegenüber dem Kunden an den Tag zu legen. Das Abmahnverhältnis ist indes von keinem entsprechenden Dienstleistungscharakter geprägt und verlangt weniger Zurückhaltung und Takt. Es ist nicht auf Dauerhaftigkeit und die Schaffung einer positiven Atmosphäre angelegt, sondern soll sich auf einen einmaligen Kontakt, in dem einseitig Forderungen gestellt werden, beschränken. Eine Nachfrage des Abgemahnten beim Abmahnenden hinsichtlich dessen

---

324 *Lutz*, VuR 2010, 337 (339). Zur mangelnden Informationsausstattung des wegen illegalen Filesharings Abgemahnten das *OLG Düsseldorf*, Beschl. v. 14. 11. 2011 – I-20 W 132/11 = MMR 2012, 253 (253): „Die Bekl. ist nicht gehindert, die Aktivlegitimation der Kl., das Anbieten der streitgegenständlichen Musikdateien über die IP-Adresse [...] und die Zuordnung dieser IP-Adresse zu ihrem Anschluss mit Nichtwissen zu bestreiten. Die Bekl. hat keinen Einblick in den Geschäftsbetrieb des Kl., des ‚Onlineermittlers' und des Internetproviders."

325 Das *OLG Köln*, Beschl. v. 21. 04. 2011 – I 6 W 58/11 (zitiert nach juris, Rn. 19), verlangte vom Abgemahnten (vor Einführung des § 97a Abs. 2 UrhG) eine Nachforschungspflicht im Hinblick auf die Aktivlegitimation und eine entsprechende Nachfrage-Obliegenheit.

326 *Kasiske*, GA 2009, 360 (368).

Aktivlegitimation verletzt mithin keine sozialen Regeln und ist dem Abgemahnten zumutbar.

Darüber hinaus sind weitere Maßnahmen denkbar, um die Frage zur Abmahnbefugnis zu klären. So kann der Abgemahnte beispielsweise anwaltlichen Rechtsrat einholen oder bei Unklarheiten zu Urheberrechtsverletzungen im Internet einen IT-Fachmann zu Rate ziehen. Dies ließe auch die konkrete Kommunikationssituation der Abmahnung zu, die keine spontane Reaktion verlangt, sondern eine ausführliche Auseinandersetzung mit dem Abmahnschreiben erlaubt. Allerdings ist die selbstständige Informationsbeschaffung des Getäuschten nur dann zumutbar, wenn sich der Erklärungsempfänger auf einfache Recherchemöglichkeiten und geringen Rechercheaufwand begrenzen kann, um die gewünschte Information zu erhalten.[327] Diese Eingrenzung ist notwendig, da sonst angesichts des scheinbar unbegrenzten Zugangs zu Informationen im Informationszeitalter, der Getäuschte stets auf die selbstständigen Informationsmöglichkeiten verwiesen werden könnte und letztlich schutzlos dastünde. Es erscheint daher unzumutbar, den Abgemahnten dazu zu verpflichten, einen fachkundigen Dritten hinzuzuziehen, um sein Informationsdefizit auszugleichen. Denn neben die zeitlichen Einbußen, die der Abgemahnte dadurch erfährt, dass er eine passende Beratungsperson ermitteln und sich mit dieser auseinandersetzen muss, treten die finanziellen Nachteile, die sich aus deren Vergütung ergeben.

Die zumutbaren Möglichkeiten der Informationsbeschaffung sind für den Abgemahnten daher beschränkt. Lediglich die Nachfrage beim Abmahnenden hinsichtlich dessen Aktivlegitimation erscheint angemessen; sie ist jedoch von nur eingeschränkter Aussagekraft. Denn von demjenigen, der mit deliktischer Zwecksetzung abmahnt, kann kaum eine wahrheitsgemäße Mitteilung erwartet werden. Die vorrangige Herrschaft bezüglich der Information der Aktivlegitimation liegt dementsprechend beim Abmahnenden.

β) Vertrauenskriterium

In Bezug auf das Vertrauenskriterium ist wesentlich, dass im hier interessierenden Fall, in dem der Abmahnende keine Abmahnbefugnis innehat, zwischen den Beteiligten vor Versand der Abmahnung weder ein zivilrechtliches Rechtsverhältnis noch sonst ein geschäftlicher Kontakt besteht. Für Abmahnungen besteht nicht etwa ein freier Wettbewerb, in dem sich der Einzelne seinen Vertragspartner aussuchen kann, sondern der Abgemahnte ist gezwungen sich mit

327 Vgl. *Kasiske*, GA 2009, 360 (367).

demjenigen auseinanderzusetzen, der sich an ihn gewendet hat.[328] Wo keine Beziehung zwischen den Beteiligten besteht, dort kann auch kein berechtigtes Vertrauen entstehen. Vielmehr ist ein erhöhter Grad an Misstrauen angebracht. Die Parteien sind sich in der Regel völlig unbekannt und der Abmahnende stellt gleichsam aus dem Nichts Forderungen an den Abgemahnten.

Darüber hinaus ist der Themenkomplex der Abmahnung mit den Schlagworten *Abmahnwelle*, *Massenabmahnungen* oder *Abmahnbetrug* bereits seit mehreren Jahren in der medialen Berichterstattung in besonderem Maße präsent. Es kann daher davon ausgegangen werden, dass der durchschnittlich verständige Abmahnungsempfänger in der Vergangenheit bereits mit diesem Thema konfrontiert war und hinsichtlich der Gefahr, Adressat einer unberechtigten Abmahnung zu werden, sensibilisiert ist.[329]

Trotz dieser medialen Präsenz handelt es sich bei einer Abmahnung – anders als beispielsweise bei einer Restaurantbestellung – gleichwohl nicht um ein Geschäft des täglichen Lebens, mit dessen Umgang beide Parteien vertraut wären und das sich durch eine geringe Komplexität auszeichnete. Dementsprechend handelt es sich beim Vorliegen der Aktivlegitimation auch nicht um einen Umstand, hinsichtlich dessen sich der Abmahnende aufgrund seiner Selbstverständlichkeit nicht erklären müsste. Ein Vertrauen dahin gehend, der Abmahnende sei abmahnbefugt – fehlt es auch an einem diesbezüglichen ausdrücklichen Hinweis – ist mithin nicht berechtigt.

γ) Verantwortungs- oder Risikokriterium (Berücksichtigung außerstrafrechtlicher Normen)

Die wettbewerbsrechtlichen und urheberrechtlichen Normen können Aufschluss darüber geben, wie die Risiko- bzw. Verantwortungsverteilung zivilrechtlich geregelt ist. Liegt die Verantwortung bzw. das Risiko hinsichtlich der Information der Aktivlegitimation (verstärkt) beim Abmahnenden, ist eine konkludente Täuschung eher anzunehmen, als wenn die Verantwortungs- bzw. Risikosphäre des Abgemahnten betroffen ist.

Im Wettbewerbsrecht

Zwar ist in § 12 Abs. 1 UWG geregelt, dass vor Einleitung eines gerichtlichen Verfahrens abgemahnt werden soll, doch zur inhaltlichen Gestaltung der

328 *AG Düsseldorf*, Urt. v. 08. 10. 2013 – 57 C 6993/13 = ZUM-RD 2014, 393 (395).

329 *Goldbeck*, Der ‚umgekehrte' Wettbewerbsprozess, S. 302, spricht von einem „spürbare[n] Prozess der Sensibilisierung"; vgl. auch *Eiden/Walter*, NStZ 2014, 297 (302).

Abmahnung und entsprechend auch dazu, welche Informationen selbstverständlich bei der Anspruchsgeltendmachung bereitzustellen sind, schweigt das Gesetz. Die Idee der außergerichtlichen Streitbeilegung lässt eher darauf schließen, dass das Gesetz von einer Art außergerichtlichen Güteverhandlung, an der die Beteiligten gleichberechtigt teilnehmen, ausgeht. In einer derartigen Kommunikationssituation ist nicht davon auszugehen, dass den Abmahnenden die primäre Informationspflicht trifft bzw. dass dem Abgemahnten Informationsrisiko und Verantwortung abgenommen werden.

Allerdings kann die Missbrauchsklausel des § 8 Abs. 4 UWG einen Hinweis auf das Verhältnis zwischen Abgemahntem und Abmahnendem liefern. Zwar trifft sie keine Aussage über die Verantwortlichkeit hinsichtlich eines etwaigen Informationsdefizits, doch kann sie als weiterer Beleg dafür dienen, dass ein Vertrauensverhältnis zwischen Abmahnendem und Abgemahntem nicht besteht. Denn ihre bloße Existenz macht deutlich, dass sogar der Gesetzgeber ein solches Misstrauen gegenüber dem Abmahnenden hegt, dass er die Notwendigkeit gesehen hat, den Abgemahnten durch Schaffung einer entsprechenden Klausel vor Missbrauch zu schützen.[330]

Darüber hinaus wird diesem über § 8 Abs. 4 S. 2 UWG die Möglichkeit eingeräumt, sich berechtigterweise und ohne eigenes Kostenrisiko gegen die rechtsmissbräuchliche Abmahnung zu verteidigen. Eine solche Rechtsverteidigung ist indes nur möglich, wenn er die Abmahnung einer eigenen Prüfung unterzieht. Dieser Umstand verdeutlicht einmal mehr, dass der Abgemahnte nicht leichtfertig in die Berechtigung der Abmahnung vertrauen darf, sondern gehalten ist, sich kritisch mit dem Inhalt der Abmahnung auseinanderzusetzen.[331]

Im Urheberrecht

Im Urheberrecht hingegen findet sich in § 97a Abs. 2 UrhG genau bezeichnet, welche Angaben in einer Abmahnung enthalten sein müssen. Hier haben detaillierte Angaben zum Inhalt des Abmahnschreibens zum Zwecke des Verbraucherschutzes Eingang in das UrhG gefunden.[332] So ist in der Abmahnung in klarer und verständlicher Weise Name oder Firma des Verletzten anzugeben und die Rechtsverletzung genau zu bezeichnen (§ 97a Abs. 2 Nr. 1 und 2 UrhG). Das Informationsrisiko wird dem Abgemahnten damit abgenommen und auf den Abmahnenden verlagert, der bei Nichtbeachtung die Unwirksamkeit der Abmahnung hinzunehmen hat.

330 *OLG Köln*, Beschl. v. 14. 05. 2013 – III-1 RVs 67/13 = NJW 2013, 2772 (2773).
331 *Becker*, HRRS 2017, 404 (405).
332 Gesetz gegen unseriöse Geschäftspraktiken vom 01. 10. 2013 (BGBl. I S. 3714).

Es liegt auf der Hand auch hier – wie schon in Bezug auf die wettbewerbsrechtliche Missbrauchsklausel, § 8 Abs. 4 UWG – das Argument anzuführen, eine solche Regelung lasse darauf schließen, dass ein besonderes Vertrauensverhältnis zwischen Abgemahntem und Abmahnendem nicht bestehe, wenn der Gesetzgeber ihre Einführung doch für notwendig erachtet habe. Im Gegensatz zu § 8 Abs. 4 UWG ist § 97a Abs. 2 UrhG jedoch keine allgemeine Missbrauchsklausel, sondern eine spezielle Regelung zum Zwecke der besseren Informationsausstattung des Verbrauchers.[333] Der grundsätzliche Verbraucherschutzgedanke strahlt an dieser Stelle ins Strafrecht aus. Das Strafrecht muss den zivilrechtlichen Schutz fortsetzen, indem es dem Abmahnenden die Verantwortung dafür aufbürdet, wie seine Äußerungen verstanden werden. Der schützenswerte Verbraucher darf also all das als konkludent miterklärt verstehen, was ohnehin an Erklärung für die Wirksamkeit der Abmahnung gefordert wird.

δ) Fazit

Für das Wettbewerbsrecht

Wird im Wettbewerbsrecht die Aktivlegitimation nicht ausdrücklich im Abmahnschreiben benannt, wird diese anspruchsbegründende Voraussetzung auch nicht konkludent miterklärt. Eine betrugsrelevante Täuschung scheidet in diesen Fällen aus. Zwar spricht das Kriterium der Informationsherrschaft eher für die Annahme einer konkludenten Täuschung, da als einzig zumutbares Mittel der Informationsbeschaffung die Nachfrage beim Abmahnenden verbleibt und dieses Mittel zudem von eingeschränkter Wirksamkeit ist. In Anwendung der anderen beiden Kriterien ergibt sich jedoch ein anderes Bild. Ein Vertrauen dahin gehend, der Abmahnende werde mit der Anspruchsgeltendmachung erklären, er sei dazu auch befugt, ist nicht gerechtfertigt. Abmahnender und Abgemahnter befinden sich außerhalb einer geschäftlichen Beziehung und kommen durch die Abmahnung regelmäßig erstmalig in Kontakt, sodass von einem Vertrauensverhältnis keine Rede sein kann. Ein Misstrauen muss der Abgemahnte ferner mit Blick auf die Existenz der Missbrauchsklausel des § 8 Abs. 4 UWG sowie aufgrund der fortdauernden medialen Berichterstattung hegen, durch die die Gefahr, von unberechtigten Abmahnungen betroffen zu sein, in das gesellschaftliche Bewusstsein gedrungen ist. Darüber hinaus handelt es sich bei einer Abmahnung um einen komplexen, nicht alltäglichen Vorgang, der keinen Raum für die Annahme von Selbstverständlichkeiten lässt. Auch die gesetzlichen Regelungen sprechen eher für eine ausgewogene Risikoverteilung

333 BT-Drucks. 17/13057, S. 11.

zwischen Abgemahntem und Abmahnendem, als für eine Verantwortlichkeit des Abmahnenden zur Informationsbereitstellung. Vorschriften hinsichtlich des erforderlichen Inhalts einer Abmahnung existieren im UWG nicht.

Für das Urheberrecht

Im Bereich des Urheberrechts ist eine konkludente Erklärung bezüglich der Aktivlegitimation hingegen zu bejahen. Die Überlegungen zum Kriterium der Informationsherrschaft und zum Vertrauenskriterium treffen auf Wettbewerbsrecht und Urheberrecht zwar gleichermaßen zu, doch führt eine Berücksichtigung der gesetzlichen Wertung zu einem anderen Ergebnis. Der Gedanke aus § 97a Abs. 2 UrhG, dass der Abmahnende den Abgemahnten umfangreich informieren muss und bei Verletzung dieser Pflicht die Konsequenz in Form der Unwirksamkeit der Abmahnung zu tragen hat, setzt sich auch im Strafrecht fort. Ist der Abmahnende in Wahrheit nicht aktivlegitimiert, ist daher eine Täuschung im Sinne des § 263 StGB auch dann zu bejahen, wenn er seine Aktivlegitimation nicht ausdrücklich erklärt.

(2) Konkludente Täuschung über die Entbehrlichkeit der Abmahnung

In bestimmten Fällen entfällt der Aufwendungsersatzanspruch, wenn die Abmahnung entbehrlich ist, also etwa dann, wenn sie von vornherein keinen Erfolg verspricht und damit überflüssig ist.[334] Es kommt dann eine konkludente Täuschung darüber in Betracht, dass keine Umstände vorliegen, die die Abmahnung entbehrlich machten.

α) Kriterium der Informationsherrschaft

Umstände, die eine Abmahnung entbehrlich machen und dabei den Aufwendungsersatz entfallen lassen, sind in der Regel beiden Parteien bekannt. Es handelt sich dann nämlich um Fälle von überflüssigen Zweitabmahnungen oder unnachgiebigen Schuldnern[335] bzw. solchen, die bereits angekündigt haben, das wettbewerbswidrige Verhalten auch nach der Abmahnung fortzusetzen[336] oder sich zumindest nicht zu unterwerfen.[337] Ein Informationsgefälle zwischen Abmahnendem und Abgemahntem besteht in diesen Fällen daher nicht.

---

334 Ausführlicher dazu im 1. Kapitel für das Wettbewerbsrecht unter C.V.5. und für das Urheberrecht unter D.V.4.

335 Vgl. *OLG Hamburg*, Beschl. v. 17. 07. 1995 – 3 W 64/95 = WRP 1995, 1037 (1038).

336 *OLG Nürnberg*, Beschl. v. 05. 12. 1980 – 3 W 2689/80 = WRP 1981, 229 (229); *Bornkamm*, in: Köhler/Bornkamm-UWG, § 12 Rn. 1.65.

337 *Nosch*, Die Abmahnung im Zivilrecht, S. 56.

β) Vertrauenskriterium

Wie aufgezeigt ist der Kontakt zwischen Abmahnendem und Abgemahntem regelmäßig einmalig und bietet daher keine Grundlage für ein vertrauensvolles Verhältnis. Gerade aber in den Fällen, in denen Grund für die fehlende Berechtigung der Abmahnung deren mangelnde Erforderlichkeit ist, standen die Parteien regelmäßig schon im Vorfeld in Kontakt. So etwa, wenn der Abgemahnte bereits abgemahnt wurde und angekündigt hat, das gerügte Verhalten nicht einzustellen. Allerdings kann diese Art des Kontakts nicht als vertrauensstiftend qualifiziert werden. Denn es handelt sich nicht etwa um eine Austauschbeziehung, in der beide Parteien Leistungen zu erbringen und ihre Vertrauenswürdigkeit unter Beweis zu stellen haben. Vielmehr ist die Beziehung von Beginn an auf einseitige Unterlassungs- und Zahlungsaufforderungen beschränkt und von Auseinandersetzungen über die (vermeintlichen) Rechtsverletzungen geprägt. Ein Vertrauen in eine richtige und vollständige Informationsbereitstellung ist dementsprechend in diesem Fall auch bei vorangegangenem Kontakt von Abgemahntem und Abmahnendem nicht berechtigt.

γ) Verantwortungs- oder Risikokriterium (Berücksichtigung außerstrafrechtlicher Normen)

Das Gesetz schweigt zur Frage der Entbehrlichkeit der Abmahnung und ihren Folgen. Zwar trifft den Abmahnenden das Risiko, die Kosten seiner entbehrlichen Abmahnung selbst tragen zu müssen, darüber hinaus wirkt sich der Versand jedoch nicht nachteilig für den Abmahnenden aus. Es ist daher nicht ersichtlich, dass die Bereitstellung der Information über Umstände, die zur Entbehrlichkeit einer Abmahnung führen, in den Verantwortungsbereich des Abmahnenden fiele.

δ) Fazit

Für das Wettbewerbsrecht

Mit Geltendmachung eines Aufwendungsersatzanspruches nach § 12 Abs. 1 Satz 2 UWG erklärt der Abmahnende nicht konkludent mit, es lägen keine Umstände vor, welche die Abmahnung entbehrlich machten. In Fällen, in denen die Entbehrlichkeit zum Ausschluss des Ersatzanspruches führt, sind die Umstände beiden Parteien gleichermaßen bekannt und eine besondere Verantwortung für diesbezügliche Informationen ist keiner Partei (gesetzlich) zugeordnet. Ein Vertrauen vonseiten des Abgemahnten in die Bereitstellung der Informationen ist mangels vertrauensschaffender Elemente darüber hinaus nicht berechtigt.

Für das Urheberrecht

Die Ergebnisse treffen gleichermaßen auf die urheberrechtliche Abmahnung zu, bei der die Entbehrlichkeit ebenso wenig gesetzlich geregt ist wie im Wettbewerbsrecht und die Fallgruppen und deren Behandlung denen des Wettbewerbsrechts entsprechen.

(3) Konkludente Täuschung über die Missbräuchlichkeit

Eine missbräuchliche Abmahnung ist unberechtigt und begründet keine Aufwendungsersatzansprüche nach § 12 Abs. 1 Satz 2 UWG[338] bzw. nach § 97a Abs. 3 Satz 1 UrhG.[339] Es lässt sich daher konstatieren, dass ein Missbrauch dazu führt, dass es sich bei der Geltendmachung der Kostenerstattungsansprüche um die Geltendmachung nichtbestehender Ansprüche handelt. Darin kann eine betrugsrelevante Täuschung liegen, wenn man davon ausgeht, dass mit Anspruchsgeltendmachung konkludent erklärt werde, es lägen keine Umstände vor, die eine Missbräuchlichkeit begründeten. Das OLG Köln[340] stellte dazu im Ebay-Schuhändler-Fall fest:

> *„Im Bereich wettbewerbsrechtlicher Abmahnungen lässt sich aber keine Verkehrsanschauung der beteiligten Kreise feststellen, wonach der Abmahnende zugleich stillschweigend erklärt, mangels Rechtsmissbrauchs hierzu auch befugt zu sein."*

Der BGH[341] entschied im Fall „Ebay-Sporthändler-Fall" indes anders:

> *„Insofern erklärt der Angeklagte in den Schreiben aus Sicht der Empfänger zumindest konkludent, dass der Forderung ein wettbewerbsrechtlich bedeutsamer Abmahnvorgang zugrunde lag und dass es nicht um die bloße Generierung von Rechtsanwaltsgebühren ging, es sich mithin um keine rechtsmissbräuchliche Geltendmachung der Ansprüche […] handelte. […] Das Handeln des Angeklagten und des Mitangeklagten W. war jedoch rechtsmissbräuchlich im Sinne des § 8 Abs. 4 UWG. […]*
>
> *Die Empfänger der Erklärungen wurden nach der Verkehrsanschauung […] nicht (lediglich) über die Rechtsfrage getäuscht, ob ein Anspruch besteht, sondern über die tatsächliche eigentliche Zielrichtung der Abmahnschreiben, ausschließlich – nach § 8 Abs. 4 UWG rechtsmissbräuchliche – Gebührenforderungen generieren und entsprechende Zahlungseingänge unter sich aufteilen zu wollen, anstatt ein Unterlassen des unlauteren Verhaltens der Abgemahnten zu bewirken. Damit wurde über innere Tatsachen getäuscht.*

Es gilt es zu untersuchen, welcher Ansicht der Vorzug zu geben ist.

---

338 *Ohly*, in: Ohly/Sosnitza-UWG, § 8 Rn. 155 m. w. N.

339 *Reber*, in: BeckOK-UrhG, § 97a Rn. 20.

340 *OLG Köln*, Beschl. v. 14. 05. 2013 – III-1 RVs 67/13 = NJW 2013, 2772 (2773).

341 *BGH*, Beschl. v. 08. 02. 2017 – 1 StR 483/16 = NJW 2017, 2425 (2426).

α) *Kriterium der Informationsherrschaft*

Als missbräuchlich wird ein Verhalten allgemein dann bezeichnet, wenn bei der Geltendmachung der Ansprüche ganz vorrangig sachfremde Motive verfolgt werden.[342] Darunter fallen etwa ein beherrschendes Gebührenerzielungsinteresse, ein vorrangiges Kostenerzielungsinteresse wie bei der sachgrundlosen Mehrfachabmahnung oder aber auch die alleinige Absicht, den Verletzer im Wettbewerb zu behindern oder zu schädigen.[343] Es handelt sich dementsprechend um innere Tatsachen, hinsichtlich derer ein absolutes Informationsdefizit aufseiten des Abgemahnten vorliegt. Eine Nachfrage hinsichtlich der Motive, die der Erklärende verfolgt, ist zwar möglich, stellt jedoch ein übermäßiges Eindringen in den privaten Bereich des Erklärenden dar und ist dem Abgemahnten aufgrund der sozialen Inadäquanz unzumutbar. Allerdings besitzt das Kriterium der Informationsherrschaft in Bezug auf innere Tatsachen – wie bereits ausgeführt – nur wenig Aussagekraft, da ein Zugang zu dieser Information dem Erklärungsempfänger grundsätzlich und von vornherein verschlossen und jeglicher objektiver Überprüfung entzogen ist.

β) *Vertrauenskriterium*

Hinsichtlich des Vertrauenskriteriums kann größtenteils auf die gefundenen Ergebnisse verwiesen werden. Zwar stehen Abmahnender und Abgemahnter in der Regel in einem Wettbewerbsverhältnis oder nach Rechtsverletzung in einem gesetzlichen Schuldverhältnis,[344] doch stellen diese keine von besonderem Vertrauen geprägte (Rechts)Beziehungen dar. Sie sind lediglich gesetzlich begründet und schließen einen enorm großen Personenkreis ein – bei § 8 Abs. 3 UWG wird vielfach die Ansicht vertreten, die Anspruchsberechtigung sei sehr weit geraten –[345], sodass ein besonderes, qualifiziertes Vertrauensverhältnis nicht ersichtlich ist.

γ) *Verantwortungs- oder Risikokriterium (Berücksichtigung außerstrafrechtlicher Normen)*

Im Wettbewerbsrecht

Der Missbrauch führt zum Wegfall der Klagebefugnis[346] und lässt beim Abgemahnten einen Ersatzanspruch gem. § 8 Abs. 4 Satz 2 UWG im Hinblick auf die für die

342 *Ohly*, in: Ohly/Sosnitza-UWG, § 8 Rn. 158.
343 *Köhler/Feddersen*, in: Köhler/Bornkamm-UWG, § 8 Rn. 4.12 ff.
344 Siehe 1. Kapitel B.II.
345 Vgl. dazu ausführlich *Wünsche*, K u. R 2011, 16.
346 *Goldmann*, in: Harte-Bavendamm/Henning-Bodewig-UWG, § 8 Rn. 729 m. w. N.

Rechtsverteidigung erforderlichen Aufwendungen entstehen.[347] Normzweck ist der Schutz (auch) der von einer Abmahnung Betroffenen.[348] Auch hier stellt sich wie bei § 97a Abs. 2 UrhG die Frage, ob der zivilrechtliche Schutz vom Strafrecht aufgegriffen und verlängert werden soll. Das ist für den Fall des § 8 Abs. 4 UWG jedoch zu verneinen. § 8 Abs. 4 UWG soll nicht wie § 97a Abs. 2 UrhG dem Abgemahnten Schutz vor Informationsdefiziten gewähren, sondern dient insbesondere als Korrektiv gegenüber der weit gefassten Anspruchsberechtigung in § 8 Abs. 3 UWG. Dass insbesondere Abmahnvereine die ausufernde Anspruchsberechtigung ausnutzen, um sich eine Einnahmequelle zu schaffen, wird als unseriös empfunden; darüber hinaus soll die Gefahr gebannt werden, dass „durch extensive Mehrfachabmahnungen und Mehrfachklagen das in Deutschland bewährte System der Rechtsdurchsetzung durch Mitbewerber und Verbände anstelle durch Verwaltungsbehörden in Misskredit“ gerät.[349] § 8 Abs. 4 UWG statuiert mithin negative Konsequenzen für den missbräuchlich Abmahnenden, weist ihm aber gleichwohl keine Verantwortung hinsichtlich der Information über die dem Rechtsmissbrauch zugrunde liegenden sachfremden Motive zu. Vielmehr ist es Sache des Abgemahnten diese zu ergründen und schließlich im Prozess zu beweisen.[350]

Im Urheberrecht

Mangels spezieller urheberrechtlicher Regelung und mangelnder Analogiefähigkeit des § 8 Abs. 4 UWG wird die Unwirksamkeit der Abmahnung bei missbräuchlicher Geltendmachung teilweise mit Treu und Glauben gem. § 242 BGB begründet.[351] Wie schon bei § 8 Abs. 4 UWG lässt die Anwendung des § 242 BGB in Missbrauchsfällen keine Schlüsse auf die Verantwortungs- bzw. Risikoverteilung hinsichtlich von Informationsdefiziten zu. § 242 BGB stellt lediglich eine allgemeine Verpflichtung zur Rücksichtnahme auf schutzwürdige Interessen anderer Beteiligter und einem redlichen und loyalen Verhalten auf.[352]

δ) Fazit

Für das Wettbewerbsrecht

Der Entscheidung des OLG Köln im „Ebay-Schuhhändler-Fall“ ist beizupflichten: Bei der Geltendmachung eines Anspruchs erklärt der Abgemahnte nicht

347 *Goldmann*, in: Harte-Bavendamm/Henning-Bodewig-UWG, § 8 Rn. 741.
348 *Köhler/Feddersen*, in: Köhler/Bornkamm-UWG § 8 Rn. 4.2.
349 *Köhler/Feddersen*, in: Köhler/Bornkamm-UWG § 8 Rn. 4.2.
350 *Köhler/Feddersen*, in: Köhler/Bornkamm-UWG § 8 Rn. 4.25.
351 *Reber*, in: BeckOK-UrhG, § 97a Rn. 20.
352 *Krebs*, in: Dauner-Lieb/Langen-BGB, § 242 Rn. 2.

konkludent, er verfolge keine sachfremden Motive, die zur Annahme eines Rechtsmissbrauchs im Sinne des § 8 Abs. 4 UWG führten. Zwar ist dem Abgemahnten eine entsprechende Informationserlangung verwehrt, doch ist das Kriterium der Informationsherrschaft bei inneren Tatsachen nur sehr begrenzt leistungsfähig. Mehr Gewicht kommt damit den anderen Kriterien zu. Ein Vertrauen dahin gehend, es werde kein Missbrauch vorliegen, ist auch unter Berücksichtigung der Rechtsfolgen des § 8 Abs. 4 UWG unberechtigt. Zwar wirkt sich ein Rechtsmissbrauch nachteilig auf die Rechtsstellung des Abmahnenden aus, jedoch dient die Norm nicht ausschließlich und vorrangig dem Schutz des Abgemahnten, sondern soll insbesondere die umfassende Anspruchsberechtigung in § 8 Abs. 3 UWG begrenzen. Sie weist dem Abmahnenden keine Verantwortung zu, die den Rechtsmissbrauch stützenden sachfremden Motive dem Abgemahnten zu offenbaren.

Für das Urheberrecht

Das Urheberrecht ist im Bereich des Missbrauchs stark wettbewerbsrechtlich geprägt. Das zum Wettbewerbsrecht gefundene Ergebnis kann daher problemlos auf das Urheberrecht übertragen werden. Auch dort wird bei der Geltendmachung der Ansprüche nicht konkludent miterklärt, es lägen keine Umstände vor, die die Annahme eines Missbrauchs rechtfertigten.

(4) Konkludente Täuschung über Anfallen und Erforderlichkeit der Aufwendungen

Die Geltendmachung des Aufwendungsersatzanspruches ist nur dann berechtigt, wenn tatsächlich Aufwendungen in der entsprechenden Höhe getätigt wurden und diese auch erforderlich waren. Die Aufwendungen, die im Abmahnschreiben geltend gemacht werden, setzen sich insbesondere aus den Rechtsanwaltsgebühren, aber auch aus Rechtsermittlungskosten (z. B. Ermittlung der IP-Adresse und des Nutzers bei einer Urheberrechtsverletzung durch illegale Downloads) oder sonstigen freiwilligen Vermögensopfern, etwa durch Porto, Reisekosten etc., in Bezug auf das Abmahnschreiben zusammen.[353]

Oftmals werden die Ansprüche nicht exakt aufgeschlüsselt, sondern es bleibt bei der Angabe einer Kostenpauschale.[354] In diesen Fällen kommt lediglich eine

---

353 *Reber*, in: BeckOK-UrhG, § 97a Rn. 23.

354 Vgl. BT-Drucks. 17/13057, S. 11; *Petring*, Wer soll das bezahlen?, Blogeintrag vom 12. 04. 2010 auf der Internetseite seiner Kanzlei, abrufbar unter: http://petringlegal.blogspot.de/2010/04/wer-soll-das-bezahlen-erstattung.html (Stand 07. 06. 2016),

konkludente Täuschung in Betracht, wenn die Aufwendungen (so) nicht entstanden sind. Ferner wird ein ausdrücklicher Hinweis darauf, dass die Aufwendungen auch erforderlich waren, regelmäßig fehlen, sodass auch hinsichtlich der Erforderlichkeit lediglich eine konkludente Täuschung denkbar ist.

α) Kriterium der Informationsherrschaft

Ob die Aufwendungen tatsächlich getätigt wurden und erforderlich waren, ist eine Information, die im Herrschaftsbereich des Abmahnenden liegt. Allerdings besteht die Möglichkeit der Nachfrage durch den Abgemahnten, um das Informationsgefälle auszugleichen. Dabei besteht zwar die Gefahr, dass der Abmahnende nicht wahrheitsgemäß antwortet, jedoch lässt sich der Nachweis mittels Rechnungen, Quittungen etc. einfordern. Allerdings ist der Abgemahnte auch dabei in seinen Bemühungen, sein Informationsdefizit auszugleichen, auf die Kooperationsbereitschaft des Abmahnenden angewiesen.

β) Vertrauenskriterium

Zwar gilt auch hier, dass die Beziehung zwischen Abmahnendem und Abgemahnten nicht von Vertrauen geprägt ist, zu bedenken ist jedoch, dass, falls lediglich die Aufwendungen fehlerhaft angegeben sind, die Abmahnung in Bezug auf den Unterlassungsanspruch grundsätzlich berechtigt ist. Zwischen Abmahnendem und Abgemahntem besteht also ein Schuldverhältnis mit einem durchsetzbaren Unterlassungsanspruch. Hat der Abgemahnte tatsächlich eine Rechtsverletzung begangen, muss ihm die Geltendmachung des Anspruchs auf Aufwendungsersatz dementsprechend auch vernünftig und nachvollziehbar erscheinen. Er wird daher geneigt sein, dem Begehren des Abmahnenden ohne Zögern nachzukommen. Denn besteht für ihn kein Zweifel daran, dass der Abmahnende tatsächlich in seinen Rechten verletzt wurde und er von ihm (auf Unterlassung) in Anspruch genommen werden kann, dann liegen auch Zweifel hinsichtlich der Berechtigung des Aufwendungsersatzanspruches ferner. Ein Vertrauen dahin gehend, dass die Aufwendungen getätigt wurden und

---

stellte damals fest „dass viele abmahnende Rechtsanwälte mittlerweile zunehmend dazu übergehen, die Kostenerstattungsbeträge nicht mehr konkret zu beziffern, sondern lediglich mehr oder weniger nebulös in dramatisierender Höhe anzudeuten, um anschließend eine nicht näher aufgeschlüsselte, vermeintlich günstige Vergleichssumme zu nennen – zur ‚Erledigung' sämtlicher Schadensersatz-, Aufwendungsersatz- und Kostenerstattungsbeträge."

erforderlich waren, genießt daher größere Berechtigung als in jenem Fall, in dem es schon an einem durchsetzbaren Unterlassungsanspruch fehlt.

γ) Verantwortungs- oder Risikokriterium (Berücksichtigung außerstrafrechtlicher Normen)

Im Wettbewerbsrecht

Im Wettbewerbsrecht bestimmt § 12 Abs. 1 UWG lediglich, dass, soweit die Abmahnung berechtigt ist, Ersatz der erforderlichen Aufwendungen verlangt werden kann. Eine weitergehende Regelung hinsichtlich der Geltendmachung des Anspruchs existiert nicht.

Im Urheberrecht

Im Urheberrecht hingegen fordert § 97a Abs. 2 Satz 1 Nr. 3 UrhG vom Abmahnenden ein, die geltend gemachten Zahlungsansprüche als Schadensersatz- und Aufwendungsersatzansprüche aufzuschlüsseln. Zwar wird damit nicht zwingend eine genaue Benennung der einzelnen Posten gefordert, jedoch kommt darin die gesetzgeberische Absicht, das Abmahnverfahren transparenter zu gestalten, zum Ausdruck.[355] Entspricht die Abmahnung dieser Vorgabe nicht, ist sie gem. § 97a Abs. 2 Satz 2 UrhG unwirksam. Damit wird deutlich, dass der Abmahnende die Verantwortung dafür trägt, dass der Abgemahnte über die Einzelheiten zu den Ersatzansprüchen aufgeklärt wird.

δ) Fazit

Im Wettbewerbsrecht

Ein Zugang zu den Informationen, die Entstehung, Höhe und Erforderlichkeit der Aufwendungen betreffen, besteht für den Abgemahnten nur eingeschränkt. Zwar ist es ihm möglich, sein Informationsdefizit durch Nachfrage auszugleichen und entsprechende Belege einzufordern, jedoch ist er auf die Bereitschaft des Abmahnenden angewiesen, die Auskunft (wahrheitsgemäß) zu erteilen. Hinsichtlich des Vertrauenskriteriums ist festzuhalten, dass ein gewisses Misstrauen – wie stets im Abmahnverhältnis – zwar angebracht ist, dass die grundsätzliche Berechtigung der Abmahnung bezüglich des Unterlassungsanspruches aber einen besonderen Vertrauenstatbestand schafft. Auch ohne eine dem § 97a Abs. 2 Satz 1 Nr. 3 UrhG entsprechende Regelung im UWG gelangt man daher zu dem Ergebnis, dass die Tatsache, die Aufwendungen seien (im geltend

355 BT-Drucks. 17/13057, S. 11.

gemachten Umfang) entstanden und erforderlich, bei der Anspruchsgeltendmachung konkludent miterklärt wird.

Im Urheberrecht

Dieses Ergebnis beansprucht erst recht für das Urheberrecht Geltung. Es wird nämlich zusätzlich durch die Existenz des § 97a Abs. 2 Satz 1 Nr. 3 UrhG untermauert, der ausdrücklich festlegt, dass Schadensersatz- und Aufwendungsersatzansprüche aufzuschlüsseln sind und dass der Abmahnende das Risiko des Informationsdefizits, das sich in der Unwirksamkeit der Abmahnung niederschlägt, trägt.

(5) Konkludente Täuschung über Rechtsverbindlichkeit

Selbst bei Abmahnungen, in denen die einzelnen anspruchsbegründenden Tatsachen tatsächlich vorliegen und diesbezüglich keine wahrheitswidrige Erklärung anzunehmen ist, kommt eine Täuschung in Betracht: Dann nämlich, wenn die Subsumtion des Abmahnenden zu einer Begründetheit des Anspruchs führt, obwohl die *Richtigkeit* oder *Vertretbarkeit* dieser rechtlichen Würdigung höchst zweifelhaft ist.

Beispielhaft sei hier der „Redtube-Fall" erwähnt. Die abmahnenden Anwälte rügten in den Abmahnschreiben eine Verletzung des Urheberrechts aufgrund Streamings, obgleich dieses in der rechtswissenschaftlichen Literatur überwiegend als zulässig beurteilt wurde. Da dieser Umstand der Mehrheit der Abgemahnten jedoch nicht bekannt war, stellte sich die Frage nach dem Vorliegen einer (konkludenten) Täuschung.

Zwar stellt die Behauptung, ein Anspruch bestehe, lediglich eine Rechtsauffassung und damit ein nicht täuschungsrelevantes Werturteil dar. Um gleichwohl eine Betrugsstrafbarkeit begründen zu können, wird zum Teil vertreten, eine Täuschung sei auch dann zu bejahen, wenn der Fordernde mit dem Anspruch auf Richtigkeit und Verbindlichkeit auftrete. Er täusche in diesen Fällen nämlich über die innere Tatsache, von der Richtigkeit seiner Behauptung überzeugt zu sein.[356] Dies stellt jedoch einen unzulässigen „Kunstgriff"[357] dar, um entgegen dem Wortlaut des § 263 StGB ein Werturteil zum Gegenstand eines Betruges zu machen. Im Übrigen ist der Rückgriff auf

356 *OLG Stuttgart*, Beschl. v. 19. 06. 1979 – 3 Ss (8) 237/79 = NJW 1979, 2573 (2574).

357 *Loos*, NJW 1980, 847 (847), der befürchtet, durch „derartige Relativierungen [würde] die Unterscheidung zwischen Tatsachenbehauptung und Werturteil als Kriterium für den Täuschungsbegriff problematisch" und „die Gewissheitsanforderung, die für objektive Tatsachen gilt, [...] unterlaufen".

die innere Tatsache auch nicht erforderlich, da eine andere objektive Tatsache als Täuschungsgegenstand in Betracht kommt: die Rechtsverbindlichkeit einer Rechtsauffassung bzw. eines Anspruches.[358] Zwar ist zuzugeben, dass der „allgemeine, abstrakt-theoretische Zweifel" beim Juristen „von Berufs wegen" immer bleiben wird[359] und angesichts der Vielzahl an Meinungen ein Anspruch nie als zweifellos begründet bezeichnet werden kann.[360] Es wäre jedoch lebensfremd die Augen davor zu verschließen, dass zweifelsfrei begründete Ansprüche durchaus vorkommen. Dabei handelt es sich um solche Ansprüche, deren gerichtliche Durchsetzung (mit an Sicherheit grenzender Wahrscheinlichkeit) Aussicht auf Erfolg hat. Insbesondere wenn eine Rechtsfrage höchstrichterlich geklärt ist und/oder mehrere Gerichte diese Rechtsauffassung vertreten, kann von einer Rechtsverbindlichkeit in Bezug auf die Rechtsfrage bzw. den infrage stehenden Anspruch gesprochen werden. Die so verstandene Rechtsverbindlichkeit ist dem Beweis zugänglich, denn es ist objektiv nachprüfbar, ob eine Rechtsauffassung mit der höchstrichterlichen Rechtsprechung bzw. der ständigen Rechtsprechung und der herrschenden Ansicht in der Literatur in Einklang steht. Dieses Ergebnis wird durch die Feststellung von *Loos*[361] weiter untermauert, dass derjenige, der sich – wie im Falle der Abmahnung – mit einem möglichen Rechtsstreit konfrontiert sehe, nicht für die Frage interessiere, was der Abmahnende für richtig oder falsch halte, sondern wie die Gerichte (sicher oder vermutlich) entschieden.[362]

Als Täuschungsgegenstand denkbar ist also die (konkludente) Tatsachenbehauptung, die rechtliche Einschätzung des Abmahnenden sei verbindlich und

---

358 *Schröder*, JR 1958, 106 (107), stellt fest, dass „das vom Täter abgegebene Urteil mit der Behauptung der Tatsache verbunden [ist], seine Beurteilung entspreche allgemeiner Überzeugung oder Erfahrung, so z. B. beim Rechtsanwalt, der eine Rechtsauskunft erteilt". *Graul*, JZ 1995, 595 (602 f.) sieht in der Behauptung der „Rechtsverbindlichkeit und gerichtliche[n] Einklagbarkeit" einer Forderung eine Täuschung über Tatsachen.

359 *Volk*, BB 1987, 139 (142).

360 So auch im *Goldbeck*, Der ‚umgekehrte' Wettbewerbsprozess, S. 47, in Bezug auf die Abgrenzung von Tatsachen und Werturteilen im Lauterkeitsrecht.

361 *Loos*, NJW 1980, 847 (847).

362 Vgl. auch *Neupert*, JuS 2016, 489 (493), zum „Phänomen der *herrschenden Meinung*: „Sie ist formal nicht verbindlich und Juristen sollten immer im Blick haben, dass sie für einen konkreten Einzelfall unzutreffende Ergebnisse liefern kann. Grundsätzlich jedoch kann sich ein Rechtsanwender jedenfalls dann nicht ohne weiteres gegen eine herrschende Auffassung stellen, wenn er eine Lösung produzieren will, die ggf. auch einer gerichtlichen Überprüfung durch mehrere Instanzen standhält."

im Fall eines Rechtsstreits würde mit hoher Wahrscheinlichkeit zu seinen Gunsten entschieden.[363]

α) Kriterium der Informationsherrschaft

Grundsätzlich sind die Quellen, in denen die Informationen über die Rechtsverbindlichkeit eines Anspruchs auffindbar sind, allgemein zugänglich. Im Rahmen eines Bibliothekbesuchs oder im Wege der Internetrecherche sind Kommentarliteratur und relevante Rechtsprechung für jedermann einsehbar. Zwar ist der Einwand berechtigt, der Laie könne wenig mit der juristischen Fachliteratur anfangen und sei außerstande die relevanten Informationen herauszufiltern. Dieses Argument läuft jedoch ins Leere, wenn auch der Abmahnende kein juristisches Sonderwissen innehat. Denn eine einseitige Informationsherrschaft kann nur bei einem Informationsgefälle bestehen, was nicht der Fall ist, wenn sowohl Abmahnender als auch Abgemahnter juristische Laien sind und beiden dieselben Erkenntnismöglichkeiten offen stehen. Dementsprechend streitet das Kriterium der Informationsherrschaft nicht für die Annahme einer konkludenten Täuschung über die Rechtsverbindlichkeit eines Anspruchs.[364]

β) Vertrauenskriterium und die Bedeutung von Gerichtsurteilen in Abmahnschreiben

Im Rahmen des Vertrauenskriteriums kann wiederum auf die obigen Ausführungen verwiesen werden. Das Abmahnverhältnis rechtfertigt aufgrund seiner Anonymität und der einseitigen Initiierung vonseiten des Abmahnenden gerade kein gesteigertes Vertrauen. Allerdings kann hier der Verweis auf gerichtliche Entscheidungen im Kontext der Anspruchsgeltendmachung bedeutsam werden.

Teilweise wird vertreten, dass die Angabe von Gerichtsentscheidungen schlichte Rechtsauffassungen, wie es auch die Geltendmachung eines Anspruches ist, in täuschungsrelevante Tatsachen verwandeln könne. Ausgestattet mit der „weiteren Kompetenz“ der Rechtsprechung, kämen diese Rechtsauffassungen aufgrund ihrer Verbindlichkeit Tatsachenbehauptungen gleich. Begründet wird dies unter anderem damit, dass die Existenz eines bestimmten Urteils dem

---

363 Zur Täuschung wegen Vorspiegelung einer unzutreffenden, der Abmahnungsempfängerin ausweglos erscheinenden Rechtslage vgl. auch *AG Düsseldorf*, Urt. v. 08. 10. 2013 – 57 C 6993/13 = ZUM-RD 2014, 393.

364 Der häufiger anzutreffende Fall der anwaltlichen Abmahnung wird unter im 3. Kapitel unter B.I.5.b) behandelt.

Beweis zugänglich sei.[365] Dem ist grundsätzlich zuzustimmen,[366] jedoch ist die Existenz des Urteils nicht unmittelbar täuschungsrelevant. Täuschungsrelevant ist die durch die zitierte Entscheidung indizierte Rechtsverbindlichkeit. Solche Fundstellen schaffen ein Vertrauen dahin gehend, dass die Rechtsauffassung des Abmahnenden, der Anspruch bestehe, auch (mit an Sicherheit grenzender Wahrscheinlichkeit) gerichtlich bestätigt werde. Insbesondere mit der Formulierung etwas sei „ständige Rechtsprechung" wird ein Gewissheitsanspruch generiert.[367]

Allerdings muss berücksichtigt werden, dass ebenso wie im Rahmen des Kriteriums der Informationsherrschaft von Bedeutung ist, um wen es sich bei der Person des Abmahnenden handelt. Ist für den Abgemahnten klar erkennbar, dass der Abmahnende selbst juristischer Laie ist, nimmt dieser Umstand dem auf die Gerichtsurteile gestützten Gewissheitsanspruch sein Gewicht. Denn nur ein Jurist vermag den Inhalt und die Bedeutung einer Entscheidung für den geltend gemachten Anspruch in der Regel richtig einzuschätzen. Das Wissen des Abgemahnten um die fachliche Inkompetenz des Gegenübers nimmt dem durch die Zitierung der Gerichtsurteile geschaffenen Vertrauen damit zumindest teilweise wieder seine Berechtigung.[368]

Darüber hinaus ist hinsichtlich der Wirkung, welche die Angabe von Gerichtsentscheidungen entfaltet, genau zu differenzieren. Bestärkt sie den Abgemahnten in dem Glauben, es existiere tatsächlich eine entsprechende höchstrichterliche Rechtsprechung, sodass ein Unterliegen im Prozess sehr wahrscheinlich ist, wirkt sie sich durchaus im Bereich der Täuschung und auf die Annahme eines Betruges aus. Bewirkt sie hingegen eine Einschüchterung des Abgemahnten in dem Sinne, dass dieser glaubt, angesichts der höchstrichterlichen Rechtsprechung sei jeder Widerstand zwecklos, ist dies lediglich im Rahmen des Nötigungstatbestandes von Bedeutung. Beim Betrug geht es nämlich, anders als bei der Nötigung, nicht

---

365 *Hefendehl*, in: MüKo-StGB, § 263 Rn. 86.

366 So auch das *OLG Koblenz*, Beschl. v. 25. 01. 2001 - 2 Ws 30/01 = NJW 2001, 1364 (1364), das eine Betrugsstrafbarkeit letztlich nur deshalb ablehnte, weil die wahrheitswidrige Tatsachenbehauptung, eine bestimmte gerichtliche Entscheidung existiere, objektiv nicht zur Irrtumserregung geeignet sei. Im konkreten Fall war die Behauptung nämlich vor Gericht aufgestellt worden und das *OLG Koblenz* stellte fest, dass „kein Richter [...] eine solche Behauptung seiner Entscheidungsfindung zu Grunde legen [wird]. Jeder Richter ist dazu verpflichtet, den ihm vorgetragenen Sachverhalt in rechtlicher Hinsicht zu überprüfen."

367 Vgl. *Loos*, NJW 1980, 847 (848).

368 Der häufiger anzutreffende Fall der anwaltlichen Abmahnung wird im 3. Kapitel unter B.I.5.b) behandelt.

um die durch die Abmahnung geschaffene Drohkulisse, sondern darum, den Abgemahnten durch List zu einem selbstschädigenden, aber gleichwohl freiwilligen Verhalten zu bewegen.

γ) Verantwortungs- oder Risikokriterium (Berücksichtigung außerstrafrechtlicher Normen)

Zuletzt ist zu prüfen, wer – auch unter Berücksichtigung außerstrafrechtlicher Normen – die Verantwortung oder das Risiko trägt, dass die vertretene Rechtsauffassung nicht verbindlich ist. Vorherrschend ist diesbezüglich die Meinung, es gehöre eben zum allgemeinen Lebensrisiko mit einer nicht gerechtfertigten Forderung konfrontiert zu werden.[369] Diese Auffassung verdient Zustimmung.

Außerdem lohnt ein Blick in den Zivilprozess, wo aus nachträglicher Sicht im streitigen Verfahren regelmäßig (bei Unterliegen des Klägers) *unbegründete* Ansprüche geltend gemacht werden. Wenn die Parteien Tatsachen vorbringen, sind sie an die prozessuale Wahrheitspflicht aus § 138 ZPO gebunden. Dass § 138 ZPO die bewusste Lüge im Zivilprozess verbietet, bedeutet jedoch nicht, dass die Parteien gezwungen wären, nur solche Ansprüche geltend zu machen, von deren Begründetheit sie vollkommen überzeugt wären.[370] Denn die Wahrheitspflicht bezieht sich nur auf Erklärungen über tatsächliche Umstände, nicht auf Rechtsausführungen.[371] § 138 ZPO bürdet dem Anspruchsteller daher keine Verantwortung hinsichtlich der Rechtsverbindlichkeit eines Anspruchs auf.

Allerdings ist der Umstand, dass sich die Wahrheitspflicht des § 138 ZPO nicht auf Rechtsausführungen bezieht, gerade im Kontext des gerichtlichen Verfahrens sinnvoll, da es Aufgabe des Richters und nicht der Verfahrensbeteiligten ist, die Subsumtion vorzunehmen. Im außergerichtlichen Verfahren hingegen fehlt die Kontroll- und Prüfinstanz in der Person des Richters. Damit ist der Abgemahnte der Behauptung des Abmahnenden schutzlos ausgeliefert.[372] Es ist dem Abgemahnten jedoch unbenommen, die

369 *BGH*, Urt. v. 12. 12. 2006 – VI ZR 224/05 = NJW 2007, 1458 (1459); *LG Mannheim*, Urt. v. 16. 11. 1984 – 7 S 4/84 = GRUR 1985, 328 (329); *AG Schwandorf*, Urt. v. 21. 07. 2011 – 1 C 376/11 = NJW-RR 2011, 1628 (1629); *Ahrens*, NJW 1982, 2477 (2478); *Ulrich*, MDR 1973, 559 (560).

370 Vgl. *Gottwald/Rosenberg/Schwab*-ZPO, § 65 Rn. 63 ff.

371 *BGH*, Urt. v. 12. 11. 1957 – 5 StR 447/57 = JR 1958, 106 (106).

372 Vgl. *AG Regensburg*, Urt. v. 08. 12. 2015 – 3 C 541/14. Daher ist es nach *Fahl*, JURA 1996, 74 (76) in Bezugnahme auf *Seier*, ZStW 102 (1990), 563 (574), auch kein Prozessbetrug, wenn die objektive Zurechnung durch richterliche Fehlleistung

im Abmahnschreiben geltend gemachten Ansprüche unbefriedigt zu lassen, sich in den geschützten Raum des gerichtlichen Verfahrens zu begeben und ihre Begründetheit dort klären zu lassen. Die Risikoverteilung hinsichtlich der Begründetheit des Anspruchs verändert sich also nicht allein dadurch, dass die Auseinandersetzung zwischen Anspruchsteller (Abmahnender) und Anspruchsgegner (Abgemahnter) aus dem gerichtlichen Verfahren herausgezogen wird. Das Risiko, dass die juristische Subsumtion des Abmahnenden nicht rechtsverbindlich ist, trägt bis zum Zeitpunkt einer gerichtlichen Entscheidung der Abgemahnte.

δ) Fazit

Alle drei Kriterien legen nahe, eine konkludente Täuschung bezüglich der Rechtsverbindlichkeit eines Anspruchs in den Fällen, in denen in Wahrheit nur eine abwegige Rechts- oder Mindermeinung zur Annahme eines begründeten Anspruchs gelangt, abzulehnen.[373] Dies gilt zumindest dann, wenn sowohl Abmahnender als auch Abgemahnter über kein juristisches Sonderwissen verfügen. Denn dann besteht weder ein Informationsgefälle noch ist ein Vertrauen des Abgemahnten in die Behauptung des Abmahnenden, der Anspruch sei rechtsverbindlich, berechtigt, da es dem Abmahnenden an der hierfür erforderlichen fachlichen Kompetenz fehlt. Aus demselben Grund kann auch die Zitierung von Gerichtsurteilen, welche die Rechtsauffassung vermeintlich stützen, nur eingeschränkt vertrauensbildend wirken. Das Risiko, dass der geltend gemachte Anspruch unter Beachtung der Auffassung der herrschenden Meinung nicht besteht, trägt – auch unter Berücksichtigung der Wahrheitspflicht nach § 138 ZPO – der Abgemahnte.

2. Irrtum

Der Tatbestand des Betruges setzt voraus, dass beim Abgemahnten als Folge der Täuschungshandlung ein Irrtum erregt oder unterhalten wird.[374] Unter Irrtum wird üblicherweise der Widerspruch zwischen subjektiver Vorstellung, von

---

unterbrochen ist: „Zwischen Täter und Opfervermögen [steht] abschirmend der Richter […], der an Gesetz und Recht gebunden ist."

373 Zu diesem Ergebnis gelangt auch *Lindemann*, NZWiSt 2012, 334 (336), in Hinblick auf den ärztlichen Abrechnungsbetrug: Schlüssig behauptet werde lediglich, dass eine vertretbare Gesetzesauslegung zugrunde gelegt worden sei, nicht aber, dass diese auch der herrschenden Meinung entspreche.

374 *Tiedemann*, in: LK-StGB, § 263 Rn. 76.

deren Wahrheit der Getäuschte überzeugt ist, und objektiver Wirklichkeit verstanden.[375] Der Abgemahnte muss also aufgrund der Erklärungen im Abmahnschreiben irrig davon ausgehen, die Umstände, die einen Unterlassungsanspruch bzw. einen Schadens- oder Aufwendungsersatzanspruch begründen, lägen tatsächlich vor. Üblicherweise wird der Irrtum dabei als „empirisch-psychologisches Phänomen"[376] begriffen, sodass es für sein Vorliegen darauf ankommt, ob der Getäuschte faktisch einem Irrtum erlegen ist und eine etwaige Vermeidbarkeit unberücksichtigt bleibt.[377]

Im Rahmen von Abmahnungen bereitet die Feststellung des Irrtums in zwei Fällen Schwierigkeiten. Erstens, wenn sich der Abgemahnte über bestimmte Tatsachen keine Gedanken macht, was vor allem dann der Fall ist, wenn nicht ausdrücklich, sondern lediglich konkludent über das Vorliegen einer anspruchsbegründenden Tatsache getäuscht wird. Zweitens ist das Vorliegen eines Irrtums dann fraglich, wenn der Abgemahnte zwar an der Berechtigung der Abmahnung zweifelt, gleichwohl aber auf die geltend gemachten Ansprüche zahlt.

Die überwiegende Meinung lehnt die Möglichkeit eines Irrtums ab, wenn der Getäuschte keine Vorstellung von einer Tatsache hat, da er dann auch keine Fehlvorstellung entwickeln könne.[378] Bedeutung erlangen diese Fälle insbesondere bei standardisierten oder automatisierten Verfahren. Eben dieses Problem entsteht entsprechend beim Betrug im Mahnverfahren nach § 688 ZPO, da die Ansprüche dort nicht einmal einer Schlüssigkeitsprüfung unterzogen werden. Mangels Überprüfungsmöglichkeit, so wird teilweise angenommen, könne daher auch keine (Fehl-) Vorstellung über eine Tatsache entstehen und ein Irrtum sei abzulehnen.[379] Trotz der Verwandtschaft von Mahnverfahren und Abmahnung wird es aber an einer Fehlvorstellung des Abgemahnten – zumindest hinsichtlich ausdrücklich erklärter Tatsachen – in der Regel nicht fehlen. Vielmehr ist davon auszugehen, dass der Erhalt einer Abmahnung für den Abgemahnten kein routinemäßiges Ereignis darstellt, er sich angesichts der regelmäßig drei- bis vierstelligen Beträge, die von ihm eingefordert werden, eingehend mit der Abmahnung befasst und sich Gedanken über die einzelnen Aussageinhalte macht.

---

375 *Perron*, in: Sch/Sch-StGB, § 263 Rn. 33 m. w. N.

376 *Rönnau/Becker*, JuS 2014, 504 (506).

377 *Perron*, in: Sch/Sch-StGB, § 263 Rn. 32a m. w. N.

378 *Tiedemann*, in: LK-StGB, § 263 Rn. 76 m. w. N.

379 *Duttge*, in: Dölling/Duttge/Rössner-StGB, § 263 Rn. 35; *Kühl*, in: Lackner/Kühl-StGB, § 263 Rn. 17; *Maurach/Schroeder/Maiwald*, Strafrecht BT 1, § 41 Rn. 66; *Tiedemann*, in: LK-StGB, § 263 Rn. 90.

Allerdings fehlt eine Vorstellung womöglich dann, wenn der Abmahnende eine Tatsache, wie etwa die Erforderlichkeit der Aufwendungen, bloß schlüssig erklärt. Hier könnte zweifelhaft sein, ob sich der Abgemahnte über diesen Umstand tatsächlich konkret Gedanken macht, wenn er mit der Aufwendungsersatzforderung konfrontiert wird. Die herrschende Meinung behilft sich in solchen Fällen mit der Annahme eines sog. sachgedanklichen Mitbewusstseins.[380] Mithilfe dieser Konstruktion kann im hiesigen Fall ein Irrtum deshalb angenommen werden, weil die pauschale Annahme[381] der Berechtigung der Abmahnung von der ständigen, unreflektierten Vorstellung[382] begleitet wird, die Voraussetzungen der in der Abmahnung geltend gemachten Ansprüche seien gegeben.

Die Normativierungstendenzen im Rahmen des Betrugstatbestandes haben allerdings auch vor dem Irrtumserfordernis nicht Halt gemacht. So wird teilweise vertreten, es komme für den Irrtum allein darauf an, ob normativ berechtigte Erwartungen des Getäuschten enttäuscht worden seien und nicht auf den faktischen Irrtum.[383] Der BGH macht sich diese normative Sichtweise zwar nicht grundsätzlich, doch aber im Rahmen der tatsächlichen Feststellung des Irrtums im Strafverfahren zunutze. Er stellt fest, dass „in Fällen eines normativ geprägten Vorstellungsbildes des Verfügenden die Vernehmung weniger Zeugen genügen“ kann. Denn „wenn deren Angaben das Vorliegen eines Irrtums (in den sie betreffenden Fällen) belegen, kann auf die Erregung eines Irrtums auch bei anderen Verfügenden geschlossen werden.“[384] Diese Auffassung kann im Bereich der Massenabmahnungen Bedeutung erlangen. So muss danach nicht jeder Abgemahnte ermittelt und vernommen werden, sondern es genügt die exemplarische Vernehmung einzelner Abgemahnter, „um aus deren Aussagen dann aufgrund der gleich gelagerten Interessen auf das Vorstellungsbild der übrigen [...] Tatopfer zu schließen“[385]. Es soll darüber hinaus sogar zulässig sein, ganz auf die Vernehmung eines Geschädigten zu verzichten und die

380 *Tiedemann*, in: LK-StGB, § 263 Rn. 79, 83 m. w. N.

381 *Tiedemann*, Subventionskriminalität, S. 303.

382 *Rönnau/Becker*, JuS 2014, 504 (505).

383 *Frisch*, in: FS-Herzberg, S. 738 ff.

384 *BGH*, Urt. v. 22. 11. 2013 – 3 StR 162/13 = NStZ 2014, 215 (216); vgl. auch *BGH*, Beschl. v. 06. 02 2013 – 1 StR 263/12 = NStZ 2013, 422 (423); *BGH*, Urt. v. 05. 03. 2014 – 2 StR 616/12 = NJW 2014, 2595 (2599); *BGH*, Urt. v. 27. 03. 2014 – 3 StR 342/13 = JW 2014, 2054 (2056); *BGH*, Urt. v. 22. 05. 2014 – 4 StR 430/13 = NStZ 2014, 459 (460).

385 *Rönnau/Becker*, JuS 2014, 504 (507).

Feststellungen zum Irrtum auf der Grundlage eines Geständnisses des Angeklagten zu treffen.[386]

Das zweite Problem im Rahmen des Irrtumsmerkmals ist das des zweifelnden Verfügenden. Es gründet zum einen darin, dass im Bereich der wettbewerbs- und urheberrechtlichen Abmahnungen bereits eine Sensibilisierung hinsichtlich der Gefahr unberechtigter Abmahnungen eingetreten ist und viele Bürger bei Erhalt einer Abmahnung inzwischen misstrauisch reagieren. Darüber hinaus werden Abgemahnte vielfach deshalb Zweifel an der Berechtigung der Abmahnung hegen, weil sie die Sachverhalte, ob ihrer Komplexität, nicht zu durchschauen vermögen.[387] So werden Ausführungen zu IP-Adressen bei Rechtsverletzungen im Internet oder Impressumspflichten bei Ebay-Angeboten für den Durchschnittsbürger nicht ohne Weiteres verständlich sein. Ein solches Unverständnis kann sich dann in Zweifeln hinsichtlich der Richtigkeit der Behauptungen im Abmahnschreiben niederschlagen.

Ob und ab welcher Intensität solche Zweifel des Getäuschten der Annahme eines Irrtums entgegenstehen, ist lebhaft umstritten.

Im E-Card-Fall entschied das LG Osnabrück:[388]

> *„Zweifel des ‚Getäuschten' sind solange nicht geeignet, die Annahme eines tatbestandsmäßigen Irrtums in Frage zu stellen, als das Opfer gleichwohl noch die Wahrheit der behaupteten Tatsache für möglich hält und deswegen die Vermögensverfügung trifft, also trotz seiner Zweifel, seien sie auch noch so erheblich, der List des Täters zum Opfer fällt [...]. Vorliegend hat aber keiner der Zeugen bekundet, er sei sich sicher gewesen, dass die Angaben im Abmahnschreiben unwahr seien. Jeder der Betroffenen hat die Richtigkeit zumindest als möglich angesehen, so dass nach den vorstehenden Kriterien jeweils ein täuschungsbedingter Irrtum und (in den Vollendungsfällen) eine darauf beruhende Vermögensverfügung vorliegen."*

Das LG Osnabrück liegt damit auf einer Linie mit der höchstrichterlichen Rechtsprechung und der herrschenden Ansicht in der Literatur, die einen Irrtum auch bei Zweifeln an der Wahrheit bejahen, soweit der Getäuschte die behaupteten Tatsachen für möglich hält und sich (zumindest auch) hierdurch zur Verfügung motivieren lässt.[389] Auch wenn der Abgemahnte daher Zweifel an der

386 *BGH*, Beschl. v. 04. 09. 2014 = 1 StR 314/14 = NStZ 2015, 98 (100).

387 Vgl. *AG Regensburg*, Urt. v. 08. 12. 2015 – 3 C 451/14.

388 *LG Osnabrück*, Urt. v. 17. 02. 2011 – 15 KLs 35/09 = ZWH 2013, 401 (402).

389 *BGH*, Urt. v. 08. 05. 1990 – 1 StR 144/90 = wistra 1990, 305 (305); *BGH*, Urt. v. 15. 10. 1991 – 4 StR 420/91 = wistra 1992, 95 (97); *BGH*, Urt. v. 05. 12. 2002 – 3 StR 161/02 = NJW 2003, 1198 (1199); *Lackner*, in: LK[10]-StGB, § 263 Rn. 79 ff.; *Maurach/Schroeder/Maiwald*, Strafrecht BT 1, § 41 Rn. 60 f.; *Perron*, in: Sch/Sch-StGB,

Berechtigung der Abmahnung – etwa aufgrund der medialen Berichterstattung oder Warnungen in einschlägigen Internetforen – hegt, ist ein Irrtum zu bejahen. Ausgeschlossen ist ein Irrtum jedoch dann, wenn er die Täuschung durchschaut, die Vermögensverfügung aber gleichwohl vornimmt, beispielsweise um sich weitere Auseinandersetzungen mit dem Abmahnenden zu ersparen und die Sache schnell und unkompliziert zu erledigen. Allerdings hält es der BGH in Massenbetrugsverfahren für zulässig, in bestimmten Fällen (Zahlbetrag deutlich über 25 Euro, jeweils über 50 Geschädigte, keine hohe Aufforderungsfrequenz und -intensität) anzunehmen, dass „mindestens eine dieser Personen [...] irrtumsbedingt und nicht lästigkeitsbedingt verfügt" habe.[390]

3. *Vermögensverfügung*

Der Irrtum beim Abgemahnten muss kausal für die Vermögensverfügung werden, also ein Tun, Dulden oder Unterlassen, das unmittelbar zu einer Vermögensminderung führt, hervorrufen.[391] Die Vermögensverfügung wird im Falle der Abmahnungen in der Regel in der Banküberweisung zu sehen sein. Mit dem Zahlungsauftrag des Abgemahnten an seine Bank, den in der Abmahnung geforderten Betrag an die Bank des Abmahnenden unbar zu übermitteln[392] bzw. spätestens mit Erfüllung dieses Auftrags durch die Bank wird das Vermögen des Abgemahnten unmittelbar geschmälert.

Der Irrtum über das Bestehen der anspruchsbegründenden Tatsachen muss ursächlich für den Zahlungsauftrag an die Bank werden. An einem solchen Zusammenhang fehlt es immer dann, wenn der Abgemahnte auch bei Hinwegdenken des Irrtums gezahlt hätte;[393] wenn der Irrtum also nicht „handlungsleitend"[394] wurde. Dies kann beispielsweise der Fall sein, wenn der Abgemahnte zwar hinsichtlich der Ansprüche tatsächlich einem Irrtum erliegt, nicht aber zum Zwecke der Anspruchsbefriedigung zahlt, sondern aus Angst vor den Konsequenzen einer Nichtzahlung wie etwa der Einleitung gerichtlicher Schritte. Hier kommen lediglich ein versuchter Betrug oder eine vollendete Nötigung in Betracht.

---

§ 263 Rn. 40; *Rengier*, Strafrecht BT 1, § 13 Rn. 50; *Tiedemann*, in: LK-StGB, § 263 Rn. 84 ff.

390 *BGH*, Beschl. v. 04. 09. 2014 – 1 StR 314/14 = NStZ 2015, 98 (100).

391 *Tiedemann*, in: LK-StGB, § 263 Rn. 97 m. w. N.

392 *Schmalenbach*, in: BeckOK-BGB, § 675f Rn. 45.

393 *Perron*, in: Sch/Sch-StGB, § 263 Rn. 77; *Tiedemann*, in: LK-StGB, § 263 Rn. 122.

394 *Hefendehl*, in: MüKo-StGB, § 263 Rn. 233.

Eine Vermögensverfügung kann auch in der Handlung der Unterzeichnung des Unterlassungsvertrages liegen, da auch Verpflichtungsgeschäfte grundsätzlich unter den Verfügungsbegriff des § 263 StGB fallen.[395] Der Abgemahnte geht bei Unterzeichnung des Unterlassungsvertrages die Verpflichtung ein, das abgemahnte Handeln in Zukunft zu unterlassen und im Falle der erneuten Zuwiderhandlung eine Vertragsstrafe an den Abmahnenden zu zahlen.

4. *Vermögensschaden*

Ein Vermögensschaden ist eingetreten, wenn durch die Vermögensverfügung des Getäuschten bei ihm oder einem Dritten eine Vermögensminderung eingetreten ist, sie also zu einem negativen Gesamtsaldo geführt hat.[396] Unstreitig eingetreten ist die Vermögensminderung in dem Moment, in dem die Bank des Abgemahnten den Zahlungsbetrag an die Bank des Abmahnenden übermittelt hat. Dieser Vermögensverlust wird auch nicht dadurch kompensiert, dass der Abgemahnte dadurch von einer Verbindlichkeit befreit würde.[397] Da die anspruchsbegründenden Tatsachen (teilweise) nicht vorliegen, besteht auch kein Aufwendungs- bzw. Schadensersatzanspruch und damit hat eine Zahlung auf diese nichtexistierenden Forderungen auch keine Anspruchsbefreiung, die sich positiv auf das Vermögen auswirken könnte, zur Folge.[398]

Weniger eindeutig fällt die Antwort auf die Frage aus, ob schon die Abgabe der strafbewehrten Unterlassungserklärung einen Vermögensschaden i. S. d. § 263 StGB begründen kann. Die Unterlassungserklärung führt nämlich zum Abschluss eines Unterlassungsvertrages, der regelmäßig ein Vertragsstrafenversprechen enthält.[399] Da sich der Abgemahnte in diesem Vertragsstrafenversprechen für den Fall der erneuten Zuwiderhandlung zu einer Geldzahlung verpflichtet, begründet es möglicherweise einen Vermögensschaden.

---

395 *Kindhäuser*, in: NK-StGB, § 263 Rn. 198.

396 *Fischer*, StGB, § 263 Rn. 110 m. w. N.

397 *Perron*, in: Sch/Sch-StGB, § 263 Rn. 41.

398 So auch das *LG Osnabrück*, Urt. v. 17. 02. 2011 – 15 KLs 35/09 = ZWH 2013, 401 (402), im „E-Card-Fall": „Ein vollendeter Betrug liegt in den Fällen vor, in denen die abgemahnten Firmen, Vereine etc. die von den Angeklagten geltend gemachte Kostenrechnung des Angeklagten R. bzw. die Vertragsstrafe zumindest teilweise beglichen haben. In den übrigen Fällen liegt lediglich ein versuchter Betrug vor."

399 *Köhler*, in: Köhler/Bornkamm-UWG, § 12 Rn. 1.10., 1.18; *Spindler*, in: Spindler/Schuster-UrhG, § 97a Rn. 6 ff.

Fraglich ist zunächst, ob der Unterlassungsvertrag überhaupt wirksam ist, wenn der in der unberechtigten Abmahnung geltend gemachte gesetzliche Unterlassungsanspruch mangels Rechtsverletzung durch den Abgemahnten gar nicht besteht. Zwar wird angenommen, dass der vertragliche Unterlassungsanspruch den gesetzlichen Unterlassungsanspruch (teilweise) ersetzt, dennoch ist der vertragliche Unterlassungsanspruch selbstständig.[400] Soweit der Unterlassungsvertrag nicht wegen Sittenwidrigkeit nichtig ist, besteht er daher auch ohne die Existenz eines gesetzlichen Unterlassungsanspruchs.[401] Der Abgemahnte geht mit Unterzeichnung des Vertrages also auch dann eine Verpflichtung ein, wenn ein gesetzlicher Anspruch nicht zugrunde liegt.

Die Unabhängigkeit von gesetzlichem Unterlassungsanspruch und Unterlassungserklärung bzw. Unterlassungsvertrag lässt jedoch Zweifel am Bestehen des Kausalzusammenhangs zwischen Irrtum und Vermögensverfügung aufkommen. Denn wenn sich Täuschung und Irrtum auf das Bestehen des gesetzlichen Unterlassungsanspruches beziehen, dieser aber unabhängig von der Entstehung des Unterlassungsvertrages ist, dann muss der Abschluss des Unterlassungsvertrages nicht zwingend auf dem Irrtum bezüglich des gesetzlichen Unterlassungsanspruches beruhen.

Dem ist aber entgegenzuhalten, dass ein Kausalzusammenhang schon dann bejaht wird, wenn ein „Motivationszusammenhang“[402] besteht, also eine „psychische Verursachung“[403] vorliegt. Ob die durch den Irrtum provozierte Handlung auch rechtlich zwingend ist, ist irrelevant. Der Abgemahnte wird sich üblicherweise von dem (vermeintlich bestehenden) gesetzlichen Unterlassungsanspruch motivieren lassen, den Unterlassungsvertrag abzuschließen, da er davon ausgeht, dieses Verhalten sei zur Abwendung nachteiliger Konsequenzen erforderlich – was bei einem tatsächlich bestehenden gesetzlichen Unterlassungsanspruch auch der Fall wäre. Ob er sich von dem Irrtum hinsichtlich des gesetzlichen Unterlassungsanspruchs motivieren lassen durfte, spielt keine Rolle; entscheidend ist allein der

400 Vgl. *BGH*, Urt. v. 24. 09. 2013 – I ZR 219/12 = GRUR 2013, 1252 (1253); *Bornkamm*, in: Köhler/Bornkamm-UWG, § 12 Rn. 1.115; *Brüning*, in: Harte-Bavendamm/Henning-Bodewig-UWG, § 12 Rn. 120; *Hess*, WRP 2003, 353 (353); *Scharen*, in: Ahrens, Kap. 11 Rn. 39.

401 *Brüning*, in: Harte-Bavendamm/Henning-Bodewig-UWG, § 12 Rn. 154 geht bei einer arglistigen Täuschung über das Vorliegen eines Wettbewerbsverstoßes von der Anfechtbarkeit des Vertrages nach § 123 BGB aus.

402 *Tiedemann*, in: LK-StGB, § 263 Rn. 173 m. w. N.

403 *Sieber*, Computerkriminalität, S. 214.

tatsächliche Zusammenhang.[404] Grundsätzlich hindert die rechtliche Unabhängigkeit von gesetzlichem Unterlassungsanspruch und Unterlassungsvertrag die Annahme eines vollendeten Betruges also nicht.

Ein Schaden könnte aber schon deshalb abzulehnen sein, weil der Getäuschte auf Möglichkeiten der Vertragsbeendigung und -beseitigung zurückgreifen kann. So kann er etwa die von ihm abgegebene Unterlassungserklärung gem. § 123 BGB anfechten oder das Dauerschuldverhältnis, das durch Abschluss des Unterlassungsvertrages entstanden ist, gem. § 314 BGB kündigen.[405] Die herrschende Meinung erkennt Anfechtungsrechte jedoch nicht als Ausgleichsansprüche an, insbesondere dann nicht, wenn sie dem Getäuschten unbekannt sind und er mit Beweisschwierigkeiten zu rechnen hat.[406] Genau dies trifft aber auf den Abgemahnten zu, der regelmäßig nichts davon weiß, dass er arglistig über das Bestehen des gesetzlichen Unterlassungsanspruchs getäuscht wurde. Aus demselben Grund ist auch das gesetzliche Kündigungsrecht nicht kompensationsgeeignet. Im Gegensatz zu einem vertraglichen Rücktrittsrecht weiß der Abgemahnte nichts von dessen Bestehen, bevor er nicht vom Vorliegen des besonderen Grundes erfährt. Seine (theoretisch existierenden) Möglichkeiten, den Unterlassungsvertrag zu beenden oder zu beseitigen, haben im vorliegenden Fall also keinen Einfluss auf das Vorliegen eines Schadens.

Das größte Hindernis jedoch, das sich der Annahme eines Vermögensschadens entgegenstellt, ist die Tatsache, dass der endgültige Vermögensverlust vom Eintritt einer Bedingung abhängt: der erneuten Zuwiderhandlung durch den Abgemahnten. Nur in diesem Fall wird sich der Abmahnende erneut an den Abgemahnten wenden und die Zahlung der Vertragsstrafe einfordern. Ein Vermögensschaden im Moment der Abgabe des Vertragsstrafenversprechens lässt sich dementsprechend nur über die Figur der schadensgleichen Vermögensgefährdung herleiten.[407] Ob diese Figur zur Begründung eines Vermögensschadens überhaupt geeignet ist und welche Anforderungen an sie zu stellen sind, ist lebhaft umstritten. Jedenfalls

404 *Tiedemann*, in: LK-StGB, § 263 Rn. 125: „Die Feststellung der (psychischen) Kausalität im Einzelfall ist *Tatfrage*."

405 *Schmitz-Fohrmann/Schwab*, in: Götting/Nordemann-UWG, § 12 Rn. 87.

406 *BGH*, Urt. v. 28. 11. 1967 – 5 StR 556/67 = NJW 1968, 261 (261); *BGH*, Beschl. v. 16. 07. 1970 – 4 StR 505/69 = NJW 1970, 1932 (1932); *BGH*, Urt. v. 23. 01. 1985 – 1 StR 691/84 = NJW 1985, 1563 (1564); *Hefendehl*, in: MüKo-StGB, § 263 Rn. 517; *Kühl*, in: Lackner/Kühl-StGB, § 263 Rn. 36a; *Perron*, in: Sch/Sch-StGB, § 263 Rn. 120; *Tiedemann*, in: LK-StGB, § 263 Rn. 166.

407 Teilweise wird dieser Begriff abgelehnt und stattdessen „Gefährdungsschaden" bevorzugt, so etwa *Waßmer*, HRRS 2012, 368 (371) m. w. N.

muss die Schadenshöhe gemäß höchstrichterlicher Rechtsprechung konkret feststellbar und bezifferbar sein.[408] Dies stellt sich bei der Unterzeichnung eines Unterlassungsvertrages jedoch als unproblematisch dar, da hierfür der Betrag der drohenden Vertragsstrafe herangezogen werden kann. Allerdings verlangt die Rechtsprechung darüber hinaus eine konkrete Gefährdung des Vermögens[409] oder die „nahe liegende Möglichkeit eines Verlustes"[410]. Diese Verlustwahrscheinlichkeit wird einzelfallabhängig, verkehrsnah und wirtschaftlich beurteilt. Dabei steht das „lebensnah-faktische Erfordernis weiterer Akte des Opfers oder des Täters" dem Eintritt eines endgültigen Schadens entgegen.[411]

Das LG Osnabrück lehnte einen Vermögensschaden unter diesen Voraussetzungen im „E-Card-Fall" ab:

> *„Die Abgabe einer solchen Unterlassungserklärung stellt auch unter dem Gesichtspunkt der schadensgleichen Vermögensgefährdung keine Vermögensverfügung dar. Daran ändert auch der Umstand nichts, dass die Unterlassungserklärung nach der Vorstellung der Angeklagten gerade die Grundlage für ein späteres Vertragsstrafenbegehren bilden sollte. Eine solche Vertragsstrafe konnten sie aber nur dann geltend machen, wenn die Unterlassungsschuldner sich nicht an ihre Unterlassungserklärung halten und es versäumen, einen entsprechenden Schutzmechanismus einzuführen. Es hätte somit allein in der Hand der Abgemahnten gelegen, ob der Angeklagte A. die Möglichkeit gehabt hätte, sich eine E-Card/einen Newsletter über deren Webseite zuzusenden bzw. zusenden zu lassen. Dieser Umstand schließt es aus, allein in der Abgabe einer Unterlassungserklärung bereits eine schadensgleiche Vermögensgefährdung zu sehen."*

Zu dem Umstand, dass das Opfer den Eintritt der Bedingung selbst in der Hand hat, kommt ferner hinzu, dass es regelmäßig kein Interesse an der Vornahme des abgemahnten Verhaltens haben wird. Denn ist die Abmahnung schon mangels Rechtsverstoßes unberechtigt, wird der Abgemahnte auch nicht daran interessiert sein, in Zukunft einen solchen Rechtsverstoß zu begehen. Der Vermögensschaden träte also nur dann endgültig ein, wenn der Versprechende – für den unwahrscheinlichen Fall, dass er plötzlich ein Interesse an dem verbotenen Verhalten entwickelte – eine Handlung unter Verstoß gegen die gesetzlichen Bestimmungen des UWG oder des UrhG vornähme. Zusätzlich wäre dann der

---

408 *BVerfG*, Beschl. v. 23. 06. 2010 – 2 BvR 2559/08 = NJW 2010, 3209 (3215); *BGH*, Urt. v. 15. 04. 2015 – 1 StR 337/14 = NStZ 2015, 514 (515); *BGH*, Urt. v. 26. 11. 2015 – 3 StR 247/15 = NStZ 2016, 343 (343 f.).

409 *BGH*, Beschl. v. 21. 11. 2001 – 2 StR 260/01 = BGHSt 47, 160 (167, 170).

410 *BGH*, Urt. v. 17. 10. 1995 – 1 StR 372/95 = NStZ 1996, 203 (203).

411 *Tiedemann*, in: LK-StGB, § 263 Rn. 172a m. w. N.

Akt des Einforderns der Vertragsstrafe durch den Abmahnenden einem endgültlichen Schadenseintritt vorgeschaltet.

Die Vielzahl an notwendigen und aus *ex ante*-Sicht unsicheren Zwischenschritten vom Vertragsstrafenversprechen bis zum endgültigen Vermögensverlust steht einer großen Verlustwahrscheinlichkeit und damit der Annahme eines Vermögensschadens entgegen. Der Abschluss eines Unterlassungsvertrages stellt mithin – auch unter Anwendung der Grundsätze zur schadensgleichen Vermögensverfügung – keinen endgültigen Schaden dar.[412] Erforderlich für den endgültigen Schadenseintritt ist vielmehr, dass der Abgemahnte den vom Abmahnenden geforderten Betrag tatsächlich zahlt oder die Zahlung veranlasst.

5. *Der subjektive Tatbestand*

a) *Übersicht*

Der subjektive Tatbestand des Betruges wirft regelmäßig keine Probleme auf, wenn der Abmahnende weiß, dass die im Abmahnschreiben geltend gemachten Ansprüche in Wahrheit nicht existieren bzw. die den Ansprüchen zugrunde liegenden Tatsachen nicht vorliegen und er die Abmahnung mit dem zielgerichteten Willen versendet, Zahlungen vonseiten des Abgemahnten zu erhalten. Es ergeben sich insoweit keine Besonderheiten. Der Täter muss vorsätzlich bezüglich der Tatbestandsmerkmale des objektiven Tatbestands handeln, also in Bezug auf die Täuschung, den Irrtum, die Vermögensverfügung, den Vermögensschaden und die jeweilige kausale Verknüpfung zwischen Täuschung, Irrtum und Vermögensverfügung.[413] Bei der konkludenten Täuschung muss sich der Vorsatz darüber hinaus auf die Umstände beziehen, die zur Annahme der Konkludenz führen, wie etwa die entsprechende Verkehrsauffassung.[414] Nach ganz herrschender Meinung genügt ein nur bedingter Vorsatz.[415] Darüber hinaus handelt es sich beim Betrug um ein kupiertes Erfolgsdelikt, dessen subjektiver Tatbestand durch das Erfordernis einer Bereicherungsabsicht ergänzt wird.[416] Der Täter muss den zielgerichteten Willen haben, einen dem zugefügten Schaden, gleichsam als

---

412 A.A. *Solf*, in: Wabnitz/Janovsky, Kap. 16 Rn. 102.

413 *Wessels/Hillenkamp*, Strafrecht BT 2, Rn. 581.

414 *Hefendehl*, in: MüKo-StGB, § 263 Rn. 689; *Satzger*, in: S/S/W-StGB, § 263 Rn. 298; *Tiedemann*, in: LK-StGB, § 263 Rn. 242.

415 BGH v. 09. 05. 1974 – 4 StR 100/74; *Duttge*, in: Dölling/Duttge/Rössner-StGB, § 263 Rn. 75; *Fischer*, StGB, § 263 Rn. 180; *Satzger*, in: S/S/W-StGB, § 263 Rn. 298; *Perron*, in: Sch/Sch-StGB, § 263 Rn. 165.

416 Dazu ausführlich *Hefendehl*, in: MüKo-StGB, § 263 Rn. 700 ff.

„Kehrseite“[417], entsprechenden unmittelbaren Vermögensvorteil zu erlangen.[418] Dieser Vermögensvorteil muss rechtswidrig sein, es darf also kein fälliger und einredefreier Anspruch auf die Leistung bestehen.[419]

Die größte Praxisrelevanz kommt im Vorsatzbereich dem Problem der Kenntnis um das Bestehen oder Nichtbestehen der Ansprüche zu; beispielhaft stehen hierfür der „Abo-Fallen-Fall“ oder der „Redtube-Fall“. Dort wurden jeweils unberechtigte Ansprüche in Abmahnschreiben geltend gemacht, von denen die Abmahnenden jedoch behaupteten, bei Geltendmachung von ihrer Existenz bzw. Begründetheit überzeugt gewesen zu sein.[420]

Jedenfalls im „Abo-Fallen-Fall“ schenkte das AG Karlsruhe[421] dieser Behauptung keinen Glauben:

> *„Zwischen der Klägerin und der Firma […] war […] kein Vertrag zustande gekommen […]. Die Seite ist ersichtlich darauf angelegt, Internetbenutzer zu täuschen über die Kostenpflichtigkeit des Angebotes. Unstreitig war der Beklagten bekannt, dass ihre Auftraggeberin […] in einer Vielzahl von Fällen Ansprüche aus angeblich so zustande gekommenen Verträgen geltend macht. Ihr war die Gestaltung der Internetseite bekannt. Nach dem unbestrittenen Vortrag der Klägerin hat sie in vergleichbaren Fällen nach Androhung negativer Feststellungsklagen mehrfach erklärt, die entsprechenden Rechnungen würden storniert. Dies zeigt, dass die Beklagte selbst davon ausging, dass die von ihr geltend gemachten Forderungen nicht existieren. Bei der Geltendmachung solcher Forderungen für Mandanten handelt es sich um die Beihilfe zu einem versuchten Betrug.“*

b) Nichtwissen bezüglich des Nichtvorliegens bzw. Irrtum bezüglich des Vorliegens der anspruchsbegründenden Tatsachen

Weiß der Abmahnende nicht, dass eine oder mehrere anspruchsbegründende Tatsachen nicht gegeben sind, führt dies mangels Betrugsvorsatzes zum

417 *BGH*, Urt. v. 06. 04. 1954 – 5 StR 74/54 = BGHSt 6, 115 (116).

418 *Duttge*, in: Dölling/Duttge/Rössner-StGB, § 263 Rn. 79; *Hefendehl*, in: MüKo-StGB, § 263 Rn. 705; *Lackner*, in: LK[10]-StGB, § 263 Rn. 265; *Wessels/Hillenkamp*, Strafrecht BT 2, Rn. 588.

419 *Tiedemann*, in: LK-StGB, § 263 Rn. 265 m. w. N.

420 *Biermann*, RedTube-Abmahnungen. Interview mit Rechtsanwalt Daniel Sebastian auf Zeit Online vom 09. 02. 2014, abrufbar unter: http://www.zeit.de/digital/internet/2014-02/redtube-porno-interview-anwalt-sebastian (Stand: 07. 06. 2016): „Die Ansicht, dass Streaming nicht illegal sei, kann ich nicht teilen. Das ist auch keineswegs die einzige in der juristischen Fachliteratur vertretene Meinung.“

421 *AG Karlsruhe*, Urt. v. 12. 08. 2009 – 9 C 93/09 = NJW-RR 2010, 68 (69).

Strafbarkeitsausschluss. Dies gilt auch, wenn er sich des konkludenten Erklärungsinhalts nicht bewusst ist.

Macht der Abmahnende also einen Aufwendungsersatzanspruch geltend, muss er sich zumindest laienhaft erschließen können, dass er damit gleichzeitig – konkludent – erklärt, die Aufwendungen auch getätigt zu haben. Er muss erkennen, dass der Abgemahnte an einem aus eigener Anstrengung heraus nicht zu überwindenden Informationsdefizit leidet und er dem Abmahnenden ein berechtigtes Vertrauen entgegenbringt, wenn er erwartet, mit allen relevanten Informationen zum Aufwendungsersatzanspruch ausgestattet zu werden.

Ein Irrtum über das Vorliegen der anspruchsbegründenden Tatsachen führt zum Vorsatzausschluss, § 16 Abs. 1 StGB. Denkbar erscheint etwa folgender Fall:

Der Abmahnende rügt eine Urheberrechtsverletzung durch den Abgemahnten; dieser soll unter Nutzung der ermittelten IP-Adresse ein Werk über ein P2P-Netzwerk verbreitet haben. Allerdings – und das weiß der Abmahnende nicht – war die IP-Adressen-Ermittlung fehlerhaft, sodass der Abgemahnte in Wahrheit nicht der Verletzer und damit auch nicht Anspruchsgegner ist.[422]

In diesem Falle irrt der Abmahnende hinsichtlich des Vorliegens der anspruchsbegründenden Tatsachen der Verletzungshandlung und der Passivlegitimation des Abgemahnten und er handelt unvorsätzlich in Bezug auf seine unwahre Tatsachenbehauptung.

c) *Zweifel hinsichtlich des Vorliegens der anspruchsbegründenden Tatsachen*

Probleme ergeben sich im Vorsatzbereich, wenn der Abmahnende Zweifel hinsichtlich der Wahrheit der von ihm aufgestellten Tatsachenbehauptung hegt. Grundsätzlich reicht *dolus eventualis* hinsichtlich der Täuschung aus.[423] Das bedeutet – nach gängiger Definition –, dass der Abmahnende es ernsthaft für möglich halten muss, dass die anspruchsbegründenden Tatsachen nicht

---

422 Zweifel an der Zuverlässigkeit der IP-Adressen-Ermittlung äußerte schon das *OLG Köln*, Beschl. v. 10. 02. 2011 – 6 W 5/11 = MMR 2011, 322 (323): „Aus dem Sachverständigengutachten ergibt sich zwar, dass die Software grundsätzlich geeignet ist, Rechtsverletzungen zu ermitteln. Ob dabei Falschermittlungen ausgeschlossen sind, ergibt sich aus dem Gutachten jedoch nicht." Vgl. auch *Heidrich/Stadler/Bleich*, Schwierige Gegenwehr, Artikel auf c't vom 01. 09. 2010, abrufbar unter: http://www.heise.de/ct/artikel/Schwierige-Gegenwehr-1069835.html (Stand: 27. 05. 2016).

423 *Perron*, in: Sch/Sch-StGB, § 263 Rn. 165 m. w. N.

vorliegen bzw. seine dahin gehende Behauptung wahrheitswidrig ist und er dies billigend in Kauf nehmen muss.[424]

Der Fall der Forderungsgeltendmachung bildet jedoch womöglich eine Ausnahme. Eine Einschränkung ist mit Blick auf den Prozessbetrug denkbar, bei dem zum Teil *dolus directus* in Bezug auf die Unwahrheit der Tatsache gefordert wird. Geht man davon aus, dass zwischen gerichtlicher und außergerichtlicher Forderungsgeltendmachung kein Unterschied besteht, ist möglicherweise ein Gleichlauf der an den Vorsatz zu stellenden Anforderungen angezeigt.

Die Ansicht, die beim Prozessbetrug *dolus eventualis* nicht ausreichen lässt, stützt sich insbesondere auf § 138 ZPO, der bestimmt, dass Erklärungen über tatsächliche Umstände vollständig und der Wahrheit gemäß abzugeben sind. Eine Verletzung dieser Wahrheitspflicht wird nur bei einem bewusst unwahren Vortrag beziehungsweise einer Behauptung wider besseres Wissen angenommen.[425] Diese Formulierung erinnert stark an die Vorsatzform des *dolus directus*, sodass teilweise auch für den Prozessbetrug im subjektiven Tatbestand *dolus directus* für erforderlich gehalten wird.[426]

aa) Bedeutung des § 138 ZPO bei der Abmahnung

Auch im Rahmen wettbewerbs- und urheberrechtlicher Abmahnungen könnten gesteigerte Anforderungen an den Vorsatz zu stellen sein. Die Voraussetzungen dafür sind erstens die Übertragbarkeit des Maßstabs des § 138 ZPO auf den Prozessbetrug und zweitens eine Vergleichbarkeit von Prozessbetrug und Betrug bei außergerichtlichen Abmahnungen.

Ist der Maßstab des § 138 ZPO also auf den Prozessbetrug zu übertragen? Für manche Autoren stellt ein Auseinanderfallen der Maßstäbe von § 138 ZPO und § 263 StGB kein Problem dar. Auch wenn mangels direkten Vorsatzes keine Wahrheitspflichtverletzung nach § 138 ZPO vorläge, könne aus Betrug bestraft werden.[427]

---

424 Sog. Einwilligungs- oder Billigungstheorie, *RG*, Urt. v. 13. 04. 1942 – 2 D 70/42 = RGSt 76, 112 (114); *BGH*, Urt. v. 04. 11. 1988 – 1 StR 262/88 = BGHSt 36, 1 (9); *BGH*, Urt. v. 10. 06. 1998 – 3 StR 113/98 = BGHSt 44, 99 (102); *BGH*, Urt. v. 16. 03. 2006 – 4 StR 536/05 = BGHSt 51, 18 (23); *Baumann/Weber/Mitsch*, Strafrecht AT, § 20 Rn. 53.

425 *Fritsche*, in: MüKo-ZPO, § 138 Rn. 2; *Gottwald*, in: Rosenberg/Schwab § 65 VIII 63; *Leipold*, in: Stein/Jonas-ZPO, § 138 Rn. 4; *Stadler*, in: Musielak/Voit-ZPO, § 138 Rn. 2; *Thomas/Putzo*, StGB, § 138 Rn. 3; *Wöstmann*, in: NK-ZPO, § 138 Rn. 1.

426 *Tiedemann*, in: LK-StGB, § 263 Rn. 240; *ders.*, in: FG-Peters, S. 145; *ders.*, JURA 1981, 24 (30 f.); *Keunecke*, Prozeßbetrug, S. 156 ff.

427 *Piech*, Prozeßbetrug im Zivilprozeß, S. 115.; a. A. *Jänicke*, Gerichtliche Entscheidungen als Vermögensverfügung, S. 483 f.

Für andere ist die Konsequenz eines fehlenden Gleichlaufs hingegen inakzeptabel, da „prozessual befugtes Handeln nicht strafbar“ sein könne.[428]

Folgt man der Ansicht, welche die Maßstäbe von § 138 ZPO und § 263 StGB im Falle des Prozessbetruges anpassen will,[429] stellt sich daran anschließend die Frage, ob dies auch für den Betrug im außergerichtlichen Abmahnverfahren gilt. Dafür spricht, dass § 138 ZPO auch für das Mahnverfahren Gültigkeit beansprucht und das Mahnverfahren Ähnlichkeiten zur Abmahnung aufweist. Es geht jeweils darum, einen Appell an den (Ab-)Gemahnten zu senden, im einen Fall, die geforderte Geldzahlung vorzunehmen, im anderen Fall, die gerügte Rechtsverletzung in Zukunft zu unterlassen. Zwar ist das Mahnverfahren ein zumindest teilweise gerichtliches Verfahren,[430] allerdings findet nicht einmal eine oberflächige Schlüssigkeitsprüfung statt.[431] Eine Überprüfung durch einen Rechtskundigen findet also weder im Mahn- noch im Abmahnverfahren statt.

Allerdings bestehen hinsichtlich der Konsequenzen, die die Durchführung der Verfahren nach sich zieht, erhebliche Unterschiede. Im Mahnverfahren ergeht, falls der Antragsgegner nicht widerspricht, letztlich ein Vollstreckungsbescheid,[432] welcher der materiellen Rechtskraft fähig ist.[433] Eine Abmahnung hat lediglich die Abgabe einer Unterlassungserklärung bzw. die Zahlung auf die im Abmahnschreiben geltend gemachten Forderungen zur Folge; eine gerichtliche Entscheidung über den Anspruch ist dadurch nicht ausgeschlossen.

Doch auch wenn die Folgen bei Verletzung der Wahrheitspflicht im Mahnverfahren schwerer als im Abmahnverfahren wiegen, ist der Zweck, der mit ihrer Einhaltung erreicht werden soll, übertragbar. Die Pflicht zur vollständigen und wahrheitsgemäßen Erklärung besteht im Interesse der fairen Verfahrensführung – auch gegenüber dem Gegner.[434] Es kann vom Anspruchsteller erwartet werden, dass er die Fairness sowohl im gerichtlichen als auch im außergerichtlichen Verfahren gegenüber dem Anspruchsgegner an den Tag legt. Gerade dort, wo es an der

428 *Tiedemann*, in: LK-StGB, § 263 Rn. 240.

429 So etwa *Jänicke*, Gerichtliche Entscheidungen als Vermögensverfügung, S. 483 f., der ein Auseinanderfallen der Maßstäbe mit dem Argument ablehnt, dass darin eine Verkennung der „besonderen Bedeutung der Existenz bzw. der Verletzung einer Wahrheitspflicht für die historische Debatte wie für die heutige Lösung unter Zurechnungsgesichtspunkten“ liegt.

430 *Voit*, in: Musielak/Voit-ZPO, § 688 Rn. 1.

431 *Voit*, in: Musielak/Voit-ZPO, § 688 Rn. 2.

432 *Schüler*, in: MüKo-ZPO, Vor §§ 688 ff. Rn. 9.

433 *Saenger*, in: NK-ZPO, § 322 Rn. 6.

434 *Stadler*, in: Musielak/Voit-ZPO, § 138 Rn. 1.

fachmännischen Prüfung durch einen Richter fehlt, ist die Wahrung der Fairness und demensprechend die Einhaltung der Wahrheitspflicht von besonderer Bedeutung. Die Wahrheitspflicht aus § 138 ZPO entfaltet damit auch im Rahmen von urheber- und wettbewerbsrechtlichen Abmahnungen Wirkung.[435]

bb) Bedeutungslosigkeit des § 254 Abs. 2 Nr. 2 ZPO für die Abmahnung

Die ältere Literatur rekurrierte in ihrer Forderung nach *dolus directus* beim Prozessbetrug außerdem auf § 253 Abs. 2 Nr. 2 ZPO. Da dieser einen bestimmten Vortrag verlange, zwinge er in den Fällen, in denen der Vortragende die Unwahrheit für möglich halte, gleichzeitig zur (mit *dolus eventualis* aufgestellten) unwahren Tatsachenbehauptung; nur *dolus directus* dürfe dementsprechend zur Strafbarkeit wegen Betruges führen. Derjenige, der einen solchen Beweisantrag stelle, könne nicht wegen Betruges strafbar sein. Was prozessual erlaubt oder sogar geboten sei, könne nicht strafbar sein.[436]

Unabhängig von der Frage, ob diese Argumentation überzeugen kann, ist sie schon nicht auf die außergerichtliche Abmahnung übertragbar. § 253 Abs. 2 Nr. 2 ZPO bezieht sich auf die Klageerhebung und damit das gerichtliche Verfahren. Die Vorschrift verfolgt den Zweck, den Streitgegenstand zu fixieren; ihre Einhaltung ist notwendige Bedingung für die ordnungsgemäße Klageerhebung. Die Angaben haben ferner Bedeutung für die Rechtshängigkeit, Rechtskraft, Klageänderung, Klagehäufung, Zuständigkeit und die Kosten.[437] § 253 Abs. 2 ZPO kann daher nach seinem Telos lediglich im prozessualen Bereich Wirkung entfalten und keinen Einfluss auf das außergerichtliche Abmahnverfahren nehmen. Für die Frage, welche Vorsatzform bei der Forderungsgeltendmachung im Abmahnverfahren notwendig ist, kommt § 253 Abs. 2 Nr. 2 ZPO somit keine Bedeutung zu.

cc) Folge der Anwendung des § 138 ZPO auf den Betrug durch Abmahnungen

Es ist festzuhalten, dass es sinnvoll erscheint, die Anforderungen an die subjektive Seite bei § 138 ZPO und beim Prozessbetrug nach § 263 StGB aneinander anzupassen. Die Argumentation ist dabei auch auf die urheberrechtliche und wettbewerbsrechtliche Abmahnung übertragbar. Dennoch bleibt zu klären,

---

435 Anders als in Bezug auf eine „wahrheitsgemäße" Subsumtion; eine solche Pflicht kann aus § 138 ZPO nicht hergeleitet werden, siehe unter B.III.1c) ff) (5) γ).

436 *Tiedemann*, in: FG-Peters, S. 145.

437 *Becker-Eberhard*, in: MüKo-ZPO, § 253 Rn. 66.

welche Konsequenz sich daraus für den subjektiven Tatbestand beim Betrug durch Abmahnungen ergibt.

Den Ausgangspunkt bildet die Erkenntnis, dass die Forderung nach *dolus directus* für die Annahme einer Wahrheitspflichtverletzung nach § 138 ZPO nicht zwingend ist. *Lenkner*[438] wies als erster darauf hin, dass auch dort *dolus eventualis* ausreichen könne; es müsse lediglich richtig subsumiert werden. Es sei ein Unterschied, ob der Zweifelnde, die Behauptung „unbekümmert um ihre Richtigkeit"[439] vortrage oder nur im Hinblick auf die mögliche Wahrheit. Im ersten Fall, in dem die Behauptung also auch für möglicherweise unwahr gehalten wird, liege *dolus eventualis* vor, im zweiten Fall hingegen nicht. Dieser Maßstab könne gleichermaßen für § 138 ZPO als auch für § 263 StGB angelegt werden, ohne dass der Zweifelnde in seinen prozessualen Befugnissen eingeschränkt werde oder zu hohe Hürden an den Vorsatz bei § 263 StGB gestellt würden.

Es überzeugt, den Blick nicht nur auf das kognitive Element zu beschränken – so wie es die zivilprozessuale Literatur tut – sondern auch das voluntative Element ausreichend zu berücksichtigen. Es kommt also nicht nur darauf an, ob der Vortragende die Unwahrheit kennt oder kennen muss, sondern auch, ob er sie billigend in Kauf nimmt. Und eine billigende Inkaufnahme ist eben dann ausgeschlossen, wenn die Behauptung nur im Hinblick auf die mögliche Wahrheit vorgebracht wird.[440] Vorsätzlich handelt hingegen, wer die Forderung mit dem Gedanken geltend macht, es „einfach einmal zu versuchen" und die Behauptung „ins Blaue hinein" aufstellt, ohne jegliche Anhaltspunkte für ein Vorliegen der anspruchsbegründenden Tatsachen.[441]

Alleine das Argument, es bereite Schwierigkeiten, festzustellen, ob der Täter die Behauptung auch für den Fall ihrer Unwahrheit wolle,[442] kann die Richtigkeit dieses Ansatzes nicht infrage stellen. Zweifelsohne ist es einfacher, weil leichter nachweisbar, sich auf das kognitive Element beim Vorsatz zu beschränken und dort die Anforderungen heraufzusetzen,[443] also *dolus directus* zu fordern. Zugunsten einer einheitlichen Dogmatik erscheint es jedoch vorzugswürdig,

---

438 *Lenckner*, Der Prozeßbetrug, S. 66–71.

439 *Lenckner*, Der Prozeßbetrug, S. 71, mit Verweis auf *Bernhardt*, in: FG-Rosenberg, S. 27.

440 *Jänicke*, Gerichtliche Entscheidungen als Vermögensverfügung, S. 537 f.

441 So ist es gemäß *BGH*, Urt. v. 20. 09. 2002 – V ZR 170/01 = NJW-RR 2003, 69 (70), auch bei § 138 ZPO missbräuchlich und unzulässig, Tatsachen ohne greifbare Anhaltspunkte „willkürlich aufs Geratewohl, gleichsam ‚ins Blaue hinein' " zu behaupten.

442 So nämlich *Tiedemann*, in: LK-StGB, § 263 Rn. 240: „Diese Feststellung dürfte nur ausnahmsweise sicher zu treffen sein."

443 Vgl. *Jänicke*, Gerichtliche Entscheidungen als Vermögensverfügung, S. 537.

keine Ausnahmen für eine bestimmte Begehungsform (Betrug im Rahmen eines Prozesses) zu machen, sondern Beweisschwierigkeiten – wie sie stets beim Eventualvorsatz auftreten –[444] in Kauf zu nehmen.

Weder beim Prozessbetrug noch beim Betrug durch den Versand von Abmahnschreiben hat § 138 ZPO daher eine Änderung der Vorsatzform zu Folge. Der Abmahnende, der weiß, dass seine Behauptung unwahr sein könnte und dies billigend in Kauf nimmt, hat Eventualvorsatz und handelt damit tatbestandsmäßig. In Bezug auf das obige Beispiel zur IP-Adressen-Ermittlung ergibt sich daraus, dass derjenige vorsätzlich handelt, der weiß, dass die Ermittlung oftmals fehlerhaft abläuft und ohne den Versuch, die Fehlerquote zu senken, aufgrund der so ermittelten Daten weiterhin seiner Abmahntätigkeit nachgeht. Dieser Fall wird insbesondere dann auftreten, wenn es dem Abmahnenden vorrangig um den finanziellen Vorteil durch die Abmahnung und nicht um die Unterlassung des Rechtsverstoßes geht. Wer hingegen den Versuch unternimmt, etwa durch Einsatz einer (nachweislich) zuverlässigeren Software, die Fehlerquote zu minimieren, weil er es nicht in Kauf nimmt, dass Unbeteiligte unberechtigte Abmahnungen erhalten, handelt unvorsätzlich.

d) *Unkenntnis oder Zweifel hinsichtlich der fehlenden Rechtsverbindlichkeit des geltend gemachten Anspruchs*

Kommt der Rechtsverbindlichkeit ausnahmsweise Tatsachenqualität zu und liegt eine diesbezügliche Täuschung vor,[445] muss für eine Betrugsstrafbarkeit beim Täuschenden ein entsprechender Vorsatz vorliegen. Beispielsweise kann im „Redtube-Fall" nicht ohne Weiteres von einem Vorsatz des abmahnenden Anwalts ausgegangen werden – schließlich betonte dieser, seiner Ansicht nach sei Streaming illegal und die Abmahnungen daher zu Recht verschickt worden.[446]

Die Unkenntnis bzw. Zweifel über die Rechtsverbindlichkeit eines Anspruchs sind nicht anders zu behandeln als Zweifel über das Vorliegen der anspruchsbegründen Tatsachen. Hält es der Abmahnende für möglich, einen Anspruch geltend zu machen, der von Rechtsprechung und Literatur nicht anerkannt ist und nimmt

---

444 Vgl. *RG*, Urt. v. 02. 07. 1908 – RG I 489/08 = RGSt 41, 389 (391); *Puppe*, Strafrecht AT, § 9 Rn. 5; *Stratenwerth/Kuhlen*, Strafrecht AT, § 8 Rn. 127.

445 Siehe in diesem Kapitel unter B.III.1.c) ff) (5).

446 *Biermann*, RedTube-Abmahnungen. Interview mit Rechtsanwalt Daniel Sebastian auf Zeit Online vom 09. 02. 2014, abrufbar unter: http://www.zeit.de/digital/internet/2014-02/redtube-porno-interview-anwalt-sebastian (Stand: 07. 06. 2016).

er dies auch billigend in Kauf, handelt er mit *dolus eventualis*.[447] Eine billigende Inkaufnahme ist etwa dann anzunehmen, wenn dem Abmahnenden bekannt ist, dass der Anspruch bereits in mehreren landes- oder oberlandesgerichtlichen Entscheidungen verneint wurde oder wegen der Geltendmachung der Ansprüche sogar Ermittlungsverfahren eingeleitet wurden.

Vertraut der Abmahnende hingegen auf die Möglichkeit der rechtlichen Durchsetzbarkeit des Anspruchs oder verkennt er gar die Rechtslage, führt dies zu einem Vorsatzausschluss in Bezug auf die Täuschung.[448]

Darüber hinaus ist in diesen Fällen auch stets ein Vorsatzausschluss bezüglich des objektiven Tatbestandsmerkmals[449] der Rechtswidrigkeit der Bereicherung anzunehmen: „Wer meint, einen von der Rechtsprechung anerkannten Anspruch auf den Vorteil zu haben, handelt bezüglich der Rechtswidrigkeit des erstrebten Vorteils ohne Vorsatz."[450]

e) Bereicherungsabsicht

Es muss dem Abmahnenden darüber hinaus gerade darauf ankommen, sich mithilfe der Abmahnung einen finanziellen Vorteil zu verschaffen; dabei muss dies jedoch nicht der einzige, überwiegende oder maßgebliche Zweck sein.[451] Die Bereicherungsabsicht ist hingegen ausgeschlossen, wenn der Abmahnende die Abmahnung lediglich und ausschließlich mit dem Ziel versendet, den Abgemahnten zu verärgern, zu schädigen oder zu schikanieren. Daher scheidet eine Strafbarkeit etwa dann aus, wenn es einem Mitbewerber lediglich darauf ankommt, einen Konkurrenten durch Abmahnungen und den daraus resultierenden finanziellen Nachteilen zur Aufgabe zu zwingen.[452]

---

447 *Lausen*, wistra 1991, 279 (286), zum kognitiven Element: „Selbst wenn also der Gläubiger trotz der gesicherten Rechtslage im Einzelfall nicht sicher ist, ob die Forderung der Inkassogebühr zu Unrecht erfolgt, dieses aber für möglich hält und die Forderung trotzdem stellt, ist das Wissenselement des Eventualvorsatzes erfüllt."

448 Vgl. *Müller*, JuS 1982, 25 (26), zum Ehemaklerlohn: „Wenn er selbst nicht weiß, daß eine Vergütungsvereinbarung keine rechtliche Verbindlichkeit begründet, fehlt ihm auch der Täuschungsvorsatz".

449 *Satzger*, in: S/S/W-StGB, § 263 Rn. 316 m. w. N.

450 *Tiedemann*, in: LK-StGB, § 263 Rn. 268.

451 *Tiedemann*, in: LK-StGB, § 263 Rn. 250.

452 Der Anteil der von derartigen Motiven geleiteten Abmahner dürfte indes gering sein. Für die Hochzeiten der Abmahntätigkeit wird er auf etwa ein Prozent geschätzt, *Wagner*, Vorsicht Rechtsanwalt, S. 182.

IV. Regelbeispiele, Geringwertigkeit und Strafantrag

1. *Regelbeispiele*

a) Gewerbsmäßigkeit, § 263 Abs. 3 Nr. 1 Alt. 1 StGB

Handelt der Täter in der Absicht, sich eine nicht nur vorübergehende Einnahmequelle von einigem Umfang zu verschaffen, ist von einer gewerbsmäßigen Begehung auszugehen.[453] Beispielhaft sei auf jene Fälle hingewiesen, in denen der Abmahnende nur deshalb ein Gewerbe betreibt, um Mitbewerber gem. § 12 UWG abzumahnen und einen Anspruch auf Ersatz von Aufwendungen oder Kosten der Rechtsverfolgung entstehen zu lassen (z. B. „Ebay-Schuhhändler-Fall"). Indiziell für die gewerbsmäßige Abmahntätigkeit kann dabei der Umstand wirken, dass der Umsatz des eigentlichen Gewerbes des Abmahnenden (auf das seine Mitbewerbereigenschaft und damit Abmahnbefugnis zurückgeht) weit unter dem durch die Abmahnungen generierten Gewinn liegt. Insoweit besteht eine Parallele zum Missbrauch nach § 8 Abs. 4 UWG, wo von einer Rechtsmissbräuchlichkeit dann auszugehen ist, „wenn sich die Abmahntätigkeit verselbstständigt, in keinem vernünftigen Verhältnis zur gewerblichen Tätigkeit des Abmahnenden steht und bei objektiver Betrachtung an der Verfolgung der Wettbewerbsverstöße kein nennenswertes wirtschaftliches Interesse außer dem Gebührenerzielungsinteresse bestehen kann".[454]

Ein Rechtsanwalt wird, wenn er die unberechtigten Abmahnungen im Rahmen seiner Berufstätigkeit versendet, regelmäßig gewerbsmäßig handeln.

b) Bandenmäßige Begehung, § 263 Abs. 3 Nr. 1 Alt. 2 StGB

Eine bandenmäßige Begehung liegt vor, wenn sich – nach Ansicht der Rechtsprechung – mindestens drei Personen zur fortgesetzten Begehung von Betrugstaten verbunden haben.[455] Ein Zusammenwirken lediglich von Rechtsanwalt und seinem Mandanten reicht dementsprechend nicht aus. Eine Bande ist jedoch etwa dann gegeben, wenn mehrere Rechtsanwälte im Rahmen der betrügerischen Abmahntätigkeit zusammenarbeiten; dazu müssen sie nicht zwingend in einer Sozietät verbunden sein. So erläuterte der abmahnende Rechtsanwalt im „Redtube-Fall", dass für den Versand der Abmahnungen seine Kanzlei, der Einzelanwalt Sebastian indes vorbereitend für die Antragstellung bei Gericht zur

453 *Tiedemann*, in: LK-StGB, § 263 Rn. 296.
454 *BGH*, Urt. v. 05. 10. 2000 – I ZR 237/98 = NJW 2001, 371 (372).
455 *BGH*, Beschl. v. 22. 03. 2001 – GSSt 1/00 = BGHSt 46, 321 (328 f.).

Ermittlung der Anschlussinhaber zuständig gewesen sei. Es habe sich um eine „klassische Arbeitsteilung“ gehandelt.[456]

c) Herbeiführung eines großen Vermögensverlustes, § 263 Abs. 3 Nr. 2 Alt. 1 StGB

Der Abmahnende hat durch seine Betrugstaten einen großen Vermögensschaden i. S. d. § 263 Abs. 3 Nr. 2 StGB herbeigeführt, wenn er einen Vermögensverlust von 50.000 Euro oder mehr verursacht.[457] Ob die Verluste mehrerer Betrugsopfer, hier also Abgemahnter zu addieren sind, ist umstritten. Nach einer Ansicht sind die Einzelschäden nur soweit zu addieren, wie sie dasselbe Opfer betreffen.[458] Andere hingegen sind der Ansicht, dass auch die Verluste mehrerer Opfer berücksichtigt werden dürften.[459] Danach träte bei durchschnittlich 1000 Euro pro Abmahnung ein großer Vermögensverlust schon bei 50 zahlenden Abgemahnten ein, was bei sog. Massenabmahnungen nicht unwahrscheinlich erscheint. Im „Redtube-Fall“ etwa wurden 70.000 Abmahnungen mit Kostenrechnungen von je 1.286,80 Euro versandt.[460] Diese Ansicht kann allerdings angesichts des individualrechtsgutschützenden Charakters des Betrugstatbestandes nicht überzeugen.[461] Dementsprechend ist das Regelbeispiel des § 263 Abs. 3 Nr. 2 Alt. 1 StGB für Fälle der Abmahnung wohl bedeutungslos, da gegenüber dem einzelnen Abgemahnten üblicherweise nicht mehr als ein vierstelliger Betrag eingefordert wird.

Der BGH geht davon aus, dass ein Gefährdungsschaden nicht zur Erfüllung des Regelbeispiels ausreicht.[462] Da in den Fällen der Abmahnung ein Gefährdungsschaden ohnehin kaum denkbar ist (eine Einordnung des Unterlassungsvertrages als Gefährdungsschaden wurde abgelehnt)[463], ist im hiesigen Kontext eine Auseinandersetzung mit der Gegenansicht nicht angezeigt. Ebenso wenig

---

456 *Fuest*, Geld zurück für Pornofans? Artikel auf Welt N24 vom 22. 12. 2013, abrufbar unter: https://www.welt.de/print/wams/wirtschaft/article123207857/Geld-zurueck-fuer-Pornofans.html (Stand: 02. 04. 2017).

457 *BGH*, Urt. v. 07. 10. 2003 – 1 StR 274/03 = NStZ 2004, 155 (155 f.); *Hefendehl*, in: MüKo-StGB, § 823 Rn. 852 m. w. N.

458 *BGH*, Beschl. v. 15. 03. 2011 – 1 StR 529/10 = NJW 2011, 1825 (1827); *BGH*, Beschl. v. 18. 10. 2011 – 4 StR 253/11 = NStZ 12, 213 (213); *BGH*, Beschl. v. 21. 12. 2011 – 4 StR 453/11 = NStZ-RR 2012, 114; *Kindhäuser*, in: NK-StGB, § 263 Rn. 394; *Perron*, in: Sch/Sch-StGB, § 263 Rn. 188c.

459 *Tiedemann*, in: LK-StGB, § 263 Rn. 298a.

460 *Wagner*, Vorsicht Rechtsanwalt, S. 184 f.

461 *Hefendehl*, in: MüKo-StGB, § 263 Rn. 852.

462 *BGH*, Urt. v. 07. 10. 2003 – 1 StR 212/03 = BGHSt 48, 354 (357 ff.).

463 Siehe 2. Kapitel B.III.4.

begründet ein Versuch die Indizwirkung des Regelbeispiels,[464] sodass aus der Verlustrechnung all jene Abgemahnten auszuklammern sind, die letztlich nicht auf die Abmahnung hin zahlen.

d) Große Zahl von Menschen, § 263 Abs. 3 Nr. 2 Alt. 2 StGB

Massenabmahnungen werden von den Abmahnenden regelmäßig mit der Absicht durchgeführt, eine große Zahl von Menschen in die Gefahr des Verlustes von Vermögenswerten zu bringen. Wie viele Menschen mindestens für die Annahme einer großen Zahl i. S. d. § 263 Abs. 3 Nr. 2 Alt. 2 StGB erforderlich sind, ist umstritten; die Ansichten reichen von zehn bis 50 Personen.[465] Da sich die Absicht allerdings darüber hinaus auf die fortgesetzte Begehung von Betrug beziehen muss, ist die Absicht der Durchführung einer einmaligen Abmahnaktion selbst dann nicht ausreichend, wenn davon mehrere hundert Menschen betroffen sind. Da jedoch eine erfolgreiche Abmahnaktion üblicherweise weitere ihrer Art nach sich zieht, dürfte das Regelbeispiel des § 263 Abs. 3 Nr. 2 Alt. 2 StGB jedenfalls im Bereich der Massenabmahnungen in den meisten Fällen einschlägig sein.

e) Wirtschaftliche Not, § 263 Abs. 3 Nr. 3 StGB

In der Regel bewegen sich die in Abmahnschreiben insgesamt eingeforderten Beträge bei ca. 1000 Euro oder weniger. Die Gefahr, dass eine Person durch die Zahlung in wirtschaftliche Not gerät, also die durchschnittlichen materiellen und kulturellen Bedürfnisse nicht mehr befriedigen kann,[466] trifft damit vor allem einkommensschwache Bevölkerungsgruppen, zu denen etwa Schüler, Studenten, Auszubildende, Arbeitslosengeld II- oder Sozialhilfeempfänger zählen. Gerade im Bereich der Massenabmahnungen ist die Wahrscheinlichkeit, dass ein oder mehrere Abgemahnte den genannten Personenkreisen angehören, sehr hoch, sodass der Abmahnende in diesen Fällen mit der Erfüllung des Regelbeispiels rechnen muss.

---

464 *BGH*, Beschl. v. 24. 03. 2009 – 3 StR 598/08 = NStZ-RR 2009, 206 (207); *Fischer*, StGB, § 263 Rn. 215; *Tiedemann*, in: LK-StGB, § 263 Rn. 298; *Tiedemann/Waßmer*, JURA 2000, 533 (539) m. w. N.

465 *Hefendehl*, in: MüKo-StGB, § 263 Rn. 854, und *Kindhäuser*, in: NK-StGB, § 263 Rn. 396, (20 Personen); *Tiedemann*, LK-StGB, § 263 Rn. 299 (10 Personen); *Joecks*, Studienkommentar-StGB, § 263 Rn. 186, und *Schroth*, Strafrecht BT, S. 239 (50 Personen).

466 *Tiedemann*, in: LK-StGB, § 263 Rn. 300.

f) Amtsträger, § 263 Abs. 3 Nr. 4 StGB

Trotz seiner Stellung als Organ der Rechtspflege ist der Rechtsanwalt kein Amtsträger i. S. d. § 11 Abs. 1 Nr. 2 StGB,[467] auf den sich § 263 Abs. 3 Nr. 4 bezieht.[468] Dieses Regelbeispiel ist daher nicht einschlägig.

g) Banden- und gewerbsmäßige Begehung, § 263 Abs. 5 StGB

Wirken beim Abmahnbetrug mehr als zwei Personen zusammen und handeln diese zusätzlich gewerbsmäßig, sieht § 263 Abs. 5 StGB einen Strafrahmen von einem Jahr bis zu zehn Jahren vor. In diesem Fall kann sich der Versand betrügerischer Abmahnungen demgemäß als Verbrechen darstellen.

2. Geringwertigkeit und Strafantrag

In der Regel liegen die in Abmahnungen eingeforderten Beträge mindestens im dreistelligen Bereich, sodass die Geringwertigkeitsgrenze von derzeit 50 Euro[469] weit überschritten wird und dementsprechend weder ein Antragserfordernis nach § 263 Abs. 4 i. V. m. § 248a StGB besteht noch die Annahme eines besonders schweren Falles gem. § 263 Abs. 4 i. V. m. § 243 Abs. 2 StGB ausgeschlossen ist.

Betrügerische Abmahnungen durch einen Angehörigen, Vormund, Betreuer oder in häuslicher Gemeinschaft Lebenden dürften von geringer Praxisrelevanz und das Antragerfordernis bei Haus- und Familienbetrug, § 263 Abs. 3 Nr. 4 StGB, insoweit hier bedeutungslos sein.

V. Zusammenfassung zu § 263 StGB

Aufwendungs- oder Schadensersatzansprüche, die in einem Abmahnschreiben geltend gemacht werden und in Wahrheit nicht bestehen, können zu einer Strafbarkeit des Abmahnenden wegen Betruges führen.

Die Behauptung, einer dieser Ansprüche bestehe, kann nicht Gegenstand der Täuschung sein, da es sich dabei um eine bloße Rechtsauffassung und dementsprechend um ein nicht täuschungsrelevantes Werturteil handelt. Allerdings kann dieser Erklärung die konkludente Behauptung, die anspruchsbegründenden Tatsachen seien gegeben, entnommen werden.

Einige der anspruchsbegründenden Tatsachen werden ausdrücklich im Abmahnschreiben genannt, weil eine explizite sprachliche Nennung dem gängigen oder

---

467 *Radtke*, in: MüKo-StGB, § 11 Rn. 43.
468 *Tiedemann*, in: LK-StGB, § 263 Rn. 301.
469 *Tiedemann*, in: LK-StGB, § 263 Rn. 295.

auch gesetzlich geforderten Inhalt der Abmahnung entspricht. So wird das rechtsverletzende Verhalten üblicherweise ausdrücklich bezeichnet oder mit Nennung der Beteiligten auch deren Aktiv- bzw. Passivlegitimation explizit geäußert. Diesbezügliche unwahre Angaben führen regelmäßig zu einer betrugsrelevanten (ausdrücklichen) Täuschung.

Einige der anspruchsbegründenden Tatsachen werden indes nicht ausdrücklich bezeichnet, sodass ein tatbestandsmäßiges Verhalten nur über die Figur der konkludenten Täuschung begründbar ist. Über die Ermittlung des konkludenten Aussagegehalts einer Erklärung besteht keine Einigkeit. Das Kriterium der „Verkehrsanschauung", mit dessen Hilfe die herrschende Meinung die konkludente Täuschung zu bestimmen versucht, ist vage und weitestgehend inhaltsleer. Die Vertreter der sog. normativen Ansätze haben indes zur Herausarbeitung konkreter und besser handhabbarer Kriterien beigetragen. Ausgehend von ihren Erkenntnissen wurden der Untersuchung zur Behandlung der konkludenten Täuschung drei Kriterien zugrunde gelegt:

- das Informationskriterium
- das Vertrauenskriterium
- das Kriterium der Verantwortungs- und Risikoverteilung gemäß außerstrafrechtlicher Normen

Ausgehend von einem Gleichordnungsverhältnis von Abmahnendem und Abgemahnten, in dem keine der beiden Parteien von einem juristischen Sonderwissen oder einer Sonderposition profitieren kann, wurde herausgearbeitet, dass eine konkludente Täuschung bezüglich nur einiger weniger Tatsachen anzunehmen ist. Im Wettbewerbsrecht sowie im Urheberrecht wird bei der Geltendmachung des Aufwendungsersatzanspruches konkludent erklärt, diese Aufwendungen seien tatsächlich getätigt worden und erforderlich. Im Urheberrecht wird darüber hinaus konkludent die Aktivlegitimation des Abmahnenden behauptet, sofern sie nicht schon ausdrücklich genannt ist. Hinsichtlich der anspruchsbegründenden Tatsachen, die Abmahnung sei weder missbräuchlich noch entbehrlich, ist eine konkludente Täuschung abzulehnen.

Grundsätzlich wird auch nicht konkludent über die Rechtsverbindlichkeit eines Anspruchs getäuscht, also den Umstand, dass der Anspruchsteller seinem Anspruch die Rechtsauffassung der herrschenden Meinung zugrunde gelegt hat. Diese Frage erlangt insbesondere dann Bedeutung, wenn ein Anspruch in einer rechtlichen Grauzone liegt und/oder von einer Mindermeinung als begründet erachtet wird. Von diesem Grundsatz ist jedoch eine Ausnahme zu machen, wenn eine besondere Vertrauensbasis etwa dadurch geschaffen wird, dass im Abmahnschreiben Urteile zitiert werden, welche die Rechtsauffassung (vermeintlich) stützen und sie als höchstrichterlich anerkannt erscheinen lassen.

Folgende Aspekte sind bei der Beurteilung des täuschenden Verhaltens zu berücksichtigen:

- Hinsichtlich eines Großteils der für die Beurteilung eines Anspruchs nötigen Informationen besteht ein Informationsdefizit zulasten des Abgemahnten, da allein der Abmahnende Kenntnis von den Hintergründen (interne Berechtigungen, Abläufe, Motive) seiner Abmahntätigkeit hat.
- Als zumutbares Mittel zum Ausgleich des Informationsdefizits kommt in den meisten Fällen lediglich die Nachfrage des Abgemahnten beim Abmahnenden in Betracht. Eine solche Nachfrage ist auch sozialadäquat, da es sich bei dem Abmahnverhältnis um kein durch Rücksichtnahmepflichten und Taktgefühl geprägtes Rechtsverhältnis handelt. Weitergehende Pflichten zur Informationsbeschaffung, wie etwa das Engagement eines Rechtsanwalts oder eines IT-Experten, können dem Abgemahnten angesichts der zeitlichen und finanziellen Belastungen nicht aufgebürdet werden.
- Das Abmahnverhältnis ist nicht von einem besonderen, qualifizierten Vertrauen gekennzeichnet. Es handelt sich um eine Rechtsbeziehung, in die der Abgemahnte gleichsam hineingezwungen wird. Da der Versand der Abmahnung in der Regel der Aufnahme eines Erstkontakts dient, existiert keine Vertrauensgrundlage aufgrund etwaiger vorangegangener geschäftlicher Beziehungen. Selbst dort, wo in der Vergangenheit bereits ein Kontakt bestand (z. B. im Fall der Zweitabmahnung), ist das Verhältnis von Konfrontation und Uneinigkeit und nicht etwa vertrauensvoller Zusammenarbeit geprägt.
- Durch die mediale Berichterstattung über unberechtigte Abmahnungen hat bereits eine Sensibilisierung der Bevölkerung stattgefunden, die vom Abgemahnten ein gewisses Maß an Misstrauen einfordert.
- Außerstrafrechtliche Normen können einen Hinweis liefern, welche Verantwortung und welches Risiko die Beteiligten des Abmahnverfahrens treffen. So dient etwa § 97a Abs. 2 UrhG einem transparenten Abmahnverfahren und der besseren Informationsausstattung des Abgemahnten. Diese Norm weist dementsprechend dem Abmahnenden die Verantwortung für ein etwaiges Informationsdefizit des Abgemahnten zu.
- Die Missbrauchsklausel des § 8 Abs. 4 UWG weist dem Abmahnenden hingegen keine Verantwortung gegenüber dem Abgemahnten zu, sondern dient umgekehrt als Argument dafür, dass ein dem Abmahnenden entgegengebrachtes Vertrauen ungerechtfertigt ist. Die Einführung dieser Norm zeugt nämlich gerade von einem gesteigerten Misstrauen des Gesetzgebers gegenüber dem Abmahnenden.

Als Maßstabsfigur wird der durchschnittlich verständige Abmahnungsempfänger ohne fachspezifisches Sonderwissen herangezogen, wodurch eine Berücksichtigung rollenmäßiger Dispositionen im konkreten Einzelfall nicht ausgeschlossen ist.

Der Irrtum wird in dieser Untersuchung, der herrschenden Meinung folgend, als psychisch-faktische Gegebenheit begriffen, sodass für das Vorliegen des Tatbestandsmerkmals entscheidend ist, ob der Getäuschte im konkreten Einzelfall hinsichtlich der Zahlungspflicht tatsächlich einem Irrtum erlegen ist.

Die Probleme, die sich beim Irrtumsmerkmal im Rahmen der wettbewerbs- und urheberrechtlichen Abmahnungen stellen, sind unter Heranziehung der bestehenden Dogmatik ohne größere Schwierigkeiten zu bewältigen. Fehlen in Bezug auf konkludent erklärte Täuschungsinhalte konkrete und aktuelle Fehlvorstellungen, kann auf die Konstruktion des sog. sachgedanklichen Mitbewusstseins zurückgegriffen werden. Es genügt als Voraussetzung für einen Irrtum also die allgemeine Vorstellung von der Berechtigung der Abmahnung. Gemäß der Rechtsprechung des BGH genügt außerdem im Fall von Massenabmahnungen die Vernehmung einzelner Geschädigter als Zeugen, um den Irrtum aller Getäuschten – als Tatfrage – zu bejahen. Er beurteilt den Irrtum dazu aus einem normativen Empfängerhorizont, der aus dem Vorstellungsbild einzelner Getäuschter gewonnen wird.

Zweifel an der Berechtigung der Abmahnung und dem Vorliegen einzelner anspruchsbegründender Tatsachen führen nur dann zum Ausschluss des Irrtums, wenn sie von solcher Intensität sind, dass das Erklärte für nicht mehr möglich gehalten wird und sich nicht mehr in der Weise motivierend auf den Abgemahnten auswirken kann, dass dieser auf die Ansprüche im Abmahnschreiben zahlt. Das gilt auch dann, wenn er die Zahlung aus einem anderen Grund vornimmt, beispielsweise um weitere Auseinandersetzungen mit dem Abmahnenden zu vermeiden. Bei Massenabmahnungen ist nach der Rechtsprechung des BGH jedoch unter bestimmten Voraussetzungen im Prozess die Annahme zulässig, dass mindestens eine Person aufgrund des Irrtums über die Zahlungspflicht und nicht, um Unannehmlichkeiten zu vermeiden, verfügt hat.

Die Zahlung des Abgemahnten auf die geltend gemachten Aufwendungs- und Schadensersatzansprüche stellt sich als Vermögensverfügung dar. Da die Ansprüche unberechtigt sind, also in Wahrheit nicht bestehen, wird der Abgemahnte bei Zahlung nicht von einer bestehenden Verbindlichkeit befreit. Dementsprechend wird die durch die Vermögensverfügung eingetretene Vermögensminderung nicht kompensiert und es tritt ein Vermögensschaden ein.

Hinsichtlich der Unterzeichnung des Unterlassungsvertrages ist zwar denkbar, diese als Vermögensverfügung zu begreifen, da mit ihr üblicherweise ein Vertragsstrafenversprechen verbunden ist. Allerdings ist auch in Anwendung der Grundsätze der schadensgleichen Vermögensgefährdung kein Vermögensschaden begründbar, da die mit der Abgabe des Vertragsstrafenversprechens verbundene Gefährdung des Vermögens des Abgemahnten hierfür nicht ausreichend konkret ist.

Im subjektiven Tatbestand des Betruges durch den Versand von Abmahnungen ergeben sich keine größeren dogmatischen Schwierigkeiten. Auch bei Zweifeln des Abmahnenden hinsichtlich des Bestehens der von ihm geltend gemachten Ansprüche sind – auch unter Berücksichtigung von § 138 ZPO – die üblichen Vorsatzregeln anzuwenden. Sowohl für § 138 ZPO als auch für den Abmahnbetrug ist Eventualvorsatz hinsichtlich der fehlenden Berechtigung der Ansprüche ausreichend. Dies gilt auch bei der Täuschung über die Rechtsverbindlichkeit eines Anspruchs. Allerdings ist zuzugeben, dass der Nachweis der billigenden Inkaufnahme Schwierigkeiten bereiten kann.

Ein fehlender Vorsatz bezüglich des Vorliegens der anspruchsbegründenden Tatsachen oder der Rechtsverbindlichkeit wird darüber hinaus stets von einem Vorsatzausschluss in Bezug auf das Merkmal der Rechtswidrigkeit der Bereicherung begleitet sein.

Die Bereicherungsabsicht fehlt vor allem in jenen Fällen, in denen der Gewerbetreibende lediglich die Schädigung eines Mitbewerbers und nicht den eigenen finanziellen Vorteil durch die Abmahnung anstrebt.

VI. Eigene Bewertung der Fallbeispiele

Anhand der vorstehend ausgearbeiteten Grundsätze wird abschließend eine kurze Bewertung der eingangs dargestellten Fallbeispiele vorgenommen.

1. „Ebay-Schuhhändler-Fall“

Das OLG Köln konnte im Verhalten der Angeklagten keine Tatbestandsmäßigkeit erkennen, denn es war der Ansicht, der Rechtsanwalt und sein Mandant hätten nicht über Tatsachen getäuscht. Es erblickte im Einfordern der nicht geschuldeten Leistung keine Täuschung, da es die Behauptung der Existenz einer Forderung lediglich als Werturteil qualifizierte. Diesem Ergebnis kann nicht beigepflichtet werden; vielmehr ist das Verhalten der Angeklagten als (versuchter) gemeinschaftlicher gewerbsmäßiger Betrug zu werten. Die Ansicht, dass im Einfordern einer Leistung nur dann eine betrugsrelevante Täuschung liege, wenn ein Bezug zu einer unzutreffenden Tatsachenbasis hergestellt oder die rechtliche Wirksamkeit des Anspruchs wahrheitswidrig als, etwa durch Gerichtsentscheidungen, gesichert dargestellt werde, greift zu kurz. Entscheidend ist vielmehr, ob die anspruchsbegründenden Tatsachen konkludent miterklärt werden.

Hier erklärten die Angeklagten zum einen konkludent, sie hätten den üblichen Bewertungsmaßstab zur Bestimmung des Gegenstandswertes herangezogen. Die Annahme einer solchen konkludenten Erklärung stützt sich darauf, dass der Rechtsanwalt und der von ihm beratene Mandant gegenüber den juristisch nicht versierten Abgemahnten einen Informationsvorsprung dahin gehend hatten, welche

Kriterien zur Bezifferung des Gegenstandswertes im Wettbewerbsrecht üblicherweise herangezogen werden und wie sie zu gewichten sind. Außerdem konnten die Abgemahnten darauf vertrauen, dass der Rechtsanwalt aufgrund seiner Stellung als Organ der Rechtspflege den Gegenstandswert angemessen beziffern würde. In Wirklichkeit war der Gegenstandswert indes überhöht angesetzt – statt der angemessenen 10.000 Euro auf 25.000 bis 75.000 Euro –, sodass hinsichtlich der Angemessenheit des Gegenstandswertes eine unwahre Erklärung abgegeben wurde.

Darüber hinaus täuschten die Angeklagten konkludent darüber, dass die Rechtsanwaltsgebühren in der geltend gemachten Höhe angefallen seien. In Wahrheit hatte der Rechtsanwalt den Verzicht bezüglich all jener Gebührenforderungen erklärt, die wegen der Erfolglosigkeit der Abmahnungen nicht realisiert werden konnten. Die Gebührenforderung in der einzelnen Abmahnung war dementsprechend prozentual gemäß der Höhe des Misserfolges der ganzen Abmahnaktion nicht entstanden und somit unberechtigt.

Zuzustimmen ist dem Gericht jedoch hinsichtlich der Ablehnung der Täuschung in Bezug auf die fehlende Rechtsmissbräuchlichkeit gem. § 8 Abs. 4 UWG. Zwar hatten die Angeklagten durchaus rechtsmissbräuchlich gehandelt, da es ihnen bei der Abmahnaktion lediglich auf die Erzielung von Erlösen ankam. Im Einfordern einer Leistung liegt jedoch keine schlüssige Erklärung des Abmahnenden, es komme ihm ausschließlich auf die Wahrung eines lauteren Wettbewerbs an oder es lägen sonst keine Umstände vor, die zur Rechtsmissbräuchlichkeit der Abmahnung führten.

Ferner ist in diesem Fall von einem gewerbsmäßigen Handeln auszugehen, da die Täter sich mithilfe der Abmahnungen eine nicht nur vorübergehende Einnahmequelle von einigem Umfang schaffen wollten. Tatsächlich versandten die Angeklagten mindestens 190 Abmahnungen und erwirtschafteten insgesamt mehr als 49.000 Euro.[470]

Schließlich ist von einem mittäterschaftlichen Handeln der Angeklagten auszugehen. Der Rechtsanwalt war in diesem Fall zunächst die treibende Kraft, die dem Schuhhändler das „Geschäftsmodell Abmahnung“ vorstellte und seine Unterstützung anbot. In der Durchführung war auch der Schuhhändler beteiligt, indem er etwa selbst Wettbewerbsverstöße im Internet ausfindig machte.[471] Insbesondere hatten beide ein eigenes Tatinteresse, da ihr Ansinnen der Gebührenerzielung galt. Raum für einen Ausschluss der Tatbestandsmäßigkeit des Verhaltens des Rechtsanwalts nach den Grundsätzen der *neutralen Beihilfe* bleibt

470 *OLG Köln*, Beschl. v. 14. 05. 2013 – III-1 RVs 67/13 = NJW 2013, 2772 (2772).
471 *OLG Köln*, Beschl. v. 14. 05. 2013 – III-1 RVs 67/13 = NJW 2013, 2772 (2772).

demgemäß nicht, da sich das anwaltliche Verhalten nicht in bloßer Beihilfe erschöpfte.

2. „E-Card-Fall“

Der Ansicht der Kammer, die Angeklagten A und R seien des vollendeten bzw. versuchten Betruges schuldig, kann im „E-Card-Fall“ zugestimmt werden. Es lagen zwei unterschiedliche Anknüpfungspunkte für eine Täuschung vor. Erstens täuschte der Angeklagte die abgemahnten Anbieter von Grußkartenfunktionen darüber, dass ihm deren E-Cards unerwünscht zugegangen seien, obwohl er sich diese in Wahrheit selbst zugesandt oder die Zusendung erbeten hatte. Er behauptete entsprechend wahrheitswidrig, die Abgemahnten hätten ein rechtsverletzendes Verhalten an den Tag gelegt. Zweitens täuschte er die Abgemahnten, indem er die Aufwendungsersatzansprüche für die Rechtsanwaltsgebühren geltend machte, konkludent über die Tatsache, dass die Einschaltung eines Rechtsanwalts erforderlich gewesen sei und die Aufwendungen für die Rechtsanwaltsgebühren in voller Höhe angefallen und bezahlt worden seien. In Wahrheit formulierte der Angeklagte die Abmahnschreiben selbst und ließ sich vom Rechtsanwalt lediglich den Briefkopf zur Verfügung stellen und die Abmahnungen unterschreiben; er nahm die typisch anwaltliche Tätigkeit damit gar nicht in Anspruch. Ferner bestand die Absprache, dass Forderungen des R an A für den Fall erfolgloser Abmahnungen nicht realisiert werden sollten.

Die Strafbarkeit der Angeklagten ist auch nicht dadurch ausgeschlossen, dass die Getäuschten möglicherweise Zweifel an der Zulässigkeit des Vorgehens der Abmahnenden hegten. Es konnte nicht festgestellt werden, dass sie die Strategie der Angeklagten durchschaut hätten, sodass es für die Annahme eines Irrtums ausreicht, dass sie die Richtigkeit der Angaben im Abmahnschreiben für möglich hielten.

Eine Strafbarkeit des Rechtsanwalts scheidet auch nicht unter dem Aspekt der neutralen Beihilfe aus. Sein Verhalten, A lediglich den Briefkopf zur Verfügung zu stellen und seine Unterschrift unter die Abmahnschreiben zu setzen, stellt schon kein berufstypisches Verhalten dar, das als neutrales, unverdächtiges Verhalten eine Privilegierung verdient. Außerdem ist er ohnehin als (Mit-)

Täter und nicht als bloßer Gehilfe zu qualifizieren. Er leistete wesentliche Tatbeiträge, insbesondere dadurch, dass aus seiner Kanzlei die Abmahnschreiben versandt wurden. Darüber hinaus bedurfte es gerade seiner Eigenschaft als Rechtsanwalt, um die Rechtsanwaltsgebühren erfolgreich einzutreiben.[472]

---

472 *LG Osnabrück*, Urt. v. 18. 02. 2011 – 15 KLs 35/09 (zitiert nach juris, Rn. 89).

3. *„Zahlungsaufforderung durch Unbefugten"*

Der Verurteilung des Angeklagten im Fall „Zahlungsaufforderung durch Unbefugten" wegen versuchten Betruges wird nicht zugestimmt, denn nach der hier vertretenen Ansicht fehlt es an einer tatbestandsmäßigen Täuschung. Der Angeklagte erklärte im Abmahnschreiben weder ausdrücklich noch konkludent, abmahnbefugt zu sein. Er legte in seinen Abmahnschreiben lediglich abstrakt die Folgen eines Verstoßes gegen die PreisangabenVO dar, machte aber weder Ausführungen zu einem konkret rechtsverletzenden Verhalten der Abgemahnten noch zu sonstigen Umständen, die ihn als aktivlegitimiert erscheinen ließen. Der Annahme einer konkludenten Erklärung steht die mangelnde Schutzbedürftigkeit der Abgemahnten entgegen, denn insbesondere bezüglich des rechtsverletzenden Verhaltens besaß der Abmahnende keinen Informationsvorsprung gegenüber den Abgemahnten, die regelmäßig selbst einen besseren Einblick in ihre gewerblichen Tätigkeiten haben und einzuschätzen vermögen, ob ein Verstoß gegen die PreisangabenVO von ihrer Seite in Betracht kommt. Des Weiteren nahm der Angeklagte kein gesteigertes Vertrauen für sich in Anspruch. Er war mit den Abgemahnten weder zuvor schon in (geschäftlichem) Kontakt gestanden noch schmückte er sich mit der Autorität eines Rechtsanwalts, sodass ihm auch unter diesem Gesichtspunkt kein Vertrauensvorschuss hätte gewährt werden können. Dieses Ergebnis spiegelt sich auch in dem Umstand wider, dass keiner der Abgemahnten der Zahlungsaufforderung nachkam. Dies zeugt wiederum davon, dass die Abgemahnten in der Lage waren, die Täuschung zu durchschauen und sich selbst vor der Opferrolle zu schützen.

4. *„Abo-Fallen-Fall"*

Der Ansicht des Gerichts im „Abo-Fallen-Fall", die Angeklagte habe sich wegen Beihilfe zum versuchten Betrug strafbar gemacht, ist zuzustimmen. Die Angeklagte täuschte über die Rechtsverbindlichkeit der Ansprüche, die sich vermeintlich aus den unbemerkt abgeschlossenen Abonnements ergaben. Von einer konkludenten Täuschung der Rechtsanwältin darüber, dass die Zahlungsansprüche aus den Abonnements allgemein anerkannt seien, ist insbesondere deshalb auszugehen, da sie mit juristischem Sonderwissen ausgestattet war. Sie genoss ein besonderes Vertrauen hinsichtlich der Richtigkeit der Bewertung der Rechtslage, das aufseiten der Erklärungsempfänger eine Schutzbedürftigkeit generierte.

Im subjektiven Tatbestand ist festzustellen, dass die Rechtsanwältin – trotz möglicherweise unklarer Rechtslage – mindestens Eventualvorsatz hinsichtlich des Nichtbestehens der von ihr eingetriebenen Forderungen hatte. Gemäß den tatsächlichen Feststellungen des Gerichts wusste sie nämlich um die Art der Gestaltung der Internetseite und hielt die fehlende Existenz der Ansprüche für möglich, da sie bei Androhung negativer Feststellungsklagen die Rechnungen stornierte.

5. *„Redtube-Fall"*

Der Redtube-Fall, in dem wegen Urheberrechtsverletzungen durch Streaming abgemahnt wurde, ist sehr komplex und nicht vollständig aufgeklärt, was eine rechtliche Bewertung erschwert. Jedenfalls aber kann die Frage, ob in diesem Fall eine Täuschung über die Rechtsverbindlichkeit der in den Abmahnschreiben geltend gemachten Ansprüche stattgefunden hat, beurteilt werden. Entscheidend ist, dass zum Zeitpunkt des Versandes der Abmahnungen noch keine klare Linie in Literatur und Rechtsprechung zur Einordnung von Streaming als Urheberrechtsverletzung existierte – wer streamte, befand sich in einer rechtlichen Grauzone. Folglich war eine Täuschung darüber, dass der Anspruch im Sinne einer Rechtsverbindlichkeit allgemein anerkannt sei, gar nicht möglich. Das Verhalten der Abmahnenden war demnach schon objektiv nicht tatbestandsmäßig. Darüber hinaus handelte der abmahnende Rechtanwalt auch vorsatzlos, wenn man seinen Beteuerungen Glauben schenkt, er sei von der Rechtsmäßigkeit der Forderungen überzeugt gewesen.

Tatsächlich kam es erst nach der sog. Redtube-Affäre zu einer Stellungnahme der Bundesregierung sowie zu zivilrechtlichen Urteilen, die das Streaming mehrheitlich für legal erachteten. Nachdem jedoch nun der Europäische Gerichtshof Stellung bezogen hat und Streaming als unzulässig eingestuft hat, ist die Rechtslage erneut unklar. Das führt zu der Situation, dass damals wie heute ein Abmahnschreiben wegen Streamings – jedenfalls unter dem Aspekt der Täuschung über die Rechtsverbindlichkeit – nicht als betrügerisch zu werten ist.

6. *„Ebay-Sporthändler-Fall"*

Der Entscheidung des BGH ist im Ergebnis, nicht jedoch in der Begründung zuzustimmen. Der BGH verkennt nämlich, dass Anknüpfungspunkt für die Täuschung nicht die Rechtsmissbräuchlichkeit gem. § 8 Abs. 4 UWG ist, sondern – wie auch von der Vorinstanz angenommen – die Rechtsanwaltsgebühren maßgeblicher Täuschungsgegenstand sind. Die Schadenshöhe bestimmt sich gemäß dem Betrag, in dessen Höhe der Rechtsanwalt auf die ihm zustehenden Gebühren verzichtet (im vorliegenden Fall 50 %). Zwar stellt der BGH richtig fest, dass eine rechtsmissbräuchliche Abmahnung keinen Erstattungsanspruch hinsichtlich der Rechtsanwaltsgebühren entstehen lässt und dass die Zahlung auf die geltend gemachten Gebühren damit einen Schaden (in voller Höhe der geltend gemachten Rechtsanwaltsgebühren) begründet. Es ist weiterhin zuzugeben, dass ein rechtsmissbräuchliches Verhalten und eine Täuschung über das Anfallen der Rechtsanwaltsgebühren in vielen Fällen zusammentreffen. Es liegt nämlich durchaus „ein ‚klassischer' Fall des Rechtsmissbrauchs" vor, wenn „der abmahnende Mandant mit seinem Rechtsanwalt vereinbart, dass er keine Rechtsanwaltskosten zu tragen habe und er die vom Abgemahnten gezahlten Gelder mit dem Anwalt teilen werde".[473]

Gleichwohl ist der Umweg über das Merkmal der Rechtsmissbräuchlichkeit zur Begründung der Betrugsstrafbarkeit weder notwendig noch überzeugend. Denn die eigentliche Täuschung liegt in der – hier ausdrücklichen – Behauptung, die Rechtsanwaltsgebühren seien tatsächlich auch gezahlt worden.[474] In Wahrheit aber war dem abmahnenden Unternehmer aufgrund der internen Gebührenabsprache mit dem angeklagten Rechtsanwalt lediglich die Hälfte der geltend gemachten Kosten für dessen Beauftragung entstanden.

Eine konkludente Täuschung des Abmahnenden über die innere Tatsache der Zielrichtung des Abmahnschreibens, also darüber, nicht von Gebührenerzielungsabsicht geleitet zu sein und entsprechend rechtsmissbräuchlich abzumahnen, ist indes abzulehnen. Da es sich hierbei um eine innere Tatsache handelt, ist dem Abgemahnten die Information über ihr Vorliegen schon grundsätzlich und von vornherein verborgen. Aufgrund der Anonymität des Abmahnverfahrens besteht auch kein gesteigertes Vertrauen zwischen den am Abmahnverfahren Beteiligten. Insbesondere legt auch § 8 Abs. 4 UWG keine entsprechende Wertung nahe. Vielmehr verdeutlicht die Norm, dass der Gesetzgeber gerade die Schaffung einer Missbrauchsklausel zum Schutze des Abgemahnten für erforderlich hielt, weil er dem Abmahnenden gegenüber ein Misstrauen hegte.

Der Umstand, dass jedenfalls die Berechnung des Betrugsschadens abhängig vom gewählten Anknüpfungspunkt für die Täuschung unterschiedlich ausfällt,[475] verdeutlicht die Bedeutung der exakten Identifizierung des Täuschungsgegenstandes.

---

473 *BGH*, Beschl. v. 08. 02. 2017 – 1 StR 483/16 = NJW 2017, 2425 (2426), mit Verweis auf *Goldmann*, in: Harte-Bavendamm/Henning-Bodewig-UWG, § 8 Rn. 661.

474 „Der Schaden meiner Mandantschaft liegt in den durch dieses Schreiben veranlassten außergerichtlichen Anwaltskosten, die sich aus einem Gegenstandswert von Euro 8.000,00 bemessen."

475 Nochmals zur Verdeutlichung: Die Annahme von Rechtsmissbräuchlichkeit lässt den Erstattungsanspruch des Abmahnenden vollständig entfallen; mithin entsteht

Die Problematik der neutralen Beihilfe ließ der BGH zu Recht unerwähnt. Der Angeklagte hatte Blanko-Rechnungsvorlagen mit voreingetragenen Gebührenforderungen an die Täter versendet und damit den Bereich der typischen Anwaltstätigkeit vollständig verlassen. Eine Möglichkeit der Privilegierung von „berufstypischem" oder „neutralem" Verhalten war damit überhaupt nicht eröffnet, da sich sein Handeln als vollkommen berufsuntypisch und verdächtig darstellte. Der Bewertung des BGH des Handelns des Angeklagten als Beihilfe ist daher zuzustimmen.

C. Nötigung

I. Übersicht

Der Versand eines Abmahnschreibens, dessen Inhalt den Abgemahnten dazu bewegt, eine Unterlassungsverpflichtung abzugeben bzw. Aufwendungsersatz- und Schadensersatzzahlungen zu leisten, ist außerdem im Hinblick auf die Tatbestände der Nötigung, § 240 Abs. 1 und 2 StGB, und der Erpressung, § 253 StGB, zu untersuchen. Im Unterschied zum Betrug nimmt der Abgemahnte die Handlung nicht aufgrund der Täuschung freiwillig vor, sondern weil er sich dazu gezwungen sieht.[476] Da die Gewaltalternative im Zusammenhang mit Abmahnungen mangels physischer Zwangswirkung[477] im schriftlichen Verkehr keine Rolle spielt, konzentriert sich diese Arbeit auf das Nötigungsmittel der Drohung. Dabei wird im Einzelnen aufgeschlüsselt, welche Elemente im Abmahnschreiben die Drohwirkung entfalten, also eine Übelzufügung in Aussicht stellen (III.2.a) und b)) und ob die jeweiligen Übel die Empfindlichkeitsschwelle überschreiten (III.2.c)). Im Mittelpunkt der Analyse steht die mögliche Zwangswirkung, die von der Androhung der Einleitung gerichtlicher Schritte ausgeht – sowohl

---

beim zahlenden Abgemahnten ein Schaden in voller Höhe der geltend gemachten Rechtsanwaltsgebühren. Klammert man indes den Punkt der Rechtsmissbräuchlichkeit aus und wählt direkt das Anfallen der Aufwendungen für den Rechtsanwalt als Täuschungsgegenstand, so entsteht beim zahlenden Abgemahnten ein Schaden nur in jener Höhe, in der der Rechtsanwalt auf seine Gebührenforderung im Rahmen einer Vereinbarung mit seinem Mandanten verzichtet hat.

476 Vgl. *Hefendehl*, in: MüKo-StGB, § 263 Rn. 280 f.

477 *BVerfG*, Beschl. v. 10. 01. 1995 – 1 BvR 718, 719, 722, 723/89 = BVerfGE 92, 1 (16 ff.); *BVerfG*, Beschl. v. 07. 03. 2011 – 1 BvR 388/05 = NJW 2011, 3020 3021); *BGH*, Urt. v. 20. 07. 1995 – 1 StR 126/95 = BGHSt 41, 182 (185); *BGH*, Beschl. v. 27. 07. 1995 – 1 StR 327/95 = NJW 1995, 2862 (2862); *Fischer*, StGB, § 240 Rn. 8; *Rengier*, Strafrecht BT 2, § 23 Rn. 23; *Wessels/Hettinger/Engländer*, Strafrecht BT 1, Rn. 432 ff.

zivil- als auch strafrechtlich. Darüber hinaus wird zu klären sein, wie es sich auswirkt, wenn besonders sensible Sachverhalte, wie etwa im Zusammenhang mit pornographischen Inhalten, abgemahnt werden. Besonderes Augenmerk liegt überdies auf der Verwerflichkeitsklausel, § 240 Abs. 2 StGB, deren systematische Einordnung und inhaltliche Bedeutung noch nicht abschließend geklärt sind (III.4.).[478] Von Interesse ist dabei insbesondere die Fragestellung, ob die Inanspruchnahme des Instruments der Abmahnung – ein von der Rechtsordnung zur Entlastung der Gerichte bereitgestelltes Mittel zur außergerichtlichen Streitbeilegung –[479] überhaupt ein Verwerflichkeitsurteil tragen kann.

II. Fallbeispiele

Einige Beispiele aus der Abmahnpraxis[480] sollen verdeutlichen, welche Formulierungen mit etwaigem Drohpotential in Abmahnschreiben verwendet werden. Diese Formulierungen bilden die Grundlage für die weitere Untersuchung.

> **Beispiel 1**
> „Wird von Ihnen die geforderte strafbewehrte Unterlassungserklärung fristgerecht übermittelt und ist die vollständige Zahlung vorbehaltslos erfolgt, ist die Angelegenheit aus zivilrechtlicher Sicht für Sie erledigt. Weitere Forderungen werden in dieser Angelegenheit dann nicht geltend gemacht. Die Beurteilung unter strafrechtlichen Gesichtspunkten bleibt vorbehalten."
>
> **Beispiel 2**
> „Sollten wir bis zum […] keinen Zahlungseingang feststellen, sehen wir uns gezwungen weitere Schritte einzuleiten und unsere Ansprüche gerichtlich geltend zu machen. Die Kosten für das Verfahren werden Ihnen in Rechnung gestellt werden."
>
> **Beispiel 3**
> „Auch insoweit empfehlen wir unserer Mandantin im Falle des fruchtlosen Verstreichens der Frist die gerichtliche Durchsetzung ihrer Ansprüche, soweit eine abschließende Einigung nicht zustande kommt. […] Eine streitige Auseinandersetzung wäre deutlich teurer und könnte auch höhere Forderungen nach sich ziehen."
>
> **Beispiel 4**
> „Sollten Sie die gesetzlichen Fristen jedoch untätig verstreichen lassen, muss unsere Mandantschaft davon ausgehen, dass kein Interesse an einer außergerichtlichen Klärung der Angelegenheit besteht. Wir werden unserer Mandantschaft daraufhin zur Durchsetzung ihrer Ansprüche empfehlen, gerichtliche Schritte einzuleiten, was zu ungleich höheren Kosten führen kann."

---

478 *Sinn*, in: MüKo-StGB, § 240 Rn. 115 f.; vgl. zum Streitstand *Sinn*, Nötigung, S. 314 ff.

479 *Frey*, JuS 2014, 968 (968).

480 Die Textpassagen aus den Beispielen 1 bis 4 sind anwaltlichen Abmahnungen, wie sie tatsächlich in den Jahren 2013 bis 2015 versandt wurden, entnommen.

Beispiel 5
„Ich fordere Sie hiermit auf, die obige Gesamtforderung hier eingehend bis spätestens zum […] auf mein […] Konto zu überweisen […]. Nach fruchtlosem Ablauf obiger Frist wird meine Mandantin Ihre Forderung – ohne weitere Ankündigung – gerichtlich geltend machen; hierdurch würden Ihnen ganz erhebliche zusätzliche Kosten und Unannehmlichkeiten entstehen. So würde im Rahmen einer gerichtlichen Auseinandersetzung auch öffentlich, dass Sie vereinbarungsgemäß auch zu Gewinnspielen nicht jugendfreien Inhalts angemeldet wurden. Die möglichen Folgen einer gerichtlichen Auseinandersetzung können von Negativeinträgen bei bekannten Kreditauskunfteien bis hin zu Konten- und Gehaltspfändungen reichen. […] Sollte die obige Gesamtforderung von Ihnen dennoch nicht fristgerecht gezahlt werden, behält sich meine Mandantin darüber hinaus vor, den Sachverhalt der zuständigen Staatsanwaltschaft zur Überprüfung wegen des Verdachts eines Betruges vorzulegen.“[481]
Beispiel 6
„Bevor ich meinen Rechtsanwalt einschalte und mein Inkassobüro beauftrage, bei Ihnen vorzusprechen, hoffe ich auf eine gütliche Einigung. Außerdem würde die Einschaltung des Rechtsweges die Kosten für sie verdoppeln. Ich setze Ihnen eine letzte Zahlungsfrist bis zum […]. Dann werde ich die Unterlagen meinem Rechtsanwalt übergeben.“[482]
Beispiel 7
„Bitte beachten Sie, dass für den Fall der Fortsetzung Ihrer wettbewerbswidrigen Handlungen, eine gerichtliche Streitigkeit unumgänglich sein wird. In diesem Fall kann nicht ausgeschlossen werden, dass das für Sie zuständige Finanzamt hiervon Kenntnis erlangt und erhebliche Steuernachforderungen auf Sie zukommen könnten.“[483]

III. Die Tatbestandsmerkmale der Nötigung

1. Abgenötigtes Verhalten

Der tatbestandliche Erfolg liegt bei § 240 StGB darin, dass der Genötigte das vom Täter gewünschte Verhalten, also eine Handlung, Duldung oder Unterlassung, vornimmt.[484] Für den Fall der Abmahnung bedeutet das, dass der Abgemahnte die Unterlassungsverpflichtung abgibt, also, falls vorhanden, die vorgefertigte Unterlassungserklärung mit Vertragsstrafenversprechen unterschreibt und die Zahlungsansprüche befriedigt. Auch wenn Ziel der Abmahnung ist, dass

481 Wörtlich zitiert aus *BGH*, Urt. v. 05. 09. 2013 – 1 StR 162/13 = NJW 2014, 401 (Versuchte Nötigung durch Inkassoanwalt für Masseninkasso).

482 Wörtlich zitiert aus *OLG* Karlsruhe, Urt. v. 18. 04. 1996 – 3 Ss 138/95 = NStZ-RR 1996, 296 (Aufforderungen zur Zahlung des Lohns für „Telefonsex“).

483 Wörtlich zitiert aus *LG Amberg*, Urt. v. 02. 06. 2016 – 12 KLs 102 Js 8208/12 (Ebay-Sporthändler-Fall).

484 *Rengier*, Strafrecht BT 2, § 23 Rn. 54; *Wessels/Hettinger/Engländer*, Strafrecht BT 1, Rn. 467.

der Abgemahnte weitere Rechtsverletzungen unterlässt, so ist sein Verlangen zunächst auf ein aktives Tun gerichtet, nämlich die Abgabe der Unterlassungserklärung. Auch die Zahlung, die in der Regel durch eine entsprechende Anweisung an das Kreditinstitut des Abgemahnten erfolgt, stellt ein aktives Tun dar. Somit wird vom Abgemahnten die Vornahme einer bzw. mehrerer Handlungen verlangt.[485]

2. *Nötigungsmittel*

a) *Drohung und Abgrenzung zur Warnung*

Als Mittel, um das eingeforderte Verhalten herbeizuführen, kennt das Gesetz die Alternativen der Gewalt und der Drohung. Wie bereits erwähnt, scheidet der Einsatz von Gewalt bei Abmahnungen mangels physischen Zusammentreffens von Abgemahntem und Abmahnendem aus.[486] Daher ist lediglich die Drohungsalternative von Interesse. Danach muss dem Abgemahnten der Eintritt des empfindlichen Übels in Aussicht gestellt werden. Ein *Inaussichtstellen* liegt nach überwiegender Ansicht nur dann vor, wenn der Drohende auf den Eintritt des Übels Einfluss hat oder zumindest beim Bedrohten den Eindruck erweckt, Einfluss zu haben, auch wenn dies tatsächlich nicht der Fall ist.[487] An dieser Stelle wird üblicherweise auch die Abgrenzung zur Warnung vorgenommen. So soll lediglich eine Warnung vorliegen, wenn der Drohende auf ein Übel hinweist, dessen Eintritt er selbst nicht in der Hand hat.[488] Diese Unterscheidung ist für den Fall der Abmahnungen durchaus bedeutsam, denn das Abmahnschreiben wird vielfach von einem Rechtsanwalt versandt, der eine etwaige Drohung, wie etwa mit Klageerhebung, nur im Namen seines Mandanten aussprechen kann. Formulierungen wie „mein Mandant behält sich die Erstattung einer Strafanzeige vor" implizieren, dass letztlich nur der Mandant das Übel tatsächlich eintreten lassen kann.

Der *BGH* wirft in seiner richtungsweisenden Entscheidung zur Nötigung durch anwaltliches Mahnschreiben[489] dieses Problem auf, geht aber gleichwohl

485 Vgl. *Rengier*, Strafrecht BT 2, § 23 Rn. 54.

486 Siehe in diesem Kapitel unter C.I.

487 *BGH*, Urt. v. 17. 03. 1955 – 4 StR 8/55 = BGHSt 7, 252 (253); *BGH*, Urt. v. 13. 01. 1983 – 1 StR 737/81 = BGHSt 31, 195 (201); *BGH*, Beschl. v. 03. 04. 1996 – 3 StR 59/96 = NStZ 1996, 435; *Fischer*, StGB, § 240 Rn. 36; *Rengier*, Strafrecht BT 2, § 23 Rn. 39.

488 *BGH*, Beschl. v. 02. 12. 2008 – 3 StR 203/08 = NStZ 2009, 692 (693); *BGH*, Beschl. v. 05. 09. 2013 – 1 StR 162/13 = NJW 2014, 401 (403); *Fischer*, StGB, § 240 Rn. 36; *Rengier*, Strafrecht BT 2, § 23 Rn. 42.

489 *BGH*, Urt. v. 05. 09. 2013 – 1 StR 162/13 = NJW 2014, 401.

von einer Drohung aus und begründet dies damit, dass der Gesamtzusammenhang des Briefes ergebe, dass der Rechtsanwalt

> *„zwar vordergründig lediglich gewarnt hat, aber dennoch hinreichend deutlich zum Ausdruck gebracht hat, er habe auf die Erstattung einer Strafanzeige maßgeblichen Einfluss“*[490].

Der Rechtsanwalt hatte

> *„in dem Schreiben mitgeteilt, die rechtlichen Interessen der Mandantin würden nunmehr von ihm wahrgenommen. Die Forderung der Mandantin sei berechtigt und er werde sie konsequent durchsetzen. Zahlungen seien auf sein Konto zu leisten.“*

Der BGH sah in der Beauftragung des Rechtsanwalts und seiner Interessenvertretung demzufolge eine faktische Übertragung der Einflussnahme bezüglich aller zukünftig vorzunehmenden Schritte.

Richtig ist, dass es bei der Abgrenzung nicht allein darauf ankommen darf, wie die Formulierung im Einzelnen „vordergründig“[491] gewählt ist. Denn schon geringfügige Veränderungen können das Maß an Einflussnahme anders darstellen.[492] Stellte man allein auf den Wortlaut ab, müsste die Formulierung „im Fall der Nichtzahlung ist meine Mandantin fest entschlossen, gerichtliche Schritte einzuleiten“ stets zu einer Verneinung der Drohung führen, selbst bei faktisch alleiniger Entscheidungsgewalt des Rechtsanwalts zur Frage der Klageerhebung. Mithilfe einer verbalen Distanzierung vom Geschehen und den Plänen des Mandanten könnte sich der Rechtsanwalt seiner strafrechtlichen Verantwortung entziehen. Dies erscheint nur so lange sachgerecht, wie er tatsächlich als bloßer Informationsvermittler dient, der Mandant ihm das Schreiben gewissermaßen in die Feder diktiert und diese Verteilung von Verantwortlichkeit auch für den Mandanten erkennbar ist. In diesen Fällen kommt lediglich eine Drohung durch den Mandanten und allenfalls eine Gehilfenstrafbarkeit[493] des warnenden Anwalts in Betracht. Die Praxis sieht hingegen anders aus. Dort beauftragt der Mandant den Rechtsanwalt gerade deshalb, um sich eine persönliche Auseinandersetzung mit der Streitfrage zu ersparen. Er beschränkt sich in der Regel darauf, dem Rechtsanwalt den Sachverhalt zu schildern. Nach Absprache über das weitere Vorgehen ist der Anwalt dann meist

---

490 *BGH*, Urt. v. 05. 09. 2013 – 1 StR 162/13 = NJW 2014, 401 (403).

491 *BGH*, Urt. v. 05. 09. 2013 – 1 StR 162/13 = NJW 2014, 401 (403).

492 *Schuster*, NZWiSt 2014, 64 (65); vgl. auch *Kudlich/Melloh*, JuS 2005, 912 (913) Fn. 4; *Sinn*, in: MüKo-StGB, § 240 Rn. 74.

493 *Toepel*, in: NK-StGB, § 240 Rn. 97; vgl. auch *OLG Karlsruhe*, Urt. v. 18. 05. 2004 – 3 Ss 148/02 = BeckRS 2004, 08909.

hinsichtlich der sprachlichen Gestaltung der Schriftstücke frei und legt das Schreiben dem Mandanten höchstens noch mit der Bitte um Freigabe vor.

Ausgehend von dieser gängigen Aufgabenverteilung herrscht große Übereinstimmung dahin gehend, dass eine Drohung und keine bloße Warnung vonseiten des Rechtsanwalts vorliegt, wenn dieser auf die Einflussnahmemöglichkeiten seiner Mandantschaft verweist. Ein „doloses, aber nicht drohendes Werkzeug“ erscheint schlicht „nicht sachgerecht“.[494] Die Begründungen können aber nur teilweise überzeugen. *Schroth*[495] spricht von einer „Warnung nur zum Schein“ und einer als Warnung „verkleideten Drohung“, führt aber nicht näher aus, wie er zu dieser Annahme gelangt. Für *Schuster*[496] etwa „ist kein Grund ersichtlich, warum sich die strafrechtliche Verantwortung dadurch verflüchtigen sollte, dass derjenige, durch den sich das Übel verwirklichen soll [hier: der Mandant], die Drohung nicht persönlich ausspricht. Die Ankündigung dient auch dann als Druckmittel, wenn sie ein Dritter [hier: der Rechtsanwalt] in dessen Namen vornimmt, unabhängig davon, ob er eigenen Einfluss zu haben vorgibt“. Er schafft das Erfordernis der Einflussnahme damit ab und definiert Drohung gewissermaßen als jede Ankündigung, die als Druckmittel dient oder dienen kann, weil der Täter „Herr des Bedrohtseins“[497] ist. Eine echte Begründung, warum die Ankündigung des Übels, dessen Eintritt von einem Dritten abhängt, in einem solchen Fall als Druckmittel dienen kann, fehlt jedoch.

Kudlich/Melloh[498] halten am Kriterium der Einflussnahmemöglichkeit fest und bejahen eine Drohung durch den Rechtsanwalt deshalb, weil „man bei lebensnaher Auslegung eines solchen Schreibens davon auszugehen haben [wird], dass der Anwalt sich zumindest im Regelfall durchaus Einfluss auf das Verhalten seines Mandanten zumisst (Meldung des Zahlungseingangs, Führung der Korrespondenz, Beratung des Mandanten), sodass er ein eventuelles strafrechtliches Risiko nicht ohne weiteres ‚von sich wegschreiben‘ kann.“ Diese Argumentation überzeugt indes nicht. Denn zum einen ist für die Drohwirkung nicht entscheidend, welchen Einfluss sich der Anwalt selbst, sondern welchen Einfluss ihm der Abgemahnte als Adressat der Übelsankündigung

494 *Schuster*, NZWiSt 2014, 64 (65).

495 *Schroth*, in: FS-Köhler, S. 656.

496 *Schuster*, NZWiSt 2014, 64 (65), der sich zwar auf *Kuhlen*, FS-Lüderssen, S. 651 f., bezieht, dessen Ansatz aber nicht vollkommen umsetzt und eine Nähe zur Ansicht von *Sinn*, Nötigung, S. 235 f., und *Puppe*, JZ 1989, 596 (597), aufweist, die allein auf die Zwangswirkung und nicht die Möglichkeit zur Einflussnahme abstellen.

497 *Sinn*, in: MüKo-StGB, § 240 Rn. 74.

498 *Kudlich/Melloh*, JuS 2005, 912 (913) Fn. 4.

zumisst. Darüber hinaus offenbart der Verweis auf die „lebensnahe Auslegung“[499], dass nicht klar ist, wie der dem Anwalt zugeschriebene Einfluss begründet ist.

Überzeugender ist der Ansatz *Kuhlens*[500], der „eine Art Zurechnungslösung“ entwickelt hat. Dieser Lösungsansatz knüpft an einen von ihm gesetzten Beispielsfall an, in dem der Filialleiter eines Supermarktes einer Mitarbeiterin mit Kündigung und Strafanzeige droht, die aber lediglich das Unternehmen, bei dem beide angestellt sind, aussprechen bzw. stellen kann. *Kuhlen* rechnet die Entscheidungsgewalt über den Eintritt des Übels (Kündigung des Arbeitsverhältnisses bzw. Erstattung der Strafanzeige) dem Filialleiter zu, sodass sich die Ankündigung des Übels als eine von ihm ausgesprochene Drohung darstellt.[501] Er möchte etwa bei „Unternehmensangehörige[n] in gehobener Position und mit entsprechend gesteigerter Verantwortung eine solche unternehmensbezogene Zurechnung vornehmen“.[502] Überträgt man diesen Zurechnungsgedanken auf den hiesigen Fall, dann könnte dem Rechtsanwalt als Interessenvertreter seines Mandanten dessen Entscheidungsgewalt, beispielsweise über die Einleitung eines gerichtlichen Verfahrens, zugerechnet werden, denn der Anwalt hat die Verantwortung bezüglich der rechtlichen Vorgänge in Bezug auf dieses Geschehen übernommen.

Der grundsätzlichen Idee folgend, trifft es den Gedanken jedoch besser, wenn nicht von *Zurechnung* gesprochen wird, sondern davon, dass der das Übel Ankündigende, soweit er selbst keinen Einfluss ausüben kann, zumindest „im Lager“[503] dessen stehen muss, der letztlich für den Übelseintritt verantwortlich ist. Durch das „Näheverhältnis“[504] desjenigen, der das Übel ankündigt, zum Entscheidungsträger, in dessen Lager er steht, wird er zum „Herr des Geschehens“[505] und vermittelt so das Potential zur Einflussnahme. Dieses Ergebnis entspricht auch der Wahrnehmung des Abgemahnten bei Erhalt eines Abmahnschreibens. Er wird nicht unterscheiden bzw. sich keinerlei Gedanken darüber machen, wem die einzelnen Aussageinhalte des Abmahnschreibens zuzurechnen sind und wer letztlich Einfluss auf die angekündigten Konsequenzen hat.

499 *Kudlich/Melloh*, JuS 2005, 912 (913) Fn. 4.
500 So nennt *Schuster*, NZWiSt 2014, 64 (65), den Ansatz *Kuhlens*, in: FS-Lüderssen, S. 649 ff.
501 *Kuhlen*, in: FS-Lüderssen, S. 649.
502 *Kuhlen*, in: FS-Lüderssen, S. 652.
503 Diesen Ausdruck verwendet *Schuster*, NZWiSt 2014, 64 (65).
504 Auch dies die Wortwahl *Schusters*, NZWiSt 2014, 64 (65) Fn. 15.
505 *BGH*, Beschl. v. 13. 01. 1983 – 1 StR 737/81 = NJW 1983, 765 (767).

Aus seiner Sicht entstammt das Schreiben schlicht dem gegnerischen Lager, denn Anspruchsteller und Rechtsanwalt werden in der Regel als Einheit wahrgenommen. In dieser Einheit zwischen Mandant und Anwalt ist die Einflussnahmemöglichkeit auf den Eintritt des Übels verortet, sodass auch von ihr die Drohung ausgeht.

Dies gilt auch bei einer Darstellung des Rechtsanwalts, die von einer festen Entschlossenheit des Mandanten zur Einleitung gerichtlicher Schritte bzw. der Erstattung einer Strafanzeige ausgeht. Die Einflussnahmemöglichkeit steht dem Lager zur Verfügung und der Rechtsanwalt macht sich dieses Instrument (aktiv) zunutze, um den Forderungen im Abmahnschreiben zur Durchsetzung zu verhelfen. Der Rückgriff auf eine Unterlassungsstrafbarkeit des Anwalts (unterlassenes Abwenden des Eintritts des Übels durch Einwirkung auf den fest entschlossenen Mandanten) ist daher nicht nötig.[506] Der Rechtsanwalt als Versender des Abmahnschreibens ist damit täterschaftlich Drohender, wobei nicht ausgeschlossen ist, dass auch sein Mandant – bei entsprechender Kenntnis – als (Mit-)Täter in Betracht kommt. Allerdings wird sich der Mandant häufig auf seine Unkenntnis vom genauen Inhalt des Abmahnschreibens zurückziehen können, was den Vorsatz entfallen lässt.

b) Das in Aussicht gestellte Übel

aa) Der Erklärungsinhalt

Es bedarf zunächst der Klärung, wie die entsprechenden Formulierungen in den Abmahnschreiben zu verstehen sind, das heißt, mit welchen Konsequenzen im Einzelnen gedroht wird. In der Theorie ist in einem Abmahnschreiben jeglicher Inhalt bis hin zur Drohung mit Prügel denkbar, es wird sich hier aber auf die üblicherweise vorkommenden Inhalte, wie sie bereits beispielhaft aufgezeigt wurden, beschränkt.

In den meisten Abmahnschreiben wird angekündigt bei Nichtvornahme des eingeforderten Verhaltens durch den Abgemahnten die Ansprüche gerichtlich geltend zu machen oder es wird eine „gerichtliche Auseinandersetzung“ oder „gerichtliche Durchsetzung“ in Aussicht gestellt.[507] Die Rechtsdurchsetzung, also die Geltendmachung eines Anspruchs im Verhältnis der Bürger untereinander ist lediglich vor den Zivilgerichten möglich.[508] Derartige Formulierungen

---

506 So aber *Kudlich/Melloh*, JuS 2005, 912 (913) Fn. 4.

507 Vgl. alle sechs Fallbeispiele in diesem Kapitel unter C.II.

508 *Rauscher*, in: MüKo-ZPO, Einl. Rn. 1 und einmal abgesehen von dem in der Praxis bedeutungslosen (so *Pfeiffer*, StPO, Vor § 403 Rn. 2) Adhäsionsverfahren, §§ 403 ff. StPO.

sind mithin als Ankündigung eines Zivilverfahrens zu verstehen, dessen Einleitung der Abmahnende durch Klageerhebung in der Hand hat.

Weniger eindeutig sind jene Formulierungen, die lediglich „weitere Schritte“ oder „gerichtliche Schritte“ in Aussicht stellen. Der bloße Ausdruck *weitere Schritte* lässt einen derart großen Interpretationsspielraum, dass diese Formulierung wohl gar nichts, schon gar kein Übel, in Aussicht zu stellen vermag; zumindest dann nicht, wenn der Kontext keine Konkretisierung zulässt. *Gerichtliche Schritte* hingegen lassen eine doppelte Interpretation zu, nämlich sowohl zivil- als auch strafrechtliche Schritte, mithin auch die Erstattung einer Strafanzeige bzw. Stellung eines Strafantrages. Dahin gehend ist bei natürlicher Betrachtungsweise auch die Formulierung, „den Sachverhalt der zuständigen Staatsanwaltschaft zur Überprüfung wegen des Verdachts eines Betruges vorzulegen“[509], zu verstehen. Der Vorbehalt der „Beurteilung unter strafrechtlichen Gesichtspunkten“ lässt nicht den eindeutigen Schluss zu, der Abmahnende wolle sich bei Weigerung des Abgemahnten zur Vornahme des geforderten Verhaltens an die zuständigen Behörden wenden. Gleichwohl führt der Hinweis dem Abgemahnten vor Augen, dass aus Sicht des Abmahnenden ein strafbares Verhalten vorliegt und der Abgemahnte kann die Konsequenz dessen – die Erstattung einer Strafanzeige – gedanklich ohne Weiteres nachvollziehen. Eine solche Übelsankündigung zwischen den Zeilen, sprich konkludente Drohung, wird einhellig für möglich gehalten.[510] Daher kann eine strafrechtliche Verantwortlichkeit auch nicht durch findige Formulierungen umgangen werden, solange beim Abgemahnten der Eindruck entsteht, die Gefahr der Einleitung gerichtlicher Schritte sei real. So wird statt der Formulierungen „wir werden gerichtliche Schritte einleiten“ oder „gerichtliche Schritte sind bereits eingeleitet“, teilweise auf „wir eruieren, gerichtliche Schritte einzuleiten“ zurückgegriffen. Auch wenn verbal ein Unsicherheitsfaktor transportiert wird, bleibt die Drohwirkung doch dieselbe.

Eine tiefer gehende Auseinandersetzung mit der Konkludenz bei Drohungen findet – im Gegensatz zur Täuschung bei § 263 StGB – in der Literatur jedoch kaum statt, was wohl darauf zurückzuführen ist, dass (normative) Korrekturen

---

509 *BGH*, Urt. v. 05. 09. 2013 – 1 StR 162/13 = NJW 2014, 401 (402).

510 *BGH*, Urt. v. 17. 03. 1955 – 4 StR 8/55 = BGHSt 7, 252 (253); *BGH*, Beschl. v. 15. 03. 1984 – 1 StR 72/84 = NJW 1984, 1632 (1632); *BGH*, Beschl. v. 06. 11. 2008 – 4 StR 495/08 = NStZ 2009, 263 (263 f.); *OLG Hamm*, Urt. v. 16. 03. 1983 – 2 Ss 2026/82 = NJW 1983, 1505 (1506); *Altvater*, in: LK-StGB, § 240 Rn. 77; *Sinn*, in: MüKo-StGB, § 240 Rn. 70; *Vogel*, in: LK-StGB, § 253 Rn. 6.

noch im Rahmen der Prüfung der Empfindlichkeit des Übels oder der Verwerflichkeit vorgenommen werden können.[511]

Ferner findet sich etwa in dem Abmahnschreiben, das dem Urteil des BGH zur Nötigung durch anwaltliches Mahnschreiben[512] zugrunde liegt, der Hinweis an den Abgemahnten, dass „im Rahmen einer gerichtlichen Auseinandersetzung auch öffentlich [würde], dass Sie vereinbarungsgemäß auch zu Gewinnspielen nicht jugendfreien Inhalts angemeldet wurden“[513]. Zwar fehlt eine Erläuterung dahin gehend, wie dieses Detail öffentlich würde. Die Formulierung lässt aus Sicht des Abgemahnten jedoch den Schluss zu, dass der Abmahnende diese Information in den Prozess aktiv einfließen lassen kann und wird – sei es auch aus rechtlicher Sicht für die Anspruchsdurchsetzung ohne Belang. Der Abmahnende kündigt also an, er sorge dafür, dass der Konsum pornographischer oder nicht jugendfreier Inhalte einem größeren Personenkreis bekannt gemacht werde.

Pornographie ist noch immer, trotz allen gesellschaftlichen Wandels und sexueller Offenheit, in weiten Teilen der Bevölkerung ein Tabuthema und ein Großteil der Konsumenten empfindet es als beschämend, wenn ihr Konsum öffentlich wird.[514] Die Drohung mit der Öffentlichmachung des Konsums nicht jugendfreier oder pornographischer Inhalte lässt sich daher als ein Unterfall der Drohung mit Bloßstellung begreifen. Im Folgenden wird daher allgemein der Fall der Drohung mit Bloßstellung geprüft, der speziell im Bereich der urheberrechtlichen Abmahnungen freilich vielfach im Zusammenhang mit Pornographie auftritt.

Nicht immer wird jedoch eine solche Art von Formulierung und Drohung ausdrücklich in das Abmahnschreiben aufgenommen. Im „Redtube-Fall“[515] etwa fand sich im Abmahnschreiben keine ausdrückliche Ankündigung einer Bloßstellung, doch war der in Rede stehende Sachverhalt für sich genommen schon ausreichend prekär, um im Abgemahnten Scham- und Angstgefühle auszulösen. Es ergab sich schlicht aus dem Gesamtzusammenhang, dass eine Bloßstellung bei Widerstand des Abgemahnten drohen könnte. Es genügte die Aufführung

511 Auch wenn selbstverständlich streng genommen zu differenzieren ist, ob überhaupt eine Erklärung bestimmten Inhalts getätigt wird oder ob dieses Erklärte ein empfindliches Übel darstellt und im Gesamtzusammenhang als verwerflich anzusehen ist.

512 *BGH*, Urt. v. 05. 09. 2013 – 1 StR 162/13 = NJW 2014, 401.

513 BGH, Urt. v. 05. 09. 2015 – 1 StR 162/13 = NJW 2014, 401 (402).

514 Vgl. *Pfeifer*, Psychologie und Seelsorge, 36 (40), und zur Rezeption von Erotik und Pornografie bei Jugendlichen *Hoffmann*, in: Pornografisierung von Gesellschaft, S. 73.

515 Siehe 2. Kapitel B.II.5.

der Titel jener Filme, die der Abgemahnte mittels Streamings angesehen und die zur Urheberrechtsverletzung geführt haben sollten. Von den Titeln allein ließ sich dabei schon auf den pornographischen Inhalt schließen und so musste es dem Abgemahnten unvermeidbar erscheinen, dass im Falle einer gerichtlichen Auseinandersetzung diese Titel als Bezeichnung des urheberrechtlich geschützten Werks (zulässigerweise) in den Prozess eingebracht werden würden. Tatsächlich veranlasste die Furcht davor, dass Ehepartner, Familie, Freunde und Arbeitskollegen von dem (vermeintlichen) Konsum der betreffenden Inhalte erfahren könnten, im „Redtube-Fall" wohl viele Abgemahnte zur Zahlung ohne vorherige Prüfung oder (anwaltliche) Beratung.[516]

Es liegt nahe, dass einige Versender von Abmahnungen gezielt solch anrüchige Sachverhalte auswählen, um sie abzumahnen und den Scham-Effekt bewusst auszunutzen.[517] In Anbetracht einer solch gezielten Auswahl, erscheint die Strafwürdigkeit und damit die Annahme einer konkludenten Drohung mit Bloßstellung auf den ersten Blick sachgerecht.

Allerdings muss es dem Verletzten möglich sein, auch aufgrund solcher Sachverhalte abzumahnen, die den Abgemahnten in eine verfängliche Situation bringen können. Alleine die Intention des Abmahnenden, das Schamgefühl des Betroffenen auszunutzen, kann nicht ausschlaggebend dafür sein, ob objektiv eine Drohung vorliegt oder nicht. Auch für eine konkludente Drohung müssen Anhaltspunkte gegeben sein, von denen auf den nicht ausdrücklich kundgetanen Erklärungsinhalt geschlossen werden kann. Daran fehlt es bei einer schlichten Sachverhaltsdarstellung ohne jegliche „Wenn-Dann-Verknüpfung"[518]. Alleine vom Sachverhalt, der im Abmahnschreiben geschildert ist – und mag er noch so motivierend auf den Abgemahnten wirken, etwa weil im Rahmen einer Urheberrechtsverletzung bereits die Nennung des Werktitels Druck ausübt – kann dementsprechend keine für § 240 StGB relevante Drohwirkung ausgehen. Andernfalls würde derjenige, der rechtsverletzendes Verhalten in einem mit einem Tabu belegten Bereich abmahnen möchte, in seinem Recht

516 *Boie*, So funktioniert das Geschäft der Redtube-Abmahner, Artikel auf SZ.de vom 25. 02. 2014, abrufbar unter: http://www.sueddeutsche.de/digital/videostreaming-so-funktioniert-das-geschaeft-die-redtube-abmahner-1.1897772 (Stand: 08. 06. 2016); *Sagener*, Anwalt will auch Pornogucker anderer Seiten abmahnen, Artikel auf Zeit Online vom 15. 12. 2013, abrufbar unter: http://www.zeit.de/digital/internet/2013-12/redtube-abmahnungen-sexportale (Stand: 18. 06. 2016).

517 Vgl. *Wagner*, Vorsicht Rechtsanwalt, S. 185.

518 *Sinn*, in: MüKo-StGB, § 240 Rn. 93.

auf freie Zugänglichkeit der staatlichen Rechtspflegeverfahren über Gebühr eingeschränkt.[519]

bb) Zivilverfahren als Übel

Es ist zu klären, ob sich die Ankündigung, einen Zivilprozess anzustrengen, als Übelsankündigung qualifizieren lässt; ob also der Umstand, zum Beklagten in einem Zivilverfahren gemacht zu werden, ein Übel im Sinne des § 240 Abs. 1 StGB darstellt.

Ein Übel ist definitionsgemäß eine nachteilige Veränderung der Außenwelt,[520] eine Einbuße an Werten, die über die bloße Unannehmlichkeit hinausgeht.[521] Die nachteiligen Folgen, die die Einleitung eines Zivilverfahrens nach sich zieht, werden zum Teil schon in den Abmahnschreiben selbst genannt.[522] So findet sich insbesondere der Hinweis auf die enormen Kosten eines gerichtlichen Verfahrens, die die im Abmahnschreiben geforderten Beträge weit überstiegen. In dem Abmahnschreiben, das dem Urteil des BGH zur Nötigung durch anwaltliches Mahnschreiben[523] zugrunde liegt, wird darüber hinaus ausgeführt, dass ein Zivilverfahren „Negativeinträge bei bekannten Kreditauskunfteien" sowie „Konten- und Gehaltspfändungen" nach sich ziehen könne.[524] Wieder andere kündigen an, sich bei gescheiterter Einigung auf die Unbilligkeit der Streitwertbegrenzung, § 97a Abs. 3 Satz 4 UrhG, zu berufen. Der Abgemahnte hat also bei Weigerung, das geforderte Verhalten an den Tag zu legen, sowohl finanzielle Nachteile als auch einen Reputationsverlust in Bezug auf seine Kreditwürdigkeit zu befürchten. Sowohl das Vermögen als auch die Kreditwürdigkeit sind Werte, die auch strafrechtlich geschützt

---

519 Vgl. *BVerfG*, Beschl. v. 25. 02. 1987 – 1 BvR 1086/85 = NJW 1987, 1929 (1929); *BGH*, Urt. v. 13. 03. 1979 – VI ZR 117/77 = BGHZ 74, 9 (15); *Köhler*, in: Köhler/Bornkamm-UWG, § 4 Rn. 4.166.

520 *Fischer*, StGB, § 240 Rn. 32.

521 *Eser/Eisele*, in: Sch/Sch-StGB, § 240 Rn. 9.

522 *BGH*, Urt. v. 05. 09. 2013 – 1 StR 162/13 = NJW 2014, 401 (402); *OLG Karlsruhe*, Urt. v. 18. 04. 1996 – 3 Ss 138/95 = NStZ-RR 1996, 296.

523 *BGH*, Urt. v. 05. 09. 2013 – 1 StR 162/13 = NJW 2014, 401.

524 *BGH*, Urt. v. 05. 09. 2013 – 1 StR 162/13 = NJW 2014, 401 (402). Der ebenfalls in dem in Rede stehenden Abmahnschreiben enthaltene Hinweis, dass im Rahmen eines Zivilverfahrens öffentlich würde, dass der Abgemahnte „zu Gewinnspielen mit nicht jugendfreiem Inhalt" angemeldet war, ist eine Aussage mit ganz eigenem Drohpotential, die über eine Schilderung der Folgen eines gerichtlichen Verfahrens hinausgeht und daher als Drohung mit Bloßstellung gesondert behandelt wird.

werden[525] und deren Einbuße die Rechtsordnung damit als einen über bloße Unannehmlichkeiten hinausgehenden Nachteil qualifiziert.

Überdies stellt die Ankündigung, die Sache dem Rechtsanwalt zu übergeben,[526] ein Übel, also einen Nachteil im Sinne einer Werteinbuße dar. In der Regel bedeutet die Einschaltung eines Rechtsanwalts nämlich einen größeren Kostenaufwand. Dagegen ist zwar einzuwenden, dass die Kosten zunächst derjenige zu tragen hat, der den Rechtsanwalt beauftragt, im vorliegenden Fall mithin der Abmahnende. Erst im Falle eines gerichtlichen Verfahrens, in dem der Abgemahnte unterliegt, kommt eine Kostenerstattung nach § 91 ZPO in Betracht. Es liegt aber nahe, in der Ankündigung, einen Rechtsanwalt einzuschalten, die konkludente Erklärung zu sehen, dieser würde sodann mit der Klageerhebung beauftragt; dies insbesondere dann, wenn eine außergerichtliche Einigung bereits gescheitert ist. Auch eine solche Ankündigung vermag damit jene Nachteile in Aussicht zu stellen, die mit einem Zivilverfahren verbunden sind.

Es besteht dementsprechend kein Zweifel, dass, um es mit den Worten des *RG*[527] auszudrücken,

> *„in der Ankündigung eines weitläufigen, besonders kostspieligen Prozesses unter Benutzung eines geschickten von dem Rechte seiner Partei überzeugten Anwaltes einem in Rechtshändeln unbewanderten Landmanne gegenüber ohne Rechtsirrtum Bedrohung mit einem die freie Willensentschließung beeinflussenden Übel gefunden werden kann".*

cc) Strafanzeige/Strafverfahren als Übel

Eine Strafanzeige stellt insbesondere wegen des damit verbundenen Ermittlungs- und Strafverfahrens ein Übel i. S. d. § 240 StGB dar. Wird ein Ermittlungs- und Strafverfahren publik, führt dies regelmäßig zu einem Reputations- und damit Ehrverlust des Betroffenen. Dass die Ehre einer Person über die §§ 185 ff. StGB sogar strafrechtlichen Schutz erfährt, indiziert, dass eine Einbuße dieses Wertes ein Nachteil ist, der über eine bloße Unannehmlichkeit hinaus geht und dementsprechend ein Übel im Sinne des Nötigungstatbestandes darstellt. Darüber hinaus führt die Durchführung des Strafverfahrens unter Umständen zu einer Verurteilung und einem Vollzug der Strafe, bei der Beeinträchtigungen von Vermögen und der Fortbewegungsfreiheit des Verurteilten drohen.

---

525 Das Vermögen etwa über §§ 263, 266, 253 StGB und die Kreditwürdigkeit über § 187 StGB, der in der Variante der Kreditgefährdung aber nach Ansicht der herrschenden Meinung ebenfalls dem Schutz des Vermögens dient (*Lencker/Eisele*, in: Sch/Sch-StGB, § 187 Rn. 1 m. w. N.).

526 *OLG Karlsruhe*, Urt. v. 18. 04. 1996 – 3 Ss 138/95 = NStZ-RR 1996, 296 (296).

527 *RG*, Urt. v. 17. 03. 1890 – 403/90 = RGSt 20, 326 (329).

dd) Bloßstellung als Übel

Wird eine Person bloßgestellt, also lächerlich gemacht und blamiert, löst dies Schamgefühle aus, die das Ehrgefühl angreifen und dementsprechend den Grad der bloßen Unannehmlichkeit überschreiten. Die Bloßstellung einer Person, etwa durch die Offenbarung intimer Geheimnisse, ist daher ein Übel i. S. d. § 240 StGB.

c) Die Empfindlichkeit des Übels

aa) Ansätze zur Bestimmung der Empfindlichkeit

Eine Einschränkung erfährt der Tatbestand der Nötigung in der Drohungsalternative durch das Merkmal der Empfindlichkeit.[528] Das Übel muss eine gewisse Empfindlichkeitsschwelle überschreiten, für deren nähere Bestimmung eine Vielzahl von Ansätzen existiert. Die Gerichte legten zunächst einen objektiven Maßstab an und stellten auf das Empfinden eines besonnenen Durchschnittsmenschen ab.[529] Später jedoch[530] entschied sich der BGH für eine Berücksichtigung der individuellen Persönlichkeit und Befindlichkeit und lässt nun die Empfindlichkeit bei einer den Bedrohten motivierenden Ankündigung nur dann entfallen, wenn von diesem in seiner Lage erwartet werden könne, dass er dem Ansinnen in besonnener Selbstbehauptung standhalte.[531] Diese Rechtsprechung ist zwar nicht nur auf Zustimmung gestoßen,[532] hat sich inzwischen jedoch auch in der Literatur größtenteils durchgesetzt.[533]

Die Ansicht der Rechtsprechung, wie auch eine Vielzahl der in der Literatur vertretenen Meinungen lassen sich wohl als vermittelnd bezeichnen, da sie objektive und subjektive Elemente kombinieren. Durch die Subjektivierung wird vermieden, dass sensible Personen einen geringeren Schutz erfahren als

---

528 *Sinn*, in: MüKo-StGB, § 240 Rn. 76.

529 *BGH*, Urt. v. 28. 01. 1976 – 2 StR 696/75 = NJW 1976, 760 (760); *BGH*, Urt. v. 31. 03. 1982 – 2 StR 2/82 = NStZ 1982, 287 (287); *OLG Hamm*, Urt. v. 27. 07. 1982 – 5 Ss 644/82 = NJW 1982, 2676 (2678).

530 Der Vorlagebeschluss des *OLG Stuttgart* v. 09. 11. 1981 – 1 Ss (25) 493/81 = NStZ 1982, 161, leitete den Wandel in der Rechtsprechung des BGH ein.

531 *BGH*, Urt. v. 13. 01. 1983 – 1 StR 737/81 = BGHSt 31, 195 (201); *BGH*, Urt. v. 23. 11. 1983 – 3 StR 256/83 = BGHSt 32, 165 (174); *BGH*, Beschl. v. 28. 01. 1992 – 5 StR 4/92 = NStZ 1992, 278 (278); *BGH*, Beschl. v. 05. 09. 2013 – 1 StR 162/13 = NJW 2014, 401 (403).

532 Kritisch etwa *Jakobs*, JR 1987, 340 und *Roxin*, JR 1983, 333 (334 f.).

533 *Altvater*, in: LK-StGB, § 240 Rn. 80; *Arzt/Weber*, Strafrecht BT 1, § 9 Rn. 47; *Fischer*, StGB, § 240 Rn. 32a; *Horn/Wolters*, in: SK-StGB, § 240 Rn. 10; *Otto*, Grundkurs Strafrecht BT, § 27 Rn. 18 ff.; *Rengier*, Strafrecht BT 2, § 23 Rn. 44; *Wessels/Hettinger/Engländer*, Strafrecht BT 1, Rn. 461.

„verrohte", die sich „vor nichts mehr fürchten"[534] und es kann Berücksichtigung finden, wenn sich der Täter besonders ängstliche oder sonst durch Drohung leicht zu motivierende Opfer aussucht.[535] Auf der anderen Seite bewirkt ein verbleibendes objektives Element, dass völlig abwegige (Über-)Reaktionen ausgeschieden werden[536] und nicht jeder tatbestandlich bedroht wird, der sich nur bedroht fühlt.[537] *Sinn*[538] etwa stellt für die Bestimmung der Empfindlichkeit auf den konkreten Bedrohten „in seiner sozialen Rolle und unter Berücksichtigung seiner persönlichen Verhältnisse zum Zeitpunkt des Entscheidungsnotstandes" ab und ob von ihm die Aufrechterhaltung der Integrität der Willensentschließung bei besonnener Selbstbehauptung nicht mehr erwartet werden könne.

Eine tiefer gehende Auseinandersetzung mit der Frage, welche individuellen Elemente im Einzelnen in die Bewertung mit einfließen und in welchem Maße sie Berücksichtigung finden sollen, ist im Rahmen dieser Arbeit nicht angezeigt. Individuelle Merkmale spielen im Bereich der urheber- und wettbewerbsrechtlichen (Massen-)Abmahnungen nämlich ohnehin kaum eine bedeutende Rolle, da der Abmahnende den einzelnen Abgemahnten und dessen Persönlichkeitsstruktur regelmäßig selbst nicht kennt und sie damit auch im Vorsatz bezüglich der Empfindlichkeit unberücksichtigt bleiben. Maßstabsfigur ist hier also grundsätzlich ein juristischer Laie ohne besondere Dispositionen.

Es sei aber ausdrücklich darauf hingewiesen, dass auf individuelle Gegebenheiten durchaus Rücksicht genommen werden soll, wenn der Abmahnende die Abmahnschreiben gezielt an Personen mit einem Defekt, wie etwa alte und damit überdurchschnittlich ängstliche Menschen, sehr junge, oftmals unerfahrene Teilnehmer am Rechtsverkehr oder Ausländer, die der Landessprache nicht mächtig und/oder mit dem hiesigen Rechtssystem nicht vertraut sind, richtet. Diese Umstände können in der Empfindlichkeitsprüfung dergestalt berücksichtigt werden, dass die Maßstabsfigur auf diese Personengruppe mit ihrem spezifischen Defekt angepasst wird. Darüber hinaus ist eine Heraufsetzung der Empfindlichkeitsschwelle denkbar, wenn der Bedrohte, etwa aufgrund seines Berufs, eine besondere Immunität gegen eine bestimmte Art von Bedrohung an den Tag legen muss. Diese individuellen Gegebenheiten müssen in der

---

534 *Sinn*, in: MüKo-StGB, § 240 Rn. 80.

535 *Altvater*, in: LK-StGB, § 240 Rn. 80; vgl. *Schroeder*, JZ 1983, 284 (287).

536 *Altvater*, in: LK-StGB, § 240 Rn. 80.

537 *Maurach/Schroeder/Maiwald*, Strafrecht BT 1, § 13 II Rn. 25.

538 *Sinn*, Nötigung, S. 274.

untenstehenden Subsumtion aufgrund der Abstraktion des Sachverhalts jedoch weitestgehend ausgeklammert werden.

bb) Zivilverfahren als empfindliches Übel

Anhand eines gemischt objektiv-subjektiven Maßstabes soll nun ermittelt werden, ob das Übel, als Beklagter in einen Zivilprozess involviert zu werden, für den durchschnittlichen Abgemahnten als empfindlich i. S. d. § 240 Abs. 1 StGB zu bewerten ist.

Zunächst ließe sich argumentieren, dass ein Zivilprozess zwar gewisse Unannehmlichkeiten mit sich bringe, dass die Hinnahme dieser Unannehmlichkeiten aber von jedem Bürger verlangt werden könne, weil sich damit lediglich ein allgemeines Lebensrisiko realisiere. Die Möglichkeit der gerichtlichen Forderungsdurchsetzung ist ein gesetzlich vorgesehenes Instrument der Sicherung privater Interessen in einem Rechtsstaat. Es erscheint auf den ersten Blick unbillig, zöge eine Drohung mit einem erlaubten Verhalten eine strafrechtliche Verantwortlichkeit nach sich. Allerdings folgt aus der rechtlichen Zulässigkeit nicht gleichzeitig, dass das Übel nicht als empfindlich empfunden werden könne und dürfe. Da die Empfindlichkeitsprüfung aus der Opferperspektive vorgenommen wird,[539] ist es an dieser Stelle gleichgültig, ob das angedrohte Verhalten erlaubt oder verboten ist. Dieser Umstand ist richtigerweise erst bei der Verwerflichkeitsprüfung zu berücksichtigen.[540] Dementsprechend ist es nicht von Belang, ob der geltend gemachte Anspruch begründet ist oder nicht.[541] Auch die Androhung einer Klage zur Durchsetzung eines begründeten Anspruchs kann sich für den Bedrohten als empfindliches Übel darstellen.

Anders entschied indes das OLG Karlsruhe[542] (Eintreibung von Gebühren aus Telefonsex-Verträgen), das die Auffassung vertrat, gerade bei einer unberechtigten Forderung sei die Einleitung eines gerichtlichen Verfahrens im Interesse des Bedrohten. Auf diese Weise könne der Sachverhalt nämlich aufgeklärt werden. „Zum Schutze der Persönlichkeitsrechte des Bekl., insbesondere um einer etwaigen Prangerwirkung zu begegnen", so das OLG Karlsruhe, „sieht das

---

539 Vgl. *Sinn*, in: MüKo-StGB, § 240 Rn. 77.

540 Anders wohl *Maurach/Schroeder/Maiwald*, Strafrecht BT 1, § 13 II Rn. 26, die schon bei der Bestimmung der Empfindlichkeit auf den Unrechtsgehalt der Handlung als Ganzes, also die Zweck-Mittel-Relation abstellen.

541 Vgl. *RG*, Urt. v. 06. 07. 1914 = V 997/13 = RGSt 49, 354 (356 f.): „Denn auch unbegründete Klagen und Anzeigen können, bis sie sich als unbegründet gezeigt haben und zurückgewiesen sind, für den Betroffenen ernsthafte Übel bilden."

542 *OLG Karlsruhe*, Urt. v. 18. 04. 1996 – 3 Ss 138/95 = NStZ-RR 1996, 296.

Gerichtsverfassungsgesetz (§§ 171b ff.) auch im Zivilverfahren die Ausschließung der Öffentlichkeit vor".[543]

In seiner Entscheidung zur Nötigung durch anwaltliches Mahnschreiben stellte der BGH[544] jedoch richtigerweise fest, dass kein derartiger Rechts- oder Erfahrungssatz bestehe, dass ein besonderes Interesse bestünde, sich einem Zivil- oder Strafverfahren zu stellen.[545] Diese Einschätzung ist sicher lebensnäher als die des OLG Karlsruhe, denn niemand hat wohl ein ernst zu nehmendes Interesse daran, gegen seinen Willen in ein Zivilverfahren involviert zu werden. Bei einem echten Interesse an Aufklärung kann eine negative Feststellungsklage Abhilfe schaffen.[546]

Die Empfindlichkeit des Übels, das aus einem Zivilprozess erwächst, speist sich aus der finanziellen, zeitlichen sowie psychischen Belastung. Zunächst werden regelmäßig Anwaltsgebühren fällig, auch wenn eine spätere Erstattung in Betracht kommt. Hinzu kommt, dass der Prozessausgang oftmals unklar ist und den Beklagten in der Unsicherheit lässt, ob ihn noch weitere finanzielle Nachteile je nach Prozessausgang treffen werden. Der Betroffene hat auch zeitliche Einbußen hinzunehmen, da ein Prozess den Mandanten selbst bei anwaltlicher Vertretung einbindet, etwa durch die Wahrnehmung von Rechtsanwalts- oder Gerichtsterminen. Das herausgeforderte Opferverhalten erschöpft sich also keineswegs in einer einzigen Aktion, sondern ist verhältnismäßig aufwendig und umfangreich. Abgesehen von einem mit großen (finanziellen) Nachteilen verbundenen sofortigen Anerkenntnis oder Versäumnisurteil, hat der Beklagte nach Klageerhebung keine Möglichkeit, dem Prozess zu entkommen und ist gezwungen, die daraus resultierenden unmittelbaren Folgen hinzunehmen. Die finanzielle und zeitliche Belastung ist darüber hinaus nicht auf eine kurze und absehbare Zeitspanne begrenzt. Angesichts der oftmals zeitintensiven Prozesse erstrecken sich die Belastungen in der Regel über viele Monate oder gar Jahre hinweg; die Gesamtdauer ist vielfach nicht abschätzbar. Ein Prozess, der mit all seinen Unwägbarkeiten den Alltag der Parteien zu beherrschen vermag, kann mithin auch als psychische Belastung empfunden werden.

Ein Zivilverfahren ist damit ein empfindliches Übel, dessen Androhung § 240 Abs. 1 StGB unterfällt.

Dieses Ergebnis gilt zunächst für den durchschnittlichen Abgemahnten, wie er bereits beschrieben wurde. Die Normativierung des Merkmals der Empfindlichkeit lässt aber auch Modifizierungen abhängig von der Persönlichkeit des

543 *OLG Karlsruhe*, Urt. v. 18. 04. 1996 – 3 Ss 138/95 = NStZ-RR 1996, 296 (296).
544 *BGH*, Beschl. v. 05. 09. 2015 – 1 StR 162/13 = NJW 2014, 401.
545 *BGH*, Urt. v. 05. 09. 2013 – 1 StR 162/13 = NJW 2014, 401.
546 *Lindacher*, in: FS-Gamm, S. 84.

Bedrohten zu. Auf besonders labile Persönlichkeiten, von denen nur ein geringeres Maß an Selbstbehauptung erwartet werden kann (z. B. Minderjährige, Geisteskranke), muss das obige Ergebnis erst recht zutreffen.

Es gibt demgegenüber auch Gruppen, von denen im Kontext der Abmahnung ein höheres Maß an Selbstbehauptung erwartet werden kann. So kann der Beruf des Nötigungsadressaten eine Rolle spielen; ein Berufsrichter etwa muss der Drohung des Verteidigers, er lasse den „Prozess platzen", in besonnener Selbstbehauptung standhalten.[547] Daraus könnte man schließen, dass ein Rechtskundiger, dessen täglich Brot ohnehin die Abwicklung von Gerichtsverfahren ist, die Androhung der Einleitung desselben nicht als Übel empfinden dürfe. Von dieser Einschränkung wären etwa Richter, Staatsanwälte oder Rechtsanwälte betroffen.

Eine solche Einschränkung erscheint auch tatsächlich sachgerecht, soweit die Person als Angehörige ihrer Berufsgruppe betroffen ist. Ein Rechtsanwalt, der seinen Mandanten vertritt, darf sich nicht davon beeindrucken lassen, wenn die Gegenseite beim Versuch eine außergerichtliche Einigung zu finden, ankündigt, Klage zu erheben, falls ihre Bedingungen nicht akzeptiert würden. Das entspricht schlicht dem „Berufsrisiko"[548] des Rechtsanwalts. Anders fällt die Beurteilung allerdings aus, wenn der Rechtsanwalt privat eine solche Ankündigung erhält. Denn als direkter Beklagter treffen ihn nahezu dieselben Nachteile wie auch den juristischen Laien. Die Erfahrung, die er in Bezug auf den Gerichtsalltag hat, befreit ihn nicht von der finanziellen und zeitlichen Belastung. Zwar kann der Rechtskundige besser abschätzen, was auf ihn zukommt, gezielter reagieren und die Berechtigung der Forderung möglicherweise selbst prüfen. Dennoch muss auch der Rechtskundige zumindest Zeit investieren und angesichts der starken Spezialisierung in der heutigen Zeit möglicherweise externe Hilfe in Anspruch nehmen. Außerdem bleibt auch für ihn der Prozessausgang unsicher und damit die etwaige Belastung mit Prozesskosten und einer gerichtlich bestätigten Zahlungsverpflichtung gegenüber dem Prozessgegner. Außerhalb des professionellen Rahmens geht der Verweis auf das Berufsrisiko fehl und der Rechtskundige muss dementsprechend den gleichen Schutz erfahren wie der Rechtsunkundige.

Für Abgemahnte, ganz gleich ob rechtskundig oder -unkundig, stellt es also ein empfindliches Übel dar, wenn sie als Privatpersonen in die Rolle des Beklagten gedrängt werden.

---

547 *Sinn*, in: MüKo-StGB, § 240 Rn. 78, 82; wohl anders, aber im Ergebnis offen lassend *OLG Frankfurt/M.*, Beschl. v. 11. 07. 2000 – 3 Ws 715/00 = StV 2001, 407 (408).

548 *Horn/Wolters*, in: SK-StGB, § 240 Rn. 10.

cc) Strafanzeige als empfindliches Übel

Die finanziellen und zeitlichen Einbußen, wie sie ein Zivilverfahren mit sich bringen, sind ebenso bei einem Strafverfahren gegeben. Auch dort ist der Angeklagte am Ende möglicherweise mit den Prozesskosten belastet, § 465 StPO, und er muss Gerichts- und Rechtsanwaltstermine wahrnehmen. Viel bedeutender ist bei einem Strafverfahren aber die psychische Belastung. Der Angeklagte sieht einer möglichen Bestrafung durch den Staat, also einer Geld- oder gar Freiheitsstrafe entgegen. Dass von niemandem erwartet werden kann, angesichts solcher Konsequenzen der Drohung in besonnener Selbstbehauptung standzuhalten, liegt auf der Hand.

Allerdings impliziert die Drohung mit Strafanzeige nicht zwingend die Drohung mit einem Strafverfahren. Denn auf die Einleitung desselben hat der Drohende keinen Einfluss, da die Entscheidung, ob öffentliche Anklage erhoben wird, bei der Staatsanwaltschaft liegt, § 170 StPO. Allerdings folgen aufgrund des Legalitätsprinzips, § 152 StPO, auf eine Strafanzeige jedenfalls Ermittlungen der Staatsanwaltschaft bzw. Polizei und bereits ein Ermittlungsverfahren kann zu Stigmatisierungseffekten führen.[549] Nicht selten wird durch das Umfeld eine Vorverurteilung getroffen, die den Betroffenen ins soziale Abseits stellt. Darüber hinaus muss ein Verdächtigter Nachforschungen mit den entsprechenden Zwangsmaßnahmen durch die Ermittlungsbehörden erdulden. Noch stärker als bei einer zivilrechtlichen Auseinandersetzung ist bei einem Ermittlungsverfahren damit die Privatsphäre des Einzelnen betroffen. Die Drohung mit Strafanzeige stellt dementsprechend ein empfindliches Übel dar.[550]

Dabei ist, wie auch beim Zivilverfahren, unerheblich, ob die Strafanzeige berechtigt oder unberechtigt ist, da der Stigmatisierungseffekt und damit die vom Opfer als nachteilig empfundene Wirkung in beiden Fällen gleichermaßen eintritt. Es ist auch keine Personengruppe ersichtlich, bei der aufgrund ihrer beruflichen, sozialen oder persönlichen Verhältnisse eine andere Beurteilung angezeigt wäre.

dd) Bloßstellung als empfindliches Übel

Hinsichtlich der Bewertung der Empfindlichkeit einer Bloßstellung ist ein allgemeines Urteil nur schwer möglich, da es entscheidend auf die Art und Weise sowie Inhalt der Bloßstellung ankommt. Als konkreter Unterfall der Bloßstellung

---

549 Vgl. *Pickl*, in: Stigmatisierung durch Strafverfahren und Strafvollzug, S. 41 f.

550 So auch *Schroth*, in: FS-Köhler, S. 655 m. w. N.; a. A. *OLG Karlsruhe*, Urt. v. 18. 04. 1996 – 3 Ss 138/95 = NStZ-RR 1996, 296 (296), das aber den Stigmatisierungseffekt und damit die Lebenswirklichkeit verkennt.

soll aber untersucht werden, ob die Androhung, der Konsum pornographischer Inhalte durch den Abgemahnten würde im Rahmen einer gerichtlichen Auseinandersetzung öffentlich gemacht, die Erheblichkeitsschwelle überschreitet. Das OLG Karlsruhe[551] verneinte das mit der Begründung, dass der

> *„Bedrohte […] damit rechnen mußte, daß seine bizarren Vorlieben gerichtsöffentlich würden […]. Vielmehr ist es dem ‚Bedrohten' durchaus zumutbar, sich der von der Rechtsprechung vorgesehenen, tatsächlichen wie rechtlichen, wenn auch im Einzelfall unter Umständen peinlichen Auseinandersetzung und Würdigung, sei es in einem Zivil- oder Strafverfahren, zu stellen."*

Das OLG Karlsruhe befand es also für nur gerechtfertigt, dass derjenige, der sich auf derart „unappetitliche" Dinge einlasse, auch mit der Angst leben müsse, dass andere davon erführen.

Dieser Argumentation ist jedoch nicht zu folgen, da sich in ihr eine moralische Wertung verbirgt, die in der Empfindlichkeitsprüfung fehl am Platze ist. Die Androhung des Bekanntwerdens der Vorlieben ist auch gegenüber einem besonnenen Durchschnittsmenschen geeignet, ihn „in seiner Entschließung unfrei zu machen"[552]; die Erwägung, ob er möglicherweise moralisch verpflichtet wäre, es zu ertragen, spielt bei der Empfindlichkeitsprüfung hingegen keine Rolle.

Es mag aber vertretbar sein, die Auseinandersetzung mit dem für den Bedrohten als beschämend empfundenen Sachverhalt deshalb als nicht empfindlich zu erachten, weil sie sich im professionellen Rahmen des gerichtlichen Verfahrens abspielt. Die Tatsachen werden lediglich im Gerichtssaal geäußert und gelangen nicht zwingend an die Öffentlichkeit.

Doch zumindest im Familien- und Bekanntenkreis wird in der Regel über die Hintergründe und Details eines gerichtlichen Verfahrens gesprochen und so hat der Bedrohte zu befürchten, dass gerade in jenem sensiblen Bereich sein Pornographiekonsum bekannt wird.[553] Zwar erfährt Pornographie heute stärkere Akzeptanz als zur Zeit der OLG-Entscheidung im Jahr 1996 und mit der Verbreitung des Internets hat der Konsum, insbesondere über dieses Medium, weiter zugenommen,[554] dennoch ist der aktive Konsum in weiten Teilen der Gesellschaft noch immer ein Tabuthema.[555] Der Konsum ist nicht nur der Privatsphäre, sondern gar der Intimsphäre

---

551 *OLG Karlsruhe*, Urt. v. 18. 04. 1996 – 3 Ss 138/95 = NStZ-RR 1996, 296 (296).

552 *OLG Karlsruhe*, Urt. v. 18. 04. 1996 – 3 Ss 138/95 = NStZ-RR 1996, 296 (296).

553 Zu den Schwierigkeiten in Familie und Eheleben, die mit dem Konsum von Pornographie einhergehen können, *Pfeifer*, Psychotherapie und Seelsorge, 36 (40).

554 *Müller*, in: Pornografisierung von Gesellschaft, S. 29.

555 Vgl. zur Rezeption von Erotik und Pornografie bei Jugendlichen *Hoffmann*, in: Pornografisierung von Gesellschaft, S. 73.

zuzuordnen und kann besonders intensiv auf persönliche Bereiche, wie etwa die Partnerschaft einwirken.

Die Gefahr der Aufdeckung eines intimen Geheimnisses und der damit verbundenen Bloßstellung ist damit ein Übel, das den Abgemahnten empfindlich trifft.

3. *Nötigungsspezifischer Zusammenhang*

Der Tatbestand des § 240 StGB geht davon aus, dass eine kausale und objektiv zurechenbare Verbindung zwischen Drohung und Vornahme des abgenötigten Verhaltens bestehen muss.[556] Konkret bedeutet das, dass der Nachweis geführt werden muss, dass die Drohung mit einem Zivilverfahren, einer Strafanzeige oder einem sonstigen Übel den Drohenden dazu gebracht haben muss, die Unterlassungserklärung zu unterzeichnen und gegebenenfalls Zahlungen an den Abmahnenden zu leisten. In der Entscheidung des BGH[557] zur Nötigung durch anwaltliches Mahnschreiben gelang dieser Nachweis nicht, daher konnte der Angeklagte lediglich wegen versuchter Nötigung verurteilt werden.[558] Wenn in einem Verfahren wegen Versandes eines Abmahnschreibens eine Verurteilung wegen vollendeter Nötigung in Rede steht, kann daher nur die Vernehmung des Abgemahnten als Zeuge Abhilfe schaffen.[559]

4. *Verwerflichkeit*

a) *Bedeutung der Verwerflichkeitsklausel, § 240 Abs. 2 StGB*

Die sogenannte Verwerflichkeitsklausel in § 240 Abs. 2 StGB bestimmt, dass die Tat nur dann rechtswidrig ist, wenn die Anwendung der Gewalt oder die Androhung des Übels zu dem angestrebten Zweck als verwerflich anzusehen ist. Bezüglich der systematischen Einordnung und der inhaltlichen Bedeutung der

---

556 *BGH*, Beschl. v. 21. 03. 1991 – 1 StR 3/90 = NJW 1991, 2300 (2301); *BGH*, Beschl. v. 01. 12. 2005 – 4 StR 506/05 = NStZ-RR 2006, 77 (77); *Altvater*, in: LK-StGB, § 240 Rn. 91; *Eser/Eisele*, in: Sch/Sch-StGB, § 240 Rn. 14; *Rengier*, Strafrecht BT 2, § 23 Rn. 54; *Wessels/Hettinger/Engländer*, Strafrecht BT 1, Rn. 467.

557 *BGH*, Beschl. v. 05. 09. 2013 – 1 StR 162/13 = NJW 2014, 401.

558 *BGH*, Beschl. v. 05. 09. 2013 – 1 StR 162/13 = NJW 2014, 401 (404).

559 *Schuster*, NZWiSt 2014, 69 (65) Fn. 16, macht mit Hinweis auf *BGH*, Beschl. v. 06. 02. 2013 – 1 StR 263/12 = NJW 2013, 1545 (1546), darauf aufmerksam, dass bei einer großen Zahl von Geschädigten (wie es bei Massenabmahnungen in der Regel der Fall ist) die Überzeugung des Tatgerichts auch auf andere Indizien gestützt werden kann und zur Bestätigung die Vernehmung einiger Zeugen ausreicht.

Verwerflichkeitsklausel herrscht keine Einigkeit in Rechtsprechung und Literatur.[560] Überwiegend wird Verwerflichkeit als gesamttatbewertendes Merkmal betrachtet, das in der Rechtswidrigkeit anzusiedeln ist.[561]

Viel wichtiger als eine Entscheidung über die systematische Einordnung ist für diese Untersuchung hingegen die Frage, wie die Verwerflichkeitsklausel inhaltlich ausgefüllt werden kann. Es steht jedenfalls fest, dass zur Bestimmung der Verwerflichkeit der Tat Nötigungszweck und Nötigungsmittel in Beziehung gesetzt werden müssen, dass also alleine durch die Feststellung, das Mittel oder der Zweck seien für sich genommen verwerflich, noch kein abschließendes Verwerflichkeitsurteil gefällt werden kann.[562] Dennoch werden Mittel und Zweck im Fortgang der Untersuchung aus Gründen der Übersichtlichkeit getrennt betrachtet und beurteilt und erst dann in Beziehung zueinander gesetzt. Dieses Vorgehen erleichtert die Feststellung, welche Mittel und Zwecke überhaupt in Rede stehen.

In der Rechtsprechung findet sich die Formulierung, dass verwerflich sei, „was sozial unerträglich und wegen seines grob anstößigen Charakters sozialethisch in besonders hohem Maße zu missbilligen ist“.[563] Dazu wird eine umfassende Abwägung unter Einbezug sämtlicher Umstände des Einzelfalls verlangt,[564] wobei etwa die Zwangsintensität, die betroffenen Rechte, Güter und Interessen[565] von Täter und Opfer sowie Nah- und unter Umständen auch Fernziele[566]

---

560 Einen Überblick über die unterschiedlichen Ansichten zur systematischen Stellung des § 240 Abs. 2 im Verbrechensaufbau bietet *Sinn*, Nötigung, S. 314 ff.

561 *Eisele*, in: Sch/Sch-StGB, Vor §§ 13 ff. Rn. 66; *Jescheck/Weigend*, Strafrecht AT, § 25 II 2; *Roxin*, Strafrecht AT 1, § 10 Rn. 45 ff.; *Toepel*, in: NK-StGB, § 240 Rn. 139; *Wessels/Hettinger/Engländer*, Strafrecht BT 1, Rn. 473.

562 *Sinn*, Nötigung, S. 339 ff.; *Wessels/Hettinger/Engländer*, Strafrecht BT 1, Rn. 476.

563 *BGH*, Urt. v. 11. 05. 1962 – 4 StR 81/62 = BGHSt 17, 328 (331): „nach allgemeinem Urteil sittlich zu missbilligen“, „sozialethische Wertungen“; *BGH*, Urt. v. 19. 06. 1963 – 4 StR 132/63 = BGHSt 18, 389 (391): „sozial unerträglich“, „sittlich zu missbilligen“; *BGH*, Urt. v. 05. 05. 1988 – 1 StR 5/88 = BGHSt 35, 270 (276 f.): „erhöhte[r] Grad sittlicher Missbilligung“, „soziale Unerträglichkeit“; *OLG Stuttgart*, Urt. v. 19. 11. 1990 – 3 Ss 487/90 = NJW 1991, 994 (994): „erhöhte[r] Grad der Verhaltensmißbilligung […], sei diese Mißbilligung nun sittlicher […], sozialethischer […] oder – wozu der Senat neigt […] – eher rechtlicher Natur“; *OLG Zweibrücken*, Urt. v. 24. 08. 1990 – 1 Ss 149/90 = NJW 1991, 53 (55): „sozial unverträglich“.

564 *BVerfG*, Urt. v. 11. 11. 1986 – 1 BvR 713/83, 921, 1190/84 u. 333, 248, 306, 497/85 = BVerfGE 73, 206 (247, 253 ff.); *BVerfG*, Beschl. v. 26. 07. 1990 – 1 BvR 237/88 = NJW 1991, 971 (971); *BVerfG*, Beschl. v. 14. 02. 1991 – 1 BvR 742/90 = NStZ 1991, 279 (279); *BVerfG*, Beschl. v. 23. 03. 1992 – 1 BvR 687/88 = NJW 1992, 2688 (2689).

565 *BGH*, Urt. v. 24. 04. 1986 – 2 StR 565/85 = BGHSt 34, 71 (77).

566 *Eser/Eisele*, in: Sch/Sch-StGB, § 240 Rn. 29 m. w. N.

berücksichtigt werden. Die Formel „je billigenswerter der Zweck, desto eher ist der Zwang sozial tolerierbar“[567] kann zwar als Leitfaden dienen, erleichtert die Subsumtion im Einzelfall jedoch nicht nennenswert.

Hierfür besser geeignet sind die von *Roxin*[568] herausgearbeiteten „sozialen Ordnungsprinzipien“. Sie gehen auf den Gedanken zurück, dass sich im Nötigungstatbestand das grundsätzliche Problem des Soziallebens widerspiegele: Das Spannungsverhältnis von Bindung und Freiheit. Beeinträchtigungen von Willensbetätigungs- und Willensentschließungsfreiheit seien dem sozialen Miteinander immanent und dementsprechend könne der Nötigungstatbestand auch nur das erfassen, was sozialwidrig (nicht moralwidrig!) sei.[569]

Die Verwerflichkeit kann nach *Roxin* mithilfe von sechs Ordnungsprinzipien bestimmt werden:[570] 1) Das *Rechtswidrigkeitsprinzip* besagt, dass die Nötigung zu einem rechtswidrigen Verhalten stets verwerflich ist; 2) nach dem *Güterabwägungsprinzip* darf die Freiheit desjenigen eingeschränkt werden, der das vorgeschriebene und bestehende soziale Gleichgewicht zu beeinträchtigen droht; 3) nach dem *Geringfügigkeitsprinzip* werden Bagatellfälle ausgeschieden; 4) das *Prinzip des Vorrangs staatlicher Zwangsmittel* führt zur Verwerflichkeit einer Handlung, mit der die Grenzen des gesetzlichen Selbsthilferechts überschritten werden; 5) das *Prinzip des mangelnden Zusammenhangs* trifft die Verwerflichkeitsklausel in ihrem Kern, wenn sie auf die Zweck-Mittel-Relation abstellt und 6) das *Autonomieprinzip* ist vor allem für Unterlassungsfälle entwickelt; es besagt, dass die Drohung mit der Nichtvornahme einer Handlung, zu der keine Verpflichtung besteht, keine Verwerflichkeit begründet.

Ob die Anwendung der Prinzipien tatsächlich stets zu „objektivierbare[n] und recht eindeutige[n] Lösungen“[571] führt, mag man bezweifeln, insbesondere angesichts der Tatsache, dass es auch über 50 Jahre nach ihrer Entwicklung als unlösbare Aufgabe empfunden wird, der Verwerflichkeitsklausel begrifflich Konturen zu verleihen.[572] Nichtsdestotrotz hat *Roxin* mit seinen gut handhabbaren Ordnungskriterien das bisher beste Instrument zur Bestimmung der Verwerflichkeit des Täterhandelns geschaffen. Sie ermöglichen eine transparente Grenzziehung,

---

567 *Sinn*, in: MüKo-StGB, § 240 Rn. 126; vgl. *OLG Hamm*, Urt. v. 07. 06. 1979 – 6 Ss 690/79 = VRS 57, 347 (348); *Eser/Eisele*, in: Sch/Sch-StGB, § 240 Rn. 17; *Kaufmann*, NJW 1988, 2581 (2583) Fn. 17.

568 *Roxin*, JuS 1964, 373 (376).

569 *Roxin*, JuS 1964, 373 (374 f.).

570 *Roxin*, JuS 1964, 373 (376).

571 *Roxin*, JuS 1964, 373 (376).

572 *Sinn*, in: MüKo-StGB, § 240 Rn. 116.

ab wann das Recht des Täters, Druck auf das Opfer auszuüben, zugunsten des Interesses des Opfers, frei von Zwang zu bleiben, eingeschränkt werden darf. Sie sollen daher in der hiesigen Arbeit zur Anwendung kommen. Darüber hinaus soll auf Wertungen zurückgegriffen werden, die üblicherweise im Rahmen der Fallgruppe „Drohung mit Strafanzeige, Klage, Zwangsvollstreckung“[573] zum Tragen kommen (und oftmals Anleihen aus den *Roxin*'schen Ordnungsprinzipien enthalten). So wird zur Bewältigung der Fallgruppe etwa regelmäßig auf das Kriterium der Konnexität zurückgegriffen und es wird berücksichtigt, dass Klage und Strafanzeige grundsätzlich erlaubte Mittel sind. Ferner wird danach differenziert, ob der Anspruch, dessen Durchsetzung angestrebt wird, besteht oder nicht besteht. Mithilfe der Kriterien und Argumente, die in Literatur und Rechtsprechung herausgearbeitet wurden, um den Interessenkonflikt, in dem sich Drohender und Bedrohter befinden, zu lösen, soll in einer Abwägung der konkrete Fall der urheber- und wettbewerbsrechtlichen Abmahnung einer tragfähigen Lösung zugeführt werden.

b) Verwerflichkeit des Mittels

aa) Androhung eines Zivilverfahrens

Grundsätzlich ist die Einleitung eines Zivilverfahrens durch Klageerhebung ein Übel, dessen Zufügung – in strafrechtlichen Kategorien gedacht – erlaubt ist. Dabei spielt es auch keine Rolle, ob der Kläger tatsächlich davon überzeugt ist, mit seiner Klage Erfolg zu haben.[574] Die Erhebung bei völliger Aussichtslosigkeit ist möglicherweise nicht klug, aber nicht verboten. Die Erlaubtheit des Verhaltens führt dazu, dass auch die Drohung mit demselben – quasi als Vorstufe – sozialadäquat, also sozialethisch nicht zu missbilligend ist.[575] Dementsprechend ist die Drohung mit Einleitung eines zivilgerichtlichen Verfahrens für sich genommen nicht verwerflich.

bb) Drohung mit Strafanzeige

Die Drohung mit Strafanzeige war früher im Bereich der urheberrechtlichen Abmahnungen fester Bestandteil des Abmahnverfahrens in Filesharing-Fällen, da es nur so möglich war, den Inhaber des Anschlusses, von dem aus die Rechtsverletzung stattgefunden hatte, zu ermitteln. Dafür besteht seit Einführung des

---

573 *Altvater*, in: LK-StGB, § 240 Rn. 118; *Sinn*, in: MüKo-StGB, § 240 Rn. 136 f.

574 *OLG Karlsruhe*, Urt. v. 18. 04. 1996 – 3 Ss 138/95 = NStZ-RR 1996, 296 (297); *Donath/Mehle*, NJW 2009, 2363 (2364).

575 Vgl. *Köhler*, in: Köhler/Bornkamm-UWG, § 4 Rn. 4.166.

§ 101 Abs. 9 UrhG keine Notwendigkeit mehr, da dieser einen Auskunftsanspruch des Verletzten gegen den Internetprovider vorsieht.[576] Dennoch wird die Drohung mit Strafanzeige weiterhin in manche Abmahnschreiben aufgenommen, um den Druck auf den Abgemahnten zu erhöhen.

Bei der Strafanzeige ist nicht grundsätzlich von ihrer Erlaubtheit auszugehen, denn der Abmahnende kann sein Recht zur Anzeigenerstattung verlieren. Der Anzeigenerstatter ist zu Objektivität und Wahrheit verpflichtet und darf dementsprechend nur dann Anzeige erstatten, wenn er vom Vorliegen einer Straftat überzeugt ist. Bei Nichtbeachtung dieser Pflichten kann er strafrechtlich zur Verantwortung gezogen werden (z. B. gem. §§ 145d, 164 StGB).[577] Jedenfalls dann also, wenn der Anzeigenerstatter weiß, dass tatsächlich keine Verdachtsmomente hinsichtlich einer Straftat vorliegen, ist es sozialethisch zu missbilligen, wenn er einen anderen in die Lage versetzt, sich diesem unbegründeten Verdacht und der Einleitung eines Ermittlungsverfahrens ausgesetzt zu sehen.

Anders liegt es hingegen, wenn der Anzeigensteller die Strafanzeige nicht wissentlich unwahr oder nur leichtfertig stellt. Das Verbot der Privatgewalt gebietet dem Staat,

> *„für die Sicherheit seiner Bürger zu sorgen und die Beachtung ihrer Rechte sicherzustellen […]. Mit diesen Grundgeboten des Rechtsstaats ist es nicht vereinbar, wenn derjenige, der in gutem Glauben eine Strafanzeige erstattet hat, Nachteile dadurch erleidet, daß sich seine Behauptung nach behördlicher Prüfung als unrichtig oder nicht aufklärbar erweist.“*[578]

Auch die Normen des Strafrechts erlauben es dem Bürger, Ersatz des erlittenen Schadens zu erlangen und er hat die Wahl, ob er das Mittel der Zivilklage oder das der Strafanzeige ergreifen will.[579] Entsprechend ist auch die Drohung mit einer Strafanzeige zu behandeln.[580]

Die Drohung mit einer subjektiv unberechtigten Anzeige ist mithin verwerflich, wohingegen bei mangelnder Kenntnis von der fehlenden Berechtigung die Verwerflichkeit verneint werden muss.

---

576 *Adolphsen/Mayer/Möller*, NJOZ 2010, 2394 (2394).

577 *Griesbaum*, in: KK-StPO, § 158 Rn. 4. Aber auch zivilrechtlich (§§ 823, 1004 BGB), *Pflieger*, in: Dölling/Duttge/Rössner-StPO, § 153 Rn. 3. Hier aber geht es um die Erlaubtheit aus strafrechtlicher Sicht.

578 *BVerfG*, Beschl. v. 25. 02. 1987 – 1 BvR 1086/85 = NStZ 1987, 333 (334).

579 *BGH*, Urt. v. 19. 11. 1953 – 3 StR 17/53 = BGHSt 5, 254 (259 f.).

580 Vgl. *BGH*, Urt. v. 19. 11. 1953 – 3 StR 17/53 = NJW 1954, 565 (566).

cc) Drohung mit Bloßstellung

Die Offenbarung intimer Geheimnisse, also die Bloßstellung einer Person kann abhängig von den konkreten Umständen des Einzelfalles strafrechtliche Sanktionen nach sich ziehen (z. B. gem. §§ 185 ff., 203 StGB). Das ist zwar ein Indiz dafür, dass die Zufügung dieses Übels verwerflich ist, aber selbst dann, wenn kein Straftatbestand erfüllt ist, ist von der Verwerflichkeit dieses Mittels auszugehen. Der Drohende macht sich nämlich das Schamgefühl des Bedrohten zunutze.[581] Die Scham ist eine der schmerzhaftesten und machtvollsten menschlichen Reaktionen.[582] Wer sich schämt, fühlt sich „unfähig, unzulänglich, minderwertig, hilflos, schwach, machtlos, wertlos, lächerlich, gedemütigt oder gekränkt".[583] Es bedarf keiner weiteren Begründung, dass das Verhalten desjenigen, der bei einem Mitmenschen jene starken und unangenehmen bis hin zu qualvollen Gefühle auslöst,[584] sozialethisch missbilligenswert handelt. Das Nötigungsmittel der Drohung mit Bloßstellung des Bedrohten ist mithin für sich genommen verwerflich.

c) Verwerflichkeit des Zwecks

Der Nötigungszweck entspricht dem Nötigungserfolg, so wie dieser bereits erläutert wurde.[585] Zweck des Einsatzes des Nötigungsmittels ist es, den Bedrohten zur Abgabe einer Unterlassungserklärung und zur Zahlung der geltend gemachten Schadens- bzw. Aufwendungsersatzansprüche zu bewegen.

Jedenfalls dann, wenn der Anspruch begründet ist, entspricht es nur der Rechtslage, wenn der Anspruchsteller befriedigt wird. Dass er die Anspruchsbefriedigung anstrebt, ist demnach sittlich nicht zu missbilligen.

Die Frage ist, ob dies auch dann gilt, wenn der Anspruch aus seiner Sicht nicht besteht. Die Zwecksetzung des Täters, ein Verhalten des Genötigten anzustreben, auf das er keinen Anspruch hat, kann ein Indiz für die Verwerflichkeit sein.[586]

Allerdings ist das bloße Nahziel, die Leistung zu erhalten – in strafrechtlichen Kategorien gedacht – in einer Rechtsordnung, in der das Selbstverant-

581 Die Öffentlichmachung eines intimen Gedankens oder die Verletzung der Würde durch Bloßstellung führt nach *Marks*, Scham – die tabuisierte Emotion, S. 30, zur Verletzung der „Intimitäts-Scham".

582 *Marks*, Scham – die tabuisierte Emotion, S. 11.

583 *Marks*, Scham – die tabuisierte Emotion, S. 37.

584 Vgl. *Marks*, Scham – die tabuisierte Emotion, S. 13.

585 Siehe in diesem Kapitel unter C.III.1.

586 *Eser/Eisele*, in: Sch/Sch-StGB, § 240 Rn. 21.

wortungsprinzip herrscht und jeder zunächst für seine eigenen Belange zuständig ist, für sich genommen wertneutral. Es ist nicht verwerflich, den eigenen Vorteil anzustreben, auch wenn sich der Vorteil objektiv (nach gerichtlicher Überprüfung etwa) als ungerechtfertigt erweisen mag. Der Zweck der Durchsetzung eines unbegründeten Anspruchs ist daher nicht als verwerflich einzuordnen.

Darüber hinaus ist nicht ausgeschlossen, dass der Täter neben der Abgabe der Unterlassungserklärung und der Geldzahlung durch den Abgemahnten noch andere Zwecke verfolgt, wie etwa den der Schikane. Welcher Zweck im konkreten Fall in die Verwerflichkeitsprüfung einfließt, ist nämlich vom Täter abhängig, da der Zweck von dessen subjektivem Willen bestimmt wird.[587] Allerdings betreffen andere Zwecksetzungen nicht den üblichen Fall der (Massen-)Abmahnung und bleiben daher in der folgenden Prüfung unberücksichtigt.

d) Verwerflichkeit der Tat unter Berücksichtigung der Zweck-Mittel-Relation

Lediglich der Einsatz des Mittels der unberechtigten Strafanzeige und der Bloßstellung sind also schon für sich genommen sozialethisch zu missbilligen. Dies macht es zwar wahrscheinlicher, dass das Verhalten auch in seiner Verknüpfung mit dem Zweck der Drohung verwerflich ist; eine positive Feststellung durch Betrachtung der Zweck-Mittel-Relation bleibt aber erforderlich.[588] Bei den übrigen Nötigungsmitteln und -zwecken kann sich die Verwerflichkeit überhaupt erst durch die Verknüpfung ergeben, da sie für sich genommen nicht verwerflich sind. Im Folgenden soll also die sog. Zweck-Mittel-Relation in verschiedenen Konstellationen jeweils einer Verwerflichkeitsprüfung unterzogen werden.

aa) Drohung mit einem Zivilverfahren zur Durchsetzung eines begründeten Anspruchs

Als Ausgangspunkt dient die Konstellation mit dem, auf den ersten Blick, geringsten Unrechtsgehalt, in dem zur Durchsetzung eines begründeten Unterlassungs-, Schadensersatz- oder Aufwendungsersatzanspruches mit Klageerhebung gedroht wird. Dennoch darf die Verwerflichkeit nicht schon mit dem Argument abgelehnt werden, es handele es sich bei der Drohung mit einem Zivilverfahren um einen Bagatellfall. Unter Berücksichtigung von Intensität und

587 *Eser/Eisele*, in: Sch/Sch-StGB, § 240 Rn. 15.

588 *Kindhäuser*, Strafrecht BT 1, § 13 Rn. 33; *Maurach/Schroeder/Maiwald*, Strafrecht BT 1, § 13 II Rn. 32 f.

Dauer der von einem Zivilverfahren ausgehenden Belastungen, ist die Bagatellgrenze hier überschritten.[589] Die Verwerflichkeit kann also nicht schon mit Verweis auf das Geringfügigkeitsprinzip abgelehnt werden.

Allerdings gehört diese Art der Drohung zum „‚Tagesgeschäft' des Rechtsanwalts", wenn man berücksichtigt, dass § 93 ZPO die Drohung mit Klage voraussetzt, wenn der ungünstigen Kostenfolge eines sofortigen Anerkenntnisses entgangen werden soll.[590] Die Abmahnung ist gerade eine gesetzlich vorgesehene und formalisierte Form der Drohung,[591] die den Abgemahnten vor etwaigen negativen Konsequenzen warnt und unerlässlich ist, um zu vermeiden, dass der Abmahnende die Kosten nach § 93 ZPO tragen muss. Daher gilt die Aussage, „ein fälliger Anspruch [gebe] dem Gläubiger nicht das Recht, den Schuldner *eigenmächtig* zur Leistung zu zwingen", sondern dieser müsse „vielmehr beim Ausbleiben der Leistung den Klageweg beschreiten",[592] nicht uneingeschränkt. Wenn er nämlich *eigenmächtig* zum Mittel der Abmahnung greift, um die Angelegenheit auf diese Weise außergerichtlich zu regeln, so entspricht dies gerade dem gesetzgeberischen Willen. Es wird nicht etwa mit dem Einsatz „Schwarzer Schatten"[593] gedroht, sondern mit dem Rückgriff auf das Instrument der Abmahnung das Prinzip des Vorrangs staatlicher Zwangsmittel gewahrt.

Ein weiteres Argument für die Zulässigkeit einer solchen Drohung mit Klageerhebung, ohne dass dies „(deliktstypisch) freiheitsverletzend" wäre, sieht *Sinn*[594] in der „Normativität der Interessenpreisgabe bei Eingehen der Verbindlichkeit bzw. schädigenden Handlung". Der Schuldner habe kein Recht auf Zahlungsverweigerung, da eine Pflicht zur Zahlung bestehe.[595] Der Schuldner erklärt sich also, indem er die Verpflichtung zur Zahlung vorsätzlich begründet, mit der damit einhergehenden Zwangslage einverstanden.[596]

Ein positives Verwerflichkeitsurteil ist jedoch in den Fällen denkbar, in denen neben den Zweck der Anspruchsdurchsetzung jener der Gebührengenerierung

589 Siehe in diesem Kapitel unter C.III.2.b) bb) und C.III.2.c) bb).

590 *Donath/Mehle*, NJW 2009, 2363 (2363).

591 Gewissermaßen eine in eine Warnung gekleidete Drohung, vgl. *Altvater*, in: LK-StGB, § 240 Rn. 78 a. E.

592 *Wessels/Hettinger/Engländer*, Strafrecht BT 1, Rn. 480.

593 *LG Leipzig*, Urt. v. 31. 08. 1994 – 6 O 4342/94 = NJW 1995, 3190.

594 *Sinn*, in: MüKo-StGB, § 240 Rn. 137.

595 *Roxin*, in: FS-Klug, Bd. 2, S. 307; vgl. auch *Hansen*, Nötigungsunrecht, S. 95.

596 Vgl. *Sinn*, in: MüKo-StGB, § 240 Rn. 137, der in der „begründete[n] Verpflichtung […] [einen] Ersatz für ein aktuell nicht feststellbares Einverständnis mit der Zwangslage" sieht.

tritt, wenn also die Abmahnung nicht nur versandt wird, um den Abgemahnten von weiterem rechtsverletzenden Handeln abzuhalten, sondern auch, um finanzielle Vorteile aus der Abmahntätigkeit zu ziehen. Doch sofern die Begründetheit des Anspruchs durch das Gebühreninteresse unberührt bleibt (der Anspruch etwa nicht nach § 8 Abs. 4 UWG entfällt), kann der Antrieb des Abmahnenden zwar moralisch fragwürdig sein, sozialwidrig ist sein Verhalten hingegen nicht. Ebenso wenig sozialwidrig ist schließlich das Verhalten eines Rechtsanwaltes, der seinen Beruf (auch) des Verdienstes wegen ausübt und nicht bloß deshalb, um dem Recht zur Durchsetzung zu verhelfen.[597] Die hinter dem unmittelbaren Ziel der Anspruchsbefriedigung liegende Motivation muss jedenfalls bei begründeten Ansprüchen unberücksichtigt bleiben.[598] Alles andere liefe grundsätzlich auf ein unzulässiges Moralurteil hinaus.[599]

bb) Drohung mit einem Zivilverfahren zur Durchsetzung eines unbegründeten Anspruchs

Da auch in dieser Konstellation sowohl Mittel als auch Zweck für sich genommen nicht verwerflich sind, kann sich die Verwerflichkeit auch hier erst aus der Relation ergeben. Noch einmal wiederholt sei die hier vertretene Ansicht, dass allein das Ansinnen, einen unbegründeten Anspruch durchsetzen zu wollen, nicht verwerflich im Sinne des § 240 StGB sein kann. Es mag zwar moralisch angreifbar sein, bricht aber nicht mit den üblichen sozialen Regeln, da dieses Ansinnen der marktwirtschaftlichen Ordnung inhärent ist.

In der hiesigen Konstellation kann sich der Abmahnende, im Gegensatz zum Fall der Durchsetzung eines begründeten Anspruchs, jedoch nicht auf die willentliche und wissentliche Interessenpreisgabe des Abgemahnten, also sein Einverständnis in die Zwangslage berufen.[600] Der Abgemahnte, der nie eine Rechtsverletzung begangen hat, hat sich zu keinem Zeitpunkt mit etwaigen Folgen, die sich aus dieser Handlung ergeben können, einverstanden erklärt.

---

597 Auch wenn das Gewinnstreben selbstverständlich nicht soweit die Oberhand gewinnen darf, dass dadurch eine ordnungsgemäße Sachbehandlung in den Hintergrund tritt, vgl. *Jaeger*, NJW 2004, 1 (3).

598 Vgl. *Altvater*, in: LK-StGB, § 240 Rn. 109.

599 Vgl. *Fischer*, StGB, § 240 Rn. 43a.

600 Siehe in diesem Kapitel unter C.III.4.d) aa).

(1) Justizgewährungsanspruch als Argument gegen Verwerflichkeit

Doch möglicherweise gibt es einen anderen Grund, der den Abmahnenden berechtigt, trotz zweifelhafter oder nicht bestehender Forderung abzumahnen und in der Abmahnung mit Klageerhebung zu drohen. In Betracht kommt die Berufung auf das Recht auf freie Zugänglichkeit der staatlichen Rechtspflegeverfahren, Art. 20 Abs. 3 GG (Justizgewährungsanspruch). Nach Maßgabe dieses Grundsatzes darf es einem etwaigen Anspruchsteller nicht unverhältnismäßig erschwert oder gar unmöglich gemacht werden, ein Verfahren anzustrengen und das Bestehen seiner Forderung gerichtlich überprüfen zu lassen.[601] Da ein Urteil über Bestehen oder Nichtbestehen des Anspruchs letztlich erst das Gericht fällt, kann vor der gerichtlichen Entscheidung noch nicht von einem begründeten oder unbegründeten Anspruch gesprochen werden. Es darf – auch bei Zweifeln hinsichtlich des Bestehens des Anspruchs – Klage erhoben werden.

Dieser Grundsatz ist gleichermaßen auf die Abmahnung als gesetzlich vorgesehene Vorstufe des gerichtlichen Verfahrens anzuwenden.[602] Daher muss zur Gewährleistung eines umfassenden Grundrechtsschutzes die Möglichkeit abzumahnen so weit wie möglich bestehen bleiben. Der Abmahnende soll bei Inanspruchnahme des Instruments der Abmahnung grundsätzlich keine strafrechtlichen Sanktionen befürchten müssen.

(2) Zivilrechtliche Haftung als Indiz für Verwerflichkeit

Diese Freiheit des Abmahnenden besteht jedoch nicht grenzenlos, sondern wird durch das Interesse des Abgemahnten, von Abmahnungen, die der Durchsetzung von nicht bestehenden oder zweifelhaften Ansprüchen dienen, unbehelligt zu bleiben.[603]

Für die Feststellung, wann die Grenze überschritten ist, können möglicherweise zivilrechtliche Wertungen eine Orientierungshilfe bieten.

Eine unberechtigte Klageerhebung oder eine unberechtigte Abmahnung kann nämlich eine zivilrechtliche Haftung auslösen. Dabei können sich Ersatzansprüche direkt aus dem UWG, dem UrhG oder auch, unter anderen deliktsrechtlichen

---

601 *Grzeszick*, in: Maunz/Dürig-GG, Art. 20 VII Rn. 133 ff.

602 So jedenfalls für das Wettbewerbsrecht *Köhler*, in: Köhler/Bornkamm-UWG, § 4 Rn. 4.166.

603 Das *AG Regensburg*, Urt. v. 08. 12. 2015 – 3 C 451/14, zum „Redtube-Fall“: „Im Falle einer sich ggf. erst im Nachhinein objektiv als unberechtigt erweisenden Abmahnung stehen sich das Interesse des Abgemahnten daran, nicht mit einer solchen Abmahnung überzogen zu werden, und das Interesse des Abmahnenden daran gegenüber, jedenfalls den Versuch zu unternehmen, seine vermeintlichen Verwertungsrechte aus dem Urheberrecht gerichtlich und außergerichtlich geltend zu machen.“

Anspruchsgrundlagen, aus § 823 BGB und § 826 BGB ergeben.[604] Hinsichtlich der Einleitung eines gesetzlich vorgesehenen Verfahrens wird dem Kläger dabei ein sehr weites „Recht auf Irrtum" zugestanden – auch verfahrensrechtliches Privileg genannt –, sodass nicht schon die fahrlässige Verkennung der Sach- und Rechtslage die Deliktshaftung begründet. Dies gilt aber nur für die „redlich handelnde [...], von ihrer Sache subjektiv überzeugte [...] Partei" und nicht für den vorsätzlich oder leichtfertig Handelnden.[605]

Eine unter diesen Voraussetzungen eingreifende zivilrechtliche Haftung könnte als Indiz für ein strafrechtliches Verwerflichkeitsurteil wirken. Dem ist jedoch entgegenzuhalten, dass das Deliktsrecht lediglich dem Zweck dient, Schäden auszugleichen bzw. zu vermeiden und dabei keine Straffunktion erfüllt, also auch kein Unwerturteil ausspricht. Es enthält sich gerade einer sozialethischen/sittlichen Einschätzung[606] und kann daher auch nicht für die Verwerflichkeitsprüfung fruchtbar gemacht werden. Das Gleiche muss für die schadensausgleichenden Normen im UrhG, die in ihrer Funktion mit § 823 vergleichbar sind,[607] sowie im UWG, bei denen es sich lediglich um Sonderdeliktsrecht handelt, gelten.[608] Die einzige Ausnahme bildet hingegen § 826 BGB, der ein Verhalten verlangt, das gegen die guten Sitten, mithin nach gängiger Definition „gegen das Anstandsgefühl aller billig und gerecht Denkenden"[609] verstößt. Hier wird also durchaus ein Unwerturteil ausgesprochen, das in der Verwerflichkeit nach § 240 Abs. 2 StGB verwertbar sein kann. Legt der Abmahnende demnach ein Verhalten an den Tag, das eine Haftung nach § 826 BGB auslöst, indiziert dies, dass die Grenze überschritten ist, bis zu welcher eine Klageerhebung bzw. Abmahnung zulässig ist.

---

604 Zu den Gegenansprüchen im UWG *Bornkamm*, in: Köhler/Bornkamm-UWG, § 12 Rn. 1.85 f., und *Brüning*, in: Harte-Bavendamm/Henning-Bodewig-UWG, § 12 Rn. 109 f.; zu jenen im Urheberrecht *Kefferpütz*, in: Wandtke/Bullinger-UrhG, § 97a Rn. 38 ff., und *Spindler*, in: Spindler/Schuster-UrhG, § 97a Rn. 29 ff.

605 *Wagner*, in: MüKo-BGB, § 823 Rn. 715. Allerdings greift das Irrtumsprivileg nach überwiegender Ansicht nicht bei der unberechtigten Schutzrechtsverwarnung, sodass auch der redlich Verwarnende das volle Irrtumsrisiko trägt (*Wagner*, in: MüKo-BGB, § 823 Rn. 716). Überhaupt stellt sich generell die Frage, ob das Verfahrensprivileg auf außergerichtliche Verfahren übertragen werden darf (dazu *Goldbeck*, Der „umgekehrte" Wettbewerbsprozess, S. 117 ff.); eine Entscheidung hierüber ist jedoch in dieser Arbeit entbehrlich.

606 *Wagner*, in: MüKo-BGB, Vor §§ 823 ff. Rn. 48, mit Verweis auf die Motive zum BGB. II, S. 17 f. keine „Hereinziehung moralisierender oder strafrechtlicher Gesichtspunkte".

607 *Dreier/Specht*, in: Dreier/Schulze-UrhG, § 97 Rn. 1.

608 *Köhler*, in: Köhler/Bornkamm-UWG, § 9 Rn. 1.2.

609 St. Rspr. vgl. nur *RG*, Urt. v. 11. 04. 1901 – VI 443/00 = RGZ 48, 114 (124); *BGH*, Urt. v. 28. 11. 1990 – XII ZR 16/90 = NJW 1991, 914 (914).

(3) Irrelevanz der Kenntnis bzgl. der Unbegründetheit des Anspruchs und das entscheidende Kriterium der Missbrauchsabsicht

Im Zivilrecht haftet nur derjenige für die Einleitung eines Verfahrens, der hinsichtlich der Unbegründetheit des Anspruchs unredlich, also vorsätzlich oder leichtfertig handelt.[610] Dieser zivilrechtliche Gedanke, dass das subjektive Moment über die Haftung entscheidet, kann möglicherweise auf die Verwerflichkeitsprüfung übertragen werden: Solange der Abmahnende subjektiv davon überzeugt ist, im Recht zu sein, dürfte er mit Klageerhebung drohen, ohne dass sein Verhalten sozialethisch zu missbilligen wäre.

Problematisch wird es jedoch bei Zweifeln des Abmahnenden. Wann ist bei solchen Zweifeln noch von Redlichkeit auszugehen? Soll mit Vorsatzkategorien gearbeitet werden, sodass bei bewusster Fahrlässigkeit Redlichkeit vorliegt und Verwerflichkeit ausscheidet, bei Eventualvorsatz hingegen Verwerflichkeit zu bejahen wäre?

All diese Probleme können indes umschifft werden, wenn man auf ein anderes Kriterium als die Kenntnis des Drohenden von der Begründetheit des Anspruchs zurückgreift. Dieses Kriterium lässt sich aus einer Betrachtung des Zwecks der Abmahnungen filtern. Die Abmahnung ist ein Instrument der außergerichtlichen Streitbeilegung.[611] Grundsätzlich haben die Bürger ihr Recht, Meinungsverschiedenheiten zu regeln, in staatliche Hand gelegt, indem sie dem Staat die Rechtsprechungsgewalt übertragen haben.[612] Zur Entlastung der Staatsorgane ist dem Bürger diese Kompetenz zum Teil jedoch rückübertragen worden, etwa, indem er angehalten ist, bei zivilrechtlichen Angelegenheiten zunächst außergerichtliche Einigungen anzustreben. Das Instrument der Abmahnung ist also ein Baustein dieser rückübertragenen Kompetenz. Der Bürger darf das Instrument nutzbar machen, um eine vor- oder außergerichtliche Einigung anzustreben; er darf den Zwang, der von der in der Abmahnung enthaltenden Drohung

---

610 *BGH*, Urt. v. 13. 03. 1979 – VI ZR 117/77 = BGHZ 74, 9 (15 ff.); *BGH*, Urt. v. 23. 05. 1985 – IX ZR 132/84 = BGHZ 95, 10 (19 ff.); *BGH*, Urt. v. 25. 03. 2003 – VI ZR 175/02 = BGHZ 154, 269 (271 f.); *BGH*, Urt. v. 11. 11. 2003 – VI ZR 371/02 = NJW 2004, 446 (447); *Hager*, in: Staudinger-BGB, § 823 H 19; *Wagner*, in: MüKo-BGB, § 823 Rn. 715.

611 Für das Wettbewerbsrecht nur *Bornkamm*, in: Köhler/Bornkamm-UWG, § 12 Rn. 1.4, und *Frey*, JuS 2014, 968 (968); für das Urheberrecht nur *Dreier/Specht*, in: Dreier/Schulze-UrhG, § 97a Rn. 3.

612 *Ewert/v. Hartz*, ZUM 2007, 450 (454), weisen darauf hin, dass „es […] eigentlich nicht die Aufgabe des Schutzrechtsinhabers [ist], das Verhalten von Dritten (rechtlich) zu beurteilen und Rechtsverletzer auf rechtlich notwendige Konsequenzen aufmerksam zu machen".

ausgeht, zur Entlastung der Gerichte[613] sowie des Abmahnenden und des Abgemahnten[614] ausüben. Der Zwang ist sozialadäquat, weil es sich gewissermaßen um einen Zwang zum Wohle aller handelt. Dem Bürger ist es hingegen nicht gestattet, dieses Instrument der Abmahnung in rein egoistischer Absicht zu nutzen und es zu missbrauchen, um den Staat als Kontrollinstanz fernzuhalten.[615] Das widerspräche nämlich Sinn und Zweck der Abmahnung. Ein Missbrauch ist gerade nicht mehr sozialadäquat, sondern sozialethisch zu missbilligen.[616]

Ein Missbrauch liegt also vor, wenn der Abmahnende die Drohung ausspricht, um den Abgemahnten zum Handeln im gewollten Sinne zu bewegen und eine gerichtliche Überprüfung zu verhindern. Erfasst sind dementsprechend die Fälle, in denen der Abmahnende gar nicht die Absicht hegt, bei Wirkungslosigkeit der Drohung tatsächlich Klage zu erheben – also lediglich eine leere Drohung ausspricht. Denn dann geht es ausschließlich darum, Druck mit dem Ziel aufzubauen, den Anspruch einer gerichtlichen Prüfung zu entziehen. Keine leere Drohung liegt vor, wenn der Abgemahnte die Abmahnung bestimmungsgemäß einsetzt und das Instrument der Abmahnung als dem Gerichtsverfahren vorgeschalteten Einigungsversuch ansieht, gleichzeitig aber entschlossen ist, bei Scheitern dieses Einigungsversuchs Klage zu erheben. Zur Feststellung der Verwerflichkeit kann also folgender Satz als Überprüfung dienen: Erhöbe der Abmahnende tatsächlich Klage, wenn die Ankündigung der Klageerhebung beim Abgemahnten keine Wirkung zeigte? Wird diese Frage mit einem Ja beantwortet, so liegen keine Missbrauchsabsicht und dementsprechend auch keine Verwerflichkeit vor. Wird sie mit einem Nein beantwortet, sind Missbrauchsabsicht und entsprechend Verwerflichkeit zu bejahen.[617]

---

613 *Frey*, JuS 2014, 968 (968).

614 *Dreier/Specht*, in: Dreier/Schulze-UrhG, § 97a Rn. 3; *Sosnitza*, in: Ohly/Sosnitza-UWG, § 12 Rn. 2.

615 Vgl. auch *Altvater*, in: LK-StGB, § 240 Rn. 119, der eine Drohung mit Strafanzeige für unzulässig erachtet, wenn sie den anderen von der Inanspruchnahme der gerichtlichen Nachprüfung zweifelhafter Ansprüche abhalten soll.

616 Ganz ähnlich das *OLG Koblenz*, Urt. v. 07. 05. 1975 – 1 Ss 55/75 = BGH NJW 1957, 596 (598), in Bezug auf die Drohung mit einer Strafanzeige: „Denn durch die Androhung soll der Bedrohte veranlaßt werden, eine umstrittene Forderung anzuerkennen und zu erfüllen, ohne dass über den umstrittenen Grund der Forderung in einem durch gesetzliche Verfahrensvorschriften geregelten ordentlichen Gerichtsverfahren eine Entscheidung herbeigeführt wird. Derartige Praktiken kann die Rechtsordnung nicht anerkennen."

617 Anders wohl *Altvater*, in: LK-StGB, § 240 Rn. 80, für den es unerheblich ist, wenn es dem mit Klageerhebung drohenden Anspruchsteller nicht um die Erlangung eines vollstreckbaren Titels geht.

Die Ergebnisse, die das Kriterium der Missbrauchsabsicht im Rahmen des Abmahnverfahrens zutage fördert, werden in vielen Fällen parallel zur zivilrechtlichen Haftung nach § 826 BGB, die als Indiz für eine Verwerflichkeit wirken kann, liegen; so etwa bei einer „mutwilligen oder evident auf Einnahmeerzielung gerichteten, erkennbar unberechtigten (wettbewerbsrechtlichen) Abmahnung".[618] Diese löst zum einen eine Haftung nach § 826 BGB aus[619] und andererseits ist von einer Missbrauchsabsicht im obigen Sinn auszugehen, da der Abmahnende bei Scheitern der Abmahnung mit großer Wahrscheinlichkeit von einer Klageerhebung absehen wird.

Es ist zu konzedieren, dass die Prüfung der Missbrauchsabsicht zu weitestgehend denselben Ergebnissen führen wird, wie das Abstellen auf die Kenntnis des Abmahnenden vom

(Nicht-)Bestehen des Anspruchs. Denn gerade dann, wenn der Abmahnende davon ausgeht, der Anspruch bestehe nicht, wird es ihm bei der Abmahnung allein um den Droheffekt gehen und er wird angesichts der negativen Kostenfolge bei für ihn ungünstigem Prozessausgang nicht beabsichtigen, bei Erfolglosigkeit der Abmahnung Klage zu erheben.

Auch bei Zweifeln an der Berechtigung der Forderung liegt die Vermutung des Missbrauchs nahe, wenn der Abmahnende die Forderung gleichwohl im Wege der Abmahnung einzutreiben sucht. Denn es erscheint gerade bei Zweifeln notwendig, die Angelegenheit aus dem privaten Rahmen in das geordnete gerichtliche Verfahren zu ziehen und eine richterliche Überprüfung vornehmen zu lassen, um zu unparteiischen Ergebnissen zu gelangen.

Dass der Weg über die Prüfung der Missbrauchsabsicht gegenüber dem Kriterium der Kenntnis des Abmahnenden zu bevorzugen ist, beweist das etwas schiefe Ergebnis des BGH[620] in seinem Beschluss zur Nötigung durch anwaltlichen Mahnschreiben. Im zugrunde liegenden Fall hatte der Mandant den Rechtsanwalt ausdrücklich angewiesen, die Klageerhebung zwar anzudrohen, bei Zahlungsverweigerung der Abgemahnten aber niemals Klage zu erheben. Vorsatz des Anwalts bezüglich des Nichtbestehens der Forderungen konnte nicht nachgewiesen werden.[621] Verwerflichkeit wurde aber mit der Begründung bejaht, dass die Anweisungen des Mandanten „den Angekl. jedenfalls nicht in

618 *Köhler*, in: Köhler/Bornkamm-UWG, § 4 Rn. 4.168; vgl. auch *LG Mannheim*, Urt. v. 13. 09. 1985 – 7 S 4/85 = WRP 1986, 56 (56 f.).

619 *Köhler*, in: Köhler/Bornkamm-UWG, § 4 Rn. 4.168; vgl. auch *LG Mannheim*, Urt. v. 13. 09. 1985 – 7 S 4/85 = WRP 1986, 56 (56 f.).

620 *BGH*, Beschl. v. 05. 09. 2015 – 1 StR 162/13 = NJW 2014, 401.

621 *LG Essen*, Urt. v. 13. 12. 2012 – 59 KLs 1/12 (zitiert nach juris, Rn. 67).

der Auffassung bestärkt haben [konnten], [dass] die Forderungen […] ordnungsgemäß zu Stande gekommen" waren.[622] Der BGH ging damit letztlich doch von *dolus eventualis* des Rechtsanwalts in Bezug auf das nicht ordnungsgemäße Zustandekommen der Ansprüche bzw. ihre fehlende Existenz aus, um so die Verwerflichkeit zu begründen. Diese nicht ganz nachvollziehbare und in sich unstimmige Begründung hätte sich vermeiden lassen, denn das Wissen oder Nichtwissen um die Begründetheit des Anspruchs war für die Verwerflichkeitsprüfung irrelevant. Entscheidend war vielmehr, dass der Rechtsanwalt bzw. seine Mandantin die Mahnung missbrauchen wollten, um eine gerichtliche Überprüfung zu verhindern.

cc) Drohung mit einer berechtigten Strafanzeige zur Durchsetzung eines begründeten Anspruchs

In Rechtsprechung und Literatur ist man sich weitestgehend einig, dass die Drohung mit einer berechtigten Strafanzeige zur Durchsetzung eines begründeten Anspruchs nicht verwerflich ist, solange Strafanzeige und zivilrechtlicher Anspruch in einer inneren Verbindung stehen, also konnex sind.[623] Konnexität liegt etwa vor, wenn Schadensersatz für eine beschädigte Sache oder Rückgabe einer gestohlenen Sache gefordert werden und in diesem Zusammenhang mit Strafanzeige wegen Sachbeschädigung, § 303 StGB, oder Diebstahl, § 242 StGB, gedroht wird.[624] Ist die zivilrechtliche Forderung hingegen völlig unabhängig von der Straftat und damit der berechtigten Strafanzeige, fehlt es an der für die Ablehnung der Verwerflichkeit erforderlichen Konnexität.

Dem Gesetz jedenfalls ist diese inhaltliche Verknüpfung von Straftat und zivilrechtlichem Anspruch nicht fremd, wie die Existenz des Adhäsionsverfahrens (§§ 403 ff. StPO) beweist. Darüber hinaus kann auch hier auf den Gedanken des Einverständnisses zurückgegriffen werden. Bei einer zivilrechtlich relevanten Rechtsverletzung willigt der Verletzer bei Vornahme des verletzenden Verhaltens gewissermaßen in die damit verbundenen Konsequenzen ein.[625] Dazu

---

622 *BGH*, Beschl. v. 05. 09. 2015 – 1 StR 162/13 = NJW 2014, 401 (404).

623 *BGH*, Urt. v. 19. 11. 1953 – 3 StR 17/53 = BGHSt 5, 254 (258); *BGH*, Urt. v. 17. 01. 1957 – 4 StR 393/56 = NJW 1957, 596 (598); *OLG Düsseldorf*, Urt. v. 11. 09. 1995 – 5 Ss 220/95 – 26/95 IV = NStZ-RR 1996, 5 (6); *Altvater*, in: LK-StGB, § 240 Rn. 118; *Kindhäuser*, Strafrecht BT 1, § 13 Rn. 40; *Rengier*, Strafrecht BT 2, § 23 Rn. 62; *Wessels/Hettinger/Engländer*, Strafrecht BT 1, Rn. 480.

624 *BGH*, Urt. v. 19. 11. 1953 – 3 StR 17/53 = BGHSt 5, 254; *Altvater*, in: LK-StGB, § 240 Rn. 118; *Sinn*, in: MüKo-StGB, § 240 Rn. 136.

625 Siehe in diesem Kapitel unter C.III.4.d) aa).

gehört unter anderem die Androhung einer Klageerhebung; nicht logisch damit verbunden ist hingegen die Androhung einer Strafanzeige aus einem anderen Sachverhalt. Diese Verknüpfung ist für den Verletzer nicht vorhersehbar. Für Konsequenzen, die außerhalb des Rahmens der üblichen und vorhersehbaren Folgen eines rechtsverletzenden Verhaltens liegen, greift dann wieder der Grundsatz des Vorrangs staatlicher Zwangsmittel; die Kompetenz des Bürgers zur Ausübung von Zwang endet hingegen an diesem Punkt.

Für den konkreten Fall bedeutet das, dass die Drohung mit Strafanzeige nur zulässig ist, wenn die Verletzungshandlung, die den urheberrechtlichen oder wettbewerbsrechtlichen Unterlassungsanspruch auslöst, gleichzeitig einem Straftatbestand unterfällt. Fallgestaltungen, in denen die Verletzungshandlung nach dem UWG oder UrhG gleichzeitig eine Norm aus dem Kernstrafrecht betrifft, sind nur schwer vorstellbar. Der Abgemahnte macht sich jedenfalls nicht wegen Eingehungsbetruges strafbar, wenn er bereits im Moment der Verletzungshandlung plant, etwaige Unterlassungs-, Schadensersatz und Aufwendungsersatzansprüche des Verletzten nicht zu befriedigen. Grund dafür ist, dass er keine vertragliche Verpflichtung eingeht, bei der mangels Erfüllungsbereitschaft die Kompensation ausbliebe und ein Schaden einträte. Die Unterlassungs-, Schadensersatz und Aufwendungsersatzansprüche des Abmahnenden sind nämlich gesetzlich und nicht vertraglich begründet.

Allerdings können Normen des Nebenstrafrechts einschlägig sein. So kann die Teilnahme an einem P2P-Filesharing-System einen Unterlassungs- und Schadensersatzanspruch nach § 97 Abs. 1 UrhG auslösen und gleichzeitig eine strafbare Handlung nach § 106 UrhG darstellen.[626] In einem solchen Fall ist Konnexität zu bejahen und die Drohung mit Erstattung einer Strafanzeige zum Zwecke der Anspruchsdurchsetzung als nicht verwerflich zu bewerten.

dd) Drohung mit einer berechtigten Strafanzeige zur Durchsetzung eines unbegründeten Anspruchs

Auch dann, wenn der Abmahnende berechtigterweise mit Strafanzeige droht, dabei aber keine zivilrechtlichen Ansprüche gegen den Abgemahnten hat, ist das zentrale Kriterium zur Bestimmung der Verwerflichkeit die Konnexität. An einer solchen wird es bei der in Rede stehenden Konstellation in den meisten Fällen fehlen, da das Verhalten des Abgemahnten, wenn es schon keine zivilrechtlichen Ansprüche auslöst, erst recht keinen Straftatbestand erfüllen wird.

---

626 *Albach*, Urheberrechtsverletzungen im Internet, S. 62 ff.; *Eisele*, Computer- und Medienstrafrecht, § 50 Rn. 15 f.

Denkbar ist jedoch folgender Fall: Ein Verhalten stellt eine strafbare Urheberrechtsverletzung gem. § 106 UrhG dar, gleichzeitig fehlt es aber am im Abmahnschreiben geltend gemachten zivilrechtlichen Anspruch im Verhältnis zwischen Abgemahntem und Abmahnendem, etwa weil der Abmahnende nicht Rechteinhaber ist.[627] Es ist also ein Recht(sgut) verletzt, nicht aber das des Abmahnenden. Aus diesem Grund besteht auch in jenem Fall kein innerer Zusammenhang zwischen Forderungsgeltendmachung und der Drohung mit Strafanzeige, denn die Prüfung der Konnexität ist stets auf das Verhältnis zwischen Bedrohtem und Drohendem beschränkt. Bezöge man Dritte mit ein, liefe die Forderung nach dem inneren Zusammenhang leer.

Darüber hinaus muss gerade dann, wenn gar kein Anspruch des Abmahnenden besteht oder der Anspruch zweifelhaft ist, auf den Einsatz des starken Nötigungsmittels der Drohung mit Strafanzeige verzichtet werden. Zur Begründung kann das Güterabwägungsprinzip herangezogen werden, das erlaubt, die Freiheit desjenigen einzuschränken, der mit dem seinerseits beeinträchtigenden Willen den vorgeschriebenen Zustand aus dem Gleichgewicht bringt.[628] Nicht eingeschränkt werden darf dementsprechend derjenige, der seinen Willen in einer Weise ausübt, von der für den Abmahnenden bzw. Drohenden keine Beeinträchtigung ausgeht. Derjenige, der sich gegenüber dem zu Unrecht Abmahnenden rechtstreu verhalten hat, muss also weitestgehend von Beeinträchtigung in Form einer Zwangswirkung unbehelligt bleiben. Gleiches gilt, wenn der Abmahnende Zweifel an der Beeinträchtigung hat, also einen unsicheren Anspruch geltend macht. Dort muss der Abmahnende sein Verhalten dieser Unsicherheit anpassen, um das Interessengleichgewicht nicht zu gefährden. Das Nötigungsmittel der Drohung mit einer Strafanzeige muss dementsprechend in den meisten Fällen dem Inhaber einer (subjektiv) zweifelhaften Forderung ebenso verweigert werden wie dem Abmahnenden ganz ohne Anspruch gegen den Abgemahnten.[629]

In dieser Konstellation wird überdies auch der bereits erwähnte Missbrauchsgedanke fruchtbar gemacht. Die Verwerflichkeit ist dementsprechend zu bejahen, wenn das Institut der Strafanzeige missbraucht wird, um die Überprüfung zweifelhafter Ansprüche zu verhindern. Dann nämlich werden gesetzliche Verfahrensvorschriften umgangen.[630]

---

627 Siehe 1. Kapitel, D.V.2.

628 *Roxin*, JuS 1964, 373 (376).

629 Vgl. *OLG Koblenz*, Urt. v. 07. 05. 1975 – 1 Ss 55/75 = JR 1976, 69, (70); *Altvater*, in: LK-StGB, § 240 Rn. 118.

630 *Schroth*, in: FS-Köhler, S. 659, mit Hinweis auf *BGH*, Urt. v. 19. 11. 1953 – 3 StR 17/53 = BGHSt 5, 254 (260).

ee) Drohung mit einer unberechtigten Strafanzeige zur Durchsetzung eines (un)begründeten Anspruchs

Die Drohung mit einer unberechtigten Strafanzeige ist bereits für sich genommen verwerflich. Unklar ist aber, ob in diesem Fall, unabhängig vom Zweck, allein von der Verwerflichkeit des Mittels ohne Weiteres auf die Verwerflichkeit der Tat als ganzer geschlossen werden darf.[631] Dafür spricht, dass die Erstattung einer unberechtigten Strafanzeige sogar einen Straftatbestand erfüllen kann[632] und kaum eine massivere Drohung vorstellbar ist, als eben jene mit einer Straftat. Auf der anderen Seite ist zu berücksichtigen, dass der Nötigungstatbestand lediglich ein angekündigtes und kein tatsächlich realisiertes Verhalten zum Gegenstand hat. Dieser Umstand spricht mithin gegen eine unrechtsindizierende Wirkung der Drohung – selbst wenn diese ein strafbares Verhalten beinhaltet –, da zwischen Androhung und Realisierung ein großer qualitativer Unterschied besteht.[633] Letztlich entsteht dadurch aber kein Widerspruch. Zwar mag es keinen Automatismus geben, dass von der Androhung einer Straftat unmittelbar auf die Verwerflichkeit geschlossen werden kann. Doch wird es regelmäßig so sein, dass bei der Drohung mit einer Straftat Verwerflichkeit vorliegt, da kaum ein Zweck – jedenfalls nicht jener der Anspruchsdurchsetzung in Abmahnfällen – dieses Mittel heiligt.

Konnexität wird in dieser Konstellation jedenfalls nie vorliegen, da ein tatsächlicher innerer Zusammenhang zu einer nicht begangenen Straftat denklogisch nicht möglich ist. Daher macht es letztlich keinen Unterschied, ob der Anspruch, der mithilfe der Drohung durchgesetzt werden soll, tatsächlich besteht oder nicht. Denn in jedem Fall ist bei der Drohung mit einer unberechtigten Strafanzeige die Grenze überschritten, die das Prinzip des Vorrangs staatlicher Zwangsmittel zieht. Es ist nicht ersichtlich, warum dem Abmahnenden zur Wahrung seiner Interessen, der Rückgriff auf ein unerlaubtes Mittel gestattet werden sollte, wenn ihm doch die legale Möglichkeit zur Verfügung steht, seinen Anspruch vor den Zivilgerichten einzuklagen. Damit ist die Drohung mit einer unberechtigten Strafanzeige in den konkreten Abmahnfällen stets verwerflich;

---

631 Unklar *Altvater*, in: LK-StGB, § 240, der sich in Widersprüche verstrickt, wenn er einerseits davon ausgeht, die Drohung mit einer Straftat indiziere nicht ohne Weiteres das Unrecht, Rn. 104; dann aber feststellt, die Drohung mit einer Straftat sei stets rechtswidrig, Rn. 118.

632 Siehe in diesem Kapitel unter C.III.4.b) bb).

633 Vgl. *Altvater*, in: LK-StGB, § 240 Rn. 104.

auch dann, wenn die Ansprüche im Abmahnschreiben begründet, und erst recht, wenn diese unbegründet sind.

ff) Drohung mit Bloßstellung zur Durchsetzung eines (un)begründeten Anspruchs

Wie bereits dargelegt fehlt es schon an einer Drohung, wenn mit einem Gerichtsverfahren unweigerlich das Bekanntwerden intimer Details, wie etwa der Pornographie-Konsum, einhergeht. Allerdings handelt es sich sehr wohl um eine Drohung, wenn auf diese Folge einer gerichtlichen Auseinandersetzung im Abmahnschreiben ausdrücklich hingewiesen wird. Diese Tatsache soll nämlich zusätzlich motivierend auf den Abgemahnten wirken, um eine außergerichtliche Klärung herbeizuführen.

Die Drohung mit Bloßstellung stellt, so wie die Drohung mit Strafanzeige, ein Mittel dar, das einen größeren Zwang auf den Bedrohten ausübt, als die Ankündigung, Klage zu erheben. Auch hier könnte man den Abmahnenden auf dieses weniger einschneidende Mittel verweisen. Allerdings ist die Scham als starke menschliche Regung in der Regel besser geeignet, das geforderte Verhalten beim Bedrohten herauszufordern als die Aussicht, sich als Beklagter in einem Zivilprozess wieder zu finden.[634] Gleichzeitig bedeutet das vergrößerte Droh- und Angstpotential, dass bei der Verwerflichkeitsprüfung strengere Maßstäbe anzulegen sind. Denn kaum ein Zweck vermag eine Rechtfertigung dafür tragen, beim Abgemahnten die starke menschliche Gefühlsregung der Scham auszulösen, tief in die Intimsphäre einzugreifen und möglicherweise sogar Persönlichkeitsrechte[635] zu verletzten. Inkonnexität kann dem Abmahnenden zwar nicht vorgeworfen werden, wenn die drohende Bloßstellung unmittelbar mit dem geltend gemachten Anspruch zusammenhängt. Eine Güter- oder Interessenabwägung fällt dennoch zugunsten des Abgemahnten aus, denn es erscheint unverhältnismäßig, die Intimsphäre eines anderen anzutasten, um einen einfachen

---

634 Vgl. *AG Regensburg*, Urt. v. 08. 12. 2015 – 3 C 451/14: „In diesem Zusammenhang macht es natürlich auch Sinn, einen für Urheberrechtsverletzungen als verhältnismäßig gering anzusehenden Zahlbetrag einzufordern, damit der Abgemahnte eher geneigt wäre, sich durch Zahlung von der Peinlichkeit ‚freizukaufen', als sich wegen Betrachtung von Pornofilmen öffentlich vor Gericht zerren zu lassen, wie angedroht."

635 *Altvater*, in: LK-StGB, § 240 Rn. 120, nimmt Verwerflichkeit bei persönlichkeitsrechtsverletzenden Methoden mit öffentlicher Prangerwirkung an.

Unterlassungs- oder Zahlungsanspruch in oftmals überschaubaren Größenordnungen durchzusetzen.[636]

Zur weiteren Bestätigung dieses Ergebnisses kann der Missbrauchsgedanke fruchtbar gemacht werden, wie er im Rahmen der Prüfung zur Drohung mit Klageerhebung ausgearbeitet wurde.[637] Danach ist von Verwerflichkeit insbesondere dann auszugehen, wenn das Abmahnverfahren vom Abmahnenden missbraucht wird, um eine einseitige Interessendurchsetzung anzustreben und mithilfe der Abmahnung den Sachverhalt einer gerichtlichen Prüfung zu entziehen. Bei einer Drohung mit Bloßstellung liegt der Verdacht nahe, dass der Abmahnende versucht, eine gerichtliche Klärung gerade um jeden Preis zu verhindern. Indem er auf die intimen Details bereits im Abmahnschreiben Bezug nimmt, stellt er sich einer echten Auseinandersetzung des Abgemahnten mit den geltend gemachten Forderungen in den Weg. Denn gerade wenn sich entsprechende Hinweise auf die kompromittierenden Umstände schon im Abmahnschreiben selbst finden, wird auf diese Weise die Hemmschwelle erhöht, fachlichen Rat, etwa durch einen Anwalt, einzuholen. Der Abgemahnte wird vielfach versuchen, das Abmahnschreiben möglichst geheim zu halten und eine schnelle Erledigung anzustreben, selbst wenn ihm bewusst ist, dass er ungerechtfertigt benachteiligt wird.[638] Dementsprechend ist ein solches Verhalten sozial nicht tolerierbar, denn das Instrument soll zwar eine Entlastung der Gerichte fördern, nicht aber das Kräftegleichgewicht zwischen den Parteien zerstören.

gg) Aufbau einer Drohkulisse

Die Drohung mit Bloßstellung steht beispielhaft für all jene Fälle, in denen eine Drohkulisse und ein Druck aufgebaut werden, die über das normale Maß, wie es die Aussicht auf ein Zivilverfahren erzeugt, hinausgehen, indem der Drohende dessen negative Konsequenzen übertrieben, verzerrend und dramatisierend

---

636 *Altvater*, in: LK-StGB, § 240 Rn. 121: „Die Androhung von Veröffentlichungen aus dem Intimleben des Opfers – seien sie zutreffend oder nicht – ist verwerflich, sofern sich der Täter sein Schweigen abkaufen lässt oder andere inkonnexe Ziele verfolgt."

637 Siehe in diesem Kapitel unter C.III.4.d) bb) (3).

638 Vgl. *Müller/Müller/Rößner Rechtsanwälte*, Strafanzeige gegen Rechtsanwalt Thomas Urmann vom 19. 12. 2013, S. 6, zuletzt abgerufen am 21. 06. 2016 unter: http://abmahnung-medienrecht.de/wp-content/uploads/2013/12/Strafanzeige-gegen-Thomas-Urmann5.pdf. Archiviert unter: https://web.archive.org/web/20140124053020/http://abmahnung-medienrecht.de/wp-content/uploads/2013/12/Strafanzeige-gegen-Thomas-Urmann5.pdf (Stand: 25. 04. 2018).

darstellt.[639] Als Beispiel sei hier einmal mehr die Entscheidung des BGH[640] zur Nötigung durch anwaltliches Mahnschreiben angeführt. In dem betreffenden Abmahnschreiben wurden als „mögliche Folgen einer gerichtlichen Auseinandersetzung [...] Negativeinträge[...] bei bekannten Kreditauskunfteien [...] [und] Konten- und Gehaltspfändungen“ in Aussicht gestellt.[641] Dem Aufbau einer Drohkulisse dient auch der Hinweis auf mögliche Steuernachforderungen durch das Finanzamt, sollte das (vermeintlich) rechtswidrige Verhalten des Abgemahnten öffentlich werden.[642]

Auch das Zitieren von Gerichtsurteilen, die als Beleg dienen sollen, der geltend gemachte Anspruch bestünde unzweifelhaft, obwohl das in Wahrheit nicht der Fall ist, trägt zum Aufbau einer Drohkulisse bei. Es erhöht nämlich den Druck auf den Abgemahnten, die Angelegenheit ohne Einschaltung der Gerichte möglichst schnell zu beenden.

Da die möglichen, vom Abmahnenden ausgemalten Drohszenarien, die neben der Drohung mit Klageerhebung oder Strafanzeige stehen können, in ihrer Zahl unübersehbar sind, lässt sich kein abschließendes Urteil über die Verwerflichkeit fällen. Letztlich bleibt eine einzelfallbezogene Güter- oder Interessenabwägung unter Einbezug der Gesamtumstände erforderlich.[643] Dabei verläuft nur ein schmaler Grat zwischen den Übeln, die letztlich nur die zwingende und gesetzlich vorgesehene Folge einer Weigerung des Abgemahnten darstellen, und jenen, die direkt emotional wirken und den Abgemahnten in Angst versetzen sollen, sodass rationale Überlegungen nicht mehr möglich sind.

Bei der Prüfung ist stets zu berücksichtigen, dass das Abmahnschreiben mit den darin enthaltenen Drohungen nicht das letzte Mittel des Abmahnenden

---

639 *OLG Köln*, Urt. v. 27. 06. 1961 – Ss 153/61 = JMBl. NRW 1962, 34 (34); *Altvater*, in: LK-StGB, § 240 Rn. 20; *Sinn*, in: MüKo-StGB, § 240 Rn. 136. *Schroth*, in: FS-Köhler, S. 661, nennt es das „Prinzip der unlauteren Verfahrensgestaltung“.

640 *BGH*, Beschl. v. 05. 09. 2015 – 1 StR 162/13 = NJW 2014, 401.

641 Auch *Schroth*, in: FS-Köhler, S. 655, wertet den Aufbau einer Drohkulisse mithilfe der entsprechenden Formulierungen als empfindliches Übel. Allerdings ist ihm insoweit nicht beizupflichten, als er behauptet, dies gelte insbesondere dann, wenn die eingeforderten Beträge nicht sehr hoch seien. Dann nämlich „überlegt sich [mancher Bürger] mit gutem Grund, ob er sich nicht durch die Bezahlung eines ‚relativ kleinen Betrages‘ den Ärger erspart.“ Diese Möglichkeit der freien Abwägung schließt jedoch die für den Nötigungstatbestand erforderliche Zwangswirkung aus.

642 Einen entsprechenden Hinweis enthielt etwa das der Entscheidung des *LG Amberg*, Urt. v. 02. 06. 2016 – 12 KLs 102 Js 8208/12 (Ebay-Sporthändler-Fall), zugrunde liegende Abmahnschreiben.

643 Siehe in diesem Kapitel unter C.III.4.a).

darstellt, um seine Forderungen durchzusetzen. Er kann stets auf die Möglichkeit der Einleitung eines gerichtlichen Verfahrens zurückgreifen. Bei Aufbau einer Drohkulisse liegt eine die Verwerflichkeit des Verhaltens begründende Missbrauchsvermutung daher nahe. Je größer die Drohkulisse, je mehr negative Folgen im Abmahnschreiben also ausgebreitet werden, desto eher ist von Verwerflichkeit auszugehen.

Darüber hinaus spielt es eine Rolle, wie intensiv die Drohung auf emotionaler Ebene wirkt. Folgen wie eine Schufa-Eintragung oder Konten- und Gehaltspfändungen sind nicht unmittelbar mit der Abmahnung und einer Nichtzahlung auf die darin geltend gemachten Ansprüche verknüpft. Diese Übelsankündigungen sollen lediglich als emotionale Verstärker der Drohung mit Klageerhebung dienen und Angst schüren. Noch stärker ist dieser Effekt natürlich bei der Drohung mit Bloßstellung. Je stärker der Abgemahnte emotional involviert ist, desto eher ist von der Verwerflichkeit des Verhaltens auszugehen.

Schließlich ist auch die Formel „je weniger nachvollziehbar der Zweck, desto eher ist ein Verhalten verwerflich“[644] anzuwenden. Für den Fall der Abmahnungen bedeutet das, dass umso strengere Maßstäbe für die Bestimmung der Verwerflichkeit anzulegen sind, je zweifelhafter die Forderung ist. Bei einer Drohkulisse, die zur Durchsetzung eines unbegründeten Anspruchs aufgebaut wird, kann das Verwerflichkeitsurteil daher nur ausnahmsweise negativ ausfallen.

Die zunächst isolierte Prüfung der Relation von Mittel (Drohung mit Klage oder Strafanzeige) und Zweck (Durchsetzung eines begründeten oder unbegründeten Anspruchs) und das daraus resultierende Verwerflichkeitsurteil, kann in einem zweiten Schritt also durch eine Betrachtung der Gesamtumstände, die möglicherweise geeignet waren, eine Drohkulisse entstehen zu lassen, ergänzt werden.

5. *Besonders schwerer Fall*

Ein besonders schwerer Fall nach § 240 Abs. 4 StGB kommt bei wettbewerbs- und urheberrechtlichen Abmahnungen, die den Tatbestand der Nötigung erfüllen, grundsätzlich nicht in Betracht. Insbesondere ist bei einem anwaltlichen Abmahnschreiben § 240 Abs. 4 Nr. 3 StGB nicht einschlägig, da der Rechtsanwalt kein Amtsträger im Sinne des § 11 Abs. 1 Nr. 2 StGB ist.[645]

644 Vgl. in diesem Kapitel unter C.III.4.a).
645 *Eser/Hecker*, in: Sch/Sch-StGB, § 11 Rn. 19.

IV. Zusammenfassung zu § 240 StGB

Die Androhung gerichtlicher Schritte ist gängiger Bestandteil einer Abmahnung, kann aber gleichwohl den Tatbestand der Nötigung erfüllen. Sowohl die Einleitung eines Zivilverfahrens, als auch die Erstattung einer Strafanzeige, stellen ein empfindliches Übel dar, sodass die Maßnahmen, werden sie dem Abgemahnten in Aussicht gestellt, eine Drohung i. S. d. § 240 StGB konstituieren. Zwar handelt es sich in beiden Fällen um gesetzlich vorgesehene Verfahren bzw. Instrumente, allerdings ist dies für die Bestimmung des empfindlichen Übels bedeutungslos. Sowohl eine Zivilklage als auch eine Strafanzeige mit den sich anschließenden Ermittlungsmaßnahmen nehmen den Abgemahnten zeitlich wie finanziell in Anspruch und können sich im Falle strafrechtlicher Ermittlungen sogar rufschädigend auswirken.

Auch dann, wenn die Abmahnung von einem Rechtsanwalt versendet wird, der die Entscheidung über die Einleitung des Gerichtsverfahrens als von seinem Mandanten abhängig darstellt, handelt es sich um eine Drohung und keine bloße Warnung vonseiten des Rechtsanwalts. Rechtsanwalt und Mandant sind in diesem Fall als Einheit zu behandeln, welcher der Einfluss auf den Eintritt des Übels zugeschrieben wird.

Im Rahmen von Abmahnungen ist ferner eine Drohung mit Bloßstellung vorstellbar, insbesondere dann, wenn der Abgemahnte durch die Ankündigung der Preisgabe intimer Details unter Druck gesetzt werden soll. Diese Fallgruppe erlangt gerade im Urheberrecht, wo vielfach Rechtsverletzungen in Bezug auf Werke pornographischen Inhalts abgemahnt werden, Bedeutung.

Die abgenötigte Handlung kann einerseits die Abgabe der Unterlassungserklärung und andererseits die Zahlung auf die Aufwendungs- und Schadensersatzansprüche sein. Entspricht der Abgemahnte der Forderung des Abmahnenden nicht, so ist jedenfalls eine Versuchsstrafbarkeit anzunehmen.

Dafür, dass nicht der Versand einer jeden Abmahnung dem Tatbestand der Nötigung unterfällt, sorgt als Korrektiv die Verwerflichkeitsklausel, § 240 Abs. 2 StGB. In Relation gesetzt werden dabei das Mittel (hier Drohung mit Zivilklage, berechtigter oder unberechtigter Strafanzeige oder Bloßstellung) und der Zweck (hier Durchsetzung eines begründeten oder eines unbegründeten Unterlassungs-, Schadens- oder Aufwendungsersatzanspruchs).

Die Androhung der Einleitung eines Zivilverfahrens zur Durchsetzung eines begründeten Anspruchs erscheint nicht verwerflich. Soll mit demselben Mittel hingegen ein unbegründeter Anspruch durchgesetzt werden, hängt das Verwerflichkeitsurteil davon ab, ob der Abmahnende mit Missbrauchsabsicht handelt. Missbrauchsabsicht meint in diesem Fall, dass der Abmahnende die Streitigkeit bewusst einer Bewertung durch einen objektiven Dritten und dem geordneten staatlichen Verfahren entziehen und für seine eigenen Zwecke missbrauchen und „instrumentalisieren“[646] will. Er will daher bei Erfolglosigkeit der Abmahnung auch nicht auf das gerichtliche Verfahren zurückgreifen.

Als weiteres Indiz für die Verwerflichkeit in dieser Konstellation kann der Umstand herangezogen werden, dass das Verhalten des Abmahnenden eine zivilrechtliche Haftung nach § 826 BGB auslöst. Nicht entscheidend ist hingegen die Kenntnis des Abmahnenden von der Unbegründetheit des Anspruchs.

Die Drohung mit einer berechtigten Strafanzeige zur Durchsetzung eines begründeten Anspruchs ist nur dann verwerflich, wenn keine Konnexität, also kein innerer Zusammenhang zwischen dem strafbaren Verhalten und dem zivilrechtlichen Anspruch besteht. Die Drohung mit einer berechtigten Strafanzeige zur Durchsetzung eines unbegründeten Anspruchs ist hingegen stets verwerflich, da Konnexität in dieser Konstellation schon denklogisch ausgeschlossen ist.

Überdies kann auch im Rahmen der Drohung mit Strafanzeige das Kriterium der Missbrauchsabsicht ergänzend herangezogen werden. Die Drohung mit Strafanzeige zur Umgehung eines gerichtlichen Verfahrens mit seinen Verfahrensvorschriften wirkt als Indiz für die Verwerflichkeit des Verhaltens.

Grundsätzlich lässt sich festhalten, dass an ein Verhalten, das eine Strafanzeige in Aussicht stellt, im Hinblick auf die Verwerflichkeit gegenüber der Drohung mit Zivilklage gesteigerte Anforderungen zu stellen sind. Denn das Übel der Strafanzeige weist gegenüber der Zivilklage eine erhöhte Empfindlichkeit auf,[647] sodass eine Zivilklage stets als weniger einschneidende Alternative in Betracht zu ziehen ist. Der Abmahnende ist daher gehalten, das Mittel der Drohung mit Strafanzeige behutsamer als das der Drohung mit Zivilklage einzusetzen, da das Verwerflichkeitsurteil bei Androhung einer Strafanzeige näherliegt.

Die Androhung der Erstattung einer unberechtigten Strafanzeige ist stets verwerflich, ganz gleich, ob damit ein begründeter oder ein unbegründeter Anspruch durchzusetzen angestrebt wird. Die im Gegensatz zur Drohung mit Zivilklage noch gesteigerte Zwangsintensität einer Drohung mit Strafanzeige kann hier auch durch den redlichen Zweck, einen begründeten Anspruch durchsetzen zu wollen, nicht aufgewogen werden.

Ebenso verhält es sich mit der Androhung einer Bloßstellung des Abgemahnten. Auch dabei handelt der Abmahnende stets verwerflich, unabhängig davon, ob der Anspruch begründet oder unbegründet ist.

646 Vgl. *Sinn*, MüKo-StGB, § 240 Rn. 130.
647 *BGH*, Urt. v. 19. 11. 1953 – 3 StR 17/53 = NJW 1954, 565 (566).

Ferner kann der Aufbau einer Drohkulisse Einfluss auf die Beurteilung der Verwerflichkeit nehmen. Jede Drohung kann durch weitere Ausführungen, etwa solche, in denen die Konsequenzen einer Weigerung des Abgemahnten besonders eindrücklich und furchteinflößend ausgebreitet werden, intensiviert werden. Diese Ausführungen, die als emotionaler Verstärker dienen und den Druck auf den Abgemahnten zu erhöhen beabsichtigen, können dazu führen, dass entgegen der bereits gefundenen Ergebnisse Verwerflichkeit gleichwohl zu bejahen ist. Baut der Abmahnende eine besonders mächtige Drohkulisse auf, kann beispielsweise auch die Drohung mit einem Zivilverfahren zur Durchsetzung eines begründeten Anspruchs als verwerflich i. S. d. § 240 Abs. 2 StGB qualifiziert werden.

D. Erpressung, § 253 StGB

I. Die Tatbestandsmerkmale der Erpressung

Da das vom Abmahnenden abgenötigte Verhalten, wenn es sich nicht in der Abgabe einer Unterlassungserklärung erschöpft, auch eine Geldzahlung beinhaltet, kann sein Verhalten nicht nur den Tatbestand der Nötigung, sondern auch den der Erpressung, § 253 StGB, erfüllen. Weitestgehend kann für § 253 StGB auf die Ergebnisse zu § 240 StGB und § 263 StGB verwiesen werden. Die tatbestandliche Struktur gleicht nämlich in weiten Teilen der des Betruges, da es auch dort der Verletzung des Rechtsguts Vermögen durch eine im Gesetz genannte Angriffsform bedarf. Beim Betrug handelt es sich dabei um die Angriffsform der Täuschung, bei der Erpressung um die der Nötigung.[648]

Aus dem Tatbestand der Erpressung können von vornherein die Fälle ausgeschieden werden, in denen ein Anspruch auf Zahlung besteht, da es dann an der für § 253 StGB erforderlichen objektiven Rechtswidrigkeit der Bereicherung fehlt. Erpressung kommt also nur dort in Betracht, wo durch Androhung eines Zivilverfahrens, einer Strafanzeige oder Bloßstellung eine *unbegründete* Forderung beigetrieben werden soll. Wie gezeigt, kann dieses Verhalten den Tatbestand der Nötigung im Sinne des § 240 Abs. 1 StGB in der Drohungsalternative verwirklichen.[649]

Das Delikt ist vollendet, wenn ein Vermögensnachteil eingetreten ist. Für die genaue Bestimmung desselben kann auf die Ausführungen zum Schaden im

648 *Hefendehl*, in: MüKo-StGB, § 263 Rn. 8; *Kindhäuser*, in: NK-StGB, § 253 Rn. 2; *Sander*, in: MüKo-StGB, § 253 Rn. 1.

649 Siehe in diesem Kapitel unter C.III.4.

Rahmen der Prüfung des § 263 StGB hingewiesen werden. Dort wurde festgestellt, dass es keinen Schaden bzw. keine schadensgleiche Vermögensgefährdung darstellt, wenn lediglich eine Unterlassungserklärung abgegeben wird.[650] Ein Schaden ist aber jedenfalls dann zu bejahen, wenn der Abgemahnte Zahlungen auf Aufwendungs- oder Schadensersatzforderungen leistet, die in Wahrheit nicht bestehen.

Im Unterschied zu § 263 StGB ist bezüglich § 253 StGB jedoch umstritten, ob es einer Vermögensverfügung, also einer willentlichen Vermögensübertragung vonseiten des Genötigten bedarf, die verknüpfend zwischen Nötigung und Vermögensnachteil steht. Von weiten Teilen der Literatur wird eine auf der Nötigungshandlung beruhende Vermögensverfügung gefordert, die Rechtsprechung hingegen sowie andere Stimmen in der Literatur lehnen dies ab.[651] Eine Entscheidung dieses Streits ist für die vorliegende Arbeit jedoch nicht erforderlich, da davon auszugehen ist, dass eine Vermögensverfügung in Abmahnfällen gegeben ist. Der nötigende Abmahnende, der üblicherweise weder in persönlichem noch in unmittelbarem Kontakt zum Abgemahnten steht, hat keine Möglichkeit, selbst auf dessen Vermögen zuzugreifen. Damit ein Vermögensnachteil eintreten kann, muss der Abgemahnte die Vermögensverfügung, regelmäßig die Banküberweisung, selbst anweisen.

Wie auch beim Betrug muss der Täter einer Erpressung mit Bereicherungsabsicht handeln. Eine Bereicherungsabsicht ist auch dann gegeben, wenn der Rechtsanwalt einen Vermögensvorteil nicht für sich selbst, sondern für seinen Mandanten anstrebt, da die Drittbereicherungsabsicht für die Erfüllung des Tatbestandes genügt.

Im Hinblick auf die Rechtswidrigkeit der Bereicherung stellen sich dieselben Probleme wie beim Betrug. Da die objektive Rechtswidrigkeit der Bereicherung Tatbestandsmerkmal ist, entfällt der Vorsatz gem. § 16 StGB, wenn der Abmahnende glaubt, einen begründeten Anspruch geltend zu machen. Bei Zweifeln hinsichtlich der Begründetheit ist im Gleichlauf mit § 263 StGB festzustellen, dass bei billigender Inkaufnahme (also *dolus eventualis*) der Unbegründetheit des Anspruchs Vorsatz hinsichtlich der Rechtswidrigkeit der Bereicherung anzunehmen ist.[652] Nimmt er indes irrig an, eine unbegründete Forderung geltend zu

650 Siehe in diesem Kapitel unter B.III.4.

651 Zahlreiche Vertreter der unterschiedlichen Positionen bei *Eser/Bosch*, in: Sch/Sch-StGB, § 253 Rn. 8 f.

652 Siehe in diesem Kapitel unter B.III.5.d).

machen, die in Wahrheit aber besteht, kommt lediglich eine Versuchsstrafbarkeit in Betracht.

II. Die Verwerflichkeitsklausel in § 253 Abs. 2 StGB

In § 253 Abs. 2 StGB findet sich ebenso wie in § 240 Abs. 2 StGB eine Verwerflichkeitsklausel, die die positive Feststellung der Strafwürdigkeit anhand eines sozialethischen Maßstabs fordert. Zum Teil wird vertreten, dass angesichts des rechtswidrigen Zwecks, den die Bereicherungsabsicht tatbestandlich voraussetze, die Verwerflichkeit einer Erpressung nur selten zu verneinen sei.[653] Diese Ansicht ist aber „nicht unbedenklich", denn letztlich würde § 253 Abs. 2 StGB damit überflüssig.[654] Auch bei § 253 StGB kommt der Verwerflichkeitsprüfung eine „regulative Funktion" zu.[655]

Nach der hier vertretenen Ansicht ist die Geltendmachung eines (möglicherweise) nicht bestehenden oder durchsetzbaren Anspruchs für sich genommen gerade noch nicht verwerflich im Sinne einer sozialethischen Unerträglichkeit.[656] Auch wenn den Täter die Aussicht auf einen rechtswidrigen Vermögensvorteil antreibt, wird seine Drohung dadurch nicht zwangsläufig verwerflich und sein Verhalten nicht automatisch strafwürdig. Beim Betrug mag der Gesetzgeber die Entscheidung getroffen haben, dass alleine die Tatsache, dass die Bereicherung mit dem Mittel der Täuschung herbeigeführt werden soll, für ein positives Strafwürdigkeitsurteil ausreicht. Die Verwerflichkeitsklausel – auch in § 253 StGB – zeugt indes davon, dass nicht jede Drohung, die der Erlangung eines rechtswidrigen Vermögensvorteils dient, den Strafvorwurf zu tragen vermag.

Erforderlich ist also auch bei § 253 StGB eine positive Feststellung der Verwerflichkeit des Verhaltens, wobei dabei auf die Ergebnisse zu § 240 StGB verwiesen werden kann.[657]

III. Besonders schwere Fälle gem. § 253 Abs. 4 StGB

Wie auch beim Betrug sind bei § 253 StGB im Rahmen von Abmahnungen besonders schwere Fälle denkbar, die sich unter § 253 Abs. 4 StGB subsumieren

---

653 *Rengier*, Strafrecht BT 1, § 11 Rn. 66; ebenso *Kühl*, in: Lackner/Kühl-StGB, § 253 Rn. 10; *Vogel*, in: LK-StGB, § 253 Rn. 34, hält es in diesem Fall nur ausnahmsweise für nicht verwerflich.

654 *Sander*, in: MüKo-StGB, § 253 Rn. 36.

655 *Sander*, in: MüKo-StGB, § 253 Rn. 36.

656 Siehe in diesem Kapitel unter C.III.4.c).

657 Siehe in diesem Kapitel unter C.III.4.

lassen. Insbesondere kommt ein gewerbsmäßiges Handeln in Betracht, wenn der Abmahnende den Versand von Abmahnungen als dauerhafte Erwerbsquelle nutzt. Insoweit sei auf die Ausführungen zur Gewerbsmäßigkeit im Rahmen von § 263 Abs. 5 StGB verwiesen.[658]

IV. Zusammenfassung zu § 253 StGB

Ist durch den Inhalt des Abmahnschreibens der Tatbestand der Nötigung erfüllt, so wird regelmäßig auch der Tatbestand der Erpressung einschlägig sein. Voraussetzung ist jedoch, dass der Abmahnende die Durchsetzung eines unbegründeten Anspruchs bezweckt, da § 253 StGB die Rechtswidrigkeit des Vermögensvorteils voraussetzt. Darüber hinaus sind die Ergebnisse der Verwerflichkeitsprüfung aus der Prüfung des Nötigungstatbestandes auf die Erpressung übertragbar. Erforderlich ist aber, dass der Abmahnende nicht lediglich die Abgabe einer Unterlassungserklärung verlangt, da dies für die Begründung eines Vermögensschadens nicht ausreicht. Vielmehr muss es ihm um die Zahlung auf Schadensersatz- und Aufwendungsersatzansprüche gehen. Bleibt eine Zahlung des Abgemahnten aus, kommt eine versuchte Erpressung in Betracht.

E. Gebührenüberhebung, § 352 StGB

I. Keine Anwendung im Verhältnis von Rechtsanwalt und Prozessgegner

Auf den ersten Blick erscheint auch der Tatbestand der Gebührenüberhebung, § 352 StGB, ein Delikt zu sein, das im Zusammenhang mit unberechtigten Abmahnungen Bedeutung erlangt. Denn der abmahnende Rechtsanwalt fordert, wie bereits erläutert, in der Abmahnung regelmäßig Aufwendungsersatz für seine Tätigkeit und das, obwohl die Aufwendungen möglicherweise aufgrund der fehlenden Berechtigung der Abmahnung gar nicht erstattungsfähig sind bzw. aufgrund der massenhaften Abmahntätigkeit gar nicht in voller Höhe angefallen sind.[659]

Allerdings gilt es zu bedenken, dass § 352 StGB nur das Einfordern der Gebühr gegenüber dem Mandanten, nicht aber gegenüber dem Prozessgegner erfasst, selbst wenn dieser zur Erstattung verpflichtet ist oder wird. Der Täter muss nämlich gegen den angeblichen Schuldner ein eigenes Recht geltend

---

658 Siehe in diesem Kapitel unter B.IV.1.a).
659 Ausführlich dazu im 3. Kapitel unter C.

machen.[660] Dementsprechend scheidet eine Anwendung des § 352 StGB meist von vornherein aus.

II. Voraussetzungen des § 352 StGB im Verhältnis von Rechtsanwalt und Mandant

Eine Strafbarkeit nach § 352 StGB ist lediglich im Verhältnis von abmahnendem Rechtsanwalt und Mandanten denkbar. Bei Massenabmahnungen kann sich eine Strafbarkeit daraus ergeben, dass eine von der Vergütung nach dem RVG abweichende Vereinbarung getroffen werden muss, um für den vermeintlich Verletzten eine wirtschaftlich vertretbare Lösung zu finden.[661] Wird ein Modell gewählt, nach welchem dem Rechtsanwalt ein prozentualer Anteil des vom Abgemahnten gezahlten Betrags versprochen wird, könnte dies eine unzulässige Erfolgshonorarvereinbarung nach § 49b Abs. 2 S. 1 BRAO darstellen.[662]

Nach einer teilweise vertretenen Ansicht kann durch eine solche unzulässige Erfolgshonorarvereinbarung, da sie gem. §§ 134, 138 BGB nichtig ist, der Tatbestand der Gebührenüberhebung verwirklicht werden.[663] Der BGH und ein Großteil der Literatur gehen allerdings davon aus, dass die Forderungsgeltendmachung

---

660 *RG*, Urt. v. 22./26. 11. 1888 – 3 1827/88 = RGSt 19, 30 (36); *BGH*, Urt. v. 26. 01. 1956 – 3 StR 398/55 (zitiert nach juris, Rn. 8); *Hecker*, in: Sch/Sch-StGB, § 352 Rn. 9; *Kleine-Cosack*, NJW 2011, 2251 (2255); *Vormbaum*, in: LK-StGB, § 352 Rn 6. Dies wohl verkennend das *LG Bückeburg*, Urt. v. 22. 04. 2008 – 2 O 62/08 = MIR 2008, Dok. 153: „Für ein rechtsmissbräuchliches Vorgehen des Verfügungsklägers und seines Prozessbevollmächtigten spricht nicht zuletzt der Umstand, dass in der Abmahnung vom 21. 02. 2008 Rechtsanwaltskosten geltend gemacht werden, die nach einem abenteuerlich überhöhten Gegenstandswert von 100.000,00 Euro berechnet wurden. Ein solcher Wert ist für Fälle der vorliegenden Art wie auch die Streitwertfestsetzung im Tenor dieses Urteils zeigt, nicht einmal ansatzweise gerechtfertigt. Wenn in dem Abmahnschreiben vom 21. 02. 2008 dann auch noch die Rede davon ist, dass es sich um einen,für Fälle dieser Art geringen' Streitwert handeln soll, ist eine solche Aussage nicht nur aberwitzig falsch, sondern geradezu dreist. Sie grenzt jedenfalls an einen strafbaren Betrug und eine ebenso strafbare Gebührenüberhebung (§ 352 StGB) und dürfte die Grenze der Straflosigkeit wahrscheinlich bereits überschritten haben."

661 *Bülte*, NZWiSt 2014, 41 (43).

662 Wobei die wirtschaftlichen Verhältnisse des Auftraggebers ausschlaggebend dafür sein können, ob eine Ausnahme vom Verbot der Erfolgshonorarvereinbarung nach § 4a Abs. 1 RVG vorliegt.

663 *BayObLG*, Urt. v. 11. 05. 1989 – RReg. 5 St 5/89 = NJW 1989, 2901 (2902); *OLG Karlsruhe*, Beschl. v. 20. 12. 1990 – 2 Ws 265/89 = NStZ 1991, 239 (239); *OLG Braunschweig*, Urt. v. 28. 06. 2004 – 1 Ss (S) 1/04 (17) = NJW 2004, 2606 (2606); *Träger*, in: LK[10]-StGB, § 352 Rn. 12.

im Rahmen von unzulässigen Erfolgshonorarvereinbarungen nicht von § 352 StGB erfasst ist.[664] Als Argument wird angeführt, es widerspräche dem Grundgedanken der Vorschrift, eine solche Vereinbarung einzubeziehen. Entscheidend sei gerade der Verstoß gegen die Gebührenordnung.[665] Das spezifische Unrecht des § 352 StGB läge darin, dass der Rechtsanwalt die Autorität einer gesetzlichen Gebührenregelung missbrauche.[666] Bei der Geltendmachung eines (nicht existenten) Anspruchs aus einer Erfolgshonorarvereinbarung täusche er nicht darüber, dass die Leistung unmittelbar kraft Gesetzes bzw. Verordnung geschuldet sei, sondern täusche allenfalls über die Wirksamkeit der Honorarvereinbarung. Die Geltendmachung einer Gebühr sei darin aber gerade nicht zu erblicken,[667] allenfalls komme eine Strafbarkeit nach § 263 StGB in Betracht.

Selbst wenn man der Meinung folgte, die auch die Einforderung eines unzulässigen Erfolgshonorars als Gebührenüberhebung ansieht, ist die Tatbestandsmäßigkeit nicht ohne Weiteres zu bejahen. Ungeschriebene, aber allgemein anerkannte Voraussetzung des § 352 StGB ist nämlich, dass der Mandant vom Rechtsanwalt über den Gebührenanspruch *getäuscht* wurde.[668] Eine entsprechende Täuschung erscheint zweifelhaft, wenn man bedenkt, dass es sich um eine von beiden Seiten bewusst eingegangene Vereinbarung handelt. Solch eine „gemeinsam getroffene ‚Unrechtsvereinbarung'" ist vom Schutzbereich des § 352 StGB indes nicht erfasst.[669] Der Rechtsanwalt täuscht demnach nur dann, wenn der Mandant (etwa mangels Rechtskenntnis) nichts von der Unzulässigkeit der Vereinbarung weiß.[670]

---

664 *BGH*, Urt. v. 06. 09. 2006 – 5 StR 64/06 = NJW 2006, 3219 (3220); *BayObLG*, Urt. v. 05. 08. 1964 – RReg. 1 b St 301/64 = NJW 1964, 2433 (2434); *Hecker*, in: Sch/Sch-StGB, § 352 Rn. 10; *Hoyer*, in: SK-StGB, § 352 Rn. 5; *Kuhlen*, in: NK-StGB, § 352 Rn. 15 f.; *Heger*, in: Lackner/Kühl-StGB, § 352 Rn. 4; *Satzger*, in: S/S/W-StGB, § 352 Rn. 11; *Tsambikakis*, in: AnwK-StGB, § 352 Rn. 10; *Vormbaum*, in: LK-StGB, § 352 Rn. 12.

665 *Vormbaum*, in: LK-StGB, § 352 Rn. 12.

666 *BGH*, Urt. v. 06. 09. 2006 – 5 StR 64/06 = NJW 2006, 3219 (3220).

667 *Hoyer*, in: SK-StGB, § 352 Rn. 5.

668 *RG*, Urt. v. 28. 06. 1943 – 3 C 188/42 = RGSt 77, 122 (123); *BGH*, Urt. v. 06. 11. 1951 – 2 StR 178/51 = BGHSt 2, 35 (36 f.); *BGH*, Urt. v. 13. 05. 1953 – 3 StR 926/52 = BGHSt 4, 233 (234 f.); *BayObLG*, Urt. v. 05. 08. 1964 – RReg. 1 b St 301/64 = NJW 1964, 2433 (2434); *OLG Karlsruhe*, Beschl. v. 20. 12. 1990 – 2 Ws 265/89 = NStZ 1991, 239 (239); *OLG Hamm*, Beschl. v. 11. 01. 2002 – 2 Ws 296/01 = wistra 2002, 354 (354 f.); *Fischer*, StGB, § 352 Rn. 7; *Hecker*, in: Sch/Sch-StGB, § 352 Rn. 8; *Heger*, in: Lackner/Kühl-StGB, § 352 Rn. 5; *Kuhlen*, in: NK-StGB, § 352 Rn. 19; *Voßen*, in: MüKo-StGB, § 352 Rn. 28.

669 *Voßen*, in: MüKo-StGB, § 352 Rn. 29.

670 *Voßen*, in: MüKo-StGB, § 352 Rn. 28.

Eine Strafbarkeit gem. § 352 StGB kommt demgemäß nur im Verhältnis zwischen Rechtsanwalt zu seinem Mandanten im Falle einer unzulässigen Erfolgshonorarvereinbarung und ferner nur dann in Betracht, wenn man vertritt, dass eine solche Vereinbarung dem Tatbestandsmerkmal „eine Gebühr erheben" unterfällt und darüber hinaus eine Täuschung über die Zahlungspflicht bzw. die Wirksamkeit der Vereinbarung vorliegt. Diese Vielzahl an streitigen Prämissen macht deutlich, dass der Gebührenüberhebung im Rahmen von unberechtigten Abmahnungen ein eher geringer Stellenwert zukommen dürfte.

III. Bedeutung des § 352 StGB als Auslegungshilfe für § 263 StGB

Letztlich wird sich hier die Bedeutung des § 352 StGB darin erschöpfen, dass er im Falle einer Täuschung des Rechtsanwalts gegenüber dem Abgemahnten als Auslegungshilfe für § 263 StGB dienen kann. Bei der Frage, ob tatsächlich ein betrugsrelevantes Verhalten vorliegt oder ob ein solches aufgrund einer Mitverantwortung des Opfers ausgeschlossen ist, könnte der Grund für die dem § 352 StGB (gegenüber § 263 StGB) innewohnende Privilegierung mitberücksichtigt werden: Es sei die Möglichkeit des Getäuschten, sich selbst über den Umfang der Zahlungspflicht mithilfe der Gebührenordnung zu informieren.[671] Die Verantwortung des Opfers, sich durch Lektüre der Gebührenordnung selbst gegen die Täuschung zu schützen, kann Einfluss auf die Tatbestandsmäßigkeit der Täuschung des Abmahnenden nehmen. Dagegen lässt sich hingegen einwenden, dass die komplexen gebührenrechtlichen Vorschriften für den juristischen Laien nicht ohne Weiteres durchschaubar sind und er nur mit großer Mühe, etwa unter Heranziehung von Kommentarliteratur und Rechtsprechung oder mithilfe Dritter, tatsächlich den wahren Anspruch zu ermitteln vermag.[672]

Die Strafbarkeit nach § 352 StGB wird darüber hinaus als „Erst-recht-Argument" angeführt, wenn eine Strafbarkeit nach § 263 StGB in Rede steht. Wenn schon die Täuschung gegenüber dem eigenen Mandanten hinsichtlich der Gebührenforderung strafbar sei, dann erst recht gegenüber dem Gegner.[673] Dieser Gedanke befreit freilich nicht von einer sorgfältigen Prüfung der Strafbarkeit nach § 263 StGB, wie sie bereits vorgenommen wurde.[674]

---

671 *RG*, Urt. v. 15. 11. 1888 – 2473/88 = RGSt 18, 219 (223); *Hoyer*, in: SK-StGB, § 352 Rn. 1; a. A. *Hecker*, in: Sch/Sch-StGB, § 352 Rn. 1; vgl. auch *Fischer*, StGB, § 352 Rn. 2; *Kuhlen*, in: NK-StGB, § 352 Rn. 5.

672 *Voßen*, in: MüKo-StGB, § 352 Rn. 2.

673 *Eiden/Walter*, NStZ 2014, 297 (301).

674 Siehe in diesem Kapitel unter B.

IV. Zusammenfassung zu § 352 StGB

Der Tatbestand der Gebührenüberhebung hat im Zusammenhang mit Abmahnungen lediglich einen sehr eingeschränkten Anwendungsbereich. Im Verhältnis von Rechtsanwalt und Mandant ist eine Strafbarkeit unter engen Voraussetzungen denkbar: so muss erstens eine unzulässige Honorarvereinbarung bestehen, diese muss zweitens dem Tatbestandsmerkmal „Überheben einer Gebühr" unterfallen und drittens muss der Rechtsanwalt über die Wirksamkeit der Vereinbarung bzw. die Zahlungspflicht getäuscht haben.

Letztlich erschöpft sich die Bedeutung des § 352 StGB wohl darin, dass er als Auslegungshilfe im Rahmen von § 263 StGB herangezogen werden kann.

3. Kapitel: Die Rolle des Anwalts

A. Übersicht

In der Mehrzahl der Fälle übernimmt der Verletzte die Abmahntätigkeit nicht selbst, sondern betraut einen Rechtsanwalt bzw. eine Kanzlei mit dem Versand der wettbewerbs- oder urheberrechtlichen Abmahnung. Im Zusammenhang mit unberechtigten oder gar missbräuchlichen Abmahnungen wird Rechtsanwälten zum Teil vorgeworfen, treibende Kraft zu sein und von Anfang an die „Haupt- bzw. Mitverantwortung für das Abmahnunwesen" getragen zu haben.[675]

Es lohnt also ein Blick speziell auf diese Berufsgruppe, um zu ermitteln, ob ihre herausragende Stellung im außergerichtlichen Abmahnverfahren Einfluss auf eine mögliche Strafbarkeit hat.

Es ist zu untersuchen, ob sich in der Beziehung von Abmahnendem und Abgemahntem, mithin der Täter-Opfer-Beziehung, Veränderungen ergeben, wenn der Versender der Abmahnung die berufliche Stellung eines Rechtsanwalts innehat. So stellt sich etwa die Frage, ob die Beteiligung eines Rechtsanwalts am Abmahnverfahren zur Entstehung eines besonderen Vertrauensverhältnisses führt und ob ein gesteigertes Vertrauen gegenüber einem Rechtsanwalt letztlich überhaupt berechtigt ist (B.I.). Diese Überlegungen kommen vor allem bei einer potentiellen Betrugsstrafbarkeit zum Tragen.

Gleichzeitig wohnt dem anwaltlichen Abmahnschreiben womöglich ein gesteigertes Druck- und Drohpotential inne, dessen Einfluss auf die Strafbarkeit wegen Nötigung zu überprüfen ist (B.II.).

Überdies ist Gegenstand der nachfolgenden Untersuchung, ob und unter welchen Voraussetzungen die anwaltliche Abmahntätigkeit als neutrale Beihilfe privilegiert ist (B.III.) und wie die anwaltliche Fachkompetenz den subjektiven Tatbestand beeinflusst (B.IV.).

Besonderes Augenmerk verdienen auch die Rechtsanwaltsgebühren, die in Abmahnschreiben üblicherweise als Aufwendungsersatz geltend gemacht werden (B.IV.). Gerade im Bereich der Massenabmahnungen werden vielfach Absprachen zwischen Mandant und Anwalt getroffen, die bei Geltendmachung des Aufwendungsersatzes gegenüber dem Abgemahnten in eine Betrugsstrafbarkeit münden können. Darüber hinaus bieten sich die Festsetzung des Gegenstandswertes und die Geschäftsgebühr, die dem Gebührenanspruch des

---

675 *Solf*, in: Wabnitz/Janovsky, Kap. 16 Rn. 100; *Wagner*, Vorsicht Rechtsanwalt, S. 183.

Rechtsanwalts zugrunde liegen, als ein möglicher Anknüpfungspunkt für eine Betrugsstrafbarkeit an.

B. Berücksichtigung der besonderen Stellung des Rechtsanwalts

I. Inanspruchnahme eines besonderen Vertrauens?

1. *Mögliche Ansatzpunkte für eine Modifikation der gefundenen Ergebnisse*

Beim Betrug, der als Selbstschädigungsdelikt ausgestaltet ist,[676] kommt es für den Täuschungserfolg maßgeblich darauf an, welches Vertrauen das Opfer dem Täter schenkt.[677] Nur dann, wenn es glaubt, dem Täter vertrauen zu können, wird es die Vermögensverfügung vornehmen, sich also freiwillig einen Nachteil zufügen. Diesem Umstand wurde bei der Prüfung der Betrugsstrafbarkeit mit dem Vertrauenskriterium Rechnung getragen. Anhand dieses Kriteriums wurde die Frage erörtert, inwieweit dem Inhalt eines Abmahnschreibens Täuschungsqualität zukomme, insbesondere in den Fällen der konkludenten Täuschung. Je größer das Vertrauen, das das Opfer dem Täter berechtigterweise entgegenbringe, so der Ausgangspunkt der Prüfung, desto eher sei eine (konkludente) Täuschung anzunehmen.

Es wurde dabei herausgearbeitet, dass ein Vertrauen im Abmahnverhältnis grundsätzlich in nur geringem Maße berechtigt erscheint. Dies führte etwa zu dem Ergebnis, dass in der Geltendmachung von Ansprüchen in Abmahnschreiben (z. B. Aufwendungsersatzanspruch) keine (konkludente) Erklärung zu erblicken sei, die Abmahnung sei nicht missbräuchlich nach § 8 Abs. 4 UWG und damit unberechtigt. Denn mangels Vertrauensverhältnisses konnte der Abgemahnte nicht davon ausgehen, der Abmahnende würde ihm die Informationen zur Verfügung stellen, die geeignet wären, ihn zur Annahme einer Missbräuchlichkeit zu veranlassen. Damit konnte eine etwaige Erklärung über die fehlende Missbräuchlichkeit auch nicht als Ansatzpunkt für eine Täuschung dienen. Eine Betrugsstrafbarkeit schied dementsprechend aus.

---

676 *Arzt/Weber/Heinrich/Hilgendorf*, Strafrecht BT, § 20 Rn. 28; *Hefendehl*, in: MüKo-StGB, § 263 Rn. 9, *Krey/Hellmann/Heinrich*, Strafrecht BT 2, Rn. 555; *Tiedemann*, in: LK-StGB, § 240 Rn 5; *Wessels/Hillenkamp*, Strafrecht BT 2, Rn. 515.

677 *Hefendehl*, in: MüKo-StGB, § 263 Rn. 25.

Gelangt man nun aber zu der Überzeugung, ein Rechtsanwalt nehme beim Versand von Abmahnungen berechtigterweise ein gesteigertes Vertrauen für sich in Anspruch, muss das ursprünglich gefundene Ergebnis womöglich modifiziert werden. Diese im Vergleich zum Laien gesteigerte Inanspruchnahme von Vertrauen könnte die Konsequenz nach sich ziehen, dass Aussageinhalten im rechtsanwaltlichen, anders als im nichtanwaltlichen Abmahnschreiben, Täuschungscharakter zugeschrieben wird. So ist etwa denkbar, dass die Forderungsgeltendmachung im anwaltlichen Abmahnschreiben durchaus die (konkludente) Erklärung enthält, die Abmahnung sei nicht gem. § 8 Abs. 4 UWG missbräuchlich. Im Fall eines tatsächlich vorliegenden Missbrauchs könnte an diese Erklärung dann eine Täuschung und folglich eine Betrugsstrafbarkeit anknüpfen.

Darüber hinaus ist eine gegenüber oben abweichende Bewertung im Hinblick auf das Problem der Täuschung über die Rechtsverbindlichkeit einer geltend gemachten Forderung denkbar, wenn der Täuschende kein Laie, sondern ein fachkundiger Rechtsanwalt ist. Es wurde dargelegt, dass die Verbindlichkeit der dem Anspruch zugrunde liegenden Rechtsauffassung grundsätzlich keine Täuschungsrelevanz besitzt.[678] Es gilt zu überprüfen, ob dies auch auf den Rechtsanwalt als möglichen Täter zutrifft, schließlich verfügt dieser über eine besondere Fachkompetenz in Bezug auf die Prüfung von zivilrechtlichen Ansprüchen.

Die Analyse soll im Ergebnis aufzeigen, ob die berufliche Stellung als Rechtsanwalt geeignet ist, eine gegenüber dem juristischen Laien gesteigerte strafrechtliche Verantwortlichkeit zu begründen.

2. *Die tatsächliche Situation*

Welches Vertrauen Rechtsanwälte genießen und ob ihnen Rechtsunkundige ein gesteigertes Vertrauen entgegenbringen dürfen, ist Gegenstand von Diskussionen – gerade auch innerhalb der Anwaltschaft. In Anbetracht der Veränderungen im Anwaltsberuf, bedingt durch Faktoren wie Liberalisierung und Europäisierung des Berufsrechts,[679] und durch wiederholt auftretende Fälle, in denen Rechtsanwälte (vermeintlich) unseriös arbeiteten, wurde Ende des ersten Jahrzehnts dieses Jahrhunderts der Ruf nach „berufsethischen Standards“[680]

678 Siehe im 2. Kapitel unter B.III.1.c) ff) (5).

679 *Ewer*, AnwBl. 2009, 657 (660).

680 *Singer*, AnwBl. 2009, 393 (395).

laut.[681] Einige hielten die Einführung ethischer Richtlinien für erforderlich,[682] andere waren der Ansicht, die Regelungen der BRAO böten ein ausreichendes Gerüst; der Rest sei eine Frage des Charakters und der Ehre.[683] Die Anwaltschaft selbst scheint sich somit nicht ganz sicher zu sein, welches Vertrauen ihr eigentlich gebührt.[684] Aus der Allensbacher Berufsprestige-Skala ergibt sich, dass die Achtung der Bevölkerung gegenüber Rechtsanwälten schon seit längerer Zeit rückläufig ist. Während Anfang der 1990er Jahre noch 38 Prozent der Bürger den Beruf des Rechtsanwalts zu den angesehensten zählten und er Platz 3 in der Skala einnahm, waren es im Jahr 2013 nur noch 24 Prozent und der Anwalt rangierte nur noch auf Platz 9.[685] Gerade im Bereich der Abmahntätigkeit hat der Anwaltsberuf stark an Ansehen verloren. Die in verschiedenen Foren mitgeteilten Erfahrungen und Meinungen von Internetnutzern legen nahe, dass die Abmahnwellen der vergangenen Jahre, die oftmals den Eindruck erweckten, es ginge lediglich um finanzielle Vorteile, das Vertrauen der Bevölkerung in auf Abmahnungen spezialisierte Rechtsanwälte stark erschüttert hat. Insbesondere beweist auch die Verabschiedung des Gesetzes gegen unseriöse Geschäftspraktiken, dass der Vertrauensverlust in die Anwaltschaft jedenfalls so groß war, dass sich die Politik zum Handeln gezwungen sah. Gemäß der Gesetzesbegründung soll „anwaltlichen Geschäftsmodellen Einhalt geboten werden, bei denen die massenhafte Abmahnung [...] zur Gewinnoptimierung betrieben wird“ und auf diese Weise das Vertrauen in redlich arbeitende Anwälte wiederhergestellt werden, da diese sich dann „nicht mehr pauschal dem Vorwurf von Abmahnmissbrauch ausgesetzt“ sehen müssten.[686]

In die Überlegung muss aber genauso einbezogen werden, was der Einzelne, trotz des faktisch abnehmenden Vertrauens, dem Anwalt noch an Vertrauen entgegenbringen *darf*. Andernfalls könnte durch bewusste Erschütterung des

---

681 Zur Ethikdiskussion und m. w. N. *Busse*, in: Henssler/Prütting-BRAO, § 2 Rn. 42 ff.; *Wagner*, Vorsicht Rechtsanwalt, S. 30 ff., sieht die Ethik-Diskussion in einer Sackgasse angekommen.

682 *Henssler*, AnwBl. 2008, 721 (728).

683 *Singer*, AnwBl. 2009, 393 (401).

684 *Hellwig*, AnwBl. 2008, 644 (653), beklagt in Anlehnung an *Hassemer*, AnwBl. 2008, 413 (418 ff.), den Konturverlust des anwaltlichen Leitbildes und die Unfähigkeit der Anwaltschaft, mit ihrer Freiheit richtig umzugehen.

685 *IfD Allensbach*, Allensbacher Berufsprestige-Skala, S. 4, abrufbar unter: http://www.ifd-allensbach.de/uploads/tx_reportsndocs/PD_2013_05.pdf (Stand: 09. 06. 2016); *Singer*, AnwBl. 2009, 393.

686 BT-Drucks. 17/13057, S. 10 f.

Vertrauens sukzessive strafrechtliche Verantwortlichkeit abgebaut werden. Zur Beantwortung dieser Frage können die gesetzlichen Regelungen herangezogen werden, allen voran die BRAO. Berufsethische Überlegungen, die über das „Recht als ethisches Minimum“[687] hinausgehen, dürfen hingegen keine Rolle spielen. Das Strafrecht kann an dieser Stelle nicht mehr vom Rechtsanwalt verlangen, als es seine Berufsordnung tut – schließlich ist das Strafrecht *ultima ratio*. Ob und wenn ja, welchen ethischen Grundsätzen sich die Anwaltschaft verpflichtet fühlt oder fühlen sollte, ist im Rahmen strafrechtlicher Beurteilung nicht von Bedeutung.

3. Die rechtliche Situation

Bei der Frage, ob Rechtsanwälten ein besonderes Vertrauen entgegen gebracht werden darf, geht es vor allem um eine Bestimmung der Rechte und Pflichten des Anwalts. Welches Bild des Rechtsanwalts zeichnen also BRAO und BORA?

Zunächst stellt § 1 BRAO fest, dass der Rechtsanwalt ein unabhängiges Organ der Rechtspflege ist. In Verbindung mit § 2 BRAO, demgemäß der Rechtsanwalt einen freien Beruf ausübt, ergibt sich das Bild der *Freien Advokatur*, die auch in § 1 Abs. 1 BORA aufgegriffen ist. Danach übt der Rechtsanwalt seinen Beruf frei, selbstbestimmt und unreglementiert, sofern nicht durch Gesetz oder Berufsordnung besonders verpflichtet, aus. In § 3 BRAO ist der Rechtsanwalt als unabhängiger Berater und Vertreter in allen Rechtsangelegenheiten beschrieben. Eine Konkretisierung dieser Aufgabe findet sich in § 1 Abs. 3 BORA. Danach soll der Rechtsanwalt seinen Mandanten vor Rechtsverlusten schützen, ihn rechtsgestaltend, konfliktvermeidend und streitschlichtend begleiten, vor Fehlentscheidungen durch Gerichte und Behörden bewahren und ihn gegen verfassungswidrige Beeinträchtigung und staatliche Machtüberschreitung sichern. Diese Regelungen betonen vor allem die Freiheitsrechte des Rechtsanwalts, die ihm mit Blick auf die rechtsstaatliche Teilhabe seines Mandanten (§ 1 Abs. 2 BORA) und das anwaltliche Vertrauensverhältnis gewährt werden.[688]

Insbesondere aber seine Aufgabe als Organ der Rechtspflege (§ 1 BRAO) birgt Pflichten, die auf mehr als nur die Interessen des Mandanten gerichtet sind. Als Organ der Rechtspflege nimmt er eine öffentliche Aufgabe wahr[689] und muss auch „über den engeren Bereich seines Auftraggebers hinaus im Rahmen der

---

687 *Jellinek*, Sozialethische Bedeutung, S. 45.
688 *Brüggemann*, in: Feuerich/Weyland-BRAO, § 1 BORA Rn. 10.
689 *Brüggemann*, in: Feuerich/Weyland-BRAO, § 1 Rn. 6.

Allgemeinheit gesehen werden“[690]. Die allgemeine Berufspflicht des Rechtsanwalts in § 43 BRAO bestimmt, dass der Rechtsanwalt „seinen Beruf gewissenhaft auszuüben“ und „sich innerhalb und außerhalb des Berufs der Achtung und des Vertrauens, welche die Stellung des Rechtsanwalts erfordert, würdig zu erweisen“ hat. Die BRAO vermittelt ein Vertrauen in eine „gesetzesgeleitete[…] verantwortliche[…] Einschätzung“[691] der Rechtsanwälte, auf ihre Seriosität und darauf, dass sie in „gelebte[r] Berufsethik“[692] eigenverantwortlich entscheiden.[693] Sie geht also davon aus, dass der Rechtsanwalt eine herausgehobene Stellung im Rechtsverkehr einnimmt und diese Stellung mit einem besonderen Vertrauen verknüpft ist.

Die Generalklausel des § 43 BRAO erfährt durch die Normierung der Grundpflichten des Anwalts in § 43a BRAO weitere Konkretisierung. Diese sind: Unabhängigkeit, Verschwiegenheit, Sachlichkeit, das Verbot der Wahrnehmung widerstreitender Interessen, Sorgfaltspflichten beim Geldverkehr und die Verpflichtung zur Fortbildung. Insbesondere die Pflichten zur Unabhängigkeit und Sachlichkeit spielen für die Beurteilung der Vertrauenswürdigkeit eine zentrale Rolle. So wird das Gebot der Unabhängigkeit in der Regel dergestalt interpretiert, dass es nicht nur Unabhängigkeit von staatlicher Einflussnahme erfasst, sondern auch solche vom Mandanten, was Hand in Hand mit finanzieller Unabhängigkeit geht.[694] Vertrauen spielt insoweit eine Rolle, als der Rechtsanwalt nur bei Wahrung seiner Unabhängigkeit „rechtlich wie ethisch inkorrekten Ansinnen von Mandanten“ widerstehen und „anständig“ bleiben,[695] also dem allgemeinen Vertrauen in seine Anständigkeit[696] gerecht werden kann. Er ist dann nämlich nicht (finanziell) gezwungen, die Mandanteninteressen um jeden Preis durchzusetzen.[697] Das verschafft ihm Vertrauen, auch vonseiten der gegnerischen Partei. Darüber hinaus bietet die Verpflichtung zur Sachlichkeit Anhaltspunkte dafür, dass der Anwalt auch anderen Interessen als denen seines Mandanten zu dienen hat. In § 43a Abs. 3 S. 2 BRAO ist das Verbot der Lüge ausdrücklich verankert[698]

690 BT-Drucks. III/120, S. 49.

691 *BVerfG*, Beschl. v. 03. 07. 2003 – 1 BvR 238/01 = BVErfGE 108, 150 (162).

692 *Jaeger*, NJW 2004, 1 (4).

693 *Busse*, in: Henssler/Prütting-BRAO, § 1 Rn. 34.

694 *Brüggemann*, in: Feuerich/Weyland-BRAO, § 1 Rn. 22; *Wolf*, in: Gaier/Wolf/Göcken, Anwaltliches Berufsrecht, § 1 BRAO Rn. 58 ff.

695 *Singer*, AnwBl. 2009, 393 (396 ff.).

696 Vgl. *Busse*, in: Henssler/Prütting-BRAO, § 2 Rn. 40.

697 *Wolf*, in: Gaier/Wolf/Göcken, Anwaltliches Berufsrecht, § 1 BRAO Rn. 71.

698 *Henssler*, in: Prütting, Henssler-BRAO, § 43a Rn. 137; *Singer*, AnwBl. 2009, 393 (398); *Wolf*, in: Gaier/Wolf/Göcken, Anwaltliches Berufsrecht, § 43a BRAO Rn. 69.

und dieses gilt gegenüber jedermann, auch gegenüber dem Gegner.[699] Der Anwalt darf also nicht lediglich seinen Mandanten, sondern muss die Interessen aller am Rechtsverkehr Beteiligten im Blick haben. Seine Tätigkeit weist mithin einen „Gemeinwohlbezug“[700] auf. Ferner wird dieser Gemeinwohlbezug auch über das Anwaltsmonopol vermittelt. Indem der Gesetzgeber (von einigen Ausnahmen abgesehen, §§ 5–15 RDG) der Anwaltschaft die Tätigkeit der Rechtsberatung vorbehält (§ 3 RDG i. V. m. § 3 BRAO), verpflichtet er sie gleichzeitig, der Erwartung nach qualifizierter Rechtsdienstleitung (§ 1 Abs. 1 Satz 2 RDG) gerecht zu werden. Der juristische Laie hat also keine Wahl, wem er sich mit seiner Rechtsfrage anvertrauen möchte. Er muss daher davon ausgehen, dass er dem Rechtsanwalt aufgrund seiner durch die Monopolstellung vermittelten herausragenden Position in der Gesellschaft besonderes Vertrauen entgegenbringen kann.[701]

Aus dem Vorstehenden ergibt sich: Der Rechtsanwalt befindet sich in einem Spannungsverhältnis.[702] Er ist Organ der Rechtspflege und damit Gemeinwohlinteressen verpflichtet, andererseits ist er auf die bestmögliche Durchsetzung der Mandanteninteressen, die für ihn selbst auch finanziell bedeutsam sind, bedacht. Dieses Spannungsverhältnis, das in der BRAO selbst angelegt ist, zwischen dem Grundsatz der freien Advokatur und dem Allgemeininteresse an einer funktionstüchtigen Rechtspflege,[703] kann nur im Wege der praktischen Konkordanz gelöst werden.[704] Das bedeutet, dass dem Rechtsanwalt keinesfalls blindes Vertrauen entgegengebracht werden darf, jedoch alle am Rechtsverkehr Beteiligten, einschließlich des Gegners, von ihm ein gewisses Maß an Redlichkeit erwarten dürfen. Eine exakte Grenzziehung kann nur für den Einzelfall erfolgen. Im Folgenden werden daher die herausgearbeiteten Aspekte auf den Fall der wettbewerbs- und urheberrechtlichen Abmahnung bezogen und abgewogen.

---

699 *Träger*, in: Feuerich/Weyland-BRAO, § 43a Rn. 38; *Wolf*, in: Gaier/Wolf/Göcken, Anwaltliches Berufsrecht, § 43a BRAO Rn. 73.

700 *Hellwig*, AnwBl. 2008, 644 (651).

701 *Hellwig*, AnwBl. 2008, 644 (651).

702 *Wolf*, in: Gaier/Wolf/Göcken, Anwaltliches Berufsrecht, § 1 BRAO Rn. 9, spricht von einem „bis heute nicht vollständig aufgelöste[n] Paradoxon“.

703 *BVerfG*, Beschl. v. 08. 03. 1983 – 1 BvR 1078/80 = BVerfGE 63, 266 (288); *Brüggemann*, in: Feuerich/Weyland-BRAO, § 1 Rn. 9a; *Busse*, in: Henssler/Prütting-BRAO, Einl. Rn. 57.

704 *Hellwig*, AnwBl. 2008, 644 (648).

4. *Der konkrete Fall der Abmahnungen*

Vermögen die spezifischen anwaltlichen Rechte und Pflichten also auch beim Versand von Abmahnungen ein besonderes Vertrauensverhältnis zwischen ihm und dem Abgemahnten zu generieren?

Zunächst ist festzuhalten, dass die Berufsregeln in gleichem Maße für das Verhalten des Rechtsanwalts innerhalb wie außerhalb des gerichtlichen Verfahrens gelten. Dafür spricht auch Ziffer 2.1.2. der Regelungen der Vereinigung der europäischen Rechtsanwaltskammern (CCBE), die explizit vorschreibt, dass die Wahrung der Unabhängigkeit für die außergerichtliche Tätigkeit genauso wichtig ist wie für die Tätigkeit vor Gericht. Zwar sind die CCBE-Berufsregeln nur bei grenzüberschreitenden Tätigkeiten innerhalb Europas zu beachten,[705] doch ist auch in Deutschland unumstritten, dass die Berufsregeln ebenfalls bei der, inzwischen vorrangig ausgeübten,[706] außerforensischen Tätigkeit anwendbar sind.[707] Damit ist der Rückgriff auf die Berufsregeln auch im Bereich der wettbewerbs- und urheberrechtlichen Abmahnung zulässig und angezeigt.

Die Pflicht zur Sachlichkeit aus § 43a BRAO verbietet dem Rechtsanwalt bewusst Unwahrheiten zu verbreiten, also zu lügen.[708] Keine Einigkeit herrscht indes über die Frage, wie es sich verhält, wenn der Rechtsanwalt vom Mandanten bereitgestellte Informationen ohne Prüfung übernimmt, auch wenn er damit Gefahr läuft, Unwahrheiten weiterzugeben. Das OLG Köln[709] etwa vertritt die Ansicht, ein Rechtsanwalt, der den Einzug einer Forderung übernehme, müsse deren Berechtigung vor Beginn seiner Tätigkeit und bevor er weitere Schritte zur Durchsetzung unternehme, prüfen. Ob es sich dabei lediglich um eine Prüfung in rechtlicher oder auch in tatsächlicher Hinsicht handelt, geht aus der Entscheidung jedoch nicht hervor.[710] Nach der herrschenden Meinung

---

705 Ziffer 1.5. der CCBE-Berufsregeln.

706 *Kleine/Cosack*, BRAO, Vor § 1 Rn. 5.

707 Vgl. *BVerfG*, Beschl. v. 14. 01. 2014 – 1 BvR 2998/11, 1 BvR 236/12 = NJW 2014, 613 (617 f.).

708 *Henssler*, in: Prütting/Henssler-BRAO, § 43a Rn. 137; *Träger*, in: Feuerich/Weyland-BRAO, § 43a Rn. 38; *Wolf*, in: Gaier/Wolf/Göcken, Anwaltliches Berufsrecht, § 43a BRAO Rn. 69.

709 *OLG Köln*, Urt. v. 18. 11. 2005 – 6 U 149/05 = NJW 2006, 923 (924).

710 Eindeutig positioniert sich hier *Müller*, Warum wir den Abmahnanwalt anzeigen, Artikel auf faz.net vom 06. 01. 2014, abrufbar unter: http://www.faz.net/aktuell/feuilleton/medien/interview-zu-redtube-abmahnungen-warum-wir-den-abmahnanwalt-anzeigen-12739418.html (Stand: 10. 06. 2016); er hält den Anwalt als Organ der Rechtspflege sowohl der Mandantin als auch dem rechtsunkundigen Abgemahnten gegenüber für verpflichtet, Sachverhalt und Rechtslage genauestens zu prüfen und bei Zweifeln das Mandat abzulehnen.

kann vom Rechtsanwalt eine Tatsachenprüfung nur sehr eingeschränkt verlangt werden. Manche begrenzen die Prüfpflicht in Umfang und Intensität und verlangen lediglich eine „Plausibilitätskontrolle" und eine „Beschäftigung" mit den Ansprüchen.[711] Andere wiederum knüpfen schon den Einstieg in die Prüfung an erhöhte Voraussetzungen; demnach soll nur in Fällen erheblicher Bedenken[712] oder offensichtlicher Unwahrheit[713] eine Prüfpflicht bestehen. Dies steht auch in Einklang mit der überwiegend vertretenen Ansicht zu den § 185 ff. StGB, wonach der Rechtsanwalt grundsätzlich auf die Richtigkeit der von seinem Mandanten mitgeteilten Tatsachen vertrauen darf und nur dann zu Nachforschungen verpflichtet ist, wenn sich die Unwahrheit der Tatsache aufdrängt.[714] Der Grundsatz, dass sich der Anwalt auf die Vollständigkeit und Korrektheit der vom Mandanten bereitgestellten Informationen verlassen darf[715] und ihn nur in Ausnahmefällen eine Prüfpflicht trifft, ist insbesondere deshalb zu befürworten, weil andernfalls das Vertrauensverhältnis zwischen Mandanten und Rechtsanwalt negativ beeinflusst werden könnte.[716]

Ergänzend dazu gilt das Prinzip: Das, was der Anwalt sagt, muss wahr sein, er muss aber nicht alles sagen, was wahr ist.[717] Eine mandantenfreundliche Sachverhaltsdarstellung, die bestimmte Tatsachen unerwähnt lässt, ist daher berufsrechtlich nicht zu beanstanden.

Aus dem Vorstehenden ergibt sich der (berufsrechtliche) Rahmen, in dem sich der Rechtsanwalt bewegen darf und der vorgibt, wie weit das Vertrauen reicht, das ihm geschenkt werden darf. Der Empfänger des Abmahnschreibens darf darauf vertrauen, dass der Anwalt keine Angaben macht, von denen er weiß, dass sie unrichtig bzw. offensichtlich unwahr sind. Er kann aber nicht

---

711 *Schroth*, in: FS-Köhler, S. 661.

712 *Zuck*, in: Lingenberg/Hummel/Zuck/Eich, § 1 Rn. 12.

713 *BGH*, Urt. v. 20. 08. 1953 – 1 StR 88/53 = BGHSt 4, 327 (330).

714 *LG Berlin*, Urt. v. 15. 03. 1956 – 512 Qs 126/55 = MDR 1956, 758 (758); *LG Köln*, Beschl. v. 18. 02. 1972 – 37 Qs 73/72 = MDR 1973, 65 (65); *OLG Köln*, Urt. v. 20. 02. 1979 – 1 Ss 69/79 = NJW 1979, 1723 (1723); *Zaczyk*, in: NK-StGB, § 193 Rn. 45.

715 *RG*, Urt. v. 06. 04. 1932 – IX 306/31 = RGZ 140, 393 (397); *BGH*, Urt. v. 21. 11. 1960 – III ZR 160/59 = NJW 1961, 601 (602); *BGH*, Urt. v. 14. 11. 1961 – VI ZR 89/59 = NJW 1962, 243 (244); *BGH*, Urt. v. 20. 06. 1996 – IX ZR 106/95 = NJW 1996, 2929 (2931); *Hartstang*, Anwaltsrecht, S. 454.

716 *BVerfG*, Beschl. v. 16. 07. 2003 – 1 BvR 801/03 = BRAK-Mitt. 2003, 223 (277); *Henssler*, in: Henssler/Prütting-BRAO, § 43a Rn. 142; *Klas/Schwarz*, VuR 2009, 341 (344); *Schwärzer*, in: Feuerich/Weyland-BRAO, § 44 Rn. 17.

717 *Hartung*, in: Hartung-BORA/FAO, § 43a Rn. 46; *Henssler*, in: Henssler/Prütting-BRAO, § 43a Rn. 142.

darauf vertrauen, dass ihm der Anwalt eine umfassende Darstellung der Sachlage liefert.

Möglicherweise ist eine andere Beurteilung dann gerechtfertigt, wenn sich die Frage des Vertrauens auf fachliche Inhalte bezieht. Zwar ist es dem Anwalt erlaubt, gegen die herrschende Meinung zu argumentieren und Beweisanträge zu stellen, auch wenn er glaubt, die Tatsache könne nicht bewiesen werden.[718] Der Rechtsanwalt braucht einen Spielraum, innerhalb dessen er die Möglichkeit hat, nach dem für seinen Mandanten optimalen Ergebnis zu streben. Dabei ist sein Handeln auch keiner Zweckmäßigkeitskontrolle unterworfen.[719] Allerdings darf er die Parteiinteressen nur im vertretbaren juristischen Rahmen verfolgen, sodass sein Einsatz für den Mandanten spätestens dort an die Grenze des Zulässigen stößt, wo er die Rechtslage bewusst verdreht.[720] Kommt es also gerade auf sein Fachwissen an, kann sich der Rechtsanwalt nicht darauf berufen, er habe von seinem Mandanten diese oder jene Information bezüglich der Rechtslage erhalten und diese sei auch nicht offensichtlich falsch gewesen.[721] Ihn trifft die Pflicht zu wissen, was Recht ist und dieses Wissen auch an den Gegner weiterzugeben. Der Abgemahnte darf also darauf vertrauen, dass die rechtlichen Ausführungen des Rechtsanwalts korrekt sind und dieser sich, wenn er einen Anspruch geltend macht, im Rahmen des Vertretbaren bewegt.

Diese Überlegungen gelten umso mehr, wenn man sich vor Augen führt, dass es sich bei Abmahnverfahren um außergerichtliche Vorgänge handelt. Die Aussagen des Rechtsanwalts werden ungefiltert und jeglicher (gerichtlichen) Kontrolle entzogen an den Abgemahnten weitergegeben;[722] dieser erscheint daher besonders schutzwürdig.

Es lässt sich also festhalten, dass der Bewegungsspielraum, den das Berufsrecht dem abmahnenden Rechtsanwalt einräumt, ein zum Laien gesteigertes Vertrauen rechtfertigt.[723] Überhaupt ist ihm die Erfüllung seiner Funktion, wie sie ihm die Verfassungsordnung zugedacht hat, nur möglich, wenn ihm

718 *BGH*, Urt. v. 03. 08. 1966 – 2 StR 242/66 = BGHSt 21, 118 (125); *Träger*, in: Feuerich/Weyland-BRAO, § 43a Rn. 39 ff.; *Zuck*, in: Gaier/Wolf/Göcken, Anwaltliches Berufsrecht, § 43a BRAO Rn. 78.

719 *Brüggemann*, in: Feuerich/Weyland-BRAO, § 1 Rn. 8a.

720 *Gottwald/Rosenberg/Schwab*-ZPO, § 65 Rn. 56.

721 Vgl. *Schwärzer*, in: Feuerich/Weyland-BRAO, § 44 Rn. 17.

722 Siehe im 2. Kapitel unter B.III.1.c) ff) (5).

723 *Jaeger*, NJW 2004, 1 (6), spricht mit Blick auf *BVerfG*, Beschl. v. 25. 04. 2001 – 1 BvR 1104/92 = NVwZ 2001, 1261, von einem Vertrauensvorschuss für Anwälte als „Organe der Rechtspflege".

ein besonderes Vertrauen entgegengebracht wird.[724] Trotz seiner Stellung als Interessenvertreter einer Partei übt er einen „Vertrauensberuf"[725] aus, der ihn auch dem Abgemahnten gegenüber verpflichtet.[726]

Bei der Wahl des Begriffs *Vertrauensberuf* bedarf allerdings das Wort *Beruf* besonderer Betonung. Denn für die strafrechtliche Bewertung ist alleine bedeutsam, welche Erwartungen an den Rechtsanwalt in fachlicher Hinsicht gestellt werden – auch wenn es unbestritten ein erstrebenswerter Zustand wäre, wenn jeder Anwalt gleichzeitig ethisch-moralisch einwandfrei handelte. Ein berechtigtes Vertrauen besteht also dort, wo es um die fachliche Kompetenz bzw. die Richtigkeit der juristischen Beurteilung durch den Anwalt geht. Denn gerade in diesem Bereich ist der Abgemahnte (in der Regel juristischer Laie) dem Anwalt unterlegen; es bleibt ihm keine andere Wahl, als hinsichtlich der Inhalte, für deren Bewertung juristische Fachkenntnisse nötig sind, dem Rechtsanwalt zu vertrauen.[727] Diese Schutzbedürftigkeit gilt es durch eine gesteigerte Verantwortlichkeit des Rechtsanwalts auszugleichen, der im Vertrauenskriterium Rechnung getragen werden kann.

5. *Anwendung auf das Problem der konkludenten Täuschung*

a) Konkludente Täuschung über anspruchsbegründende Tatsachen

In einem Abmahnschreiben kommen eine Vielzahl von möglichen Anknüpfungspunkten für eine Täuschung und dementsprechend eine Betrugsstrafbarkeit in Betracht. Insbesondere die anspruchsbegründenden Tatsachen bieten sich als Bezugspunkt für eine Täuschung an, also jene Tatsachen, auf die sich die geltend gemachten Schadens- und Aufwendungsersatzansprüche stützen. Oben wurden vier mögliche Bezugspunkte für eine Täuschung einer Prüfung unterzogen: die Abmahnberechtigung, die Erforderlichkeit der Abmahnung, die fehlende Missbräuchlichkeit der Abmahnung und das Anfallen bzw. die Erforderlichkeit der Aufwendungen. Um zu ermitteln, ob über das Vorliegen dieser anspruchsbegründenden Tatsachen bei Anspruchsgeltendmachung konkludent getäuscht wird, wurde unter anderem das Vertrauenskriterium bemüht. Mangels

---

724 *Busse*, in: Henssler/Prütting-BRAO, Einl. Rn. 61.

725 *Jaeger*, NJW 2004, 1 (6).

726 *Busse*, in: Henssler/Prütting-BRAO, § 2 Rn. 40, spricht von einer janusköpfigen Rolle des Rechtsanwalts, der Vertrauen sowohl der Rechtspflege als auch des Mandanten in Anspruch nimmt.

727 Vgl. *Busse*, in: Henssler/Prütting-BRAO, § 2 Rn. 40.

Vertrauensverhältnisses zwischen Abmahnendem und Abgemahntem stritt dieses Kriterium jedoch stets für eine Ablehnung der konkludenten Täuschung.

Nichts anderes ergibt sich, auch unter Berücksichtigung der besonderen Stellung des Rechtsanwalts, für den Versand von anwaltlichen Abmahnungen. Zwar nimmt der abmahnende Anwalt eine besondere Pflichten- und Vertrauensstellung auch gegenüber dem Abgemahnten ein, dennoch ist er nicht zur Bereitstellung sämtlicher anspruchsrelevanter Informationen verpflichtet. Zwar ist er, wenn er ausdrücklich erklärt, eine bestimmte Tatsache liege vor, zur wahrheitsgemäßen Mitteilung verpflichtet; er genießt jedoch kein Vertrauen hinsichtlich der Vollständigkeit der von ihm gemachten Angaben. Ob sein Mandant abmahnberechtigt ist, ob die Abmahnung erforderlich war und ob die Aufwendungen, deren Ersatz gefordert wird, angefallen sind und erforderlich waren, erklärt demgemäß, soweit es der Laie nicht tut, auch der Rechtsanwalt nicht konkludent bei Anspruchsgeltendmachung mit.

Dies gilt ebenso für die Umstände, die eine Missbräuchlichkeit der Abmahnung begründen. Der Rechtsanwalt erklärt im Abmahnschreiben nicht stillschweigend, es lägen keine Umstände vor, wie etwa ein vorrangiges Gebührenerzielungsinteresse, auf die sich die Annahme einer Missbräuchlichkeit stützen könnte. Denn die Umstände, die eine Missbräuchlichkeit begründen, sind im Mandanten selbst angelegt und betreffen nicht das Verhalten oder die Motive des ihn vertretenden Rechtsanwalts. Ein diesbezügliches Schweigen des Rechtsanwalts läuft seinen berufsrechtlichen Pflichten damit nicht zuwider; es ist schließlich nicht *sein* etwaiges Gebührenerzielungsinteresse das die Abmahnung missbräuchlich werden lässt. Der Abgemahnte kann mithin nicht darauf vertrauen, der Rechtsanwalt statte ihn mit den für die Beurteilung der Missbräuchlichkeit der Abmahnung relevanten Informationen aus.

b) Konkludente Täuschung über die Rechtsverbindlichkeit der Ansprüche

Zu einem anderen Ergebnis kommt man hingegen bei der Beurteilung der Frage, ob ein Rechtsanwalt konkludent erklärt, er hielte sich bei seinen rechtlichen Ausführungen im Rahmen des juristisch Vertretbaren und vor Gericht Durchsetzbaren. In diesem Kontext kommt es nämlich gerade auf die juristische Fachkompetenz des Rechtsanwalts an. Seine Funktion als Organ der Rechtspflege und die damit verknüpfte Gemeinwohlverpflichtung bewirken, dass seiner rechtlichen Einschätzung Vertrauen geschenkt werden darf. Dabei vermittelt er zwar nicht denselben Objektivitätsanspruch wie ein Gericht,[728] es kann jedoch

728 Vgl. *OLG Stuttgart*, Beschl. v. 19. 06. 1979 – 3 Ss (8) 237/79 = NJW 1979, 2573 (2574).

erwartet werden, dass er die Augen nicht vor eindeutiger und gefestigter Rechtsprechung verschließt.[729]

So entschied etwa das AG Schwandorf[730] im Rahmen der „Abo-Fallen-Fälle“:

> *„Insbesondere aufgrund der einschlägigen Rechtsprechung bezüglich der derlei als ‚Abo-Fallen‘ bekannten Geschäftspraxen, in der ein Vertragsschluss der beteiligten Parteien regelmäßig verneint wurde, sowie diverser Urteile [...] muss diesem als rechtskundigem Anwalt das Nichtbestehen der jeweiligen Forderung bekannt gewesen sein.“*

Das AG Düsseldorf[731] machte deutlich:

> *„Anders als im Zivilprozess, dessen abschließende Entscheidungen durch einen selbst rechtlich kompetenten Richter ergehen, besteht bei einer außergerichtlichen Darstellung von Rechtsauffassungen gegenüber einem Verbraucher mit dem Ziel, diesen zu einer Zahlungsverpflichtung durch Vergleich zu bewegen, auch im Hinblick auf die Eigenschaft von Rechtsanwälten als Organ der Rechtspflege und dem damit verbundenen besonderen Vertrauen, das Rechtsanwälte auch dann genießen, wenn sie aufseiten einer Partei tätig sind, die Verpflichtung deutlich zu machen, dass bestimmte vertretene Rechtsauffassungen nicht im Einklang mit der obergerichtlichen Rechtsprechung stehen.“*

Und das AG Regensburg[732] entschied im Rahmen des „Redtube-Falles“:

> *„Letztlich sollten [...] juristische Laien durch die Autorität eines Organs der Rechtspflege zur Hinnahme der von den Beklagten gewünschten Sachverhaltsbewertung veranlasst werden.“*

Der Abgemahnte darf demgemäß darauf vertrauen, dass der Subsumtion des Rechtsanwalts rechtliche Gültigkeit, mithin Rechtsverbindlichkeit zukommt.

Darüber hinaus ist in diesem Zusammenhang das Informationskriterium erneut in den Blick zu nehmen. Die obige Prüfung ergab, dass in Anwendung dieses Kriteriums eine konkludente Täuschung über die Rechtsverbindlichkeit des Anspruchs verneint werden müsse, da Abmahnender und Abgemahnter in gleichem Maße Zugang zu den entsprechenden Informationen über die Rechtslage hätten.[733] Das gilt grundsätzlich auch dann, wenn ein Rechtsanwalt die Abmahntätigkeit übernimmt, denn die Informationen über die Rechtslage liegen nicht ausschließlich oder überwiegend im Herrschaftsbereich des abmahnenden Rechtsanwalts. Aus einer faktischen Betrachtungsweise heraus ist

---

729 Dazu *Klas/Schwarz*, VuR 2009, 341 (345): „Komplette Rechtsblindheit ist lebensfremd.“

730 *AG Schwandorf*, Urt. v. 21. 07. 2011 – 1 C 376/11 = NJW-RR 2011, 1628 (1629).

731 *AG Düsseldorf*, Urt. v. 08. 10. 2013 – 57 C 6993/13 = ZUM-RD 2014, 393 (394).

732 *AG Regensburg*, Urt. v. 08. 12. 2015 – 3 C 451/14.

733 Siehe im 2. Kapitel unter B.III.1.c) ff) (4) α).

jedoch einzusehen, dass einem Rechtsanwalt der Zugang aufgrund seines Fachwissens und seiner Erfahrung im Umgang mit juristischer Literatur und Rechtsprechung einem juristischen Laien gegenüber erheblich erleichtert ist.[734] Damit ergibt sich ein Informationsgefälle, das ihn gegenüber dem Abgemahnten in die Pflicht nimmt.

II. Besonderes Drohpotential durch rechtsanwaltliches Abmahnschreiben?

Auch im Rahmen des Nötigungstatbestandes sind Modifikationen der im zweiten Kapitel gefundenen Ergebnisse denkbar. Der Umstand, dass das Abmahnschreiben von einem Anwalt versandt wird, wirkt sich möglicherweise auf die Qualität der Drohung oder die Beurteilung der Verwerflichkeit aus. Aus Laiensicht besteht hinsichtlich der motivierenden Wirkung des Abmahnschreibens ein Unterschied, abhängig davon, ob Absender des Abmahnschreibens erkennbar ein Rechtsunkundiger oder ein Rechtsanwalt bzw. eine Rechtsanwaltskanzlei ist; ein anwaltliches Abmahnschreiben wirkt regelmäßig beängstigender.[735] Es gilt zu identifizieren, worin diese unterschiedliche Wahrnehmung gründet und wo sie sich dogmatisch auswirkt.

1. Keine erhöhte Empfindlichkeit des Übels

Auf den ersten Blick erscheint es einleuchtend, einer anwaltlichen gegenüber einer nichtanwaltlichen Drohung ein höheres Maß an Empfindlichkeit zuzuschreiben. Bei genauerem Hinsehen stellt sich indessen heraus, dass nicht die Empfindlichkeit der entscheidende Ansatzpunkt ist.[736] Diese bezieht sich nämlich allein auf das Übel und das angekündigte Übel ist stets dasselbe, ganz gleich von wem ausgesprochen. Viel eher bekommt der Abgemahnte bei einem anwaltlichen Abmahnschreiben das Gefühl vermittelt, dem Versender sei es wirklich ernst damit, das angekündigte Verhalten (beispielsweise Klageerhebung) auch zu realisieren. Denn es gehört nun einmal zur Routine, zum „Tagesgeschäft“[737]

---

734 Das *AG Regensburg*, Urt. v. 08. 12 .2015 – 3 C 451/14, wirft dem Rechtsanwalt im „Redtube-Fall“ vor, sich die „Unklarheiten im Zusammenhang mit der rechtlichen Bewertung von neuen Entwicklungen wie Streamingvorgängen“ zunutze zu machen.

735 Die Einführung der sog. Buttonlösung zur Bekämpfung von „Abo-Fallen“ beruhte u. a. auf der Feststellung, dass Verbraucher „lediglich aufgrund des massiven und einschüchternden Drucks von Rechtsanwälten“ zahlten; BT-Drucks. 17/7745, S. 1.

736 So aber *BGH*, Beschl. v. 05. 09. 2013 – 1 StR 162/13 = NJW 2014, 401 (403), der im Rahmen der Prüfung der Empfindlichkeit darauf hinweist, dass „die Drohung durch das Mahnschreiben eines Rechtsanwalts ein besonderes Gewicht“ erlangt.

737 *Donath/Mehle*, NJW 2009, 2363 (2363).

des Anwalts, dies zu tun und die Einleitung der erforderlichen Schritte geht ihm leichter als dem Rechtsunkundigen von der Hand. Die Gefahr der Realisierung des angedrohten Verhaltens erscheint damit derart wahrscheinlich und konkret, dass sie geeignet ist, Drohwirkung zu entfalten.

Die Realisierungsmöglichkeit und -wahrscheinlichkeit wird jedoch schon für die Frage, ob überhaupt eine Drohung vorliegt, bedeutsam. In der Definition der Drohung drückt sich dieses Erfordernis in der Formulierung „ein Übel, auf dessen Eintritt der Drohende *Einfluss zu haben vorgibt*“[738] aus. Mithin macht gerade die Person des Ankündigenden die Übelsankündigung tatsächlich zur Drohung, weil sie den Ausschlag dafür gibt, ob der Abgemahnte an die Einflussnahme- bzw. Realisierungsmöglichkeit glaubt. Im Umkehrschluss kann der Übelsankündigung in einem stümperhaften und erkennbar von einem Laien verfassten Abmahnschreiben die Drohungsqualität abgesprochen werden, wenn sie bei dem durchschnittlichen Abgemahnten nicht den Eindruck zu erwecken vermag, der Abmahnende sei, etwa mangels Fachwissens, tatsächlich in der Lage, Klage zu erheben und so das Übel eintreten zu lassen.

2. *Verwerflichkeit des Verhaltens des Rechtsanwalts*

Darüber hinaus ist eine Berücksichtigung der Person des Drohenden bei der Verwerflichkeit in Betracht zu ziehen. Die Sozialwidrigkeit des Verhaltens kann sich daraus ergeben, dass der Rechtsanwalt seine Berufsbezeichnung dazu einsetzt, „die Position der Adressaten als faktisch aussichtslos erscheinen zu lassen“[739]. Die Stellung und die Autorität als Organ der Rechtspflege wecken beim Abgemahnten ein Gefühl der Unterlegenheit und den Eindruck, die Wertungen des Anwalts entsprächen der allgemeinen Rechtsansicht, sodass ein gerichtliches Verfahren mit hoher Wahrscheinlichkeit zu seinen Ungunsten ausginge.[740] Der Anwalt, der diese Überlegenheit bewusst ausnutzt, um eine unbegründete oder zweifelhafte Forderung durchzusetzen, missbraucht das Instrument der Abmahnung, um das gerichtliche Verfahren zu umgehen.[741] Wie oben ausgeführt, ist es gerade dieser Missbrauchsgedanke, auf den sich das Verwerflichkeitsurteil

738 *Eser/Eisele*, Sch/Sch-StGB, Vorb. §§ 234–241a Rn. 31 m. w. N.

739 *BGH*, Beschl. v. 05. 09. 2913 – 1 StR 162/13 = NJW 2014, 401 (404).

740 Vgl. *BGH*, Beschl. v. 05. 09. 2013 – 1 StR 162/13 = NJW 2014, 401 (404).

741 Vgl. *AG Regensburg*, Urt. v. 08. 12. 2015 – 3 C 451/14, das im „Redtube-Fall“ rügte, der Rechtsanwalt habe „sowohl Unklarheiten im Zusammenhang mit der rechtlichen Bewertung von neuen Entwicklungen wie Streamingvorgängen wie auch technische Unwissenheit, (was sich alles im Hintergrund von Betriebssystemen von Computern abspielt)“ ausgenutzt.

im Fall der unberechtigten Abmahnungen maßgeblich stützt;[742] er gilt für das anwaltliche wie das nichtanwaltliche Abmahnschreiben gleichermaßen. Entscheidend ist daher auch hier, dass der Rechtsanwalt das Abmahnschreiben missbräuchlich einsetzt, also insbesondere, um den Kasus der gerichtlichen Prüfung zu entziehen. Allerdings ist ein positives Verwerflichkeitsurteil bei der anwaltlichen Drohung leichter gefällt als bei der nichtanwaltlichen: Schon der Einsatz der Berufsbezeichnung des Rechtsanwalts an sich streitet nämlich für eine Missbrauchsabsicht.[743]

Darüber hinaus ist eine strengere Beurteilung im Hinblick auf die subjektive Seite der Verwerflichkeit, also die Zwecksetzung, erlaubt. Der Rechtsanwalt wird sich aufgrund seines Fachwissens nur schwer darauf zurückziehen können, er habe nicht gewusst, dass die Forderung in Wahrheit nicht bestehe und habe doch redliche Absichten gehegt.[744] Besonders dann, wenn der Anwalt vom Mandanten die Anweisung erhält, „jede Befassung von StA und/oder Gericht mit den Vorgängen zu vermeiden",[745] muss sich aufdrängen, dass die Ansprüche unbegründet sind und das Abmahnverfahren zur Eintreibung dieser unbegründeten Forderungen missbraucht wird.

Es bleibt festzuhalten, dass eine anwaltliche Drohung kein empfindlicheres Übel darstellt, als das eines jedweden anderen. Lediglich in der Verwerflichkeitsprüfung kann dieser Umstand Berücksichtigung finden. Dabei ist zwar auch dort der Missbrauch des Instruments der Abmahnung entscheidendes Kriterium für ein positives Verwerflichkeitsurteil, doch ist der Rechtsanwalt angehalten, besondere Vorsicht bei seinen Formulierungen walten zu lassen. Seine anwaltliche Autorität und sein Fachwissen erleichtern die Umgehung eines Gerichtsverfahrens und dementsprechend einen Missbrauch. Dieser gegenüber dem Laien vereinfachten Missbrauchsmöglichkeit muss insoweit Rechnung getragen werden, als davon schneller auf eine Missbrauchsabsicht und folglich auch auf die Verwerflichkeit des Handelns des Rechtsanwalts geschlossen werden kann.

Diese Überlegungen gelten auch für jenen Fall, in dem der Rechtsunkundige rechtswidrig einen anwaltlichen Briefkopf oder einen falschen Rechtsanwaltstitel nutzt oder die Abmahnung insgesamt in einer Weise gestaltet, die den Eindruck erweckt, es handele sich um eine anwaltliche Abmahnung. Er nutzt dann nämlich die rechtsanwaltliche Autorität bewusst zu seinem Vorteil aus und folglich

---

742 Vgl. im 2. Kapitel unter C.III.4.d) bb) (3).

743 Auch *Schroth*, in: FS-Köhler, S. 660, tut sich im Falle eines anwaltlichen Mahnschreibens leichter mit dem Verwerflichkeitsurteil als bei einem nicht-anwaltlichen.

744 Siehe auch in diesem Kapitel zum Nachweis des subjektiven Tatbestandes unter B.IV.

745 *BGH*, Beschl. v. 05. 09. 2013 – 1 StR 162/13 = NJW 2014, 401 (404).

muss auch die daraus resultierende strengere strafrechtliche Verantwortlichkeit zu seinen Lasten gehen.

III. Die Anwaltstätigkeit als „neutrale Handlung"?

1. Überblick

Schon Mitte des 19. Jahrhunderts wurde die Frage aufgeworfen, ob ein Kaufmann eine Mitschuld an einem Mord trägt, wenn er eine Pistole in dem Wissen verkauft, dass diese für einen Mord eingesetzt werden soll, ihn selbst aber allein der finanzielle Vorteil zum Verkauf antreibt.[746] Auch im Bereich der Abmahnungen stellt sich die Frage nach der Strafwürdigkeit des Verhaltens des „nur" rechtsberatend tätig werdenden Anwalts. Unterstützt er den Mandanten bei der Erstellung der unberechtigten Abmahnung, wird seine Handlung zweifelsohne kausal für den etwaigen Erfolg der Haupttat, den Betrug seines Mandanten zulasten des Abgemahnten. Dennoch besteht das Bedürfnis, bestimmte Handlungen „mit Blick auf gewisse Eigenschaften wie Alltäglichkeit, Üblichkeit, ubiquitäre Verfügbarkeit, Berufsbezogenheit"[747] aus dem Bereich des Strafbaren herauszunehmen. Hierzu findet sich eine unüberschaubare Zahl unterschiedlicher Ansätze,[748] die zum Teil auf objektiver, auf subjektiver oder auf Rechtfertigungsebene ansetzen.

In der Regel wird das Problem der *neutralen Handlungen* unter dem Stichwort der *neutralen Beihilfe* in Bezug auf die Gehilfenstrafbarkeit diskutiert. Diese Begrenzung ist jedoch nicht zwingend. Es ist genauso denkbar, täterschaftliche *neutrale Handlungen* mangels Tatbestandsmäßigkeit straflos zu stellen.[749]

Diese Überlegung stellte der BGH an, als er darüber zu entscheiden hatte, ob der Versand einer mit typischen Rechnungsmerkmalen versehenen „Insertationsofferte" eine Täuschung darüber darstelle, dass es sich nicht um eine Rechnung, sondern in Wahrheit um ein bloßes Angebot über die Veröffentlichung einer Traueranzeige handele.[750] Er qualifizierte das Verhalten, das sich darin erschöpfte, eine „inhaltlich richtige" Erklärung abzugeben als „äußerlich

---

746 *Kitka*, Über das Zusammentreffen mehrerer Schuldigen bey einem Verbrechen und deren Strafbarkeit, S. 62 f., zitiert nach *Joecks*, in: MüKo-StGB, Rn. 50.

747 *Rackow*, BeckOK-Lexikon des Strafrechts, Neutrale Handlungen, Rn. 2.

748 *Rackow*, BeckOK-Lexikon des Strafrechts, Neutrale Handlungen, Rn. 1.

749 Zu den Fallgruppen „unverdächtiger Täterschaft" *Rackow*, Neutrale Handlungen, S. 367 ff.

750 Zum Sachverhalt *BGH*, Urt. v. 26. 04. 2001 – 4 StR 439/00 = BGHSt 47, 1.

verkehrsgerecht",[751] also *neutral* oder „unverdächtig".[752] Damit hatte er der Handlung die objektive Täuschungsqualität eigentlich bereits abgesprochen und kam nur dadurch zur Strafbarkeit, dass er für die Täuschungsqualität daraus ableitete, dass „der Täter die Eignung der – inhaltlich richtigen – Erklärung, einen Irrtum hervorzurufen, planmäßig einsetzt[e] und [...] gezielt die Schädigung des Adressaten verfolgt[e]".[753] Die Entscheidung erfuhr in ihrer Begründung erhebliche Kritik, insbesondere wegen der Subjektivierung des objektiven Tatbestandsmerkmals der Täuschung.[754] Das Ausweichen auf die subjektive Zwecksetzung wäre auch vermeidbar gewesen, hätte der Senat die Handlung nicht von vornherein als „verkehrsgerecht" eingestuft, sondern etwa den Gesamteindruck des Schreibens zugrunde gelegt und darin eine Täuschung erkannt.[755] Es hatte also keinerlei Mehrwert, zu versuchen, die Thematik der *neutralen Handlungen* im Rahmen eines Täuschungsproblems beim Betrug fruchtbar zu machen. Das Tatbestandsmerkmal der Täuschung bietet ausreichend Spielraum, um der *Neutralität* täterschaftlichen Handelns Rechnung zu tragen.

Dasselbe gilt für den Tatbestand der Nötigung. Die Drohung mit einem Gerichtsverfahren etwa ist ganz üblicherweise Baustein eines anwaltlichen Abmahnschreibens. Dieser Umstand kann ohne Weiteres im Rahmen der Verwerflichkeitsprüfung gem. § 240 Abs. 2 StGB Berücksichtigung finden. Auch hier ist es nicht erforderlich, bei der Untersuchung der Strafbarkeit des Täters die Diskussion um die *neutralen Handlungen* zu bedenken.

Aus diesem Grund beschränkt sich dieser Teil der Arbeit auf die Fälle der sog. neutralen Beihilfe.

2. *Beispiele anwaltlicher Gehilfentätigkeit*

Die möglichen Arten der Beihilfehandlungen sind mannigfaltig, ebenso wie der Grad der Beteiligung des Anwalts höchst unterschiedlich ausfallen kann. Massenabmahnungen etwa setzen eine enge Zusammenarbeit zwischen Mandant und Rechtsanwalt voraus und Einzelheiten zu den Fragen, auf wessen Initiative die Abmahntätigkeit aufgenommen wurde oder wie Gewinne geteilt werden,

---

751 *BGH*, Urt. v. 26. 04. 2001 – 4 StR 439/00 = BGHSt 47, 1 (5).

752 *Rackow*, Neutrale Handlungen, bevorzugt den Ausdruck „unverdächtige Handlungen" anstelle von neutralen Handlungen.

753 *BGH*, Urt. v. 26. 04. 2001 – 4 StR 439/00 = BGHSt 47, 1 (5).

754 *Rackow*, Neutrale Handlungen, S. 416 m. w. N.

755 Vgl. *Geisler*, NStZ 2002, 86 (87 f.).

sind nur schwer zu ermitteln.[756] Eine umfassende Darstellung aller infrage kommenden Beihilfehandlungen ist selbstverständlich nicht möglich, allerdings sollen einige Fallbeispiele veranschaulichen, wo das Problem zu verorten ist und wie es einer sachgerechten Lösung zugeführt werden kann.

Klarstellend sei erwähnt, dass in jenen Fällen, in denen der Rechtsanwalt die Abmahnung selbst versendet, durchaus auch eine (Mit-)Täterschaft denkbar ist. Erst die Abmahntätigkeit führt nämlich zu dem erstrebten wirtschaftlichen Erfolg und im Hinblick auf die Gebühren hat der Rechtsanwalt auch ein eigenes Tatinteresse. Es mag sogar Fälle geben, in denen der Rechtsanwalt Alleintäter ist und seinen Mandanten zur Gewinnerzielung mittels Abmahnungen instrumentalisiert.[757] Geht man jedoch von einer fehlenden Tatherrschaft bzw. von einem nur geringen Tatinteresse des Anwalts aus, etwa weil er selbst nicht Rechteinhaber ist und es in der Macht des Mandanten steht, alle relevanten Informationen bereit zu stellen, so kommt lediglich eine Gehilfenstrafbarkeit in Betracht.

a) Fallbeispiel 1) (angelehnt an „E-Card-Fall")

Der Rechtsanwalt stellt dem Haupttäter seinen Namen zur Verfügung, indem er ihm gestattet, die Abmahnungen unter seinem Briefkopf zu versenden. Außerdem unterschreibt er die vom Täter verfassten Abmahnungen mit seinem eigenen Namen. Darüber hinaus ist er objektiv nicht weiter in die Abmahntätigkeit involviert.

b) Fallbeispiel 2)

Ein Fotograf, der auf seinem Internet-Blog selbst aufgenommene Fotografien veröffentlicht, beabsichtigt Abmahnungen an andere Blog-/Internetseitenbetreiber zu versenden, welche die nach dem UrhG geschützten Fotografien auf ihren Seiten ohne Berechtigung nutzen. Er lässt sich von einem Rechtsanwalt über die inhaltlichen Anforderungen einer urheberrechtlichen Abmahnung aufklären, um die Abmahnungen eigenständig zu versenden.

c) Fallbeispiel 3)

T hat vom „Geschäftsmodell Abmahnung" gehört und möchte sich durch den Versand von Abmahnungen bereichern. Er sucht seinen Rechtsanwalt auf und schildert das Vorhaben. Er plane, sich als Rechteinhaber von Fotografien auszugeben, die Ebay-Nutzer augenscheinlich unberechtigt (etwa Herstellerfotos) zur Anpreisung ihres Produktes verwendeten. Der Rechtsanwalt steht dieser deliktischen Absicht gleichgültig gegenüber und übernimmt das Mandat aufgrund des finanziellen Interesses an der Beauftragung.[758]

---

756 *Wagner*, Vorsicht Rechtsanwalt, S. 183.
757 Vgl. *AG Bergisch Gladbach*, Urt. v. 28. 01. 2010 - 66 C 216/08 = BeckRS 2010, 16027.
758 Angelehnt an *AG Köln*, Urt. v. 24. 05. 2012 - 137 C 53/12 = BeckRS 2012, 13763.

d) Fallbeispiel 4)

Ein Rechtsanwalt wird von seinem Mandanten mit der Erstellung einer urheberrechtlichen Abmahnung beauftragt. Abgemahnt werden soll der unbefugte Upload von Musikdateien; der Mandant stellt dem Rechtsanwalt die nötigen Informationen zur Erstellung der Abmahnung zur Verfügung. Nach Prüfung der Rechtekette kommt der Rechtsanwalt zu dem Schluss, dass die Rechtekette nicht lückenlos ist, der Mandant also nicht aktivlegitimiert ist. Der Rechtsanwalt rechnet mit einem deliktischen Hintergrund, verfasst aber gleichwohl die Abmahnungen.

e) Fallbeispiel 5)

Ein Rechtsanwalt wird von seinem Mandanten mit der Erstellung einer urheberrechtlichen Abmahnung beauftragt. Abgemahnt werden soll der unbefugte Upload von Musikdateien; der Mandant stellt dem Rechtsanwalt die nötigen Informationen zur Erstellung der Abmahnung zur Verfügung. Der Anwalt übernimmt die Angaben ohne weitere Prüfung, obwohl er ein deliktisches Handeln des Mandanten für möglich hält.

3. Lösungsansätze in Literatur und Rechtsprechung

Zur Thematik der *neutralen Beihilfe* hat sich inzwischen ein „Meinungsspektrum, das „kaum noch zu überblicken ist“[759], herausgebildet. Dabei ist bereits umstritten, auf welcher Ebene eine Privilegierung ansetzen soll. Zum Teil wird vertreten, dass bei neutralen Beihilfehandlungen schon der objektive Tatbestand entfallen soll, andere wollen auf der Ebene der Rechtswidrigkeit ansetzen und schließlich wird vertreten, so auch vom BGH, dass die Problematik im subjektiven Tatbestand anzusiedeln sei.[760] Interessant für den Fall der Abmahntätigkeit, die von Rechtsanwälten unterstützt wird, ist vor allem die Thematik der „Unterstützung fremder Straftaten durch berufsbedingtes Verhalten“[761].

a) Objektive Ansätze und Kriterien

In der Literatur wird vielfach versucht, Alltagshandlungen als sozialadäquat aus dem Begriff des Hilfeleistens auszuklammern[762] und/oder mangels einer

759 *Joecks*, in: MüKo-StGB, § 27 Rn. 62.

760 Eine umfassende Darstellung der wichtigsten Lösungsansätze findet sich bei *Kudlich*, Unterstützung fremder Straftaten durch berufsbedingtes Verhalten, S. 74 ff.

761 So der Titel der Habilitationsschrift *Kudlichs*.

762 *Murmann*, JuS 1999, 548 (552). Als Vater des Gedankens des sozialadäquaten Handelns gilt *Welzel*, ZStW 58 (1939), 491 ff. (so *Kudlich*, Unterstützung fremder Straftaten durch berufsbedingtes Verhalten, S. 78).

Schaffung bzw. einer (signifikanten) Erhöhung des Haupttatrisikos die objektive Zurechnung zu verneinen.[763] Anknüpfend an die Lehre von der sozialen Adäquanz hat *Hassemer* den Begriff der „professionellen Adäquanz" entwickelt,[764] mit dem er „neutrales, sozial akzeptiertes und regelgeleitetes berufliches Handeln"[765] straflos stellt. Bei Regelverletzung oder Regeländerung sei der Bereich der professionellen Adäquanz verlassen. Dies sei etwa dann der Fall, wenn ein System aufgebaut würde, dessen Funktion nicht mit neutralen Zielen erklärt werden könne oder wenn berufsleitende Regelungen an fremde deliktische Pläne angepasst würden.[766]

Auf das Kriterium der Regelkonformität wird auch von der Ansicht abgestellt, die eine Beihilfehandlung annimmt, wenn der Gehilfe mit seinem alltäglichen Verhalten geschriebene oder ungeschriebene Berufsregeln verletzt, die gerade dem Schutz des durch die Haupttat verletzten Rechtsguts oder vor Missbrauch der beruflichen Handlungen zu deliktischen Zwecken dienen.[767]

Andere wollen (berufliche) Alltagshandlungen nur dann als taugliche Gehilfenhandlung werten, wenn sie einen eindeutigen deliktischen Sinnbezug aufweisen,[768] eine Solidarisierung mit dem Täterverhalten darstellen[769] oder der Gehilfe sein Handeln nicht mehr „von der deliktischen Planung distanzieren"[770] kann.

Als weitere objektive Kriterien werden etwa die Wertungen der §§ 138, 323c StGB herangezogen, wonach eine Handlung insbesondere dann eine strafbare Beihilfehandlung sei, wenn sie sich auf eine nach § 138 StGB anzeigepflichtige Tat oder ein die Hilfspflicht nach § 323c StGB begründendes Verhalten beziehe.[771] Schließlich wird auch die Lehre von der Garantenstellung bemüht.

---

763 *Kindhäuser*, FS-Otto, S. 367; *Stratenwerth/Kuhlen*, Strafrecht AT, § 12 Rn. 161; *Wohlers*, NStZ 2000, 169 (173).

764 *Kudlich*, Die Unterstützung fremder Straftaten, S. 82.

765 *Hassemer*, wistra 1995, 81 (85).

766 *Hassemer*, wistra 1995, 81 (86).

767 *Krekeler*, AnwBl. 1993, 69 (71); *Ransiek*, wistra 1997, 41, (43); *Wohlers*, NStZ 2000, 169 (173); *Wolff-Reske*, Berufsbedingtes Verhalten, S. 141 f. *Rogat*, Zurechnung, S. 178 ff., zieht die anwaltlichen Berufsrechte als Rechtfertigungsgründe heran.

768 *Jakobs*, Strafrecht AT, § 24 Rn. 15; *Roxin*, Strafrecht AT 2, § 26 Rn. 221 ff.; *Schünemann*, LK-StGB, § 27 Rn. 17; *Stratenwerth/Kuhlen*, Strafrecht AT, § 12 Rn. 16.

769 *Schumann*, Selbstverantwortung, S. 54 ff.

770 *Wolff-Reske*, Berufsbedingtes Verhalten, S. 123, basierend auf *Jakobs*, ZStW 89 (1977), 1 ff.

771 Die Heranziehung der §§ 138, 323c StGB als Vor-Wertungen geht auf *Frisch*, Verhalten und Zurechnung, S. 313 ff., zurück; aufgegriffen von *Hefendehl*, JURA 1992, 374

Der Hilfeleistende sei durch sein Verhalten wegen Beihilfe strafbar, wenn er als Garant die Haupttat verhindern müsse.[772]

b) Subjektive Ansätze

Die Ansätze, die eine Einschränkung auf subjektiver Seite vornehmen wollen, erhöhen in unterschiedlicher Weise die Anforderungen an den Vorsatz; zum Teil durch schlichten Ausschluss des *dolus eventualis*, zum Teil durch ergänzende Kriterien. So wurde vom RG gefordert, bloßes Wissen um die Förderung dürfe nicht ausreichen, sondern es müsse einen Förderungswillen und ein Förderungsbewusstsein geben. Erfülle ein Rechtsanwalt beispielsweise lediglich seine Berufspflichten, ohne dabei Förderungswillen zu besitzen, müsse er straflos ausgehen, selbst wenn er sicher von der geplanten Tat des Haupttäters wisse.[773] Eine im Gegensatz dazu auch in jüngerer Zeit vertretene Ansicht fordert,[774] *dolus eventualis* solle ganz allgemein bei berufstypischem und geschäftsmäßigem Verhalten für nicht ausreichend qualifiziert werden.[775]

c) Gemischt objektiv-subjektiver Ansatz: Die Lehre Roxins

Besondere Bedeutung kommt der Lehre *Roxins* zu, da sie in weiten Teilen von der Rechtsprechung übernommen wurde.[776] *Roxin*[777] vertritt einen differenzierenden Ansatz, indem er für diejenigen, die sicher wissen, dass sie ein deliktisches Handeln unterstützen, andere Kriterien anlegt als für jene, die die deliktische Verwendung des Beitrags nur für möglich halten. Bei ersterer Gruppe müsse untersucht werden, ob ihr Handeln objektiv einen deliktischen Sinnbezug aufweise, also die Beihilfehandlung nur in Bezug auf die Haupttat sinnvoll erscheine. Bleibe sie auch außerhalb des strafbaren Kontextes sinnvoll, fehle es an einem spezifisch deliktischen Sinnbezug. Bei jenen, die nur mit *dolus eventualis* handelten, greife zunächst der Vertrauensgrundsatz dahin gehend, dass jedermann darauf vertrauen könne, dass andere keine vorsätzlichen Straftaten begingen. Der Gehilfe bewege sich mit seiner Handlung im Rahmen des

---

(377), *Lesch*, JA 2001, 986 (990); *Schall*, GS-Meurer, S. 118; *Wohlleben*, Beihilfe durch äußerlich neutrale Handlungen, S. 149.

772 *Frisch*, Verhalten und Zurechnung, S. 356 f.; *Ransiek*, wistra 1997, 41 (43, 47).

773 *RG*, Urt. v. 17. 11. 1904 – 1178/04 = RGSt 37, 321 (323 f.).

774 *Kudlich*, Unterstützung fremder Straftaten durch berufsbedingtes Verhalten, S. 124.

775 *Amelung*, FS-Grünwald, S. 22 ff.; *Otto*, in: FS-Lenckner, S. 214 f.

776 *Schünemann*, LK-StGB, § 27 Rn. 17; vgl. auch *Kudlich*, Unterstützung fremder Straftaten durch berufsbedingtes Verhalten, S. 131.

777 *Roxin*, Strafrecht AT 2, § 26 Rn. 218 ff.

„berufstypisch erlaubten Risikos“. Dieser würde erst verlassen, wenn es Anhaltspunkte dafür gebe, dass ein Vertrauen, weil durch eine „erkennbare Tatgeneigtheit“ entkräftet, nicht mehr gerechtfertigt sei.

d) Die Entwicklung in der Rechtsprechung

Das RG[778] hatte zur Frage der Beihilfe durch Rechtsauskunft eines Rechtsanwalts noch entschieden, dass die Raterteilung durch den Anwalt *präsumtiv* keine Beihilfe zum Betrug sei. Es gehöre zu den Berufshandlungen und Berufspflichten eines Rechtsanwalts, beratend tätig zu werden und sein Wille sei lediglich darauf gerichtet, pflichtmäßig Rat zu erteilen, insbesondere nicht darauf, auf das, was der Klient infolge der rechtsgutachtlichen Äußerung seines Rechtsbeistandes tue, einzuwirken. Diese undifferenzierte und den Einzelfall außer Acht lassende Behandlung von Fällen der *neutralen Beihilfe* hat sich nicht durchgesetzt; vielmehr stellte der BGH[779] in Bezug auf Beihilfe durch einen Bankmitarbeiter zur Steuerhinterziehung klar, dass eine „generelle Straflosigkeit von ‚neutralen', ‚berufstypischen' oder ‚professionell adäquaten' Handlungen […] nicht in Betracht [kommt]“ und fast jede Handlung in einen strafbaren Kontext gestellt werden könne. Der BGH misst der subjektiven Seite entscheidendes Gewicht bei[780] und orientiert sich an der von *Roxin* entwickelten Differenzierung nach dem Grad des Vorsatzes. Grundlegend war dazu die Entscheidung, in der es um die Strafbarkeit eines Rechtsanwalts wegen der Erstellung von (inhaltlich richtigen) Informationsbroschüren für ein betrügerisch arbeitendes Unternehmen ging:

> *„Weiß der Hilfeleistende, dass das Handeln des Haupttäters ausschließlich darauf abzielt, eine strafbare Handlung zu begehen, dann ist der Tatbeitrag als Beihilfehandlung zu werten, da sein Tun den Alltagscharakter verliert. Es ist als Solidarisierung mit dem Täter zu deuten und auch nicht mehr als ‚sozialadäquat' anzusehen. Hält der Hilfeleistende es jedoch bloß für möglich, dass sein Tun zur Begehung einer Straftat genutzt wird, so ist sein Handeln erst dann als strafbare Beihilfehandlung zu werten, wenn das von ihm erkannte Risiko strafbaren Verhaltens des Haupttäters derart hoch ist, dass er sich mit seiner Hilfeleistung die Förderung eines erkennbar tatgeneigten Täters angelegen sein lässt.“*[781]

Etwaige Privilegierungen, wie für den Strafverteidiger diskutiert, werden bei Rechtsanwälten in Zivilsachen nicht vorgenommen. Die Rechtsprechung zum

---

778 *RG*, Urt. v. 17. 11. 1904 – 1178/04 = RGSt 37, 321 (323).

779 *BGH*, Urt. v. 01. 08. 2000 – 5 StR 624/99 = BGHSt 46, 107 (113).

780 *Joecks*, in: MüKo-StGB, § 27 Rn. 60.

781 *BGH*, Urt. v. 26. 10. 1998 – 5 StR 746/97 = NStZ-RR 1999, 184 (186); *Roxin*, in: LK[11]-StGB, § 27 Rn. 21.

Geldwäschetatbestand, § 261 StGB, die eine tatbestandliche Reduktion insoweit vornimmt, als sich der Strafverteidiger bei der Annahme eines Honorars mit deliktischer Herkunft nur dann wegen § 261 Abs. 2 Nr. 1 StGB strafbar macht, wenn er sichere Kenntnis von dessen bemakelter Herkunft hat,[782] ist nicht auf die hiesige Konstellation übertragbar. Denn die Grundsätze des BVerfG sind auf andere rechtsberatende Berufe, etwa Rechtsanwälte in Zivilsachen, nicht anwendbar.[783]

4. *Anwendung auf rechtsanwaltliche Abmahnungen*

a) *Bevorzugter Lösungsansatz*

Wie dargestellt existiert eine unüberschaubare Zahl an angebotenen Lösungswegen, um eine neutrale (rechtsanwaltliche) Beihilfehandlung dem strafbaren oder nicht strafbaren Bereich zuzuordnen. Nicht alle sind jedoch brauchbar, um das Problem in Bezug auf wettbewerbs- und urheberrechtliche Abmahnungen zu lösen.

So kann die Einordnung als *alltäglich* und *berufstypisch* allein noch nicht zur Straflosigkeit führen. Darin liegt auch die Schwäche der Lehre von der Sozialadäquanz. Sie taugt lediglich zur Beschreibung des Problems, nicht aber zu seiner Lösung, da sie eine Bestimmung dessen, was sozialadäquat ist, schuldig bleibt.[784] Aus demselben Grund ist die Feststellung, dass neutrale Verhaltensweisen kein rechtlich missbilligtes Risiko schafften, für sich genommen nicht für die Behandlung konkreter Fälle ausreichend.

Konkrete Falllösungen bedürfen konkreter Kriterien, wobei nicht alle Kriterien gleich tauglich sind. Die Schwäche des Kriteriums der „Vor-Wertung" der § 138 und § 323c StGB als Orientierungsmaßstab wird darin gesehen, dass diese Tatbestände eine Ausnahme bildeten, wenn sie ein „Handlungsgebot zum Schutz von Rechtsgütern vor fremden Bedrohungen auferlegen", während die Beihilfe einen eigenen (mittelbaren) Rechtsgutsangriff darstelle. Eine an einen Unbeteiligten gerichtete Gebotsnorm könne nichts über die Verantwortlichkeit eines echten Tatbeteiligten aussagen.[785] Ebenso ist eine Orientierung an der Dogmatik der Unterlassungsdelikte abzulehnen. *Schünemann*[786] bringt zu Recht vor,

---

782 *BVerfG* v. 30. 03. 2004 – 2 BvR 1520/01 und 2 BvR 1521/01 = BVerfGE 110, 226 (265 f.).

783 *Neuheuser*, in: MüKo-StGB, § 261 Rn. 81.

784 *Beckemper*, JURA 2001, 163 (166); vgl. auch *Waßmer*, in: AnwK-StGB, § 27 Rn. 19, der anführt, dass „weder das professionell noch das sozial Übliche einen Maßstab für das ‚normativ Richtige' bieten".

785 *Niedermair*, ZStW 107 (1995), 507, 521 f.

786 *Schünemann*, in: LK-StGB, § 27 Rn. 27.

dass bei § 27 StGB die Strafbarkeit früher als beim Unterlassen eintreten solle, da dieser eine aktive Förderungshandlung verlange.

Gut handhabbar sind hingegen andere objektive Kriterien wie der Gedanke des deliktischen Sinnbezugs bzw. der Solidarisierung, der auf eine über das Professionelle hinaus gehende Verbindung zwischen der Handlung des Täters und des Gehilfen abstellt oder das der Regelkonformität, über das Normen anderer Rechtsgebiete als Orientierung in die Bewertung aufgenommen werden können.

Im Hinblick auf die subjektiven Ansätze kann ein grundsätzlicher Ausschluss von *dolus eventualis* ebenso wenig wie das Erfordernis eines Tatförderwillens überzeugen. Auf diese Weise wird nämlich derjenige, der in Erfüllung beruflicher Pflichten tätig wird, gegenüber dem Privatmann ungerechtfertigt privilegiert[787] und dies, obwohl sich durch eine „gewerbsmäßige" Vornahme der Handlung der Grad der Sozialschädlichkeit eher erhöht als senkt.[788] Selbst Vertreter dieses Ansatzes räumen ein, dass es Fälle gibt, in denen trotz Fehlens oder unabhängig vom Vorliegen eines *dolus directus* aufgrund objektiver Kriterien eine strafbare Beihilfe bei berufstypischem Handeln möglich sei.[789] Gebe es beispielsweise konkrete Anhaltspunkte (objektiv!) dafür, dass die Gehilfenhandlung den tatbestandlichen Erfolg herbeiführe, könne auch bei *dolus eventualis* Strafbarkeit angenommen werden.

Allerdings ist zuzugeben, dass die Einstellung zur Tat und Zwecksetzung der Handlung für sich genommen dem Verhalten bereits seinen Alltagscharakter nehmen können,[790] weshalb die Anwendung subjektiver Kriterien unerlässlich ist. Erforderlich ist daher die Heranziehung sowohl objektiver als auch subjektiver, konkreter Kriterien, die eine wertende Betrachtung erlauben.[791] Der von *Roxin* entwickelte, von der Rechtsprechung aufgenommene und auch in der Literatur verwertete[792] gemischt objektiv-subjektive Lösungsweg erscheint mithin am besten geeignet, um die anwaltliche Beihilfe zum Versand unberechtigter Abmahnungen zu bewerten.

Darüber hinaus erscheint es sinnvoll, in diese Grundkonzeption *Roxins* das Kriterium der Regelkonformität einzubinden, da gerade das anwaltliche

787 *Beckemper*, JURA 2001, 163 (169).
788 *Schünemann*, in: LK-StGB, § 27 Rn. 26.
789 *Kudlich*, Die Unterstützung fremder Straftaten, S. 143 f.
790 *Schünemann*, in: LK-StGB, § 27 Rn. 25.
791 Vgl. *Joecks*, in: MüKo-StGB, § 27 Rn. 83.
792 Vgl. *Kudlich*, Unterstützung fremder Straftaten durch berufsbedingtes Verhalten, S. 443 ff., zieht objektive und subjektive „Zurechnungskorrektive" als Lösungsregeln

Berufsrecht wertvolle Hilfestellung bei der Bestimmung anwaltlicher Verantwortlichkeit leisten kann.[793] Es konkretisiert die Rechte und Pflichten des Rechtsanwalts und kann auf diese Weise Hinweise liefern, welches Verhalten *normal* oder gar gefordert und dementsprechend als *neutral* zu qualifizieren ist.

Um jedoch einer ausufernden Akzessorietät entgegenzutreten, ist es angezeigt, sich auf jene Normen des Berufsrechts zu begrenzen, die gerade einen Missbrauch beruflicher Handlungen zu deliktischen Zwecken verhindern sollen.

b) Behandlung der Fallbeispiele

Grundsätzlich ist Voraussetzung der Thematisierung des Problems der *neutralen Beihilfe*, dass es sich tatsächlich um eine solche handelt, also um ein Verhalten, das üblich, alltäglich, unverdächtig ist. An dieser Voraussetzung mangelt es bereits in Fallbeispiel 1), denn das bloße Zur-Verfügung-Stellen eines Briefkopfes, unter den das von einem anderen verfasste Abmahnschreiben gesetzt wird und das vom Anwalt lediglich unterschrieben wird, ist keine übliche und berufstypische Tätigkeit eines Rechtsanwalts. Als gleichermaßen berufsuntypisch erweist sich die anwaltliche Tätigkeit im „Ebay-Sporthändler-Fall"[794], in dem der angeklagte Rechtsanwalt seinem Mandanten mit seiner Unterschrift versehene Blanko-Rechnungsvorlagen zur Verfügung stellte, um ihm eigenständiges Abmahnen zu ermöglichen. Berufstypisch wäre vielmehr ein selbstständiges Verfassen des Abmahnschreibens. Das untypische Handeln hat hingegen von vornherein keinen „Alltagscharakter"[795] und wirkt verdächtig, sodass der Problemkreis der *neutralen Beihilfe* nicht eröffnet ist.

Soweit aber der Bereich der *neutralen Beihilfe* eröffnet ist, wird hier für die Behandlung der Fälle *Roxins* objektiv-subjektiver Ansatz zugrunde gelegt. Dabei wird sich zeigen, dass sich bestimmte Kriterien bei mehreren Autoren finden und die Ergebnisse für unterschiedliche Lösungsansätze verwertbar sind.

---

heran, und auch *Tag*, JR 1997, 49 (54 ff.), kombiniert objektive und subjektive Kriterien bei der Beurteilung „janusköpfiger" Unterstützungshandlungen.

793 *Kudlich*, Unterstützung fremder Straftaten durch berufsbedingtes Verhalten, S. 439 ff., 476 ff., ist sogar der Ansicht, dass allgemeine Lösungsregeln stets unter dem Vorbehalt sog. verantwortungsbeeinflussender Sondernormen stehen müssten. Beim Rechtsanwalt etwa seien dies Regelungen der BRAO. Auch *Waßmer*, in: AnwK-StGB, § 27 Rn. 19, befürwortet eine Berücksichtigung außerstrafrechtlicher Verhaltens- und Haftungsnormen im Rahmen der objektiven Zurechnung bei der *neutralen* Beihilfe.

794 *BGH*, Beschl. v. 08. 02. 2017 – 1 StR 483/16 = NJW 2017, 2425.

795 *BGH*, Beschl. v. 20. 09. 1999 – 5 StR 729/98 = NStZ 2000, 34 (34); *Roxin*, in: LK[11]-StGB, § 27 Rn. 19.

Den Ausgangspunkt bildet die Einsicht, dass „es keine Alltagshandlungen per se [gibt], sondern der Charakter einer Handlung […] durch den Zweck bestimmt [wird], dem sie dient.“[796] Als Beispiel wird von *Roxin* die Unterweisung in den Gebrauch von Schusswaffen herangezogen, der im Schützenverein typisch und ungefährlich erscheint, nicht aber dann, wenn den Täter gelehrt wird, wie er am besten das Opfer niederstreckt. Selbst die Hingabe einer Waffe könne dementsprechend *neutral* sein und die Bezeichnung als *Alltagshandlung* noch nichts zur Abgrenzung beitragen; entscheidend sei, zu welchem Zweck diese erfolgte.

Hier sei Fallbeispiel 2) angeführt: Der anwaltliche Rechtsrat erscheint einem objektiven Dritten, soweit er in den Kanzleiräumen und gegen Bezahlung erteilt wird, vollkommen unverdächtig und alltäglich. Nun macht es aber einen gravierenden Unterschied, ob der Rechtsanwalt den Mandanten berät, um ihn bei der Abwehr von echten Beeinträchtigungen durch wettbewerbswidrig handelnde Mitbewerber zu unterstützen oder um ihm ein einträgliches Geschäft durch den Versand unberechtigter Abmahnungen zu ermöglichen. Es ist dementsprechend sinnvoll, einen subjektiven Ausgangspunkt zu wählen.

Ebenso einleuchtend erscheint die Differenzierung zwischen *dolus directus* und *dolus eventualis*, die über die anzulegenden objektiven Kriterien entscheidet. Sie gründet darauf, dass *Roxin* den Strafgrund der Teilnahme in der rechtlichen Missbilligung einer kausalen Risikosteigerung sieht, die einen selbstständigen Rechtsgutsangriff darstelle. Nur ein Verhalten im Wissen um die deliktischen Pläne könne einen Rechtsgutsangriff begründen. Dafür, dass *dolus eventualis* grundsätzlich nicht für einen solchen Rechtsgutsangriff genüge, zieht er zum einen den Vertrauensgrundsatz heran und zum anderen die pragmatische Überlegung, dass angesichts der Tatsache, dass fast jedes Verhalten deliktisch missbraucht werden könne, ein normales Leben nicht mehr möglich wäre.[797]

Darüber hinaus ist eine ergänzende, sich daran anschließende objektive Betrachtungsweise angezeigt. Die Anwendung objektiver Kriterien dient dann im Falle des mit *dolus directus* Beihilfe Leistenden dazu, Handlungen, die mit Wissen um den Deliktsplan des Täters erbracht werden, gleichwohl – im Hinblick auf die Berufstypizität – aus dem Bereich des Strafbaren auszugrenzen. Als objektives Kriterium dient dabei die Figur des deliktischen Sinnbezugs. *Roxin* versteht dabei den deliktischen Sinnbezug des Gehilfenbeitrags als einen Bezug

---

796 *Roxin*, Strafrecht AT 2, § 26 Rn. 231.

797 *Roxin*, in: FS-Stree/Wessels, S. 380.

dergestalt, dass der Beitrag ohne die Delikte sinnlos wäre.[798] Im Fall von *dolus eventualis* führt die Anwendung der objektiven Kriterien dazu, dass, trotz bloßen Eventualvorsatzes und Anwendung des Vertrauensgrundsatzes, die Strafbarkeit des Gehilfen begründet werden kann. Ein mit Eventualvorsatz handelnder Gehilfe könne etwa dann wegen Beihilfe strafbar sein, wenn der Täter „erkennbar tatgeneigt"[799] sei.

In Fallbeispiel 3) etwa weiß der Rechtsanwalt um die deliktischen Pläne des Täters/Mandanten, verfasst aber dennoch die Abmahnschreiben. Bei Anwendung der Konzeption *Roxins* ist im Fall des mit *dolus directus* handelnden Gehilfen danach zu fragen, ob der Tatbeitrag auch ohne die deliktische Handlung des Haupttäters sinnvoll bleibt. Da die anwaltliche Beratung in der Regel keinen generellen Charakter hat, sondern einzelfallbezogen erfolgt, hat sie stets einen Sinnbezug zum Vorhaben des Mandanten. Ist das Vorhaben des Mandanten deliktischer Art und ist die anwaltliche Tätigkeit auf dieses Vorhaben „zugeschnitten"[800], dann ergibt sich daraus zwingend auch der deliktische Sinnbezug zwischen anwaltlicher Tätigkeit und Tatplan. Die anwaltliche Beratung für speziell diesen Mandanten mit seinem konkreten Anliegen ist also auch nur in diesem Kontext sinnvoll und das für den konkreten Fall entworfene Abmahnschreiben nicht anderweitig einsetzbar. So wird in der Abmahnung aus Fallbeispiel 3) der vermeintliche Rechteinhaber namentlich erwähnt und eine Schilderung, um welche Fotografien es sich handelt und in welcher Weise diese unbefugt verwendet wurden, enthalten sein. Ein solch individualisiertes Schreiben ist nur für diesen einen Fall einsetzbar.

Bei nicht einzelfallbezogenen Leistungen ist hingegen eine andere Bewertung angezeigt. So etwa, wenn ein Rechtsanwalt Musterformulare für Abmahnungen auf seiner Kanzlei-Homepage zum freien Download zur Verfügung stellt. Selbst wenn er sich bewusst wäre, dass die von ihm eingestellten Musterformulare auch für betrügerische Handlungen eingesetzt werden könnten, machte er sich nicht wegen Beihilfe zum Betrug strafbar. Denn sein Angebot bliebe unabhängig von den missbräuchlichen Einsatzfeldern sinnvoll, nämlich für all jene, die die Musterformulare zu redlichen Zwecken zu verwenden beabsichtigten.

---

798 *Roxin*, in: FS-Stree/Wessels, S. 379; *ders.* Strafrecht AT 2, § 26 Rn. 221 ff.; das Kriterium des deliktischen Sinnbezuges wurde bereits von *Frisch*, Verhalten und Zurechnung, S. 280 ff., herausgearbeitet, allerdings als rein objektives Kriterium.

799 *Roxin*, in: FS-Stree/Wessels, S. 380; *ders.* Strafrecht AT 2, § 26 Rn. 221 ff.

800 Das Kriterium der Anpassung an das deliktische Verhalten des Täters findet sich auch bei *Jakobs*, ZStW 89, 1 (23), *Schumann*, Selbstverantwortung, S. 63, und *Wolff-Reske*, Berufsbedingtes Verhalten, S. 192.

In Fallbeispiel 4) weiß der Rechtsanwalt nicht um die betrügerischen Absichten des Mandanten, rechnet aber damit (*dolus eventualis*). Eine Strafbarkeit kommt nach der *Roxin*'schen Auffassung nur bei „erkennbarer Tatgeneigtheit" in Betracht, für die es „konkrete Anhaltspunkte" hinsichtlich einer deliktischen Verwendung des Beitrags braucht. Im Bereich der wettbewerbs- und urheberrechtlichen Abmahnung bildet insbesondere die Tatsache, dass vom Mandanten der Versand einer *unberechtigten* Abmahnung angestrebt wird, einen konkreten Anhaltspunkt für die Tatgeneigtheit im strafrechtlichen Sinne. Zwar erfüllt nicht der Versand einer jeden unberechtigten Abmahnung einen Straftatbestand, nichtsdestotrotz ist die fehlende Berechtigung notwendige Voraussetzung einer Tatbestandsmäßigkeit. *In concreto* legen Umstände, wie eine auffallend hohe Fallzahl oder die Anweisung des Mandanten bei Erfolglosigkeit der Abmahnung die Rechtsverfolgung aufzugeben, eine Tatgeneigtheit nahe. Darüber hinaus müssen Vorschläge des Mandanten hinsichtlich Bezahlung und Vorgehensweise bei der Abmahntätigkeit, die den üblichen Gepflogenheiten zuwider laufen, den Rechtsanwalt aufmerken lassen. Dazu gehören etwa Absprachen in Bezug auf die Rechtsanwaltsgebühren, die das Risiko von finanziellen Verlusten, auch bei erfolglosen Abmahnungen, begrenzen.[801] Eine Tatgeneigtheit wird ferner dann erkennbar, wenn der Rechtsanwalt mit nur einem Minimum an Informationen ausgestattet wird oder von ihm eingeforderte Nachweise nicht erbracht werden, etwa beim vermeintlich verletzten Inhaber eines Urheberrechts der Nachweis einer lückenlosen Rechtekette.

Für den Rechtsanwalt muss aber vor allem auch erkennbar sein, dass der Mandant ihn ganz bewusst mit dem Versand einer unberechtigten Abmahnung oder der Geltendmachung eines nicht bestehenden Anspruchs beauftragt. Allein die Tatsache, dass die vom Mandanten gewünschte Abmahnung unberechtigt wäre, reicht insoweit für die Annahme einer Tatgeneigtheit nicht aus.

Zur erkennbaren Tatgeneigtheit – auch wenn nicht explizit so benannt – führte das AG Marburg[802] in den sog. „Abo-Fallen-Fällen" aus, dass es dem Rechtsanwalt

> *„nicht verborgen geblieben sein [konnte], bei der Bearbeitung der Vielzahl von gleichartigen Fällen, dass […] [die Mandantin] den potentiellen Kunden auf das kostenlose Herunterladen von Programmen fokussiert, um am Rand den auf weiteren Seiten unaufmerksamen*

801 Zu den Absprachen zwischen Rechtsanwalt und Mandant bei (Massen)Abmahnungen siehe in diesem Kapitel unter C.III.

802 *AG Marburg*, Urt. v. 08. 02. 2010 – 91 C 981/09 = GRUR-RR 2010, 265 (266); so auch *AG Karlsruhe*, Urt. v. 12. 08. 2009 – 9 C 93/09 = NJW-RR 2010, 68 (69).

Kunden in ein Abonnement mit zweifelhaftem Wert zu verstricken. Dass ein derartiges Vorgehen [...] von der Rechtsordnung nicht erwünscht ist, hätte dem [...] [Rechtsanwalt] offenkundig sein müssen. Bei der Geltendmachung solcher Forderungen für Mandanten handelt es sich um Beihilfe zu einem versuchten Betrug [...].“

Darüber hinaus erscheint gerade im Bereich der anwaltlichen Abmahnung eine ergänzende Heranziehung des Kriteriums der Regelkonformität sinnvoll. Die Einhaltung der (sozial erwünschten) Regeln kann eine Vermutung der Rechtmäßigkeit begründen. Das bedeutet, dass bei einem Rechtsanwalt, der sich innerhalb der von BRAO, BORA usw. gezogenen Grenzen bewegt, grundsätzlich von Straflosigkeit auszugehen ist[803]. Diese Überlegung kann ganz unabhängig von der zur Lösung des Problems der *neutralen Beihilfe* herangezogenen Konzeption Berechtigung beanspruchen. In die Konzeption *Roxins* eingebunden, kann ein regelkonformes Verhalten bei den objektiven Kriterien zum Tragen kommen, also gegen den deliktischen Sinnbezug oder die Erkennbarkeit der Tatgeneigtheit sprechen. Natürlich kann umgekehrt, unter Berücksichtigung des *ultima-ratio*-Prinzips, nicht jede Verletzung einer Berufspflicht unmittelbar strafrechtliche Konsequenzen nach sich ziehen. Ein Verstoß gegen eine Regelung der BRAO kann aber ein Indiz dafür sein, dass auch aus Sicht des Strafrechts der Bereich des erlaubten beruflichen Verhaltens verlassen wurde. In Fallbeispiel 5) kann etwa nicht unbeachtet bleiben, ob der Rechtsanwalt zur Prüfung der Ansprüche verpflichtet ist. Über die Frage, ob ihn eine grundsätzliche Prüfpflicht trifft, herrscht keine Einigkeit.[804] Jedenfalls bei berechtigten Zweifeln hinsichtlich der Rechtmäßigkeit der durchzusetzenden Ansprüche wird – wohl unter Berücksichtigung der anwaltlichen Wahrheitspflicht aus § 43a BRAO – eine solche aber regelmäßig bejaht.[805] Hält der Rechtsanwalt einen deliktischen Hintergrund für möglich und nimmt ihn billigend in Kauf, kann er sich nicht darauf zurückziehen, es habe doch objektiv keine Anhaltspunkte für ein deliktisches Handeln des Mandanten

803 Vgl. *Otto*, FS-Lenckner, S. 224; *Waßmer*, in: AnwK-StGB, § 27 Rn. 22 m. w. N. Beihilfe abhängig davon, ob Rechtsauskunft richtig oder bewusst falsch. Vgl. auch *BGH*, Beschl. v. 09. 05. 2000 – 1 StR 106/00 = BGHSt 46, 53 (54), wo dieser ausführt, dass (in Bezug auf § 258 StGB) standesrechtlich zulässiges Verhalten in der Regel prozessual nicht zu beanstanden ist und dementsprechend auch nicht zur Strafbarkeit führt.

804 Dazu schon in diesem Kapitel unter B.I.4.

805 *BVerfG*, Beschl. v. 16. 07. 2003 – 1 BvR 801/03 = BRAK-Mitt. 2003, 223 (277); *BGH*, Urt. v. 15. 01. 1985 – VI ZR 65/83 = NJW 1985, 1154 (1155); *Henssler*, in: Henssler/Prütting-BRAO, § 43a Rn. 142; *Träger*, in: Feuerich/Weyland-BRAO, § 43a Rn. 40.

gegeben.[806] Denn wäre er seiner Prüfpflicht nachgekommen, so wäre er auf eben diese Anhaltspunkte gestoßen und hätte die Tatgeneigtheit des Täters erkannt.

Kudlich geht sogar so weit, dass er § 3 Abs. 1 BRAO (Recht zur Rechtsberatung) von vornherein als Privilegierung für das anwaltliche Handeln bei Erteilung einer richtigen Rechtsauskunft ansieht, also auch dann, wenn der Anwalt die Begehung der Tat als sicher voraussieht. Das Verhalten des Rechtsanwalts scheide in diesen Fällen grundsätzlich als taugliche Tathandlung aus, weil es Kernkompetenz des Anwalts sei, den Laien über das Recht aufzuklären.[807] Diese Ansicht hätte zur Folge, dass der Rechtsanwalt in Fallbeispiel 2) auch bei sicherem Wissen um eine deliktische Verwendung der Rechtsauskunft in dem Sinne, dass der Mandant das Wissen für die Erstellung täuschend echter, aber unberechtigter Abmahnungen einsetzen würde, straflos bliebe. Eine Einflussnahme außerstrafrechtlicher Normen auf die Strafbarkeit ist in diesem Ausmaß jedoch abzulehnen. Denn § 3 BRAO ist, im Gegensatz zu § 43a BRAO, der mit den dort normierten Pflichten gerade der Aufrechterhaltung der Professionalität dient,[808] keine Norm, die (zumindest auch) die Missbrauchsverhinderung bezweckt. Sie vermag es daher im Rahmen des Problems um die *neutrale Beihilfe* nicht zu leisten, anwaltliche Rechtsauskunft aus dem Bereich des Strafbaren auszuklammern.

IV. Der Nachweis des subjektiven Tatbestandes beim Rechtsanwalt

Die berufliche Stellung des Rechtsanwalts kann ferner im Vorsatzbereich Bedeutung erlangen. Dabei geht es insbesondere um die Frage, inwieweit sich der Rechtsanwalt, vor allem im Rahmen einer Betrugsstrafbarkeit, darauf berufen kann, nichts von der fehlenden Berechtigung der geltend gemachten Ansprüche gewusst zu haben.

Erwähnenswert sind in diesem Zusammenhang die Entscheidungen verschiedener Gerichte in den sog. „Abo-Fallen-Fällen".[809] Dabei wurden auf Internetseiten

---

806 Bei einem Für-möglich-Halten eines deliktischen Hintergrundes dürften in der Regel auch die Voraussetzungen für eine berufsrechtlich geforderte Überprüfung des Anspruchs in tatsächlicher Hinsicht gegeben sein, vgl. in diesem Kapitel unter B.I.4.

807 *Kudlich*, Unterstützung fremder Straftaten durch berufsbedingtes Verhalten, S. 478; ein Recht auf Rechtsberatung, das eine Strafbarkeit ausschließt, wird schon von *Mallison*, Rechtsauskunft als strafbare Teilnahme, S. 102 ff., angenommen und u. a. auch von *Amelung*, FS-Grünwald, S. 27 f., herangezogen.

808 Vgl. BT-Drucks. 12/4993, S 27; *Römermann/Praß*, in: BeckOK-BORA, § 43a BRAO Rn. 9.

809 Zuletzt hatte sich sogar der *BGH*, Urt. v. 05. 03. 2014 – 2 StR 616/12 = NJW 2014, 2595, mit dieser Thematik zu befassen.

Leistungen angeboten, deren Inanspruchnahme auf den ersten Blick kostenlos erschien. In Wahrheit aber ging es um den Abschluss eines kostenpflichtigen Abonnements, was jedoch durch die Gestaltung der Internetseite verschleiert wurde; lediglich ein Sternchenhinweis wies darauf hin. Die tatsächlich nicht bestehenden Forderungen – ein Vertragsschluss über die Internetseite wurde von den Gerichten abgelehnt – wurden vielfach von Rechtsanwälten eingetrieben. Damit stellte sich die Frage, ob diese sich wegen Beihilfe zum (versuchten) Betrug durch die Kostenfallen-Betreiber strafbar gemacht hatten.

Das AG Marburg[810] etwa entschied, dass der Beklagte

> *„als Rechtsanwalt und Organ der Rechtspflege erkennen [musste], dass er eine offensichtliche Nichtforderung [...] geltend macht".*

Und das AG Osnabrück[811] stellte fest:

> *„Hat ein Rechtsanwalt den Betreiber der Internetseite in zahlreichen Verfahren mit identischem Sachverhalt vertreten und nach Abwehr der Forderung durch den außergerichtlich Inanspruchgenommenen regelmäßig den Forderungsverzicht erklärt, muss ihm die fehlende Erfolgsaussicht einer gerichtlichen Forderungsdurchsetzung bekannt sein. Mahnt er bei einem weiteren Nutzer die Begleichung des Entgelts an, leistet er zumindest Beihilfe gem. § 27 StGB zu dem betrügerischen Vorgehen des Plattformbetreibers."*

Die Gerichte machen mit diesen Entscheidungen deutlich, dass sie an die Feststellung der inneren Tatseite, speziell das *kognitive Element* des Vorsatzes, beim Rechtsanwalt geringere Anforderungen stellen als sie es bei einem Rechtsunkundigen wohl täten.[812] Sie führen die Erkennbarkeit der fehlenden Begründetheit der Ansprüche zum einen auf den regelmäßig vorgenommenen Forderungsverzicht zurück, insbesondere aber auch auf die Funktion des Anwalts als Organ der Rechtspflege und das rechtsanwaltliche Fachwissen. Das aus der juristischen Fachkenntnis resultierende Wissen-Müssen genügt zur Annahme eines Vorsatzes; die berufliche Stellung des Rechtsanwalts entfaltet also bei der Frage, ob Vorsatz vorgelegen habe, gewissermaßen Indizwirkung.

---

810 *AG Marburg*, Urt. v. 08. 02. 2010 – 91 C 981/09 = GRUR-RR 2010, 265 (266); so auch *AG Karlsruhe*, Urt. v. 12. 08. 2009 – 9 C 93/09 = NJW-RR 2010, 68 (69).

811 *AG Osnabrück*, Urt. v. 19. 10. 2010 – 66 C 83/10 = BeckRS 2010, 29557; so auch *AG Schwandorf*, Urt. v. 21. 07. 2011 – 1 C 376/11 = NJW-RR 2011, 1628 (1629).

812 *Jaeger*, NJW 2004, 1 (5), zeigt auf, dass auch der Gesetzgeber davon ausgeht, dass Rechtsanwälte „die Grenze erkennen, wann sich der Rechtsanwalt an verbrecherischem Verhalten mitschuldig macht". Er mache dies durch die Wahl der Sicherungsmechanismen zur Wahrung der Unabhängigkeit der Rechtsanwälte deutlich, wenn er vor allem auf deren Charakterstärke baue.

Auf der anderen Seite könnte hinsichtlich des *voluntativen Elements* die Stellung des Rechtsanwalts gerade als Argument gegen eine Bejahung des Vorsatzes angeführt werden. Dem Rechtsanwalt als Organ der Rechtspflege, der an bestimmte Berufspflichten gebunden ist, könne im Zweifel Redlichkeit unterstellt werden. Es sei davon auszugehen, dass er es aufgrund seiner beruflichen Stellung gerade nicht billigend in Kauf nehme, unberechtigte Forderungen durchzusetzen.[813] Mit dieser Argumentation würde der Sinn des § 1 BRAO jedoch gerade ins Gegenteil verkehrt: Er begründet keine Vermutung der Rechtschaffenheit des Rechtsanwalts, sondern verpflichtet ihn umgekehrt zu solcher. Der Rechtsanwalt würde in unzulässiger Weise privilegiert, nutzte man den Gedanken seiner berufsrechtlichen Pflichten und ihrer (vermeintlichen) Einhaltung, um die Anforderungen an das voluntative Element zu seinen Gunsten zu erhöhen. Das *voluntative* Element transportiert nämlich die „psychische (emotionale) Einstellung des Täters zur Tatbestandsverwirklichung“[814], die über den Beruf des Täters hinaus seine individuelle geistige Verfassung betrifft.

Es ist jedoch nichts dagegen einzuwenden, beim Nachweis des *kognitiven* Elements an den Beruf und das berufliche Sonderwissen anzuknüpfen. Das Wissenselement des Vorsatzes greift das intellektuelle Moment auf,[815] in dem unstreitig auch die fachliche Ausbildung des Täters abgebildet ist.

C. Geltendmachung von Rechtsanwaltsgebühren im Abmahnschreiben

I. Überblick

Die Rechtsanwaltsgebühren, die den Großteil der im Abmahnschreiben geltend gemachten Aufwendungen ausmachen und die in ihrer Entstehung komplexer sind als die übrigen Aufwendungen, verdienen besondere Aufmerksamkeit. Sie

---

813 So ähnlich versteht wohl *Puppe*, in: NK-StGB, § 15 Rn. 89, die Feststellung des *BGH*, Urt. v. 01. 09. 1992 – 1 StR 281/92 = BGHSt 38, 345 (350): „Vielmehr wird der Verteidiger einen solchen Zeugenbeweis im Regelfall mit dem inneren Vorbehalt verwenden, das Gericht werde die Glaubhaftigkeit der Aussage seinerseits einer kritischen Prüfung unterziehen und ihre Fragwürdigkeit nicht übersehen. Dieser Vorbehalt ergibt sich daraus, daß der Verteidiger als Organ der Rechtspflege fremde Interessen wahrnimmt.“ Der BGH nimmt den inneren Vorbehalt aber insbesondere mit Blick auf die noch ausstehende Prüfung durch das Gericht an und nicht grundsätzlich bei rechtsanwaltlichem Handeln.

814 *Kühl*, in: Lackner/Kühl-StGB, § 15 Rn. 19.

815 *Kühl*, in: Lackner/Kühl-StGB, § 15 Rn. 9.

sind thematisch der Prüfung der Betrugsstrafbarkeit zuzuordnen; da ihre Problematik aber spezifisch anwaltlich ist, werden sie erst in diesem Kapitel tiefer gehend behandelt.

Ausgangspunkt der Überlegungen ist die Feststellung, dass der Abmahnende mit Geltendmachung der Aufwendungsersatzansprüche (konkludent) erklärt, die Aufwendungen seien in Wahrheit auch getätigt worden und seien der Höhe nach berechtigt und erforderlich gewesen.[816] Stellt der Rechtsanwalt dem Abgemahnten die Kosten seiner Inanspruchnahme in Rechnung, erklärt er also, die abgerechneten Leistungen auch erbracht zu haben. Ist diese Erklärung wahrheitswidrig, liegt darin eine betrugsrelevante Täuschung.

Wird etwa die Gebührenberechnung korrekt vorgenommen, im Abmahnschreiben aber ein höherer Betrag geltend gemacht, täuscht der Abmahnende unstreitig darüber, die Gebühren seien in dieser Höhe angefallen. Probleme ergeben sich jedoch, wenn schon die Berechnungsgrundlage falsch ist. An dieser Stelle setzt die Untersuchung an, ob der Geltendmachung der Aufwendungsersatzansprüche auch die Erklärung innewohnt, die korrekten Ausgangswerte (Gegenstandswert, Geschäftsgebühr) seien zugrunde gelegt worden (C.II.a.b)). Eine solche Prüfung setzt jedoch voraus, dass es sich bei diesen Erklärungen um Tatsachenbehauptungen und nicht um bloße Werturteile handelt. Ob dabei der Entscheidungsspielraum, der dem Rechtsanwalt bei der Gebührenberechnung zugestanden wird, die Annahme einer Tatsachenbehauptung hindert, ist eine Frage, die daher zu Beginn geklärt werden soll (C.II.1.a)).

Darüber hinaus können Absprachen zwischen Mandant und Rechtsanwalt, die häufig in Massenabmahnungen zur Erhaltung der Wirtschaftlichkeit der geplanten „Abmahnwelle" getroffen werden, dazu führen, dass tatsächlich nicht in der Höhe angefallene Gebühren eingefordert werden. Welche Formen der Absprache denkbar sind und ob sie eine Betrugsstrafbarkeit zu tragen vermögen, ist ebenfalls Gegenstand der folgenden Untersuchung (C.III.).

Die Tatsache, dass in der Praxis üblicherweise nicht der Rechtsanwalt selbst, sondern die Rechtsanwaltsfachangestellten die Berechnung der Gebühren übernehmen, soll hier außer Acht gelassen werden. Gegenstand der Prüfung sind nämlich gerade die pathologischen Fälle, in denen ganz oder teilweise unberechtigte Gebühren eingefordert werden und daher Berechnung und Geltendmachung auch nicht in der üblichen Art und Weise erfolgen. Ein Rechtsanwalt, der entschlossen ist, betrügerisch vorzugehen, wird die betrügerische Berechnung eigenhändig vornehmen oder sie entsprechend anweisen.

---

816 Siehe im 2. Kapitel unter B.III.1.c) ff) (3).

II. Täuschung über die Höhe des Gegenstandswerts und der Geschäftsgebühr

1. *Im Wettbewerbsrecht*

a) Tatsachenbehauptung

Die Rechtsanwaltsgebühren für eine wettbewerbsrechtliche Abmahnung richten sich nach §§ 51 Abs. 2 GKG, 23 Abs. 1 Satz 1 RVG (Nr. 2300 VV zu § 2 Abs. 2 RVG). Die für die Gebührenberechnung entscheidenden Größen sind dementsprechend der Gegenstandswert und die Geschäftsgebühr.

Gemäß § 51 Abs. 2 GKG ist der Streitwert nach der sich aus dem Antrag des Klägers für ihn ergebenden Bedeutung der Sache nach Ermessen zu bestimmen. Dieses dem Rechtsanwalt eingeräumte Ermessen lässt Zweifel aufkommen, ob die korrekte Höhe des Gegenstandswertes überhaupt als Tatsache behauptet oder ob über sie lediglich ein Werturteil gefällt werden kann. Ermessen bedeutet nämlich *Beurteilung, Bewertung, Einschätzung*[817] und eine Ermessensentscheidung zeichnet sich gerade dadurch aus, dass sich das Ergebnis des Entscheidungsvorgangs einem Urteil als einzig richtig oder falsch entzieht und unterschiedliche Ergebnisse gleichsam richtig sein können.

Auf der anderen Seite lässt sich durchaus von einer Art gebundenem Ermessen sprechen, wenn man die gesetzlichen Bestimmungen und die durch Rechtsprechung und Literatur geprägten Bemessungsgrundlagen betrachtet. Im Wettbewerbsrecht etwa ist Bewertungsmaßstab für die Bestimmung des Gegenstandswertes der durch die zu unterbindende Handlung drohende Schaden. Dieser bestimmt sich nach konkreten Kriterien wie den wirtschaftlichen Verhältnissen der Parteien, für die Umsatz, Größe, Wirtschaftskraft und Marktstellung des Unternehmens entscheidend sind, nach der Intensität des Wettbewerbs und der Wiederholungsgefahr sowie nach Ausmaß, Intensität, Häufigkeit und Auswirkungen künftiger Verletzungshandlungen.[818] Darüber hinaus legt § 51 Abs. 3 Satz 2 GKG fest, dass bei fehlenden Anhaltspunkten für eine Streitwertbestimmung ein Streitwert von 1000 Euro anzunehmen ist. Demnach ist die Frage, ob der Rechtsanwalt bei der Gebührenberechnung diesen rechtlichen Rahmen beachtet hat, dem Beweis zugänglich und als innere Tatsache zu qualifizieren.[819]

---

817 Duden: Ermessen.

818 *Köhler*, in: Köhler/Bornkamm-UWG, § 12 Rn. 5.6.

819 Vgl. auch *BGH*, Beschl. v. 09. 06. 2009 – 5 StR 394/08 = NJW 2009, 2900 (2903), der eine Betrugsstrafbarkeit auch für denjenigen annimmt, „der von ihm bei der Abrechnung einzuhaltende Normen missachtet: Wer für seine Preisbildung an bestimmte

Das Gleiche gilt für den Satz der Geschäftsgebühr. Zwar wird dem Rechtsanwalt ein Spielraum von 0,5 bis 2,5 eingeräumt, doch kann nach § 2 Abs. 2 RVG, Nr. 2300 VV eine Gebühr von mehr als 1,3 nur gefordert werden, wenn die Tätigkeit umfangreich oder schwierig war. Die Behauptung, der Berechnung einen Satz von 1,3 zugrunde gelegt zu haben, soweit keine diesbezüglichen Ausführungen gemacht werden, ist als innere Tatsache dem Beweis zugänglich und demgemäß eine Tatsachenbehauptung.

b) Konkludente Täuschung über die Einhaltung des rechtlichen Rahmens

aa) Kriterium der Informationsherrschaft

Da es sich um innere Tatsachen handelt, ist das Kriterium der Informationsherrschaft von untergeordneter Bedeutung. Die inneren Vorgänge, die den Anwalt zu Festsetzung einer bestimmten Geschäftsgebühr bzw. eines bestimmten Gegenstandswertes bewegen, bleiben naturgemäß jedermann verschlossen. Dies ist aber gerade dem Typus der inneren Tatsache geschuldet und stellt keine Besonderheit der hier zu prüfenden Frage dar.

Allerdings tritt bei der Festsetzung des Gegenstandswertes ein Teil dieses inneren Festsetzungsvorgangs nach außen. Die Vorschrift des § 51 Abs. 3 Satz 2 GKG zwingt den Rechtsanwalt, (jedenfalls im gerichtlichen Verfahren) Tatsachen vorzutragen, aus denen sich die höhere Bedeutung der Sache ergibt.[820] Ebenso verhält es sich mit dem Gebührensatz, der nur dann höher als 1,3 angesetzt werden darf, wenn dargelegt wird, warum die Tätigkeit umfangreich oder schwierig war. Finden sich solche Angaben im Abmahnschreiben nicht, obgleich ein Gegenstandswert von über 1000 Euro oder eine Geschäftsgebühr über 1,3 angesetzt ist, drängt sich die Unzulässigkeit der Gebührenfestsetzung auf. Jedenfalls dann also, wenn Gegenstandswert und Gebührensatz im Abmahnschreiben ausdrücklich beziffert sind, ist in den Fällen, in denen die Gebühr ohne nähere Erläuterungen vom Regelsatz abweicht, für den Empfänger leicht erkennbar, dass der Rahmen des rechtlich Zulässigen überschritten wurde.

Vorschriften gebunden ist, der erklärt schlicht durch sein Verhalten, dass er die einschlägigen Regeln beachtet […] – und stellt damit eine Tatsachenbehauptung auf. Entscheidend sind drei Kriterien: (a) Wahrung der einschlägigen Bestimmungen, (b) Maßgeblichkeit für die Beurteilung des Anspruchs und (c) die fehlende Möglichkeit des Adressaten, die Rechnungsgrundlagen ‚ohne weiteres' zu überprüfen, so dass der Rechnungssteller, zwangsläufig das Vertrauen des Adressaten in Anspruch' nimmt." *Eiden/Walter*, NStZ 2014, 297 (300), stellen auf die innere Tatsache, der Anwalt behaupte, er habe sein Ermessen pflichtgemäß ausgeübt, ab.

820 *Krbetschek/Schlingloff*, WRP 2014, 1 (6).

Es gilt jedoch zu bedenken, dass dafür mindestens ein Blick in die Norm des § 51 GKG bzw. in das Vergütungsverzeichnis erforderlich ist; ein Umstand, der dem Laien die Offensichtlichkeit der Unstimmigkeit in der Gebührenfestsetzung verschließt. Da hier die Informationsausstattung des durchschnittlichen Abmahnungsempfängers zugrunde gelegt wird, der keine juristische Ausbildung genossen hat und dem trotz der faktischen Möglichkeit ihrer Einsichtnahme das Verständnis für die gesetzlichen Regelungen fehlt, ist davon auszugehen, dass gegenüber dem abmahnenden Rechtsanwalt ein Informationsgefälle hinsichtlich der rechtlichen Zulässigkeit der Gebührenfestsetzung besteht. Dies gilt vor allem dann, wenn der geltend gemachte Aufwendungsersatz im Abmahnschreiben nicht aufgeschlüsselt, sondern lediglich eine Kostenpauschale eingefordert wird. Hier ist selbst für den juristisch bewanderten Abmahnungsempfänger nicht erkennbar, welche Berechnungsgrundlagen gewählt wurden und ob das Ergebnis sich im rechtlich zulässigen Rahmen bewegt.

Genauso verhält es sich in Bezug auf den Bewertungsmaßstab, nach dem sich der Gegenstandswert im Einzelnen bestimmt. Zwar mag der Abmahnende im Abmahnschreiben aufzeigen, welche Kriterien er zur Bestimmung des Streitwertes herangezogen hat (z. B. wirtschaftliche Verhältnisse der Parteien, Marktstellung des Unternehmens etc.) und wie er sie gewichtet hat, doch ob dies den Üblichkeiten des Wettbewerbsrechts entspricht, weiß nur der mit Fachwissen ausgestattete Empfänger oder kann nur durch Heranziehung von Kommentarliteratur und aktueller Rechtsprechung beurteilt werden, was wiederum für den Laien eine zum Teil unüberwindbare Hürde darstellt. Diese Überlegungen gelten gleichermaßen für die Festsetzung des Gebührensatzes.

Dementsprechend streitet jedenfalls das Informationskriterium dafür, dass in der Geltendmachung des Aufwendungsersatzanspruches gleichzeitig eine Erklärung hinsichtlich der Einhaltung des rechtlichen Rahmens bei der Gebührenfestsetzung liegt. Diese Erklärung erweist sich, falls der rechtliche Rahmen verlassen wurde, als falsche Tatsachenbehauptung und demgemäß als Täuschung i. S. d. § 263 StGB.

bb) Vertrauenskriterium

Es wurde bereits herausgearbeitet, dass ein Vertrauen hinsichtlich der vom Rechtsanwalt vorgetragenen Tatsachen eingeschränkt berechtigt ist.[821] So darf der Abgemahnte zwar nicht darauf vertrauen, der Rechtsanwalt statte ihn mit allen relevanten Informationen hinsichtlich der Anspruchsbegründung aus, sehr wohl aber kann er erwarten, dass der Rechtsanwalt die geltende Rechtslage (auch

821 Siehe in diesem Kapitel unter B.I.

im Hinblick auf die ständige Rechtsprechung) beachtet. Diese Differenzierung erweist sich, angesichts des problematischen Spannungsverhältnisses zwischen der Verpflichtung des Rechtsanwalts gegenüber seinem Mandanten und seiner Funktion als Organ der Rechtspflege, als erforderlich.

Dieses Spannungsverhältnis löst sich jedoch bei der Frage der Gebührengeltendmachung auf. Denn insoweit agiert der Rechtsanwalt lediglich als sein eigener Interessenvertreter und ist auf diese Weise keinem Dritten verpflichtet. In dieser Rolle kann er seiner Funktion als Organ der Rechtspflege und der Gemeinwohlverpflichtung vollständig gerecht werden, ohne in einen auf Mandanteninteressen beruhenden Interessenkonflikt zu geraten. Anders ausgedrückt: Für seinen Mandanten darf er das bestmögliche Ergebnis anstreben, für sich selbst hingegen nur das angemessene. Bei der Berechnung der Gebühren erscheint ein Vertrauen in die Beachtung des rechtlichen Rahmens mithin berechtigt.

cc) Verantwortungs- oder Risikokriterium (Berücksichtigung außerstrafrechtlicher Normen)

(1) Im Wettbewerbsrecht

Mit Einführung des Regelstreitwerts in § 51 Abs. 3 Satz 2 GKG wurde Abmahnenden (über § 23 Abs. 1 Satz 1 RVG) die Pflicht auferlegt, die Umstände konkret zu benennen, die einen höheren Streitwert als 1000 Euro rechtfertigen. Damit ist klargestellt, dass den Abmahnenden eine Informationspflicht trifft, mit der er sein Gebühreninteresse rechtfertigen muss. Allerdings zwingt die Vorschrift nicht eindeutig zum Vortrag bereits in der dem Gerichtsverfahren vorgelagerten Abmahnung.[822] Außerdem birgt eine Missachtung dieser Pflicht lediglich das Risiko, dass der Streitwert im Zweifel gerichtlich nach unten korrigiert wird. Außergerichtlich bleibt ein solcher Pflichtenverstoß gar vollständig folgenlos.

Darüber hinaus könnte aus der Regelung des § 51 Abs. 3 Satz 2 GKG geschlussfolgert werden, dass der Abgemahnte selbst verpflichtet werden soll, einen Blick in § 51 GKG zu werfen. Er könnte nämlich auf diese Weise zumindest prüfen, ob das ihm vorliegende Abmahnschreiben sich am Auffangstreitwert von 1000 Euro orientiert und bei einem höheren Streitwert von fehlenden Ausführungen zur Streitwertbestimmung auf eine mögliche Unzulässigkeit schließen.

Eine solche Argumentation widerspräche jedoch dem Sinn der Regelung, die auf das Gesetz gegen unseriöse Geschäftspraktiken zurückgeht und bezweckt, den finanziellen Anreiz für Abmahnungen zu verringern.[823] Der Abgemahnte

822 Davon gehen aber *Krbetschek/Schlingloff*, WRP 2014, 1 (6), aus.
823 Vgl. BT-Drucks. 17/13057, S. 9 f., 14.

soll nämlich gerade vor überhöhten Gebührenforderungen geschützt werden. Der Gedanke, dass der Anspruchsteller zur Informationsbereitstellung gezwungen werden soll, muss sich im Strafrecht gleichermaßen fortsetzen.

Hinsichtlich der Geschäftsgebühr besteht keine entsprechende Informationspflicht des Rechtsanwalts, jedoch empfiehlt es sich bei Überschreitung der 1,3-Schwelle sorgfältig zu begründen und im Prozess substantiiert vorzutragen, warum die Sache überdurchschnittlich umfangreich oder schwierig war.[824] Allerdings liegt der Regelung der § 2 Abs. 2 RVG, Nr. 2300 VV nicht wie bei § 51 Abs. 3 S. 2 GKG die gesetzgeberische Intention zugrunde, gerade vor überhöhten Forderungen in Abmahnungen zu schützen. Die Annahme, dass eine Rechtfertigung einer höheren Gebühr in das Abmahnschreiben aufzunehmen ist, findet daher im Gesetz keine Stütze. Eine Verantwortlichkeit des Abmahnenden, Informationen über den Berechnungsvorgang der Geschäftsgebühr zur Verfügung zu stellen, kann aus dieser Vorschrift dementsprechend nicht abgeleitet werden.

(2) Im Urheberrecht

Die Rechtsanwaltsgebühren können als Aufwendungen gem. § 97a Abs. 3 Satz 1 UrhG in der urheberrechtlichen Abmahnung geltend gemacht werden; nach § 2 Abs. 2 RVG i. V. m. Nr. 2300 VV fallen Geschäftsgebühren in Höhe von 0,5 bis 2,5, bei einfachen Fällen höchstens 1,3 Gebühren an.[825] Der Gegenstandswert kann nicht schematisch bestimmt werden.[826] Für die Berechnung des Gegenstandswertes eines Unterlassungsanspruchs (§§ 48 Abs. 1 Satz 1 GKG, 3 ZPO) nach einer Urheberrechtsverletzung, etwa in einer Internettauschbörse (P2P-Netzwerk), sind unter anderem das Interesse des Verletzten an der Abwehr zukünftiger Rechtsverletzungen durch den Verletzer, der Wert des verletzten Rechts für den Verletzten und der sogenannte Angriffsfaktor, der sich nach Art und Intensität der Rechtsverletzung bestimmt, maßgeblich.[827] Das OLG Köln setzte beispielsweise für die Rechtsverletzung an einem einzigen Musiktitel einen Streitwert von 3000 Euro an, bei einem kompletten Musikalbum aber (nur) 10.000 Euro und bei einer Rechtsverletzung in Bezug auf 18.096 Titel einen Wert von 400.000 Euro, da der Streitwert für einen Musiktitel nicht einfach multipliziert werden dürfe.[828] Es ist offenkundig, dass ebenso wie im Wettbewerbsrecht

824 *Onderka*, in: AnwK-RVG, § 14 Rn. 76; *Schons*, NJW 2005, 1024 (1025).
825 *Spindler*, in: Spindler/Schuster-UrhG, § 97a Rn. 18.
826 *Hohlweck*, GRUR 2014, 940 (946).
827 *Forch*, GRUR-Prax. 2014, 193 (194).
828 *Hohlweck*, GRUR 2014, 940 (946).

keine eindeutig richtige Bestimmung des Gegenstandswerts möglich ist, vielmehr ist es dem Rechtsanwalt überlassen, die von Literatur und Rechtsprechung entwickelten *weichen* Kriterien zu beachten und angemessen zu gewichten.

Darüber hinaus ist in § 97a Abs. 3 Satz 2 UrhG eine Streitwertdeckelung vorgesehen, wonach der Gebührenberechnung bei einer Abmahnung gegenüber einem „privaten Ersttäter“[829] lediglich ein Gegenstandswert von 1000 Euro zugrunde gelegt werden darf. Diese Begrenzung des Streitwerts ist gem. § 97a Abs. 3 Satz 4 UrhG jedoch dann unbeachtlich, wenn sie nach den besonderen Umständen des Einzelfalls unbillig ist.

Die Ausführungen zum Wettbewerbsrecht sind auf das Urheberrecht weitestgehend übertragbar. So bleibt dem Abgemahnten auch bei Erhalt einer urheberrechtlichen Abmahnung in der Regel verschlossen, ob der Abmahnende die üblichen Kriterien zur Bestimmung des Gegenstandswertes herangezogen hat, die Streitwertdeckelung des § 97a Abs. 3 Satz 2 UrhG bedacht hat oder diese womöglich als unbillig erachtet; er leidet damit an einem diesbezüglichen Informationsdefizit. Im Hinblick auf das Verantwortungskriterium lässt sich nicht eindeutig feststellen, inwieweit die Streitwertdeckelung den Abmahnenden verpflichtet, Ausführungen darüber zu machen, ob die Regelung einschlägig ist oder nicht. Zwar wird in seriösen Abmahnungen regelmäßig auf diese Vorschrift eingegangen, daraus lässt sich jedoch keine Pflicht zur diesbezüglichen Informationsbereitstellung entnehmen. Jedenfalls aber kann aus ihrer Existenz nicht geschlossen werden, sie bürde dem Abgemahnten die Pflicht auf, sich durch einen Blick ins Gesetz selbst über die Angemessenheit des Gegenstandswertes zu informieren, denn § 97a Abs. 3 Satz 2 UrhG dient wie auch § 51 Abs. 3 Satz 2 GKG dem Schutz des Abgemahnten.

Die obigen Ausführungen zur Berechnung der Geschäftsgebühr im Wettbewerbsrecht gelten in gleicher Weise für die urheberrechtliche Abmahnung und sind dementsprechend übertragbar.

dd) Fazit

Sowohl im Wettbewerbs- als auch im Urheberrecht ist eine konkludente Erklärung des Rechtsanwalts dahin gehend anzunehmen, er lege bei der Berechnung seiner Gebühren die einschlägigen Normen zugrunde und halte sich im zulässigen rechtlichen Rahmen. Der Rechtsanwalt ist nicht verpflichtet, im Abmahnschreiben darzulegen, welchen Gegenstandswert und welche Geschäftsgebühr er seiner Gebührenrechnung zugrunde gelegt und welche Kriterien er dabei

---

829 *Krbetschek/Schlingloff*, WRP 2014, 1 (6).

angelegt hat. Insoweit hat er gegenüber dem Abgemahnten einen auf seiner Informationsherrschaft basierenden Informationsvorsprung. Auch das Vertrauenskriterium streitet für eine konkludente Erklärung, da die Stellung des Rechtsanwalts als Organ der Rechtspflege ein gesteigertes Vertrauen in die Rechtmäßigkeit der Gebührenberechnung rechtfertigt. Allerdings lässt sich nicht eindeutig feststellen, ob § 51 Abs. 3 Satz 2 GKG im Wettbewerbsrecht und § 97a Abs. 3 Satz 2 UrhG im Urheberrecht eine Verantwortungszuweisung hinsichtlich der Rechtmäßigkeit der Gebührenberechnung vornehmen. Zwar zwingen sie nicht ausdrücklich zur Darlegung der Umstände, auf denen die Einhaltung oder Abweichung von der 1000 Euro-Grenze basiert. Gleiches gilt für die Geschäftsgebühr; ein Abweichen von der 1,3-Schwelle ist im Abmahnschreiben nicht begründungsbedürftig. Jedenfalls für die § 51 Abs. 3 Satz 2 GKG und § 97a Abs. 3 Satz 2 UrhG ist jedoch anerkannt, dass sie auch vor zu hohen Gebührenforderungen schützen sollen. Dementsprechend können sie als Indiz für eine Verantwortlichkeit des Rechtsanwalts herangezogen werden.

In Anwendung der Kriterien ist eine konkludente Erklärung des Rechtsanwalts, er halte sich bei der Gebührenberechnung im zulässigen rechtlichen Rahmen, im Ergebnis zu bejahen. Macht er im Abmahnschreiben Gebühren geltend, die nicht *lege artis* berechnet wurden, liegt eine Täuschung über Tatsachen vor, die zu einer Betrugsstrafbarkeit führen kann.

III. Absprachen zwischen Mandant und Rechtsanwalt im Bereich der Massenabmahnungen

Der Abmahnende kann die durch den Versand einer berechtigten Abmahnung entstandenen Rechtsanwaltsgebühren als Aufwendungen gelten machen (§ 12 Abs. 1 Satz 2 UWG und § 97a Abs. 3 Satz 1 UrhG), nachdem sich der Befreiungsanspruch nach § 257 Satz 1 BGB gegen den Abgemahnten durch Begleichung der Honorarrechnung in einen Erstattungsanspruch umgewandelt hat.[830] Die Höhe des Gebührenanspruchs des Rechtsanwalts bestimmt sich in der Regel nach dem RVG, soweit keine andere ausdrückliche Honorarvereinbarung getroffen wurde. Für einige der sog. Massenabmahner wäre die Abmahntätigkeit jedoch wirtschaftlich völlig uninteressant, würden sie tatsächlich für jede verschickte Abmahnung die vollen gesetzlichen Gebühren zu dem

830 *Bornkamm*, in: Köhler/Bornkamm-UWG, § 12 Rn. 1.112; *Bülte*, NZWiSt 2014, 41 (43); *Reber*, in: BeckOK-UrhG, § 97a Rn. 22.

im Abmahnschreiben bezifferten Streitwert vergüten.[831] Massenabmahnungen bergen nämlich die Gefahr, dass in einer Vielzahl der Fälle die Aufwendungsansprüche nicht befriedigt werden, insbesondere dann, wenn die Abmahnung unberechtigt ist. Daher werden vielfach vom RVG abweichende Vereinbarungen zwischen Rechtsanwalt und Mandant getroffen, die notwendig sind, um finanzielle Risiken für den Abmahnenden zu vermeiden.[832]

Bülte[833] zeigt auf, welche Möglichkeiten für den Rechtsanwalt und seinen Mandanten bestehen, um das Kostenrisiko zu umgehen oder auf den Abgemahnten zu verlagern.

Zum einen komme die Vereinbarung einer Fallpauschale für jede einzelne Abmahnung oder für eine Abmahnaktion in Betracht. Zum anderen könne sich auf ein Erfolgshonorar für jeden Einzelfall geeinigt werden. Schließlich könne eine Poolbildung aus allen eingehenden Zahlungen Abhilfe schaffen, bei der der Gesamtbetrag nach Ende der Aktion nach einem bestimmten Schlüssel aufgeteilt würde. Soweit die Gebührenforderungen den vereinbarten Anteil am Pool überstiegen, erkläre der Rechtsanwalt den Verzicht.

---

831 Vgl. *Petring*, Wer soll das bezahlen?, Blogeintrag vom 12. 04. 2010 auf der Internetseite seiner Kanzlei, abrufbar unter: http://petringlegal.blogspot.de/2010/04/wer-soll-das-bezahlen-erstattung.html (Stand 07. 06. 2016).

832 BT-Drucks. 17/13057, S. 25; *Hohlweck*, GRUR 2014, 940 (947), behandelt die im Bereich der urheberrechtlichen Abmahnungen geschlossenen Honorarvereinbarungen als wiederkehrende Vermutung, die, obwohl darüber bisher verschiedentlich Beweis erhoben, bisher nicht bestätigt worden sei.
Im ARD-Magazin *Kontraste* über das „Geschäftsmodell Abmahnung", Sendung vom 21. 07. 2011, berichtet ein Insider, der Anwalt erhalte 40–50 Prozent „des Ganzen", abrufbar unter: https://www.youtube.com/watch?v=bY4uZ9CrUf4 (Stand: 27. 05. 2016).
Und das *AG Regensburg*, Urt. v. 08. 12. 2015 – 3 C 451/14, bezweifelt im „Redtube-Fall" überhaupt das Bestehen einer Gebührenvereinbarung zwischen Rechtsanwalt und Mandantschaft: *„Mangels ausreichendem Nachweis und mangels Vorlage einer entsprechenden Vollmacht hat das Gericht bereits erhebliche Zweifel daran, dass zwischen den Beklagten und ihrer Mandantschaft tatsächlich eine entsprechende Gebührenvereinbarung besteht und für den Fall des Bestehens einer Vereinbarung diese auch praktiziert wird. [Dies gilt] [a]ngesichts des im Verhältnis zum prozessualen gebührenmäßigen Aufwand marginalen Schadensersatzanspruchs und dem völlig untergeordnetem Interesse der Mandantschaft der Beklagten an der Unterlassung behaupteten streitgegenständlichen Streamingsvorgangs durch den Kläger […].“*

833 *Bülte*, NZWiSt 2014, 41 (44).

In jedem Fall, in dem das gesamte oder ein Teil des Rechtsanwaltshonorars an den Mandanten fließe, so *Bülte*, liege eine Art Kick-Back-Zahlung vor. In der Höhe dieser Kick-Back-Zahlung sei der abmahnende Mandant nicht mit Rechtsanwaltskosten belastet.[834]

Hält man eine dieser drei Konstellationen für gegeben und wird im Abmahnschreiben dennoch eine Rechtsanwaltsgebühr, wie sie sich für eine einzige Abmahnung aus dem RVG ergibt, geltend gemacht, dann wird auf diese Weise Ersatz von Aufwendungen gefordert, die (in dieser Höhe) nicht getätigt wurden:

In der ersten Konstellation des Pauschalhonorars wird das vereinbarte Honorar in der Regel unter dem des RVG liegen. Eine solche Vereinbarung ist auch grundsätzlich zulässig, § 4 RVG. Wird dem Abgemahnten gegenüber jedoch der RVG-Anspruch geltend gemacht, so ist die Geltendmachung in der Höhe der Differenz zwischen RVG-Honorar und Pauschalhonorar unberechtigt.[835]

Im Falle einer Erfolgsvergütung stellt sich das Problem, dass eine solche Vereinbarung regelmäßig gem. § 49b Abs. 2 BRAO unzulässig ist. Wegen Verstoßes gegen ein gesetzliches Verbot nach § 134 BGB ist die Vereinbarung nichtig und begründet keine Zahlungspflicht.[836] Der Abmahnende, der gegenüber dem Abgemahnten entsprechende Rechtsanwaltskosten geltend macht, fordert also die Zahlung auf einen nicht entstandenen Anspruch ein. Dasselbe Problem stellt sich selbst dann, wenn man von einer nach § 4a RVG wirksamen Vereinbarung ausgeht. Denn die Erfolgshonorarvereinbarung enthält eine aufschiebende Bedingung, sodass die Zahlungspflicht erst im Erfolgsfall zur Entstehung gelangt.[837] Wird der Vergütungsanspruch daher im Abmahnschreiben geltend gemacht, so ist der Anspruch noch gar nicht entstanden, da Bedingung gerade die Zahlung des Abgemahnten ist. Auch dann wird also ein Anspruch geltend gemacht, der in Wahrheit nicht entstanden ist.[838]

Bei einer Poolbildung findet ein Kick-Back in der Höhe der Quote statt, die dem Mandanten an den gesamten Einnahmen zusteht; der Anspruch ist dementsprechend in dieser Höhe nicht existent. *Bülte* zeigt jedoch auf, dass selbst hinsichtlich des Betrages, den der Anwalt erhält, der Gebührenanspruch gegen den Einzelnen zu Unrecht geltend gemacht wird, denn der Anwalt verzichte auf

---

834 *Bülte*, NZWiSt 2014, 41 (44).

835 *AG Frankfurt/M.*, Urt. v. 29. 01. 2010 – 31 C 1078/09 – 78 = MMR 2010, 262 (263); *Bülte*, NZWiSt 2014, 41 (44); *Schulz*, in: MüKo-ZPO, § 91 Rn. 61.

836 *Kilian*, in: Henssler/Prütting-BRAO, § 49b Rn. 144.

837 *Kilian*, in: Henssler/Prütting-BRAO, § 49b Rn. 78.

838 *Bülte*, NZWiSt 2014, 41 (45).

die Gebührenansprüche in Bezug auf die Nichtzahler. Bei einer Zahlerquote von 20 Prozent erhalte der Rechtsanwalt bei Auflösung des Pools pro Abmahnung daher auch nur 20 Prozent des einzelnen Gebührenanspruchs. Die übrigen 80 Prozent würden zu Unrecht als Erstattungsanspruch gegen den Zahler geltend gemacht. Das wirtschaftliche Risiko werde damit auf die Zahler verlagert, die die Nichtzahler quasi mitfinanzierten.[839]

Möglicherweise ist es aber zulässig, im Außenverhältnis die gesetzlichen Gebühren abzurechnen, auch wenn das im Innenverhältnis vereinbarte Honorar darunter liegt. Dafür ließe sich als Argument anführen, dass es nicht einsichtig sei, wieso der Gegner von der Vereinbarung profitieren solle. Allerdings ist eine abstrakte Schadensberechnung auf Grundlage des RVG gem. § 249 BGB nicht möglich, sodass lediglich das vereinbarte Honorar erstattungsfähig ist.[840]

Bülte kommt also richtigerweise zu dem Schluss, dass durch keine der Honorargestaltungen vermieden werden kann, dass ganz oder zum Teil unberechtigte (und unbedingte) Ansprüche im Abmahnschreiben geltend gemacht werden. Dass aber konkludent erklärt wird, die Aufwendungsersatzansprüche seien in der geforderten Höhe auch entstanden, wurde oben bereits dargelegt. Ist dem in Wahrheit aber nicht so, liegt in dieser Erklärung eine konkludente Täuschung gem. § 263 StGB.

Eine dazu noch strengere Auffassung vertritt das AG Mannheim[841], das annimmt, dass bei einer großen Zahl von identischen Abmahnungen wegen Urheberrechtsverletzungen die anwaltliche Beratung nur in einem der gleich gelagerten Fälle erforderlich sei und sich etwa im Verfassen einer Musterabmahnung erschöpfe. Gegen den einzelnen Abgemahnten könnten dementsprechend lediglich anteilig dieser einmalige Gebührensatz und etwaige Durchführungskosten gelten gemacht werden. Nach dieser Ansicht könnte also bei insgesamt 1000 Abmahnungen auch nur ein Tausendstel der Rechtsanwaltsgebühren pro Abgemahntem als Ersatz eingefordert werden; der darüber liegende Betrag wäre unberechtigterweise geltend gemacht und könnte ebenfalls eine Betrugsstrafbarkeit auslösen. Allerdings steht das AG Mannheim mit dieser Auffassung bisher wohl allein.[842]

---

839 *Bülte*, NZWiSt 2014, 41 (45).

840 *Krämer/Maurer/Kilian*, Vergütungsvereinbarung und -management, Rn. 700; *Henssler*, NJW 2005, 1537 (1538 f.) hält es schlicht für Betrug i. S. d. § 263 StGB, wenn „in Kenntnis eines geringeren Honoraranspruchs des Anwalts im Innenverhältnis mehr verlangt" wird.

841 *AG Mannheim*, Urt. v. 15. 12. 2006 – 1 C 463/06 = CR 2007, 268 (269).

842 *Bülte*, NZWiSt 2014, 41 (43 f.).

Problematisch erscheint an dieser Ansicht das Ansetzen an der Erforderlichkeit. Das Erstellen der Abmahnung, adressiert an den individuellen Abmahnungsempfänger, und der Versand des Schreibens gehören nämlich zur Durchführung der Abmahnaktion, ganz gleich, ob für jedes einzelne Schriftstück herausgehobene intellektuelle oder fachspezifische Kenntnisse nötig sind. Man würde den Rechtsanwalt erheblich in seinem Leistungsangebot beschneiden, müsste er den Mandanten, der ihn um die Erstellung vieler gleichartiger Schriftstücke bittet, auf ein Musterschreiben und eigene Mithilfe verweisen, wollte er die Kosten vom Gegner ersetzt bekommen. Lediglich in solchen Fällen also, in denen die Abmahnungen bis auf den Abmahnungsempfänger und einige Daten, etwa zum Zeitpunkt der Rechtsverletzung oder der ermittelten IP-Adresse, identisch sind und der Mandant tatsächlich auch selbst das Ausfüllen dieser „Variablen" und den Versand übernimmt, ist dem AG Mannheim zu folgen. Dann nämlich erschöpft sich die rechtsanwaltliche Tätigkeit tatsächlich in einem einzigen Abmahnungsentwurf, dessen Kosten dann unter allen Abmahnungsempfängern gleichmäßig aufzuteilen sind. Bei einer größeren Zahl von Abmahnungen wird dieser Fall jedoch kaum eintreten. Schon eine einzige Abmahnung, die vom Gegner substantiiert bestritten wird und damit vom Abmahnenden bzw. seinem Anwalt eine Reaktion erforderlich macht, führt dazu, dass die Rechnung, wie sie das AG Mannheim aufgestellt hat, nicht mehr aufgeht.

D. Zusammenfassung des 3. Kapitels

Aus seiner aus BRAO und BORA erwachsenden Pflichtenstellung lässt sich für den Rechtsanwalt eine doppelte, divergierende Verantwortlichkeit ablesen. Er ist einerseits Parteivertreter, doch andererseits gerade nicht nur „Parteivertreter und nichts als dies"[843], sondern eben auch der Allgemeinheit verpflichtet. Aus dieser Gemeinwohlverpflichtung resultiert eine Verantwortlichkeit nicht nur gegenüber dem Mandanten, sondern auch gegenüber dem Abgemahnten, der auf die Richtigkeit der vom Rechtsanwalt gemachten Angaben vertrauen darf. Allerdings trifft den Rechtsanwalt keine Aufklärungs- oder Informationspflicht hinsichtlich der im Abmahnschreiben nicht ausdrücklich genannten Tatsachen, die für die Anspruchsentstehung von Bedeutung sind – eine konkludente Täuschung scheidet also diesbezüglich aus. Allerdings bürdet ihm sein Fachwissen eine besondere Verantwortung auf, die sich darin äußert, dass auch der Gegner

843 So nämlich *Weber*, Wirtschaft und Gesellschaft, S. 584.

auf die Verbindlichkeit der rechtlichen Wertung des Rechtsanwalts vertrauen darf. Dies gilt umso mehr, als der Anwalt diesbezüglich informatorisch besser ausgestattet ist als der Laie, der mit juristischer Fachliteratur und Gerichtsurteilen in der Regel wenig anzufangen weiß. Eine Täuschung über die Rechtsverbindlichkeit eines Anspruchs ist im Rahmen einer anwaltlichen Abmahnung dementsprechend zu bejahen.

Eine Drohung, die in einer Abmahnung von einem Rechtsanwalt ausgesprochen wird, stellt kein empfindlicheres Übel in Aussicht als dies bei einer Drohung durch einen Laien der Fall ist. Allerdings ist die Verwerflichkeit gem. § 240 Abs. 2 StGB bei einem Rechtsanwalt eher anzunehmen, als bei einem juristischen Laien. Dadurch, dass er seine Stellung als Rechtsanwalt und Organ der Rechtspflege einsetzt, ist von einer stärkeren Zwangsintensität auszugehen, die in der Verwerflichkeitsprüfung für eine Verwerflichkeit streitet. Darüber hinaus eröffnet sich dem Rechtsanwalt bedingt durch sein Fachwissen leichter die Möglichkeit, die Abmahnung missbräuchlich, i. S. e. Umgehung des gerichtlichen Verfahrens, einzusetzen. Aus diesem Grund liegt bei einem Rechtsanwalt die Annahme einer das Verwerflichkeitsurteil tragenden Missbrauchsabsicht näher.

Bezüglich des Problemkreises der *neutralen* Beihilfe können aus der Vielzahl möglicher Beteiligungsformen des Rechtsanwalts am Versand unberechtigter Abmahnungen, drei Fallgruppen herausgefiltert werden. Zum einen gibt es jene Fälle, in denen der Rechtsanwalt den Abmahnenden durch völlig berufsuntypisches Verhalten unterstützt und sich dadurch, mangels Neutralität des Verhaltens, der Problemkreis der neutralen Beihilfe gar nicht eröffnet. Zum zweiten existieren die (neutralen) Beihilfehandlungen, die sich in reiner Rechtsauskunft oder Rechtsberatung erschöpfen. Dort ist es für die Strafbarkeit des Rechtsanwalts insbesondere von Bedeutung, welchen Vorsatzgrad er in Bezug auf die deliktische Handlung seines Mandanten hat; daran anschließend ist für den konkreten Fall zu prüfen, ob der Rechtsrat (bei *dolus directus*) objektiv einen deliktischen Sinnbezug zum Deliktsplan des Mandanten aufweist oder ob der Rechtsrat (bei *dolus eventualis*) trotz erkennbarer Tatgeneigtheit des Täters erteilt wurde. Drittens besteht die Möglichkeit der Mitwirkung des Rechtsanwalts in der Form, dass er selbst den Versand der Abmahnungen übernimmt. Wenn dort im konkreten Fall nicht ohnehin von täterschaftlichem Handeln auszugehen ist, ist der Bereich der straflosen Unterstützung schnell verlassen. Weiß der Anwalt nämlich um die deliktische Verwendung seines Beitrags, ergibt sich der deliktische Sinnbezug schon aus der individuell zugeschnittenen Abmahnung, die nur für den konkreten Mandanten sinnvoll einsetzbar ist. Handelt er mit Eventualvorsatz, wird die Tatgeneigtheit ohne Weiteres für ihn erkennbar, wenn der Mandant etwa unübliche Gebührenabsprachen anstrebt, eine konsequente Rechtsdurchsetzung nach erfolgloser Abmahnung zu vermeiden sucht oder wichtige Nachweise für die Anspruchsbegründung nicht erbringen kann. Indiziell dafür, dass der Bereich der straflosen neutralen Beihilfehandlungen verlassen wurde, ist in diesem Kontext vor allem auch die Missachtung der Berufspflichten, die sich aus § 43a BRAO ergeben.

Auch die Geltendmachung von Rechtsanwaltsgebühren kann eine Betrugsstrafbarkeit auslösen. Voraussetzung dafür ist, dass im Abmahnschreiben Rechtsanwaltsgebühren als Aufwendungen geltend gemacht werden oder der Rechtsanwalt im Abmahnschreiben die Vergütung seiner Dienste direkt vom Abgemahnten einfordert, obwohl die Gebühren nicht (in voller Höhe) entstanden sind. Dies kann seine Ursache darin haben, dass der Rechtsanwalt die entsprechenden Leistungen nicht erbracht hat oder eine geringere Vergütung mit dem Mandanten vereinbart wurde. Problematisch ist dabei, dass die Berechnung der Rechtsanwaltsgebühren in einem bestimmten Umfang vom Ermessen des Rechtsanwalts abhängt. So liegen der konkret anfallenden Gebühr ein durch den Rechtsanwalt zu bestimmender Gegenstandswert und ein von ihm festgesetzter Gebührensatz zugrunde. Dies steht einer Tatsachenbehauptung i. S. d. § 263 StGB jedoch nicht entgegen, da der Rechtsanwalt bei Geltendmachung der Gebühren konkludent erklärt, die einschlägigen Berechnungsgrundlagen und -grundsätze beachtet zu haben. Hat er dies in Wahrheit nicht getan, liegt demgemäß eine betrugsrelevante Täuschung vor.

Darüber hinaus eröffnen die oftmals wenig transparenten Vereinbarungen zwischen Rechtsanwalt und Mandant hinsichtlich der Vergütung des Rechtsanwalts den Anwendungsbereich des Betruges. Der Grund für eine Vereinbarung liegt oftmals in der Senkung des Kostenrisikos für den Mandanten, insbesondere im Bereich der Massenabmahnungen. Verschiedene Modelle sind hierfür denkbar, u. a. die Vereinbarung einer Vergütungspauschale oder eines Erfolgshonorars oder eine Poolbildung mit den eingegangenen Zahlungen verbunden mit einer quotenmäßigen Aufteilung des „Gewinns“. Wird gegenüber dem Abgemahnten gleichwohl der Regelsatz geltend gemacht, obwohl die Vereinbarung (z. B. nach einem der Modelle) eine geringere Gebühr vorsieht, führt dies zu einer Strafbarkeit des Abmahnenden wegen Betruges.

4. Kapitel: Abschließende Überlegungen zur Opfermitverantwortung

A. Überblick

In den vorstehenden Kapiteln ist die Frage nach der Strafbarkeit des Versandes von wettbewerbs- und urheberrechtlichen Abmahnungen umfassend und stets mit Blick auf den konkreten Fall beantwortet worden. Diese Ergebnisse kann man ohne Weiteres als durch den Subsumtionsschluss, also die Anwendung des Justizsyllogismus als „formal-logische Konklusion aus Ober- und Untersatz“[844] begründet hinnehmen. Dennoch soll hier für eine abschließende Betrachtung in die Überlegungen miteinbezogen werden, dass der Rechtsanwender nicht als bloßer „Subsumtionsautomat“ fungiert,[845] sondern die Subsumtion eine Vielzahl von Einzelwertungen und -entscheidungen verlangt, die bei der Prüfung jedes einzelnen Tatbestandsmerkmals getroffen werden.[846] Der Blick soll daher auf einen dieser Wertungsgesichtspunkte gelenkt werden, um aufzuzeigen, warum in der Subsumtion ein bestimmter Schluss gezogen wurde und wo eine andere Wertung zu einer anderen Prämisse[847] und damit zu einem anderen Schluss geführt hätte.

Bei diesem Aspekt handelt es sich um das, was in der Literatur unter den Schlagworten der *Opfermitverantwortung*[848], *-selbstverantwortung*[849] oder dem *Opfermitverschulden*[850] diskutiert wird. Die Frage, welche Verantwortung den Abgemahnten im Hinblick auf seine Opferrolle selbst trifft, wurde in der Prüfung der einzelnen Tatbestände wiederholt thematisiert und nahm entscheidenden Einfluss auf das Ergebnis.

---

844 *Gröschner*, Justizsyllogismus? Jurisprudenz!, S. 204.

845 *Ogorek*, Richterkönig oder Subsumtionsautomat?, S. 1.

846 Vgl. *Larenz*, Methodenlehre der Rechtswissenschaft, S. 283.

847 Prämisse gem. *Engisch*, in: Bockelmann/Kaufmann/Klug, S. 85 f., verstanden als der „durch Gesetzesinterpretation zustande gebrachten Bildung des juristischen Obersatzes und der durch Subsumtion unter die Tatbestandsmerkmale des Gesetzes vollzogenen Bildung des Untersatzes“.

848 *Ellmer*, Betrug und Opfermitverantwortung; *Schwarz*, Mitverantwortung des Opfers.

849 *Murmann*, Die Selbstverantwortung des Opfers im Strafrecht; vgl. auch *Sinn*, Nötigung, S. 267 f.

850 *Kurth*, Das Mitverschulden des Opfers beim Betrug.

Dass die Frage nach der Verantwortlichkeit des Opfers gerade in der hiesigen Untersuchung auffällig große Bedeutung erlangt hat, liegt in Struktur und Typus der einschlägigen Tatbestände begründet. Denn sowohl bei § 263 StGB als auch bei § 240 StGB ist die Mitwirkung des Opfers für die Deliktsvollendung konstitutiv.[851] Der Betrug zwingt als Kommunikations- und Selbstschädigungsdelikt dazu, die Opferreaktion in den Blick zu nehmen. Und sowohl der Betrug[852] als auch die Nötigung[853] werden aufgrund der notwendigen Opferbeteiligung zum Teil als vertypte Delikte in mittelbarer Täterschaft aufgefasst. Bei beiden Tatbeständen hat die Bewertung des Opferverhaltens also maßgeblichen Einfluss auf das Subsumtionsergebnis, sodass das Verständnis von der Rolle des Opfers bei der Deliktsverwirklichung für die Strafbarkeit des Täters entscheidend sein kann.

Im Folgenden wird ein kurzer Überblick über den Meinungsstand zur Berücksichtigung des Opfermitverschuldens gewährt und dargestellt, wo in der hiesigen Arbeit das Opferverhalten im Einzelnen Einfluss auf die Beurteilung des Täterverhaltens genommen hat. Diese Überlegungen bilden den Ausgangspunkt, um aufzuzeigen, inwieweit eine stärker als hier geschehene Betonung der Opfermitverantwortung auch im Bereich der unberechtigten Abmahnungen noch weiter strafbarkeitseinschränkende Wirkung entfalten kann und inwieweit von der hiesigen Lösung abweichende Subsumtionsergebnisse denkbar sind.

B. Ansichten zur Berücksichtigung der Opfermitverantwortung

I. Literaturansichten

In Anlehnung an die aus der Kriminologie hervorgegangene Opferforschung wird im Zusammenhang mit der Opfermitverantwortung vielfach von einem viktimologischen Prinzip oder viktimologischen Gedanken gesprochen. Nur wenige sehen darin aber tatsächlich ein allumspannendes Prinzip, das methodologische Eigenständigkeit beansprucht.[854] Einer der wenigen Vertreter eines allgemeinen viktimologischen Prinzips ist *Schünemann*, der darin

851 *Tiedemann*, in: LK-StGB, Vor § 263 Rn. 34.

852 *Kindhäuser*, FS-Bemmann, S. 339; *Schröder*, ZStW 60 (1941), 33, 70 Fn. 41.

853 *Timpe*, Die Nötigung, S. 33. Bezüglich § 253 StGB: *Jakobs*, JR 1987, 340 (340).

854 Für eine Berücksichtigung der Mitverantwortung des Opfers, aber gegen ein sog. viktimologisches Prinzip treten *Arzt*, MSchKrim 1984, 105 (113), und *Ellmer*, Betrug und Opfermitverantwortung, S. 268, ein.

ein strafbarkeitseinschränkendes normatives Prinzip[855] und eine Auslegungsmaxime[856] erblickt. Er leitet es aus dem *ultima ratio*-Prinzip ab, indem er argumentiert, das Strafrecht als *ultima ratio* des Rechtsgüterschutzes dürfe nur bei ausreichender Strafwürdigkeit und Strafbedürftigkeit eines Verhaltens eingreifen.[857] Die Bestimmung von Strafwürdigkeit und -bedürftigkeit müsse wiederum von der Schutzwürdigkeit und der Schutzbedürftigkeit des Opfers her erfolgen. Verdiene das Opfer keinen Schutz, etwa weil es einen solchen verwirkt habe,[858] oder bedürfe es keines Schutzes, müsse das Strafrecht schweigen. Der Grundsatz, dass nur solches Handeln strafbar sein dürfe, das den möglichen und ohne Weiteres zumutbaren Selbstschutz des Opfers umgehe, erweise sich als leitende Auslegungsmaxime.[859]

In den meisten Fällen jedoch aktivieren die unterschiedlichen viktimodogmatischen Ansätze die Opfermitverantwortung nicht als grundsätzliches Prinzip, sondern koppeln sie an einzelne Tatbestandsmerkmale. Im Rahmen des Betrugstatbestandes, der als Kommunikations- und Beziehungsdelikt[860] ein besonderes Einfallstor für den Gedanken der Opfermitverantwortung bietet, da es einer intellektuellen Verarbeitung des Täterverhaltens auf Opferseite bedarf und so empirisch und praktisch das Mitverschulden des Betrogenen die Regel ist,[861] ist beinahe jedes Tatbestandsmerkmal für eine Berücksichtigung der Opfermitverantwortung geöffnet worden. So wird das Mitverschulden des Opfers zum Teil bereits bei der Täuschung berücksichtigt[862], etwa indem gesteigerte qualitative Anforderungen an die Täuschung gestellt werden. Andere setzen beim Irrtumserfordernis[863] an und beziehen das Opferverhalten insbesondere bei Zweifeln ein. Wieder andere bringen die Opfermitverantwortung beim Merkmal des Vermögensschadens[864]

855 *Schünemann*, in: FS-Faller, S. 361 ff.

856 *Schünemann*, in: Verbrechensopfer in der Strafrechtspflege, S. 412; so auch *Rácz*, JR 1984, 234 (235 f.).

857 *Schünemann*, in: FS-Faller, S. 358.

858 *Schünemann*, in: Verbrechensopfer in der Strafrechtspflege, S. 411.

859 *Schünemann*, in: FS-Faller, S. 362.

860 *Hefendehl*, in: MüKo-StGB, § 263 Rn. 21; *Wittig*, Das tatbestandsmäßige Verhalten des Betrugs, S. 523.

861 *Arzt*, in: Arzt/Weber BT, § 20 Rn. 4.

862 Vgl. *Arzt*, in: FS-Hirsch, S. 447; *Ellmer*, Betrug und Opfermitverantwortung, S. 271; *Kamberger*, Treu und Glauben, S. 231 ff.

863 *Amelung*, GA 1977, 1 ff.; *Giehring*, GA 1973, 1 (22); *Hassemer*, Schutzbedürftigkeit des Opfers und Strafrechtsdogmatik, S. 118; *Schünemann*, in: FS-Bockelmann, S. 130 f.

864 *Beulke*, NJW 1977, 1073 (1073); *Hefendehl*, Vermögensgefährdung und Exspektanzen, S. 140 f.

zur Anwendung oder verorten die Problematik im Ursachenzusammenhang zwischen Täuschung und Irrtum[865].

Darüber hinaus nimmt im Rahmen des Betrugstatbestandes jene Ansicht eine – gewissermaßen reflexartige – Berücksichtigung der Opfermitverantwortung vor, die den Betrugstatbestand insgesamt auf eine normative Grundlage stellt und betrugsrelevantes Verhalten durch die Abgrenzung von Zuständigkeitsbereichen zu bestimmen versucht. Indem die Vertreter dieser Ansicht den Zuständigkeits- bzw. Verantwortungsbereich sowohl des Täters als auch des Opfers abstecken, setzen sie die Strafbarkeit des Täters in Abhängigkeit von der Verantwortlichkeit des Opfers für die eigenen Belange.[866]

II. Auffassung der herrschenden Meinung

Die herrschende Meinung lehnt die tatbestandliche Berücksichtigung einer ausdrücklich als Opfermitverantwortung bezeichneten Opferbeteiligung (auf Tatbestandsebene) immer noch ab und verweist auf die Strafzumessungsebene, auf der dieser ausreichend Rechnung getragen werden könne.[867] Gleichwohl ist auch ihr der Blick auf das Opfer nicht fremd. So scheidet eine Strafbarkeit wegen Geldfälschung, § 146 StGB, etwa dann aus, wenn es sich um eine leicht erkennbare Fälschung handelt.[868] Und derjenige, der sich durch eine übertriebene Werbeanpreisung („bestes Waschmittel der Welt") zum Kauf animieren lässt, wird üblicherweise nicht über § 263 StGB geschützt, selbst wenn die Werbeaussage nicht der Wahrheit entspricht. Als Argument wird angeführt, eine solche Aussage unterfalle nicht dem Merkmal der Tatsachenbehauptung, sondern sei als reines Werturteil nicht betrugsrelevant. Da der Umstand, ob ein Waschmittel bessere Ergebnisse erzielt als ein anderes oder als alle anderen Waschmittel, empirisch überprüfbar und durchaus dem Beweis zugänglich ist, kann dieser Ansatz jedoch nicht überzeugen. Vielmehr wird – gewissermaßen unter

---

865 *Duttge*, in: Dölling/Duttge/Rössner, § 263 Rn. 68; *Naucke*, in: FS-Peters, S 109 ff.

866 *Frisch*, in: FS-Bockelmann, S. 660 ff.; *Kindhäuser*, FS-Bemmann, S. 354 f.; *Pawlik*, Das unerlaubte Verhalten beim Betrug, S. 65, S. 139 ff.; *Wittig*, Das tatbestandsmäßige Verhalten des Betrugs, S. 325 ff.

867 *BGH*, Urt. v. 05. 12. 2002 – 3 StR 161/02 = NJW 2003, 1198 (1198 f.); *Frank/Leu*, StraFo 2014, 198 (200 f.); *Hillenkamp*, Vorsatztat und Opferverhalten, S. 211 ff.; *Kindhäuser*, in: NK-StGB, § 263 Rn. 52; *Miebach*, in: MüKo-StGB, § 46 Rn. 263; *Tiedemann*, in: LK-StGB, Vor § 263 Rn. 39; *Wessels/Hillenkamp*, Strafrecht BT 2, Rn. 487 m. w. N.

868 *Sinn*, Nötigung, S. 269, mit Verweis auf *BGH*, Urt. v. 17. 03. 1970 – 1 StR 491/69 = BGHSt 23, 229 (231).

dem Deckmantel der Abgrenzung von Tatsachenbehauptung und Werturteil – ein Opfermitverschulden berücksichtigt. Denn es wird vorausgesetzt, dass der durchschnittlich informierte Bürger weiß, dass er Werbeanpreisungen nicht ohne Weiteres trauen kann und wer gleichwohl darauf hereinfällt, erscheint nicht schutzwürdig. Diese Form der Berücksichtigung der Opfermitverantwortung wird zum Teil als „latente Berücksichtigung“[869] bezeichnet.

C. Einbeziehung des Opferverhaltens in der hiesigen Arbeit

Auch in der hiesigen Arbeit wurde die Opfermitverantwortung „latent“ bzw. „abstrakt-generell“[870] berücksichtigt. Im Folgenden wird in drei Beispielen aufgezeigt, welche Begründungsschritte durch eine Opfermitverantwortung beeinflusst wurden und wie sich dies auf das Subsumtionsergebnis ausgewirkt hat.

I. Beim Betrug

1. Konkludente Täuschung

Bei der Betrugsprüfung wurde die Opfermitverantwortung im Rahmen der Kriterien zur Bestimmung der konkludenten Täuschung berücksichtigt:

Eine Informationsherrschaft des Täters wurde lediglich unter der Voraussetzung bejaht, dass dem Opfer die Informationsbeschaffung weder möglich noch zumutbar sei. Unterlasse es die eigenverantwortliche Informationsbeschaffung, aktiviere es Selbstschutzmöglichkeiten also nicht, sei es selbst verantwortlich für sein Informationsdefizit und für seine Opferrolle.[871] Das bedeutet: Je weiter der Kreis der zumutbaren Selbstschutzmaßnahmen gezogen wird, desto stärker wird das Opfer in die Pflicht genommen und in Abhängigkeit dazu die Strafbarkeit des Täters eingeschränkt.

Oben wurde die Ansicht vertreten, es sei dem Abgemahnten nicht zumutbar – zum Zwecke der Abwehr einer konkludenten Täuschung – nach Erhalt der Abmahnung finanzielle Aufwendungen, etwa zur Einholung von Rechtsrat, zu tätigen.[872] Die gegenteilige, die Verantwortung des Opfers stärker betonende Annahme hätte zur Folge, dass die vorrangige Informationsherrschaft beim

869 *Hennings*, Teleologische Reduktion des Betrugstatbestandes, S. 88 ff.

870 Zum Unterschied zur konkret-individuellen Opfermitverantwortung *Tiedemann*, in: LK-StGB, Vor § 263 Rn. 39.

871 Siehe zum Kriterium der Informationsherrschaft im 2. Kapitel unter B.III.1.c) dd) (1).

872 Vgl. schon die Ausführungen im 2. Kapitel unter B.III.1.c) ff) (1) sowie *Pawlik*, Das unerlaubte Verhalten beim Betrug, S. 175.

Abgemahnten zu verorten wäre. Konsequenz daraus wäre dann womöglich die Ablehnung einer konkludenten Täuschung und die Straflosigkeit des Abmahnenden.

Auch im Vertrauenskriterium schlägt sich der Aspekt der Opfermitverantwortung nieder. Das Vertrauenskriterium streitet nur dann für die Annahme einer konkludenten Täuschung, wenn das Vertrauen des Getäuschten berechtigt und vernünftig erscheint. Wo ein bestimmtes Vertrauen als unberechtigt oder unvernünftig beurteilt wird, wird die Verantwortung für das Gelingen der Täuschung auf das Opfer verlagert, weil dieses als nicht schutzwürdig erachtet wird. Je stärker das Opfer für die eigenen intellektuellen Defizite bzw. die eigene Unvernunft verantwortlich gemacht wird, desto größer die Einschränkung der Strafbarkeit des Täters.

Als Beispiel sei hier die Täuschung über die Rechtsverbindlichkeit eines Anspruchs angeführt. Im Rahmen einer anwaltlichen Abmahnung wurde es als berechtigt erachtet, die vom Anwalt im Abmahnschreiben dargelegte Rechtsansicht als allgemein verbindlich anzusehen. Eine stärkere Inpflichtnahme des Opfers führte indes zu einem anderen Ergebnis. Verlangte man vom Opfer ein gesteigertes Misstrauen, beurteilte man sein Vertrauen in die Objektivität des Rechtsanwalts mithin als unvernünftig, hätte dies womöglich die Ablehnung einer (konkludenten) Täuschung und die Straflosigkeit des Abmahnenden zur Folge.

2. *Irrtum*

Beim Tatbestandsmerkmal des Irrtums kommt eine Opfermitverantwortung beim Problem des zweifelnden Verfügenden zum Tragen. Nach Ansicht der herrschenden Meinung, die auch in dieser Arbeit zugrunde gelegt wurde, schließen Zweifel des Getäuschten einen Irrtum nicht aus. Andere sind jedoch – auf viktimodogmatischer Grundlage – der Ansicht, dass die Zweifel dem Opfer die Möglichkeit eröffneten, den Zweifeln nachzugehen und sich auf diese Weise selbst vor dem Irrtum zu bewahren.

Gerade im Bereich der urheberrechtlichen Abmahnung ist davon auszugehen, dass Zweifel des Abgemahnten an der Berechtigung der Abmahnung regelmäßig auftreten. Dies gilt vor allem für vermeintliche, im Internet begangene Urheberrechtsverletzungen. Denn zum einen kann der Nutzer oftmals seine Online-Aktivitäten im Einzelnen nicht mehr nachverfolgen und zum anderen fehlt vielen Nutzern das informationstechnische sowie juristische Fachwissen, um die Berechtigung der Abmahnung sicher bejahen oder ablehnen zu können. Die von einigen Autoren vertretene Ansicht, es gebe eine Pflicht des Opfers zur

Selbstsorge dergestalt, dass Zweifel gewissermaßen eine Prüfpflicht auslösten, führte in vielen Fällen der Abmahnung zu einer Ablehnung des Irrtums und damit zu einer Straflosigkeit des Abmahnenden hinsichtlich eines (vollendeten) Betruges.

II. Bei der Nötigung/Erpressung

Im Rahmen der Nötigung bzw. der Erpressung beeinflusst die Opfermitverantwortung die Beurteilung der Empfindlichkeit des Übels. Ob ein Übel als empfindlich eingestuft wird, hängt laut gängiger Definition davon ab, ob ein Standhalten in besonnener Selbstbehauptung im Hinblick auf die Realisierung des Übels erwartet werden kann oder nicht. Bis zu einem bestimmten Intensitätsgrad ist das Opfer also verpflichtet, sich gegen den vom Nötigenden ausgehenden Druck zu behaupten.

Es wurde die Ansicht vertreten, dass der Intensitätsgrad, ab welchem das Opfer nicht mehr zu einem Standhalten verpflichtet sei, bei einer Drohung mit Klageerhebung oder Erstattung einer Strafanzeige erreicht sei. Gerade im Hinblick auf eine Zivilklage ist diese Annahme jedoch nicht zwingend. Man könnte etwa mit Blick auf die Alltäglichkeit eines Zivilverfahrens und die „bloß“ finanziellen Konsequenzen eines solchen ein Standhalten des Abgemahnten durchaus erwarten. Lasse er sich gleichwohl von der Drohung mit Klageerhebung zum geforderten Verhalten, etwa der Abgabe einer Unterlassungserklärung, motivieren, sei er dafür selbst verantwortlich. Auch ohne Prüfung der Verwerflichkeitsklausel schiede eine Strafbarkeit des Täters bei einem solchen Empfindlichkeitsmaßstab von vornherein aufgrund der Verantwortlichkeit des Opfers aus.

III. Fazit

Immer dort also, wo die Bestimmung des tatbestandsmäßigen Verhaltens des Täters einer Maßstabsfigur auf Opferseite bedurfte, hat in der hiesigen Arbeit eine Opfermitverantwortung Berücksichtigung gefunden. Wurde nämlich festgestellt, dass das tatsächliche Opferverhalten von dem – anhand der Maßstabsfigur ermittelten – erwarteten Verhalten abwich (z. B. das Opfer schenkt größeres Vertrauen als berechtigt; es hält angesichts eines angekündigten Übels nicht stand, obwohl dies von ihm erwartet werden kann), wurde es für den Deliktserfolg verantwortlich gemacht. Dieser Umstand entlastet auf der anderen Seite den Täter.

Diese Einsicht offenbart, dass in der hiesigen Arbeit, ohne einen viktimologischen Ausgangspunkt gewählt zu haben, Art und Umfang der Berücksichtigung des Opferverhaltens die maßgeblichen Stellschrauben bei der Beurteilung der Strafbarkeit bilden. In der Reflexion über den Subsumtionsvorgang wird deutlich, dass die Strafbarkeit in hohem Maße vom Bild der Täter-Opfer-Beziehung, namentlich der Beziehung zwischen Abmahnendem und Abgemahntem, abhängig ist.

Die Arbeit geht grundsätzlich von einer Beziehung zwischen gleichberechtigten Interaktionspartnern aus und betont damit die Verantwortung des Opfers.[873] Dahinter steht der Gedanke, dass das Instrument der Abmahnung möglichst wenig Einschränkung erfahren soll, damit es maximale Effektivität als Mittel zur außergerichtlichen Streitbeilegung entfalten kann. Ausgangspunkt bildet die Annahme, dass der mündige Bürger mit einer Abmahnung umzugehen weiß. Jedenfalls im Gleichordnungsverhältnis von Abmahnendem und Abgemahntem bildet die Strafbarkeit des Abmahnenden daher die Ausnahme.

Die Bewertung ändert sich jedoch in dem Moment, in dem der Rechtsanwalt als Akteur auftritt und damit ein Verhältnis der Ungleichheit geschaffen wird. Die hiesige Arbeit wertet diesen Umstand als eine Befreiung des Opfers von Verantwortung. Während der abmahnende juristische Laie bei Anspruchsgeltendmachung die Rechtsverbindlichkeit der Rechtsauffassung nicht konkludent miterklärt, wurde dies in der Arbeit beim abmahnenden Rechtsanwalt anders beurteilt. Aufgrund seiner Stellung als Organ der Rechtspflege und der damit verknüpften Autorität, erkläre er bei Geltendmachung der Ansprüche im Abmahnschreiben konkludent mit, die im Abmahnschreiben dargelegte Rechtsauffassung stünde in Übereinstimmung mit der herrschenden Meinung.

Doch auch dieser Schritt ist nicht zwingend und offenbart einen Scheidepunkt in der Subsumtion. Die Annahme einer „starren" Täter-Opfer-Beziehung, in der nicht nach der jeweiligen Rolle des Täters und des Opfers differenziert wird, hätte eine täterentlastende Wirkung zur Folge, da die Strafbarkeit auch bei der anwaltlichen Abmahnung die Ausnahme bliebe.

D. Weitere denkbare Ansatzpunkte für eine Berücksichtigung der Opfermitverantwortung

Abschließend soll der Blick darauf gelenkt werden, welche Folgen eine – im Vergleich zur hiesigen Arbeit – stärkere Berücksichtigung der Opfermitverantwortung im Zusammenhang mit unberechtigten Abmahnungen nach sich ziehen kann. Zwei mögliche Ansatzpunkte tun sich dabei auf. Zum einen kann

873 Zum „Verhältnis unter Gleichen" im Betrugsstrafrecht *Schwarz*, Mitverantwortung des Opfers, S. 137 m. w. N.

ein verstärkter Einbezug des Opferverhaltens zu einer stärkeren Differenzierung zwischen den spezifischen Opferkreisen führen. Folge davon wäre etwa eine unterschiedliche Bewertung des „durchschnittlichen Abmahnungsempfängers" im Urheberrecht einerseits und im Wettbewerbsrecht andererseits. Zweitens ist eine Berücksichtigung der Opfermitverantwortung bei plumpen, hinsichtlich ihrer fehlenden Berechtigung leicht durchschaubaren Abmahnungen dergestalt denkbar, dass diesen ihre Täuschungsqualität abgesprochen wird.

I. Individualisierung als Folge verstärkter Berücksichtigung von Opfermitverantwortung: Bestimmung des „durchschnittlichen Abmahnungsempfängers" im Urheber- und Wettbewerbsrecht

In der Untersuchung wurde stets der gleiche Typus von Abgemahntem zugrunde gelegt, ganz gleich, ob es sich um eine wettbewerbs- oder urheberrechtliche Abmahnung handelte. Gerade dann aber, wenn das Opfer bei der Beurteilung des Täterverhaltens verstärkt einbezogen wird und seine Verantwortung am Taterfolg berücksichtigt wird, drängt sich eine stärkere Differenzierung auf Opferseite auf. So ist beispielsweise der durchschnittliche Empfänger einer urheberrechtlichen Abmahnung unter Umständen in höherem Maße schutzwürdig als jener einer wettbewerbsrechtlichen Abmahnung.

Der maßgebliche Unterschied zwischen den beiden Gruppen von Abgemahnten besteht darin, dass der Adressatenkreis einer wettbewerbsrechtlichen Abmahnung beschränkt ist auf jene, die eine geschäftliche Handlung vornehmen, also zugunsten des eigenen oder eines fremden Unternehmens handeln und damit die Förderung des Absatzes oder den Bezug von Waren oder Dienstleistungen anstreben (§ 2 Abs. 1 Nr. 1 UWG). Empfänger einer urheberrechtlichen Abmahnung kann hingegen grundsätzlich jedermann sein, da die Vornahme einer urheberrechtlichen Verletzungshandlung nicht mit in der Person liegenden Eigenschaften verknüpft ist.

Es ist zu unterstellen, dass derjenige, der für ein Unternehmen handelt (und möglicherweise selbst Unternehmer bzw. Gewerbetreibender ist), regelmäßig besser über das Institut der Abmahnung – als äußerst gängiges Mittel zur außergerichtlichen Streitbeilegung im Wettbewerbsrecht – informiert ist als der Durchschnittsbürger. Da er professionell tätig wird und mit dem jeweiligen Markt vertraut ist, darf mithin ein erhöhter Grad an Umsicht und Aufgeklärtheit erwartet werden. Zum Adressaten einer (unberechtigten) urheberrechtlichen Abmahnung kann hingegen jedermann ganz unvorbereitet und unverhofft werden. In vielen Fällen wird der Abgemahnte dem Institut der Abmahnung zum ersten Mal begegnen und Bedeutung und Tragweite nicht abschätzen können.

Angesichts dieses Unterschieds in Bezug auf Aufgeklärtheit, Professionalität und Routine erscheint es vertretbar, an den Durchschnittstypus des urheberrechtlich Abgemahnten, im Vergleich zum durchschnittlichen Empfänger einer wettbewerbsrechtlichen Abmahnung, geringere Anforderungen zu stellen.

Im Rahmen einer derartigen Differenzierung zwischen wettbewerbsrechtlich und urheberrechtlich Abgemahntem kann der Gedanke der Opfermitverantwortung in noch höherem Maße Eingang in die Subsumtion finden als in der hiesigen Arbeit geschehen. Der Empfänger einer wettbewerbsrechtlichen Abmahnung würde demgemäß stärker in die Pflicht genommen als der einer urheberrechtlichen Abmahnung: Er müsste sich in stärkerem Maße selbst über die Berechtigung der Abmahnung informieren, dürfte dem Abmahnenden weniger Vertrauen in die Richtigkeit seiner Angaben schenken und ein Standhalten angesichts der in der Abmahnung angekündigten Übel wäre von ihm eher zu erwarten als von dem Empfänger einer urheberrechtlichen Abmahnung.

In der vorliegenden Arbeit wurde auf eine derartige Differenzierung nach Art der empfangenen Abmahnung jedoch verzichtet und allgemein auf einen durchschnittlich verständigen Abmahnungsempfänger abgestellt. Es wurde aber auch deutlich gemacht, dass eine Berücksichtigung einer „rollenmäßigen Disposition" nicht ausgeschlossen ist, wenn der Abmahnende bewusst den Adressatenkreis im Hinblick auf dessen Schwäche auswählt und dieser besonders täuschungsanfällig (im Rahmen des Betruges) oder empfindlich (im Rahmen der Nötigung) ist.[874] Teilweise wurde eine Differenzierung durchaus auch vorgenommen, etwa indem die spezifisch wettbewerbs- oder urheberrechtlichen Regelungen bei der Bestimmung des konkludenten Aussagegehaltes herangezogen wurden.

Über diese normativ vorgegebene Differenzierung hinaus soll es jedoch keinen Automatismus geben, der im Sinne einer Opfermitverantwortung den Empfänger einer wettbewerbsrechtlichen Abmahnung stärker in die Pflicht nimmt als jenen einer urheberrechtlichen Abmahnung. Zweitgenannter ist gegenüber Ersterem nicht *per se* disponiert oder schutzwürdiger. Eine solche weitergehende Differenzierung und Individualisierung auf Opferseite mit möglicherweise divergierenden Ergebnissen je nach Opfergruppe würde das Bemühen dieser Arbeit, klare Ergebnisse zur Frage der Strafbarkeit des Versandes von wettbewerbs- und urheberrechtlichen Abmahnungen zu präsentieren, konterkarieren. Ein und dieselbe Formulierung in einem urheberrechtlichen Abmahnschreiben einerseits und einem wettbewerbsrechtlichen Abmahnschreiben andererseits

874 Siehe zum Betrug im 2. Kapitel unter B.III.1.c) ee) und zur Nötigung im 2. Kapitel unter C.III.2.c) aa).

sollte (soweit es die spezifisch urheberrechtlichen oder wettbewerbsrechtlichen Normen zulassen) möglichst identisch hinsichtlich der Tatbestandsmäßigkeit bewertet werden, um Unsicherheiten bei den Normadressaten zu vermeiden. Starke Abweichungen in der Beurteilung der Strafbarkeit in den beiden Rechtsgebieten stießen in Anbetracht der engen Verwandtschaft zwischen wettbewerbs- und urheberrechtlicher Abmahnung letztlich nur auf Unverständnis aufseiten der Abmahnenden. Daher soll nur in Ausnahmefällen und bei bewusster Auswahl einer bestimmten Gruppe von Abgemahnten durch den Täter eine Differenzierung nach Abmahnungsempfängern vorgenommen und ansonsten an einer einheitlichen Maßstabsfigur festgehalten werden.

II. Berücksichtigung der Opfermitverantwortung bei ausdrücklicher Täuschung

Verlässt man den von der herrschenden Meinung gesetzten Rahmen, eröffnet sich die Möglichkeit, der Opfermitverantwortung auch im Bereich der ausdrücklichen Täuschung noch größere Bedeutung zukommen zu lassen. Denkbare Anwendungsbereiche wären dabei plumpe oder stümperhafte Abmahnungen, deren fehlende Berechtigung sich dem durchschnittlichen Abmahnungsempfänger sofort aufdrängen muss. Würde eine ausdrücklich wahrheitswidrige, aber „plumpe Täuschung“,[875] die das Opfer bei gehöriger Gewissensanspannung erkennen kann und sollte, mit Blick auf die Eigenverantwortung des Opfers aus dem Bereich des Strafbaren ausgeklammert, hätte dies eine strafbarkeitseinschränkende Wirkung.

Zunächst müsste bestimmt werden, in welchen Fällen eine einfache Durchschaubarkeit der fehlenden Berechtigung anzunehmen wäre. Indizien für eine „plumpe“ Täuschung könnten formale Fehler, Rechtschreibfehler, sprachliche Mängel oder inhaltliche Widersprüche im Abmahnschreiben sein oder der Umstand, dass die Abmahnung lediglich per E-Mail und nicht auf dem Postweg versandt wurde.

Tatsächlich wird es so sein, dass derartige Täuschungsversuche regelmäßig durchschaut und mangels Irrtums weder zu einer Vermögensverfügung noch zu einem Vermögensschaden führen werden. Allerdings wären nach der herrschenden Meinung, die einen ausnahmslosen Schutz des Leichtgläubigen befürwortet, eine betrugsrelevante Täuschung und damit eine Versuchsstrafbarkeit nicht ausgeschlossen.

---

875 *Arzt*, in: FS-Tiedemann, S. 595.

Die herrschende Meinung hält nach wie vor an dem Schutz des Leichtgläubigen fest und nimmt eine Täuschung bei jeder, auch noch so leicht zu durchschauenden wahrheitswidrigen Tatsachenbehauptung an.[876] Die These des BGH, der Betrugstatbestand solle nicht „sorglose Menschen gegen die Folgen ihrer eigenen Sorglosigkeit schützen"[877], wurde von diesem nicht konsequent durchgehalten und änderte folglich nichts an der grundsätzlichen Irrelevanz der Sorglosigkeit und Leichtgläubigkeit auf Opferseite.[878]

Insbesondere die Vertreter der normativen Ansätze[879] kommen indes teilweise zu anderen Ansichten. *Kindhäuser*[880] etwa, der als Voraussetzung für eine tatbestandsmäßige Täuschung die Verletzung des Rechts auf Wahrheit fordert, lehnt den Automatismus, mit dem die herrschende Meinung von einer unwahren Tatsachenbehauptung auf die Tatbestandsmäßigkeit schließt, ab. Er argumentiert, dass ohne einen entsprechenden Anspruch auf Wahrheit eine Betrugsrelevanz ausgeschlossen sei. Dies gelte sowohl für die Informationsunterdrückung durch Schweigen als auch für die ausdrückliche Lüge.

Auch die viktimodogmatischen Ansätze sehen ausdrückliche Täuschungen nicht zwingend als betrugsrelevant an. *Ellmer* etwa begreift den Betrugstatbestand als ein Instrument des Vertrauensschutzes. Dieser Schutz greife nur dann ein, wenn das Vertrauen berechtigt erscheine, wenn also das Opfer seiner Pflicht zur Aufmerksamkeit nachgekommen sei.[881] Nicht schutzwürdig sei hingegen ein solches Vertrauen, das leichtfertig gewährt würde; in diesen Fällen solle der Betrugstatbestand eine teleologische Reduktion erfahren. Ein leichtfertig, also grob fahrlässig geschenktes Vertrauen könne auch hinsichtlich einer ausdrücklich erklärten Tatsache gewährt werden und so zu einem tatbestandlichen Ausschluss der ausdrücklichen Täuschung führen.[882]

Auch die Richtlinie gegen unlautere Geschäftspraktiken[883] berücksichtigt die Opfermitverantwortung. Zur Bestimmung der Irreführungseignung von

876 Hier nur *Perron*, in Sch/Sch-StGB, § 263 Rn. 32a mwN.

877 *BGH*, Urt. v. 26. 04. 2001 – 4 StR 439/00 = BGHSt 47, 1 (4).

878 *Arzt*, in: FS-Tiedemann, S. 602; *Stuckenberg*, ZStW 118 (2006), 878 (896).

879 Vgl. die Darstellung der normativen Ansichten im 2. Kapitel unter B.III.1.c) cc).

880 *Kindhäuser*, in: NK-StGB, § 263 Rn. 93. Gleichwohl hält er den Gedanken der Opfermitverantwortung neben der rechtlichen Abschichtung von Zuständigkeitsbereichen bei der Tatbestandsauslegung für unbeachtlich, NK-StGB, § 263 Rn. 52.

881 *Ellmer*, Betrug und Opfermitverantwortung, S. 273 ff.

882 *Ellmer*, Betrug und Opfermitverantwortung, S. 287 ff.

883 Richtlinie 2005/29/EG vom 11. 05. 2005 über unlautere Geschäftspraktiken im binnenmarktinternen Geschäftsverkehr zwischen Unternehmen und Verbrauchern und

Werbung in § 16 UWG geht sie etwa von einem Verbraucherleitbild aus, das höhere Anforderungen an den Selbstschutz stellt als die traditionelle deutsche Betrugsdogmatik. Nicht der Leichtgläubige, sondern der „angemessen gut unterrichtete und angemessen aufmerksame und kritische Erklärungsempfänger“[884] wird geschützt, sodass das Opfer in die Pflicht genommen wird, sich selbst zu schützen. Hat es sich unterdurchschnittlich verständig verhalten, fällt es aufgrund dieses Mitverschuldens aus dem Schutzbereich der Richtlinie heraus.

Die Richtlinie erfasst Geschäftspraktiken zwischen Unternehmern und Verbrauchern, also „jede Handlung, Unterlassung, Verhaltensweise oder Erklärung, kommerzielle Mitteilung einschließlich Werbung und Marketing eines Gewerbetreibenden, die unmittelbar mit der Absatzförderung, dem Verkauf oder der Lieferung eines Produkts an Verbraucher zusammenhängt“[885]. Da Abmahnungen nicht der Absatzförderung dienen, fallen sie schon aus diesem Grund aus dem Anwendungsbereich der Richtlinie heraus. Es besteht damit keine Verpflichtung, ihr Verbraucherleitbild zu übernehmen. Dennoch gibt es Stimmen, die mit einer unionsrechtskonformen Auslegung auch im nichtharmonisierten Bereich sympathisieren.[886] Bei besonders plumpen und leicht zu durchschauenden Abmahnungen könnten diese daher, ausgehend von einem kritischen und aufmerksamen Erklärungsempfänger, auch bei der ausdrücklich wahrheitswidrigen Erklärung zu einer Ablehnung der Täuschung i. S. d. § 263 StGB gelangen.

Berücksichtigte man die Verantwortung des Opfers an der Tatbestandsverwirklichung stärker als in der hiesigen Arbeit geschehen und schlösse man daraus, dass plumpe Täuschungen aus dem Betrugstatbestand auszuklammern wären, könnte sich dies auch beim Versand von unberechtigten Abmahnungen strafbarkeitseinschränkend auswirken. Dann nämlich wären Abmahnungen, die solch gravierende äußerliche oder inhaltliche Mängel aufweisen, dass ihnen dadurch jeglicher Anschein von Richtigkeit und Seriosität genommen wird, als nicht betrugsrelevant zu qualifizieren.

Die Straflosstellung von solch ausdrücklichen, plumpen Täuschungen in Abmahnschreiben wird in der vorliegenden Arbeit jedoch nicht befürwortet.

---

zur Änderung der RL 84/450/EWG, der RL 97/7/EG und der RL 98/27/EG, ABl. 2005 L 149 S. 22 (UGP-Richtlinie).

884 UGP-RL, 18. Erwägungsgrund.

885 Art. 2 d) der UGP-RL.

886 *Satzger*, in: S/S/W-StGB, § 263 Rn. 116.

Zum einen würde damit ein falsches Signal dahin gehend gesendet, dass es durchaus Fälle geben könnte, in denen der Versand von Abmahnungen mit täuschendem Inhalt zulässig wäre. Letztlich siegte die Dreistigkeit, wenn der besonders plump Abmahnende, der möglicherweise gar in wenigen Fällen erfolgreich wäre, straflos gestellt würde. Gerade im Bereich der Massenabmahnung erreicht der Abmahnende mit einer einzigen „Abmahnwelle“ eine Vielzahl unterschiedlicher Adressaten, unter denen sich mit hoher Wahrscheinlichkeit stets auch mindestens ein Leichtgläubiger findet, der auf die Täuschung, und sei sie für den verständigen Durchschnittsmenschen noch so durchschaubar, hereinfällt. Um einerseits diese kleine Personengruppe der Leichtgläubigen zu schützen und um andererseits keinen (weiteren) Anreiz für das Geschäftsmodell der unberechtigten Abmahnung zu schaffen, ist die ausdrückliche Täuschung in Abmahnschreiben jederzeit, auch wenn besonders stümperhaft und durchschaubar, betrugsrelevant.

E. Zusammenfassung des 4. Kapitels

In der hiesigen Arbeit wurde das Opferverhalten bei der Bewertung der Strafbarkeit des Täters lediglich reflexartig im Rahmen bestimmter Kriterien zur Tatbestandsauslegung miteinbezogen, es wurde aber gezeigt, dass andere Ansätze diesen Aspekt ganz bewusst bei der Beurteilung des Täterverhaltens heranziehen. Eine Berücksichtigung der Opfermitverantwortung, ganz gleich in welchem Gewand sie erscheint, führt jedenfalls regelmäßig zu einer Einschränkung der Strafbarkeit des Täters.

Darüber hinaus wurden zwei Möglichkeiten aufgezeigt, um eine Berücksichtigung der Opfermitverantwortung noch weiter auszudehnen. So könnte noch stärker nach Opferkreisen differenziert werden und infolgedessen könnten unterschiedliche Maßstäbe an die Empfänger urheberrechtlicher und wettbewerbsrechtlicher Abmahnungen angelegt werden. Außerdem existieren verschiedene Begründungsansätze, um mithilfe des Gedankens der Opfermitverantwortung die ausdrückliche, aber plumpe Täuschung aus dem Betrugstatbestand auszuklammern, was in der Konsequenz stümperhaften, leicht durchschaubaren unberechtigten Abmahnungen ihre Betrugsrelevanz nähme.

Eine Ausdehnung der Berücksichtigung der Opfermitverantwortung wird jedoch abgelehnt. Eine verstärkte Individualisierung auf Opferseite hätte eine noch größere Unsicherheit in Bezug auf die Tatbestandsmäßigkeit des Verhaltens des Abmahnenden zur Folge und soll daher nur in Ausnahmefällen, in denen der Täter bewusst eine Gruppe disponierter Abgemahnter auswählt, zulässig sein. Auch wird der Ausschluss ausdrücklicher plumper

Täuschungen aus dem Betrugstatbestand nicht befürwortet. Der leichtgläubige Abgemahnte soll seines Schutzes nicht beraubt werden; darüber soll kein zusätzlicher Anreiz für das Geschäftsmodell der unberechtigten Abmahnung geschaffen werden.

Fazit

1. Der Umstand, dass es sich beim Abmahnverfahren um ein Verfahren ohne jegliche Beteiligung des Gerichts handelt, birgt die Gefahr des Missbrauchs, der trotz zahlreicher gesetzgeberischer Bemühungen bisher nur bedingt eingedämmt werden konnte. Während eine seriöse Abmahnung vorrangig zum Ziel hat, den Abgemahnten dazu zu verpflichten, das rechtsverletzende Verhalten einzustellen, verspricht sich der unseriös Abmahnende regelmäßig einen finanziellen Vorteil durch die Abmahntätigkeit. Insbesondere die Möglichkeit, Schadens- und Aufwendungsersatzansprüche im Wege der Abmahnung einzufordern, bietet Anreize für eine kriminelle Abmahntätigkeit.
2. Aufwendungs- oder Schadensersatzansprüche, die in einem Abmahnschreiben geltend gemacht werden und in Wahrheit nicht bestehen, können zu einer Strafbarkeit des Abmahnenden wegen Betruges führen.
3. Die Behauptung, ein Schadens- oder Aufwendungsanspruch bestehe, kann nicht Gegenstand der Täuschung sein, da es sich dabei um eine bloße Rechtsauffassung und dementsprechend um ein nicht täuschungsrelevantes Werturteil handelt. Allerdings kann dieser Erklärung die konkludente Behauptung, die anspruchsbegründenden Tatsachen seien gegeben, entnommen werden.
4. Folgende anspruchsbegründenden Tatsachen kommen als Anknüpfungspunkt für eine Täuschung in Betracht: Der Abmahnende ist als Verletzter aktivlegitimiert, der Abgemahnte ist als Verletzer passivlegitimiert; eine Rechtsverletzung hat stattgefunden; die Abmahnung ist nicht entbehrlich, die Abmahnung ist nicht missbräuchlich; die geltend gemachten Aufwendungen wurden getätigt.
5. Unwahre Angaben bezüglich der anspruchsbegründenden Tatsachen, die **ausdrücklich** im Abmahnschreiben genannt werden, weil eine explizite sprachliche Nennung dem gängigen oder auch gesetzlich geforderten Inhalt der Abmahnung entspricht, führen regelmäßig zu einer betrugsrelevanten Täuschung.
6. Hinsichtlich jener anspruchsbegründenden Tatsachen, die nicht ausdrücklich bezeichnet werden, ist ein tatbestandsmäßiges Verhalten nur über die Figur der **konkludenten** Täuschung begründbar.
7. Zur Bestimmung des konkludenten Aussagegehalts wurden in der hiesigen Arbeit drei Kriterien zugrunde gelegt: das Informationskriterium, das Vertrauenskriterium und das Kriterium der Verantwortungs- und Risikoverteilung

gemäß außerstrafrechtlicher Normen. Die Anwendung dieser Kriterien führt zu den folgenden Ergebnissen:

- Hinsichtlich eines Großteils der für die Beurteilung eines Anspruchs nötigen Informationen besteht ein Informationsdefizit zulasten des Abgemahnten, da allein der Abmahnende Kenntnis von den Hintergründen (interne Berechtigungen, Abläufe, Motive) seiner Abmahntätigkeit hat.
- Als zumutbares Mittel zum Ausgleich des Informationsdefizits kommt in den meisten Fällen lediglich die Nachfrage des Abgemahnten beim Abmahnenden in Betracht. Eine solche Nachfrage ist auch sozialadäquat, da es sich bei dem Abmahnverhältnis um kein durch Rücksichtnahmepflichten und Taktgefühl geprägtes Rechtsverhältnis handelt. Weitergehende Pflichten zur Informationsbeschaffung, wie etwa das Engagement eines Rechtsanwalts oder eines IT-Experten, können dem Abgemahnten angesichts der zeitlichen und finanziellen Belastungen nicht aufgebürdet werden.
- Das Abmahnverhältnis ist nicht von einem besonderen, qualifizierten Vertrauen gekennzeichnet. Es handelt sich um eine Rechtsbeziehung, in die der Abgemahnte gleichsam hineingezwungen wird. Da der Versand der Abmahnung in der Regel der Aufnahme eines Erstkontakts dient, existiert keine Vertrauensgrundlage aufgrund etwaiger vorangegangener geschäftlicher Beziehungen. Selbst dort, wo in der Vergangenheit bereits ein Kontakt bestand (z. B. im Fall der Zweitabmahnung), ist das Verhältnis von Konfrontation und Uneinigkeit und nicht etwa vertrauensvoller Zusammenarbeit geprägt.
- Durch die mediale Berichterstattung über unberechtigte Abmahnungen hat bereits eine Sensibilisierung der Bevölkerung stattgefunden, die vom Abgemahnten ein gewisses Maß an Misstrauen einfordert.
- Außerstrafrechtliche Normen können einen Hinweis liefern, welche Verantwortung und welches Risiko die Beteiligten des Abmahnverfahrens treffen. So dient etwa § 97a Abs. 2 UrhG einem transparenten Abmahnverfahren und der besseren Informationsausstattung des Abgemahnten. Diese Norm weist dementsprechend dem Abmahnenden die Verantwortung für ein etwaiges Informationsdefizit des Abgemahnten zu.
- Die Missbrauchsklausel des § 8 Abs. 4 UWG weist dem Abmahnenden hingegen keine Verantwortung gegenüber dem Abgemahnten zu, sondern dient umgekehrt als Argument dafür, dass ein dem Abmahnenden entgegengebrachtes Vertrauen ungerechtfertigt ist. Die Einführung dieser Norm zeugt nämlich gerade von einem gesteigerten Misstrauen des Gesetzgebers gegenüber dem Abmahnenden.

8. Die Berücksichtigung der zuvor genannten Aspekte führt dazu, dass folgende Tatsachen bei der Anspruchsgeltendmachung konkludent erklärt werden:
   - Im Wettbewerbsrecht sowie im Urheberrecht wird bei der Geltendmachung des Aufwendungsersatzanspruches konkludent erklärt, die Aufwendungen seien tatsächlich getätigt worden und erforderlich gewesen.
   - Im Urheberrecht wird darüber hinaus konkludent die Aktivlegitimation des Abmahnenden behauptet, sofern sie nicht schon ausdrücklich genannt ist.
   - Hinsichtlich der anspruchsbegründenden Tatsachen, die Abmahnung sei weder missbräuchlich noch entbehrlich, ist eine konkludente Täuschung abzulehnen.
   - Grundsätzlich wird auch nicht konkludent über die Rechtsverbindlichkeit eines Anspruchs getäuscht, also den Umstand, dass der Anspruchsteller seinem Anspruch die Rechtsauffassung der herrschenden Meinung zugrunde gelegt hat. Diese Frage erlangt insbesondere dann Bedeutung, wenn ein Anspruch in einer rechtlichen Grauzone liegt und/oder von einer Mindermeinung als begründet erachtet wird. Von diesem Grundsatz ist jedoch eine Ausnahme zu machen, wenn eine besondere Vertrauensbasis etwa dadurch geschaffen wird, dass im Abmahnschreiben Urteile zitiert werden, welche die Rechtsauffassung (vermeintlich) stützen und sie als höchstrichterlich anerkannt erscheinen lassen.
9. Als Maßstabsfigur wird der durchschnittlich verständige Abmahnungsempfänger ohne fachspezifisches Sonderwissen herangezogen, wodurch eine Berücksichtigung rollenmäßiger Dispositionen im konkreten Einzelfall nicht ausgeschlossen ist.
10. Unter Heranziehung der Konstruktion des sog. sachgedanklichen Mitbewusstseins genügt als Voraussetzung für einen Irrtum die allgemeine Vorstellung von der Berechtigung der Abmahnung. Im Fall von Massenabmahnungen ist die Vernehmung einzelner Geschädigter als Zeugen ausreichend, um den Irrtum aller Getäuschten – als Tatfrage – zu bejahen.
11. Zweifel an der Berechtigung der Abmahnung und dem Vorliegen einzelner anspruchsbegründender Tatsachen führen nur dann zum Ausschluss des Irrtums, wenn sie von solcher Intensität sind, dass das Erklärte für nicht mehr möglich gehalten wird und sich nicht mehr in der Weise motivierend auf den Abgemahnten auswirken kann, dass dieser auf die Ansprüche im Abmahnschreiben zahlt. Bei Massenabmahnungen ist jedoch unter bestimmten Voraussetzungen im Prozess die Annahme zulässig, dass mindestens eine Person aufgrund des Irrtums über die Zahlungspflicht und nicht, um Unannehmlichkeiten zu vermeiden, verfügt hat.

12. Die Zahlung des Abgemahnten auf die geltend gemachten Aufwendungs- und Schadensersatzansprüche stellt sich als Vermögensverfügung dar. Keine Vermögensverfügung – auch nicht in Anwendung der Grundsätze der schadensgleichen Vermögensverfügung – ist indes die Unterzeichnung des Unterlassungsvertrags.
13. Sowohl für die Verletzung der Wahrheitspflicht aus § 138 ZPO als auch für den Abmahnbetrug ist Eventualvorsatz hinsichtlich der fehlenden Berechtigung der Ansprüche ausreichend.
14. Ein fehlender Vorsatz bezüglich des Vorliegens der anspruchsbegründenden Tatsachen oder der Rechtsverbindlichkeit wird darüber hinaus stets von einem Vorsatzausschluss in Bezug auf das Merkmal der Rechtswidrigkeit der Bereicherung begleitet sein.
15. Durch die Drohung mit der Einleitung gerichtlicher Schritte, Strafanzeige oder mit sonstigen negativen Konsequenzen wie Bloßstellung kann der Abmahnende den Tatbestand der Nötigung oder gar der Erpressung erfüllen.
16. Die abgenötigte Handlung kann einerseits die Abgabe der Unterlassungserklärung und andererseits die Zahlung auf die Aufwendungs- und Schadensersatzansprüche sein.
17. Im Rahmen der Verwerflichkeitsklausel werden das Mittel (hier Drohung mit Zivilklage, berechtigter oder unberechtigter Strafanzeige oder Bloßstellung) und der Zweck (hier Durchsetzung eines begründeten oder eines unbegründeten Unterlassungs-, Schadens- oder Aufwendungsersatzanspruchs) in Relation gesetzt:
    - Die Androhung der Einleitung eines Zivilverfahrens zur Durchsetzung eines begründeten Anspruchs erscheint nicht verwerflich. Soll mit demselben Mittel hingegen ein unbegründeter Anspruch durchgesetzt werden, hängt das Verwerflichkeitsurteil davon ab, ob der Abmahnende mit Missbrauchsabsicht handelt. Missbrauchsabsicht meint in diesem Fall, dass der Abmahnende die Streitigkeit bewusst einer Bewertung durch einen objektiven Dritten und dem geordneten staatlichen Verfahren entziehen und für seine eigenen Zwecke instrumentalisieren will. Er will daher bei Erfolglosigkeit der Abmahnung auch nicht auf das gerichtliche Verfahren zurückgreifen.
    - Die Drohung mit einer berechtigten Strafanzeige zur Durchsetzung eines begründeten Anspruchs ist nur dann verwerflich, wenn keine Konnexität, also kein innerer Zusammenhang zwischen dem strafbaren Verhalten und dem zivilrechtlichen Anspruch besteht. Die Drohung mit einer berechtigten Strafanzeige zur Durchsetzung eines unbegründeten

Anspruchs ist hingegen stets verwerflich, da Konnexität in dieser Konstellation schon denklogisch ausgeschlossen ist.

- Die Androhung der Erstattung einer unberechtigten Strafanzeige ist stets verwerflich, ganz gleich, ob damit ein begründeter oder ein unbegründeter Anspruch durchzusetzen angestrebt wird. Die im Gegensatz zur Drohung mit Zivilklage noch gesteigerte Zwangsintensität einer Drohung mit Strafanzeige kann hier auch durch den redlichen Zweck, einen begründeten Anspruch durchsetzen zu wollen, nicht aufgewogen werden.
- Auch bei Androhung einer Bloßstellung handelt der Abmahnende stets verwerflich, unabhängig davon, ob der Anspruch begründet oder unbegründet ist.
- Ferner kann der Aufbau einer Drohkulisse Einfluss auf die Beurteilung der Verwerflichkeit nehmen.

18. Ist durch den Inhalt des Abmahnschreibens der Tatbestand der Nötigung erfüllt, so wird regelmäßig auch der Tatbestand der Erpressung einschlägig sein. Voraussetzung ist, dass die Durchsetzung eines unbegründeten Anspruchs bezweckt wird, da § 253 StGB die Rechtswidrigkeit des Vermögensvorteils voraussetzt, und dass der Abmahnende nicht lediglich die Abgabe einer Unterlassungserklärung verlangt, weil dies für die Begründung eines Vermögensschadens nicht ausreicht.
19. Eine Strafbarkeit wegen Gebührenüberhebung ist nur im Verhältnis von Rechtsanwalt und Mandant möglich und wird nur in Ausnahmefällen anzunehmen sein.
20. Ein Rechtsanwalt, der sich an unseriöser Abmahntätigkeit beteiligt, verlässt schneller als der abmahnende Laie den Bereich der Straflosigkeit.
21. Seine Gemeinwohlverpflichtung und sein Fachwissen bürden dem Rechtsanwalt eine besondere Verantwortung auf, die sich darin äußert, dass auch der Gegner auf die Verbindlichkeit der rechtlichen Wertung des Rechtsanwalts vertrauen darf. Eine Täuschung über die Rechtsverbindlichkeit eines Anspruchs ist im Rahmen einer anwaltlichen Abmahnung dementsprechend möglich.
22. Den Rechtsanwalt trifft jedoch keine Aufklärungs- oder Informationspflicht hinsichtlich der im Abmahnschreiben nicht ausdrücklich genannten Tatsachen, die für die Anspruchsentstehung von Bedeutung sind – eine konkludente Täuschung scheidet also diesbezüglich aus.
23. Das Verhalten des Rechtsanwalts stellt sich eher als jenes des juristischen Laien als verwerflich i. S. d. § 240 StGB dar. Dadurch, dass er seine Stellung als Rechtsanwalt und Organ der Rechtspflege einsetzt, ist von einer stärkeren Zwangsintensität auszugehen, die in der Verwerflichkeitsprüfung für

eine Verwerflichkeit streitet. Darüber hinaus eröffnet sich dem Rechtsanwalt bedingt durch sein Fachwissen leichter die Möglichkeit, die Abmahnung missbräuchlich, i. S. e. Umgehung des gerichtlichen Verfahrens, einzusetzen.

24. Übernimmt der Rechtsanwalt die Erstellung bzw. den Versand der unberechtigten Abmahnungen, ist der Bereich der straflosen Unterstützung – auch unter Berücksichtigung des Aspekts der neutralen Beihilfe – schnell verlassen. Weiß der Anwalt um die deliktische Verwendung seines Beitrags, ergibt sich ein deliktischer Sinnbezug schon aus der individuell zugeschnittenen Abmahnung, die nur für den konkreten Mandanten sinnvoll einsetzbar ist. Handelt er mit Eventualvorsatz, wird die Tatgeneigtheit ohne Weiteres für ihn erkennbar, wenn der Mandant etwa unübliche Gebührenabsprachen anstrebt, eine konsequente Rechtsdurchsetzung nach erfolgloser Abmahnung zu vermeiden sucht oder wichtige Nachweise für die Anspruchsbegründung nicht erbringen kann. Indiziell dafür, dass der Bereich der straflosen neutralen Beihilfehandlungen verlassen wurde, ist in diesem Kontext vor allem auch die Missachtung der Berufspflichten, die sich aus § 43a BRAO ergeben.
25. Die Geltendmachung von Rechtsanwaltsgebühren kann eine Betrugsstrafbarkeit auslösen, wenn die Gebühren nicht (in voller Höhe) entstanden sind, weil der Rechtsanwalt die entsprechenden Leistungen nicht erbracht hat oder eine geringere Vergütung mit dem Mandanten vereinbart wurde. Der Grund für eine Vergütungsvereinbarung liegt oftmals in der Senkung des Kostenrisikos für den Mandanten, insbesondere im Bereich der Massenabmahnungen.
26. Der Rechtsanwalt erklärt bei Geltendmachung der Gebühren konkludent, die einschlägigen Berechnungsgrundlagen und -grundsätze beachtet zu haben.
27. Einen wesentlichen Gesichtspunkt bei der Beurteilung des Abmahngeschehens im Hinblick auf die Strafbarkeit wegen Betruges und Nötigung bzw. Erpressung bildet die Mitverantwortung des Opfers. Eine Betonung der Opfermitverantwortung wirkt sich täterentlastend aus.
28. Das Subsumtionsergebnis hängt im konkreten (Abmahn-)Fall stark davon ab inwieweit man den Abgemahnten in die Pflicht nimmt, sich selbst vor der unberechtigten Abmahnung zu schützen. Verpflichtet man den Abgemahnten noch stärker (als in der hiesigen Arbeit geschehen) zum Selbstschutz vor unberechtigten Abmahnungen, schränkt dies die Strafbarkeit des Versenders weiter ein.
29. Würde der Abgemahnte stärker in die Pflicht genommen, hätte dies zur Folge, dass ausdrückliche, aber plumpe Täuschungen aus dem Betrugstatbestand

ausgeklammert würden. In der Konsequenz nähme dies stümperhaften, leicht durchschaubaren unberechtigten Abmahnungen ihre Betrugsrelevanz. Zum Schutz auch der leichtgläubigen Abgemahnten und um keinen Anreiz für das „Geschäftsmodell Abmahnung" zu schaffen, wird eine Betonung der Opfermitverantwortung in diesem Fall jedoch abgelehnt.

30. Eine Betonung der Opfermitverantwortung hätte außerdem zur Folge, dass stärker nach Opferkreisen differenziert werden müsste. In der Folge würden an den Empfänger einer urheberrechtlichen Abmahnung weniger hohe Anforderungen an den Selbstschutz gestellt als an jenen einer wettbewerbsrechtlichen, da davon ausgegangen werden könnte, dass dieser als Gewerbetreibender mit dem Institut der Abmahnung vertraut ist. Eine zu ausgeprägte Individualisierung auf Opferseite erschwert es jedoch zusätzlich, das tatbestandsmäßige Verhalten beim Versand von Abmahnungen genau zu umreißen. Um Unklarheiten und Unsicherheiten aufseiten der Normadressaten zu vermeiden, sollte der Strafbarkeitsprüfung daher möglichst eine einheitliche Maßstabsfigur eines Abmahnungsempfängers zugrunde gelegt werden.

Ausblick und Stellungnahme

Die Arbeit hat aufgezeigt, dass das Verhalten von unseriös Abmahnenden in vielen Fällen, insbesondere bei Beteiligung von Rechtsanwälten, tatbestandsmäßig ist und damit aus rechtlicher Sicht die Möglichkeit der Bestrafung gegeben ist. Es liegt entsprechend an den am Abmahnverfahren Beteiligten in tatsächlicher Hinsicht auf eine Verurteilung hinzuwirken. Zuvörderst sind die unberechtigt Abgemahnten und die sie beratenden Rechtsanwälte gefordert, Strafanzeige bzw. Strafantrag zu stellen. Weiterhin sind die Staatsanwaltschaften berufen, Ermittlungen einzuleiten und schließlich muss an den Gerichten der Wille zur Verurteilung bestehen. Ob alle Akteure entsprechend auf eine Verurteilung hinwirken, ist zum einen eine Frage der personellen und zeitlichen Ressourcen, zum anderen aber auch dadurch bedingt, dass das Verhalten des Abmahnenden von den einzelnen Beteiligten als strafbar eingestuft wird. Je nachdem, wie stark der Abgemahnte in die Pflicht genommen wird, sich selbst vor den Folgen einer unberechtigten Abmahnung zu schützen, kann das Strafbarkeitsurteil positiv oder negativ ausfallen.

Nach vielen Jahren des sog. „Abmahnwahns", nach denen unberechtigte Abmahnungen noch immer Gewerbetreibende, Verbraucher, Internetnutzer, Kanzleien und Gerichte beschäftigen, ist eine Entwicklung in zwei Richtungen denkbar. Einerseits erscheint es möglich, dass das Opfer stärker aus der Verantwortung entlassen wird, um unberechtigte Abmahnungen in höherem Maße mit den Mitteln des Strafrechts zu bekämpfen. Genauso kommt eine Entwicklung in die entgegengesetzte Richtung in Betracht, bei der infolge des Eintritts eines Gewöhnungseffekts das potentielle Opfer stärker in die Pflicht genommen wird. Unberechtigte Abmahnungen würden dann, ähnlich wie übertriebene Werbeanpreisungen, als bekanntes Phänomen begriffen, von dem sich der Adressat weder täuschen noch einschüchtern lassen dürfe.

Nach der hier vertretenen Auffassung ist es nicht angezeigt, täterentlastend zu urteilen. Vielmehr sollte der Versand unberechtigter Abmahnungen konsequenter verfolgt werden, ganz besonders bei der Beteiligung von Rechtsanwälten. Auf diese Weise würde ein Beitrag geleistet, das schwindende Vertrauen in den Berufsstand wieder herzustellen und all jene, die in berechtigter Weise Abmahnungen aussprechen, sähen sich nicht dem Verdacht ausgesetzt, mit unseriösen oder gar strafbaren Mitteln zu arbeiten. In Richtung einer verstärkten Verantwortlichkeit des Rechtsanwalts scheint sich auch die zivilrechtliche Rechtsprechung zu entwickeln, an der sich die strafrechtliche Bewertung der

„Reaktions- und Selbstschutzmöglichkeiten“[887] des Abgemahnten durchaus orientieren darf. Unlängst urteilte der BGH[888], dass der von einem Schutzrechtsinhaber im Hinblick auf eine Schutzrechtsverwarnung eingeschaltete Rechtsanwalt eine Garantenstellung gegenüber dem später Verwarnten innehabe. Aus ihr ergäbe sich die Verpflichtung des Anwalts, es zu unterlassen, den Schutzrechtsinhaber in einer die Rechtslage unzutreffend oder unvollständig darstellenden Weise über die Berechtigung der Schutzrechtsverwarnung zu beraten, um so einen Eingriff in das Recht am eingerichteten und ausgeübten Gewerbebetrieb eines Dritten zu verhindern. In diesem Fall zeichnet sich also eine Verantwortungsverlagerung ab – weg vom Verwarnten hin zum Rechtsanwalt des Verwarnenden.

Darüber hinaus diente eine konsequente Verfolgung unseriöser Abmahntätigkeit der Aufwertung des Instituts der Abmahnung selbst. Bei erfolgreicher Bekämpfung des Abmahnmissbrauchs würde der Begriff Abmahnung nicht unweigerlich mit „Abzocke“ oder „Abmahnbetrug“ in Verbindung gebracht und das Vertrauen in dieses sinnvolle und in der Rechtspflege bewährte Mittel der außergerichtlichen Streitbeilegung gestärkt.

Die am Abmahnverfahren Beteiligten dürfen daher nicht davor zurückschrecken, auch das Strafrecht als Regulationsinstrument im Bereich der wettbewerbs- und urheberrechtlichen Abmahnung einzusetzen. Das Strafrecht kann die Bemühungen, die auf dem Gebiet des Zivilrechts zur Eindämmung des Missbrauchs bereits unternommen wurden und bisher keine ausreichende Durchschlagskraft entwickelt haben, sinnvoll ergänzen.

887 *Waßmer*, HRRS 2012, 368 (373).

888 *BGH*, Urt. v. 01. 12. 2015 – X ZR 170/12 = ZIP 2016, 944.

Anhang

A. Musterabmahnung im Wettbewerbsrecht

Abmahnungsschreiben

Per Telefax: […] und Einschreiben/Rückschein
B-GmbH
z. H. Herrn Geschäftsführer C
[…]
A-GmbH./.B-GmbH
Sehr geehrter Herr C,
wir zeigen an, dass uns die Firma A-GmbH, […], mit der Wahrnehmung ihrer Interessen beauftrag hat (eine entsprechende Vollmacht ist beigefügt).
Unsere Mandantin musste feststellen, dass Sie im Internet auf Ihrer Homepage (www.abc.de) Waschmaschinen der Marke „X" für einen Preis von 249,– Euro anbieten, wobei Sie eine unverbindliche Preisempfehlung des Herstellers von 849,- angeben. Bei dem angebotenen Modell handelt es sich um ein Sondermodell des Herstellers, das nur für Ihr Unternehmen hergestellt wird. Unsere Mandantin vertreibt ebenfalls Elektrogeräte an den gleichen Kundenkreis.
Die Angabe einer unverbindlichen Preisempfehlung bei Waren, die nicht allgemein, sondern nur bei einer beschränkten Zahl von Anbietern, die in diesem Fall sogar nur bei einem Anbieter erhältlich sind, ist irreführend, da die unverbindliche Preisempfehlung nicht in der Erwartung ausgesprochen wird, dass dieser Preis tatsächlich auch verlangt wird. Diese irreführende Werbung ist gemäß §§ 3, 5 Abs. 1 Nr. 2 UWG unzulässig (BGH GRUR 2003, 446, 447 – Preisempfehlungen für Sondermodelle). Als Mitbewerber fordern wir von Ihrem Unternehmen und, da Sie von dieser Werbung wussten und sie dennoch nicht unterbunden haben, auch von Ihnen persönlich Unterlassung dieser Werbung (§ 8 Abs. 3 Nr. 1 UWG).
Die für den Unterlassungsanspruch erforderliche Wiederholungsgefahr wird nach Erstbegehung vermutet und kann nur durch Abgabe einer strafbewehrten Unterlassungserklärung beseitigt werden. Dies entspricht ständiger höchstrichterlicher Rechtsprechung.
Wir geben Ihnen daher Gelegenheit eine strafbewehrte Unterlassungserklärung bis spätestens

(Datum, ggf. Uhrzeit)

hier eingehend abzugeben. Für die Fristwahrung genügt die Übersendung per Telefax, sofern die Unterlassungserklärung im Original unverzüglich nachfolgt.
Eine vorbereitete Unterlassungserklärung finden Sie in der Anlage.
Außerdem sind Sie gemäß § 12 Abs. 2 S. 2 UWG und aus Schadensersatz (§ 9 UWG) verpflichtet, die Kosten unserer Inanspruchnahme gemäß beiliegender Kostenaufstellung zu erstatten. Auch hierfür setzen wir Ihnen die oben genannte Frist.
Sollten Sie die Frist ungenutzt verstreichen lassen, werden wir unserer Mandantin raten, ihre Ansprüche gerichtlich durchzusetzen.
Mit freundlichen Grüßen
Rechtsanwalt

B. Musterabmahnung im Urheberrecht

Abmahnung

Vorab per Telefax
Lotus Verlag GmbH
– Geschäftsführung –
Auguststraße 86
10117 Berlin
Telefax-Nr. 29 04 05 29
Berlin, den 09. 02. 2015
Ernst Findig./.Lotus Verlag GmbH
„Berliner Künstler und der Potsdamer Platz"/Urheberrechtsverletzung
Sehr geehrte Damen und Herren,
bitte nehmen Sie zur Kenntnis, dass uns der Autor des von Ihnen herausgegebenen Werkes „Berliner Künstler und der Potsdamer Platz", Herr Ernst Findig, mit der Wahrnehmung seiner rechtlichen Interessen beauftragt hat. Eine auf uns lautende Vollmacht ist dem Schreiben beigefügt.

1. Unser Mandant hat kürzlich in Erfahrung gebracht, dass Sie in der 2. Auflage des Buches schwerwiegende Veränderungen an dem von unserem Mandanten verfassten Text ohne seine Einwilligung vorgenommen haben.
   Über das Bild „Potsdamer Platz" (Acryl/Nessel, 200 cm x 305 cm, 2003) des Berliner Malers Franz Eitel hat unser Mandant auf Seite 105 der 1. Auflage geschrieben:

„Eitel, der seit mehr als 20 Jahren streng an den Regeln des Fotorealismus festhält, ohne dabei allerdings je die Präzision der amerikanischen Vertreter dieses Stils erreicht zu haben, hat ein insgesamt beeindruckendes Werk geschaffen, das aber doch einige malerisch tote Winkel aufweist."
Dieser Satz fehlt in der 2. Auflage vollständig. Entsprechendes gilt für die englische Fassung des Textes.

2. Diese ungenehmigte, substantielle Veränderung des Textes verletzt das Urheberrecht unseres Mandanten an seinem Text.

   [...]

3. Namens und in Vollmacht unseres Mandanten haben wir Sie dazu aufzufordern, die beigefügte Unterlassungserklärung – vorteilhafter Weise vorab per Telefax – bis zum

19. Februar 2015
Rechtswirksam unterschrieben an uns zurückzuschicken. Weiterhin haben Sie gemäß § 97a UrhG unsere Kosten zu tragen. Wir haben Sie daher aufzufordern, die beiliegende Kostennoten innerhalb einer Frist von zwei Wochen zu begleichen.
Sollten vorbezeichnete Anforderungen nicht oder nicht vollständig fristgerecht erfüllt werden, so werden wir unserem Mandanten die Einleitung gerichtlicher Schritte empfehlen. Weitere Ansprüche bleiben vorbehalten.
Mit freundlichen Grüßen
Dr. Klaus Justus
Rechtsanwalt
Anlagen: Vollmacht, Unterlassungserklärung

Abkürzungsverzeichnis

a. A.	andere Auffassung
a. F.	alte Fassung
a. M.	am Main
Abl.	Amtsblatt
Abs.	Absatz
Alt.	Alternative
AnwBl.	Anwaltsblatt
AnwK	AnwaltKommentar
ÄndG	Änderungsgesetz
Art.	Artikel
AT	Allgemeiner Teil
Aufl.	Auflage
BB	Betriebsberater
Bd.	Band
Beschl.	Beschluss
BGB	Bürgerliches Gesetzbuch
BGBl.	Bundesgesetzblatt
BGH	Bundesgerichtshof
BGHSt	Entscheidungen des Bundesgerichtshofs in Strafsachen
BRAK	Bundesrechtsanwaltskammer
BRAO	Bundesrechtsanwaltsordnung
BORA	Berufsordnung der Rechtsanwälte
Bsp.	Beispiel
BT	Besonderer Teil
BT-Drucks	Verhandlungen des Deutschen Bundestages, Drucksachen
BVerfG	Bundesverfassungsgericht
BVerfGE	Entscheidungen des Bundesverfassungsgerichts
BvR	Aktenzeichen einer Verfassungsbeschwerde zum Bundesverfassungsgericht
CR	Computer und Recht
DAV	Deutscher Anwaltverein
ders.	derselbe
Ed.	Edition
Einl.	Einleitung

EMRK	Europäische Konvention zum Schutze der Menschenrechte
EuGH	Europäischer Gerichtshof
f.	folgende
FAZ	Frankfurter allgemeine Zeitung
FD	Fachdienst
ff.	fortfolgend
FG	Festgabe
Fn.	Fußnote
FS	Festschrift
GA	Goltdammer's Archiv für Strafrecht
GG	Grundgesetz
GRUR	Gewerblicher Rechtsschutz und Urheberrecht
GRUR-Prax.	Gewerblicher Rechtsschutz und Urheberrecht, Praxis im Immaterialgüter- und Wettbewerbsrecht
GS	Großer Senat
HRRS	Höchstrichterliche Rechtsprechung auf dem Gebiete des Strafrechts
Hrsg.	Herausgeber
Hs.	Halbsatz
i. e. S.	im engeren Sinne
i. S. d.	im Sinne des
IP	Internetprotokoll
i. V. m.	in Verbindung mit
JA	Juristische Arbeitsblätter
JR	Juristische Rundschau
JURA	Juristische Ausbildung
JuS	Juristische Schulung
JZ	Juristenzeitung
Kap.	Kapitel
KK	Karlsruher Kommentar
LK	Leipziger Kommentar
MDR	Monatsschrift für Deutsches Recht
MIR	Medien, Internet und Recht
MMR	MultiMedia und Recht
MschKrim	Monatsschrift für Kriminologie und Strafrechtsreform
MüKo	Münchener Kommentar
m. w. N.	mit weiteren Nachweisen
n. F.	neue Fassung

NJOZ	Neue Juristische Online-Zeitschrift
NJW	Neue Juristische Wochenschrift
NJWE-WettbR	Neue Juristische Wochenschrift Entscheidungsdienst Wettbewerbsrecht
NK	Nomos Kommentar
Nr.	Nummer
NStZ	Neue Zeitschrift für Strafrecht
OK	Online-Kommentar
PrAngV	Preisangabenverordnung
P2P	Peer-to-Peer
RdA	Recht der Arbeit
RGSt	Entscheidungen des Reichsgerichts in Strafsachen
Rn.	Randnummer
RL	Richtlinie
RR	Rechtsprechungsreport
RVG	Rechtsanwaltsvergütungsgesetz
S.	Seite
SK	Systematischer Kommentar
sog.	sogenannte
StGB	Strafgesetzbuch
StPO	Strafprozessordnung
StV	Strafverteidiger
SZ	Süddeutsche Zeitung
u. a.	unter anderem/n, und andere
UGP	Unlautere Geschäftspraktiken
UrhG	Urhebergesetz
Urt.	Urteil
UWG	Gesetz gegen den unlauteren Wettbewerb
v.	vom
Var.	Variante
vgl.	vergleiche
VRS	Verkehrsrechts-Sammlung
VuR	Verbraucher und Recht
wistra	Zeitschrift für Wirtschafts- und Steuerstrafrecht
WRP	Wettbewerb in Recht und Praxis
z. B.	zum Beispiel
ZDF	Zweites Deutsches Fernsehen
ZIP	Zeitschrift für Wirtschaftsrecht (und Insolvenzpraxis)

ZIS	Zeitschrift für Internationale Strafrechtsdogmatik
ZPO	Zivilprozessordnung
ZStW	Zeitschrift für die gesamte Strafrechtswissenschaft
ZUM	Zeitschrift für Urheber- und Medienrecht

Literaturverzeichnis

Adolphsen, Jens/Mayer, Dominik/Möller, Frederik: Massenabmahnungen im Urheberrecht. Ein Geschäftsmodell auf dem Prüfstand, NJOZ 2010, S. 2394–2399.

Ahrens, Hans-Jürgen (Hrsg.): Der Wettbewerbsprozess. Ein Praxishandbuch, 8. Aufl., Köln 2017. Bearbeitet von Achilles, Wilhelm-Albrecht; Scharen, Uwe. *(zitiert: Bearbeiter, in: Ahrens)*

Ahrens, Hans-Jürgen: Zum Ersatz der Verteidigungsaufwendungen bei unberechtigter Abmahnung, NJW 1982, S. 2477–2479.

Albach, Gregor: Zur Verhältnismäßigkeit der Strafbarkeit privater Urheberrechtsverletzungen im Internet, Norderstedt 2015. *(zitiert: Urheberrechtsverletzungen im Internet)*

Amelung, Knut: Irrtum und Zweifel des Getäuschten beim Betrug, GA 1977, S. 1–17.

Amelung, Knut: „Neutralisierung" geschäftsmäßiger Beiträge zu fremden Straftaten, in: Samson, Erich u. a. (Hrsg.), Festschrift für Gerald Grünwald zum siebzigsten Geburtstag, Baden-Baden 1999, S. 9–30. *(zitiert: FS-Grünwald)*

Arzt, Gunther: Bemerkungen zum Überzeugungsopfer – insbesondere zum Betrug durch Verkauf von Illusionen, in: Weigend, Thomas/Küpper, Georg (Hrsg.), Festschrift für Hans Joachim Hirsch zum 70. Geburtstag am 11. April 1999, u. a. Berlin 1999, S. 431–450. *(zitiert: FS-Hirsch)*

Arzt, Gunther: Betrug durch massenhafte plumpe Täuschung, in: Sieber, Ulrich u. a. (Hrsg.), Strafrecht und Wirtschaftsstrafrecht – Dogmatik, Rechtsvergleich, Rechtstatsachen, Festschrift für Klaus Tiedemann zum 70. Geburtstag, u. a. Köln 2008, S. 595–603. *(zitiert: FS-Tiedemann)*

Arzt, Gunther: Viktimologie und Strafrecht, MschrKrim 1984, S. 105–124.

Arzt, Gunther/Weber, Ulrich: Strafrecht Besonderer Teil. Lehrbuch, Bielefeld 2000. *(zitiert: Strafrecht BT)*

Arzt, Gunther/Weber, Ulrich/Heinrich, Bernd/Hilgendorf, Eric: Strafrecht Besonderer Teil. Lehrbuch, 2. Aufl., Bielefeld 2009. *(zitiert: Strafrecht BT)*

Basualto, Héctor Hernández: Täuschung und Opferschutzniveau beim Betrug – zwischen Kriminalpolitik und Dogmatik. Rechtsvergleichende Überlegungen, in: Sieber, Ulrich u. a. (Hrsg.), Strafrecht und Wirtschaftsstrafrecht – Dogmatik, Rechtsvergleich, Rechtstatsachen –, Festschrift für Klaus Tiedemann zum 70. Geburtstag, München 2008, S. 605–615. *(zitiert: FS-Tiedemann)*

Baumann, Jürgen/Weber, Ulrich/Mitsch, Wolfgang: Strafrecht Allgemeiner Teil. Lehrbuch, 11. Aufl., Bielefeld 2003. *(zitiert: Strafrecht AT)*

Beckemper, Katharina: Strafbare Beihilfe durch alltägliche Geschäftsvorgänge, JURA 2001, S. 163–169.

Becker, Christian: Konkludente Täuschung beim Betrug, JuS 2014, S. 307–312.

Becker, Christian: Rechtsmissbräuchliche Abmahnungen als betrugesrelevante konkludente Täuschung über Tatsachen. Anmerkung zu BGH HRRS 2017 Nr. 689, HRRS 2017, S. 404–407.

Beck'sche Formularsammlung: Beck'sche Formularsammlung zum gewerblichen Rechtsschutz mit Urheberrecht. Patent- und Arbeitnehmerfindungsrecht, Lizenzvertragsrecht, Designrecht, Markenrecht, Wettbewerbsrecht, Produktpiraterie, Kartellrecht, Urheberrecht, 5. Aufl., München 2015. Bearbeitet von Diekmann, Rolf/Bullinger, Winfried (*zitiert: Bearbeiter, in: Beck'sche Formularsammlung zum gewerblichen Rechtsschutz mit Urheberrecht*)

Beck'scher Online-Kommentar BGB: Bamberger, Georg/Roth, Herbert (Hrsg.), 43. Ed., München 2017. Bearbeitet von Schmalenbach, Dirk. *(zitiert: Bearbeiter, in: BeckOK-BGB)*

Beck'scher Online-Kommentar BORA: Römermann, Volker (Hrsg.), 18. Ed., München 2017. Bearbeitet von Praß, Jan-Philipp/Römermann, Volker. *(zitiert: Bearbeiter, in: BeckOK-BORA)*

Beck'scher Online-Kommentar Urheberrecht: Ahlberg, Hartwig/Götting, Horst-Peter (Hrsg.), 18. Ed., München 2017. Bearbeitet von Ahlberg, Hartwig/Reber, Ulrich. *(zitiert: Bearbeiter, in: BeckOK-UrhG)*

Bernhardt, Wolfgang: Die Aufklärung des Sachverhalts im Zivilprozeß, in: Beiträge zum Zivilprozessrecht. Festgabe zum 70. Geburtstag von Leo Rosenberg, u. a. München 1949, S. 9–50. *(zitiert: FG-Rosenberg)*

Beulke, Werner: Anmerkung zu LG Mannheim, Urt. v. 7. 10. 1976 – 2 Ns 98/76, NJW 1977, S. 1073–1074.

Biermann, Kai: Redtube: Die hinterhältigen Tricks der Porno-Abmahner, Zeit Online vom 09. 02. 2014, abrufbar unter: http://www.zeit.de/digital/internet/2014-02/redtube-porno-abmahnung/komplettansicht (Stand: 21. 06. 2016).

Biermann, Kai: RedTube-Abmahnungen. Interview mit Rechtsanwalt Daniel Sebastian, Zeit Online vom 09. 02. 2014, abrufbar unter: http://www.zeit.de/digital/internet/2014-02/redtube-porno-interview-anwalt-sebastian (Stand: 07. 06. 2016).

Bittmann, Folker: Anmerkung zu OLG Köln, Beschluss vom 14. 05. 2013 III – 1 RVs 67/13, NJW 2013, S. 2774.

Blaurock Uwe, Die Schutzrechtsverwarnung, Freiburg 1970.

Boie, Johannes: Videostreaming. So funktioniert das Geschäft der Redtube-Abmahner, SZ.de vom 25. 02. 2014, abrufbar unter: http://www.sueddeutsche.de/digital/videostreaming-so-funktioniert-das-geschaeft-die-redtube-abmahner-1.1897772 (Stand: 08. 06. 2016).

Bülte, Jens: Strafbarkeit von „aggressiven" Massenabmahnungen als Betrug und Erpressung, NZWiSt 2014, S. 41–49.

Dauner-Lieb, Barbara/Langen, Werner (Hrsg.): BGB Schuldrecht, Bd. 2, 3. Aufl., Baden-Baden 2016. Bearbeitet von Krebs, Peter. *(zitiert: Bearbeiter, in: Dauner-Lieb/Langen-BGB)*

Dölling, Dieter/Duttge, Gunnar/Rössner, Dieter (Hrsg.): Gesamtes Strafrecht. StGB, StPO, Nebengesetze. Handkommentar, 3. Aufl., Baden-Baden 2013. Bearbeitet von Duttge, Gunnar/Pflieger, Klaus. *(zitiert: Bearbeiter, in: Dölling/Duttge/Rössner-StGB)*

Donath, Annekatrin/Mehle, Bastian: Drohung durch den Rechtsanwalt (Teil 1), NJW 2009, S. 2363–2364.

Dreier, Thomas/Schulze, Gernot (Hrsg.): Urheberrechtsgesetz, Urheberrechtswahrnehmungsgesetz, Kunsturhebergesetz. Kommentar, 5. Aufl., München 2015. Bearbeitet von Dreier, Thomas/Specht, Louisa. *(zitiert: Bearbeiter, in: Dreier/Schulze-UrhG)*

Dreyer, Gunda/Kotthoff, Jost/Meckel, Astrid (Hrsg.): Urheberrecht. Urheberrechtsgesetz, Urheberrechtswahrnehmungsgesetz, Kunsturhebergesetz, 3. Aufl., u. a. Heidelberg 2013. Bearbeitet von Dreyer, Gunda. *(zitiert: Bearbeiter, in: Dreyer/Kotthoff/Meckel)*

Dudenredaktion (Hrsg.): Duden. Deutsches Universalwörterbuch, 6. Aufl., u. a. Mannheim 2007. *(zitiert: Duden)*

Eiden, Joachim/Walter, Florian: Zur konkludenten Täuschung bei unberechtigten Abmahnschreiben durch Rechtsanwälte, NStZ 2014, S. 297–305.

Einsiedler, Mark: Geschäftsführung ohne Auftrag bildet keine Anspruchsgrundlage für die Erstattung der Kosten wettbewerbsrechtlicher Abmahnschreiben und Abschlussschreiben, WRP 2003, S. 354–356.

Eisele, Jörg: Computer- und Medienstrafrecht, München 2013.

Ellmer, Manfred: Betrug und Opfermitverantwortung, Berlin 1986.

Engisch, Karl: Aufgaben einer Logik und Methodik des juristischen Denkens, in: Bockelmann, Paul/Kaufmann, Arthur/Klug, Ulrich (Hrsg.), Beiträge zur Rechtstheorie, Frankfurt a. M. 1984, S. 65–87. *(zitiert: Bockelmann/Kaufmann/Klug)*

Engisch, Karl: Einführung in das juristische Denken, in: Ernst, Fritz (Hrsg.), 2. Aufl., Stuttgart 1956.

Ewer, Wolfgang: Anwaltliche Unabhängigkeit zwischen Interessenvertretung und Gemeinwohlorientierung. Grundlage der anwaltlichen Berufsausübung, AnwBl. 2009, S. 657–662.

Ewert, Jonas/von Hartz, Nikolaus: Die Abmahnung im Urheberrecht auf dem Weg in die Bedeutungslosigkeit?, ZUM 2007, S. 450–456.

Fahl, Christian: Prozeßbetrug und „Lagertheorie". Ein strafrechtsdogmatisches Lehrstück, JURA 1996, S. 74–78.

Fangerow, Kahleen/Schulz, Daniela: Die Nutzung von Angeboten auf www.kino.to. Eine urheberrechtliche Analyse des Film-Streamings im Internet, GRUR 2010, S. 677–682.

Faust, Florian: Anmerkung zu BGH, Beschluss vom 15. 07. 2005 - GSZ 1/04, JZ 2006, S. 365–368.

Feuerich/Weyland: Bundesrechtsanwaltsordnung Kommentar, 9. Auflage, München 2016. Bearbeitet von Brüggemann, Rüdiger/Träger, Monika/Schwärzer, Elisabeth. *(zitiert: Bearbeiter, in: Feuerich/Weyland-BRAO)*.

Fezer, Karl-Heinz/Büscher, Wolfgang/Obergfell, Eva Inés (Hrsg.): Lauterkeitsrecht. Kommentar zum Gesetz gegen den unlauteren Wettbewerb (UWG), 3. Aufl., Bd. 2: §§ 3a-20 UWG. Anhang zu § 3 Abs. 3 UWG, München 2016. Bearbeitet von Büscher, Wolfgang. *(zitiert: Bearbeiter, in: Fezer/Büscher/Obergfell-UWG)*

Fischer, Thomas: Strafgesetzbuch mit Nebengesetzen, 65. Aufl., München 2018. *(zitiert: StGB)*

Forch, Dana: Rechtsfragen rund um den Filesharing-Prozess, GRUR-Prax. 2014, S. 193–195.

Frank, Friedrich/Leu, Nicolas: Opfermitverantwortung und Strafzumessung beim Betrug, StraFo 2014, S. 198–206.

Frey, Harald: Die wettbewerbsrechtliche Abmahnung, JuS 2014, S. 968–972.

Frisch, Wolfgang: Funktion und Inhalt des „Irrtums" im Betrugstatbestand, in: Kaufmann, Arthus u. a. (Hrsg.), Festschrift für Paul Bockelmann zum 70. Geburtstag am 7. Dezember 1978, München 1979, S. 647–667. *(zitiert: FS-Bockelmann)*

Frisch, Wolfgang: Grundfragen der Täuschung und des Irrtums beim Betrug. Zum so genannten Recht auf Wahrheit, in: Putzke, Holm u. a. (Hrsg.), Strafrecht zwischen System und Telos, Festschrift für Rolf Dietrich Herzberg zum siebzigsten Geburtstag am 14. Februar 2008, Tübingen 2008, S. 729–762. *(zitiert: FS-Herzberg)*

Frisch, Wolfgang: Konkludentes Täuschen. Zur Normativität, Gesellschaftsbezogenheit und theoretischen Fundierung eines Begriffs, in: Pawlik, Michael/Zaczyk, Rainer (Hrsg.), Festschrift für Günther Jakobs zum 70. Geburtstag am 26. Juli 2007, u. a. Köln 2007, S. 97–130.

Frisch, Wolfgang: Tatbestandsmäßiges Verhalten und Zurechnung des Erfolgs, Heidelberg 1988. *(zitiert: Verhalten und Zurechnung)*

Fuest, Benedikt: Geld zurück für Pornofans? Artikel auf Welt N24 vom 22. Dezember 2013, abrufbar unter: https://www.welt.de/print/wams/wirtschaft/article123207857/Geld-zurueck-fuer-Pornofans.html (Stand: 02. 04. 2017).

Gaier, Reinhard/Wolf, Christian/Göcken, Stephan: Anwaltliches Berufsrecht – Kommentar, 2. Aufl., München 2014. Bearbeitet von Wolf, Christian/Zuck, Rüdiger. *(zitiert: Bearbeiter, in: Gaier/Wolf/Göcken-BRAO)*

Geisler, Claudius: Anmerkung zu BGH, Urteil vom 26. 04. 2001 – 4 StR 439/00 (Betrug – Täuschungshandlung durch Verwendung von Rechnungsmerkmalen), NStZ 2002, S. 86–89.

Giehring, Heinz: Prozeßbetrug im Versäumnis- und Mahnverfahren – zugleich ein Beitrag zur Auslegung des Irrtumsbegriffs im § 263 StGB, GA 1973, S. 1–23.

Goldbeck, Nino: Der ‚umgekehrte' Wettbewerbsprozess. Eine Untersuchung zur unberechtigten Abmahnung im Lauterkeitsrecht, Baden-Baden 2008. *(zitiert: Der ‚umgekehrte' Wettbewerbsprozess)*

Götting, Horst-Peter/Nordemann, Axel (Hrsg.): UWG Handkommentar, 3. Aufl., Baden-Baden 2016. Bearbeitet von Schmitz-Fohrmann, Volker/Schwab, Florian. *(zitiert: Bearbeiter, in: Götting/Nordemann-UWG)*

Graul, Eva: Können auch Erfahrungssätze und Rechtssätze Tatsachen i. S. des § 263 StGB sein? Insbesondere zur Tatsachenqualität des Marktpreises beim sog. Preisgestaltungsbetrug, JZ 1995, S. 595–603.

Gröschner, Rolf: Justizsyllogismus? Jurisprudenz!, in: Lerch, Kent D. (Hrsg.), Recht verhandeln. Argumentieren, Begründen und Entscheiden im Diskurs des Rechts, u. a. Berlin 2005, S. 203–217. *(zitiert: Justizsyllogismus? Jurisprudenz!)*

Hansen, Uwe: Die tatbestandliche Erfassung von Nötigungsunrecht, Baden-Baden 1972. *(zitiert: Nötigungsunrecht)*

Harte-Bavendamm, Henning/Henning-Bodewig, Frauke: Gesetz gegen den unlauteren Wettbewerb (UWG). Mit Preisangabenverordnung. Kommentar, 4. Aufl. München 2016. Bearbeitet von Brüning, Hermann/Dreyer, Gunda/Goldmann, Michael. *(zitiert: Bearbeiter, in: Harte-Bavendamm/Henning-Bodewig-UWG)*

Hartstang, Gerhard: Anwaltsrecht, u. a. Köln 1991. *(zitiert: Anwaltsrecht)*

Hassemer, Raimund: Schutzbedürftigkeit des Opfers und Strafrechtsdogmatik. Zugleich ein Beitrag zur Auslegung des Irrtumsmerkmals in § 263 StGB, Berlin 1981. *(zitiert: Schutzbedürftigkeit des Opfers und Strafrechtsdogmatik)*

Hassemer, Winfried: Die Anwaltschaft und die Freiheit. Festvortrag am 2. Mai 2008 auf dem 59. Deutschen Anwaltstag, AnwBl. 2008, S. 413–421.

Hassemer, Winfried: Professionelle Adäquanz, wistra 1995, S. 81–87.

Hauck, Ronny/Heim, Sebastian: Schwerpunktbereich Urheberrecht: Die rechtliche Bewertung von „Filesharing"- und „Streaming"-Sachverhalten, JuS 2014, S. 303–312.

Hecker, Bernd: Strafbare Produktwerbung im Lichte des Gemeinschaftsrechts. Europäisierung des deutschen Täuschungsschutzstrafrechts am Beispiel des Lebensmittel-, Wettbewerbs- und Betrugsstrafrechts, Tübingen 2001. *(zitiert: Strafbare Produktwerbung)*

Heermann, Peter W. Schadensersatz und Bereicherungsausgleich bei Patentrechtsverletzungen, GRUR 1999, S. 625–636.

Hefendehl, Roland: Der mißbrauchte Farbkopierer, JURA 1992, S. 374–384.

Hefendehl, Roland: Vermögensgefährdung und Exspektanzen. Das vom Zivilrecht konstituierte und vom Bilanzrecht konkretisierte Herrschaftsprinzip als Grundlage des strafrechtlichen Vermögensbegriffs, Berlin 1994. *(zitiert: Vermögensgefährdung und Exspektanzen)*

Heidrich, Joerg/Stadler, Thomas/Bleich, Holger: Schwierige Gegenwehr. Was tun bei unberechtigten Filesharing-Abmahnungen?, c't vom 01. 09. 2010, abrufbar unter: http://www.heise.de/ct/artikel/Schwierige-Gegenwehr-1069835.html (Stand: 27. 05. 2016).

Hellwig, Hans-Jürgen: Das Konzept des anwaltlichen Berufsbilds. Worauf die Anwaltschaft eine Antwort finden muss – und warum Standesrichtlinien nicht helfen, AnwBl. 2008, S. 644–653.

Hennings, Frank: Teleologische Reduktion des Betrugstatbestandes aufgrund von Mitverantwortung des Opfers, Berlin 2002. *(zitiert: Teleologische Reduktion des Betrugstatbestandes)*

Henssler, Martin: Die Anwaltschaft zwischen Berufsethos und Kommerz, AnwBl. 2008, S. 721–728.

Henssler, Martin/Prütting, Hanns (Hrsg.): Bundesrechtsanwaltsordnung Kommentar, 4. Aufl., München 2014. Bearbeitet von Busse, Felix/Henssler, Martin/Kilian, Matthias. *(zitiert: Bearbeiter, in: Henssler/Prütting-BRAO)*

Hess, Gangolf: Unterwerfung als Anerkenntnis? Kurzbeitrag zum Urteil des Amtsgerichts Charlottenburg vom 9. September 2002 – 213 C 167/02, WRP 2003, S. 353.

Hesse, Gerd: Ist § 14 UWG auf die Abnehmerverwarnung aus Patenten und Gebrauchsmustern anwendbar?, GRUR 1979, S. 438–443.

Hillenkamp, Thomas: Vorsatztat und Opferverhalten, Göttingen 1981.

Hoene, Verena/Runkel, Kai: AnwaltFormulare Gewerblicher Rechtsschutz, 5. Aufl., Heidelberg u. a. 2013. *(zitiert: AnwaltFormulare)*

Hoffmann, Dagmar: Abschied von Moral und Scham? Zur Popularisierung des Sexuellen und der Pornografie, in: Schuegraf, Martina/Tillmann, Angela (Hrsg.), Pornografisierung von Gesellschaft, Konstanz u. a. 2012, S. 67–77. *(zitiert: Pornografisierung von Gesellschaft)*

Hohlweck, Martin: „Even Heaven Cries" – Eine rechtliche Zwischenbilanz von Filesharing-Verfahren, GRUR 2014, S. 940–947.

Institut für Demoskopie Allensbach (Ifd Allensbach): Allensbacher Berufsprestige-Skala 2013. Allensbacher Kurzberericht – 20. August 2013, abrufbar unter: http://www.ifd-allensbach.de/uploads/tx_reportsndocs/PD_2013_05.pdf (Stand: 09. 06. 2016).

Interessengemeinschaft gegen den Abmahnwahn (IGGDAW): Abmahnwahnwesen Deutschland Jahresstatistik 2010, abrufbar unter: https://www.iggdaw.de/filebase/index.php?download/18/ (Stand: 25. 04. 2018).

Interessengemeinschaft gegen den Abmahnwahn (IGGDAW): Filesharing Abmahnwesen Deutschland Jahresstatistik 2014, abrufbar unter: https://www.iggdaw.de/filebase/index.php?download/22/ (Stand: 25. 04. 2018).

Jaeger, Renate: Rechtsanwälte als Organ der Rechtspflege – Notwendig oder überflüssig? Bürde oder Schutz?, NJW 2004, S. 1–7.

Jakobs, Günther: Anmerkung zu BGH, Urteil vom 08. 01. 1987 – 1 StR 683/86, JR 1987, S. 340–342.

Jakobs, Günther: Regreßverbot beim Erfolgsdelikt. Zugleich eine Untersuchung zum Grund der strafrechtlichen Haftung für Begehung, ZStW 89 (1977), S. 1–35.

Jakobs, Günther: Strafrecht Allgemeiner Teil. Die Grundlagen und die Zurechnungslehre, 2. Aufl., Berlin 1991. *(zitiert: Strafrecht AT)*

Jänicke, Harald: Gerichtliche Entscheidungen als Vermögensverfügung im Sinne des Betrugstatbestandes, Berlin 2001. *(zitiert: Gerichtliche Entscheidungen als Vermögensverfügung)*

Jellinek, Georg: Die sozialethische Bedeutung von Recht, Unrecht und Strafe, 2. Aufl., Berlin 1908. *(zitiert: Sozialethische Bedeutung)*

Joecks, Wolfgang: Strafgesetzbuch Studienkommentar, 12. Aufl., München 2018. *(zitiert: Studienkommentar-StGB)*

Jokisch, Jens: Gemeinschaftsrecht und Strafverfahren. Die Überlagerung des deutschen Strafprozeßrechts durch das Europäische Gemeinschaftsrecht, dargestellt anhand ausgewählter Problemfälle, Berlin 2000. *(zitiert: Gemeinschaftsrecht und Strafverfahren)*

Juchem, Johann G. Kommunikation und Vertrauen. Ein Beitrag zum Problem der Reflexivität in der Ethnomethodologie, Aachen 1988. (zitiert: Kommunikation und Vertrauen)

Kamberger, Petra: Treu und Glauben (§ 242 BGB) als Garantenstellung im Strafrecht?, Frankfurt a. M. 1996. *(zitiert: Treu und Glauben)*

Karlsruher Kommentar StPO: Karlsruher Kommentar zur Strafprozessordnung mit GVG, EGGVG und EMRK, Hannich, Rolf (Hrsg.), 7. Aufl., München 2013. Bearbeitet von Griesbaum, Rainer. *(zitiert: Bearbeiter, in: KK-StPO)*

Kasiske, Peter: Die konkludente Täuschung bei § 263 StGB zwischen Informationsrisiko und Informationsherrschaft, GA 2009, S. 360–370.

Kaufmann, Arthur: Der BGH und die Sitzblockade, NJW 1988, S. 2581–2584.

Keunecke, Fritz: Prozeßbetrug, Breslau-Neukirch 1940, Nachdruck: Frankfurt a. M. 1977.

Kindhäuser, Urs: Betrug als vertypte mittelbare Täterschaft, in: Schulz, Joachim/Vormbaum, Thomas (Hrsg.), Festschrift für Günter Bemmann zum 70. Geburtstag am 15. Dezember 1997, Baden-Baden 1997, S. 339–361. *(zitiert: FS-Bemmann)*

Kindhäuser, Urs: Konkludentes Täuschen, in: Sieber, Ulrich u. a. (Hrsg.), Strafrecht und Wirtschaftsstrafrecht – Dogmatik, Rechtsvergleich, Rechtstatsachen, Festschrift für Klaus Tiedemann zum 70. Geburtstag, u. a. Köln 2008, S. 579–593. *(zitiert: FS-Tiedemann)*

Kindhäuser, Urs: Strafrecht Besonderer Teil I. Straftaten gegen Persönlichkeitsrechte, Staat und Gesellschaft, 8. Aufl., Baden-Baden 2017. *(zitiert: Strafrecht BT 1)*

Kindhäuser, Urs: Täuschung und Wahrheitsanspruch beim Betrug, ZStW 1991, S. 389–424.

Kindhäuser, Urs: Zum Begriff der Beihilfe, in: Dannecker, Gerhard u. a. (Hrsg.), Festschrift für Harro Otto zum 70. Geburtstag am 1. April 2007, Köln u. a. 2007, S. 355–371. *(zitiert: FS-Otto)*

Kindhäuser, Urs/Neumann, Ulfried/Paeffgen, Hans-Ullrich (Hrsg.): Strafgesetzbuch Nomos Kommentar, 5. Aufl., Baden-Baden 2017. Bearbeitet von Kindhäuser, Urs/Kuhlen, Lothar/Puppe, Ingeborg/Toepel, Friedrich/Zaczyk, Rainer. *(zitiert: Bearbeiter, in: NK-StGB)*

Kitka, Joseph: Über das Zusammentreffen mehrerer Schuldigen bey einem Verbrechen und deren Strafbarkeit, Wien 1840.

Klas, Benedikt/Schwarz, Philipp: Neue Wege im Kampf gegen Kostenfallen im Internet, VuR 2009, S. 341–346.

Kleine-Cosack, Michael: Bundesrechtsanwaltsordnung BRAO mit Berufs- und Fachanwaltsordnung. Kommentar, 7. Aufl., München 2015. *(zitiert: BRAO)*

Kleine-Cosack, Michael: Zulässigkeit des Masseninkassos durch Rechtsanwälte, NJW 2011, S. 2251–2257.

Köhler, Helmut: „Abmahnverhältnis" und „Unterwerfungsverhältnis", in: Erdmann, Willi/Gloy, Wolfgang/Herber, Rolf (Hrsg.), Festschrift für Henning Piper, München 1996, S. 309–325. *(zitiert: FS-Piper)*

Köhler, Helmut: Das neue Gesetz gegen unseriöse Geschäftspraktiken, NJW 2013, S. 3473–3478.

Köhler, Helmut: Zur Erstattungsfähigkeit von Abmahnkosten, in: Ahrens, Hans-Jürgen u. a. (Hrsg.), Festschrift für Willi Erdmann. Zum 65. Geburtstag, u. a. Köln 2002, S. 845–861. *(zitiert: FS-Erdmann)*

Köhler/Bornkamm: Gesetz gegen den unlauteren Wettbewerb mit PAngV, UKlaG, DL-InfoV, 35. Aufl., München 2017. Bearbeitet von Köhler, Helmut/Bornkamm, Joachim/Feddersen, Jörn. *(zitiert: Bearbeiter, in: Köhler/Bornkamm-UWG)*

Krämer, Andreas/Maurer, Reinhold/Kilian, Matthias: Vergütungsvereinbarung und -management, Bd. 5, München 2005.

Krbetschek, Clemens/Schlingloff, Jochen: Bekämpfung von Rechtsmissbrauch durch Streitwertbegrenzung?, WRP 2014, S. 1–7.

Krekeler, Wilhelm: Die strafrechtliche Verantwortlichkeit des Notars bei der Gründung einer GmbH, AnwBl. 1993, S. 69–73.

Krey, Volker/Hellmann, Uwe/Heinrich, Manfred: Strafrecht Besonderer Teil. Studienbuch in systematisch-induktiver Darstellung. Bd. 2: Vermögensdelikte, 17. Aufl., Stuttgart 2015. *(zitiert: Strafrecht BT 2)*

Kudlich, Hans: Die Unterstützung fremder Straftaten durch berufsbedingtes Verhalten, Berlin 2004. *(zitiert: Unterstützung fremder Straftaten durch berufsbedingtes Verhalten)*

Kudlich, Hans/Melloh, Florian: Aus der Praxis – Nötigung durch Drohung mit einer Strafanzeige wegen „falscher EV"?, JuS 2015, S. 912–914.

Kuhlen, Lothar: Die Reaktion von Unternehmen auf Straftaten von Mitarbeitern: eine strafbare Nötigung?, in: Prittwitz, Cornelius u. a. (Hrsg.), Festschrift für Klaus Lüderssen. Zum 70. Geburtstag am 2. Mai 2002. Baden-Baden 2002, S. 649–661. *(zitiert: FS-Lüderssen)*

Kühl, Kristian/Heger, Martin: Strafgesetzbuch Kommentar, 28. Aufl., München 2014. *(zitiert: Bearbeiter, in: Lackner/Kühl-StGB)*

Kurth, Frowin Jörg: Das Mitverschulden des Opfers beim Betrug, u. a. Frankfurt a. M. 1984.

Lang, Alexander: Filesharing und Strafrecht, Berlin 2009.

Larenz, Karl: Methodenlehre der Rechtswissenschaft, 6. Aufl., u. a. Berlin 1991.

Lausen, Katrin: Strafrechtliche Risiken bei der Forderungseintreibung, wistra 1991, S. 279–288.

Leipold, Klaus/Tsambikakis, Michael/Zöller, Mark A. (Hrsg.): AnwaltKommentar StGB, 2. Aufl., u. a. Heidelberg 2015. Bearbeitet von Tsambikakis, Michael/Waßmer, Martin Paul. *(zitiert: Bearbeiter, in: AnwK-StGB)*

Leipziger Kommentar StGB: Strafgesetzbuch Leipziger Kommentar. Großkommentar, Bd. 6: §§ 263 bis 302a, Jeschek, Hans-Heinrich/Ruß, Wolfgang/Willms, Günther (Hrsg.), 10. Aufl., u. a. Berlin 1988. Bearbeitet von Lackner, Karl. *(zitiert: Bearbeiter, in:* LK[10]*-StGB)*

Leipziger Kommentar StGB: Strafgesetzbuch Leipziger Kommentar. Großkommentar, Bd. 7: §§ 303 bis 358, Jeschek, Hans-Heinrich/Ruß, Wolfgang/Willms, Günther (Hrsg.), 10. Aufl., Berlin 1988. Bearbeitet von Träger, Ernst. *(zitiert: Bearbeiter, in:* LK[10]*-StGB)*

Leipziger Kommentar StGB: Strafgesetzbuch Leipziger Kommentar. Großkommentar, Bd. 1: Einleitung; §§ 1 bis 31, Jähnke, Burkhard/Laufhütte, Heinrich Wilhelm/Odersky, Walter (Hrsg.), 11. Aufl., Berlin 2003. Bearbeitet von Roxin, Claus. (zitiert: Bearbeiter in: LK[11]-StGB)

Leipziger Kommentar StGB: Strafgesetzbuch Leipziger Kommentar. Großkommentar, Bd. 1: Einleitung; §§ 1 bis 31, Laufhütte, Heinrich Wilhelm/Rissing-van Saan, Ruth/Tiedemann, Klaus (Hrsg.), 12. Aufl., u. a Berlin 2007. Bearbeitet von Tiedemann, Klaus/Vogel, Joachim. *(zitiert: Bearbeiter, in: LK-StGB)*

Leipziger Kommentar StGB: Strafgesetzbuch Leipziger Kommentar. Großkommentar, Bd. 9/1: §§ 263 bis 266b, Laufhütte, Heinrich Wilhelm/Rissing-van Saan, Ruth/Tiedemann, Klaus (Hrsg.), 12. Aufl., u. a Berlin 2012. Bearbeitet von Schünemann, Bernd. *(zitiert: Bearbeiter, in: LK-StGB)*

Leipziger Kommentar StGB: Strafgesetzbuch Leipziger Kommentar. Großkommentar, Bd. 7/2: §§ 232 bis 241a, Laufhütte, Heinrich Wilhelm/Rissing-van Saan, Ruth/Tiedemann, Klaus (Hrsg.), 12. Aufl., u. a. Berlin 2015. Bearbeitet von Altvater, Gerhard. *(zitiert: Bearbeiter, in: LK-StGB)*

Leipziger Kommentar StGB: Strafgesetzbuch Leipziger Kommentar. Großkommentar, Bd. 13: §§ 331 bis 358, Laufhütte, Heinrich Wilhelm/Rissing-van Saan, Ruth/Tiedemann, Klaus (Hrsg.), 12. Aufl.,

u. a. Berlin 2009. Bearbeitet von Vormbaum, Thomas. *(zitiert: Bearbeiter, in: LK-StGB)*

Lenckner, Theodor: Der Prozeßbetrug, Tübingen 1957.

Lesch, Heiko H.: Strafbare Beteiligung durch „berufstypisches" Verhalten?, JA 2001, S. 986–991.

Lindacher, Walter F., Der „Gegenschlag" des Abgemahnten, in: Erdmann, Willi u. a. (Hrsg.), Festschrift für Otto-Friedrich Frhr. v. Gamm, Köln u. a. 1990, S. 83–94. *(zitiert: FS-Gamm)*

Lindemann, Michael: Verstöße des privatliquidierenden Arztes gegen das Gebot persönlicher Leistungserbringung – stets ein Fall für das (Betrugs-)Strafrecht? – zugleich eine Anmerkung zu BGH, Beschluss vom 25. 01. 2012 – 1 StR 45/11 –, NZWiSt 2012, S. 334–339.

Lingenberg/Hummel/Zuck: Kommentar zu den Grundsätzen des anwaltlichen Standesrechts (Richtlinien gemäß § 177 Abs. 2 Nr. 2 BRAO) mit Sonderteil „Die Neuordnung des anwaltlichen Berufsrechts", 2. Aufl. Köln 1988. Bearbeitet von Joachim/Hummel, Fritz/Zuck, Rüdiger/Eich, Alexander. *(zitiert: Bearbeiter in: Lingenberg/Hummel/Zuck/Eich)*

Loos, Fritz: Anmerkung a) zu Beschluss des OLG Stuttgart vom 19. 06. 1979 – 3 Ss (8) 237/79, NJW 1980, S. 847–848.

Lorenz, Bernd: Zur geschäftlichen Handlung und zum Handeln im geschäftlichen Verkehr bei Internetgeschäften, VuR 2013, S. 369–377.

Loritz, Karl-Georg: Die Rechtsprechung des Bundesgerichtshofs zur Erstattung der Anwaltskosten bei vorprozessualen Abmahnungen unter besonderer Berücksichtigung des Wettbewerbs- und Warenzeichnungsrechts, GRUR 1981, S. 883–891.

Lutz, Stefan: Verteidigungsstrategien bei Filesharing-Abmahnungen, VuR 2010, S. 337–346.

Maaßen, Stefan: Abmahnung wegen unterlassener Urheberbenennung: Grenzen eines Geschäftsmodells, GRUR-PRax. 2013, S. 127–129.

Mallison, Jochen: Rechtsauskunft als strafbare Teilnahme, Tübingen 1979.

Marks, Stephan: Scham – die tabuisierte Emotion, Ostfildern 2013.

Maunz/Dürig: Grundgesetz Kommentar, Herzog, Roman/Schulz, Rupert/Herdegen, Matthias/Klein, Hans H. (Hrsg.), Stand: September 2017, München. Bearbeitet von Grzeszick, Bernd. *(zitiert: Bearbeiter in: Maunz/Dürig)*

Maurach, Reinhart/Schroeder, Friedrich-Christian/Maiwald, Manfred: Strafrecht Besonderer Teil. Teilband 1 – Straftaten gegen Persönlichkeits- und Vermögenswerte, 10. Aufl., Heidelberg 2009. *(zitiert: Strafrecht BT 1)*

Mayer, Hans-Jochem: Besserer Schutz vor urheberrechtlichen Massenabmahnungen: Anwaltverein fordert Ergänzung des § 97a UrhG, FD-RVG 2014, 355160.

Melullis, Klaus-Jürgen: Zum Unkostenerstattungsanspruch bei der Verwarnung durch Verbände im gewerblichen Rechtsschutz, WRP 1982, S. 1–4.

Meyer, Dieter: Zum Problem des Vermögensschadens beim sog. „Eingehungsbetrug“, MDR 1971, S. 718–720.

Müller, Anne-Janine: Von der Höhlenzeichnung zum Smartphone: zur Geschichte von Pornografie und Medien, in: Schuegraf, Martina/Tillmann, Angela (Hrsg.), Pornografisierung von Gesellschaft, Konstanz u. a. 2012, S. 21–32. *(zitiert: Pornografisierung von Gesellschaft)*

Müller, Bernd: Betrug durch Geltendmachung von Ehemaklerlohn? – OLG Stuttgart, NJW 1979, 2537, JuS 1981, S. 255–259.

Müller, Bernd: Noch einmal: Betrug durch Geltendmachen von Ehemaklerlohn? – OLG Stuttgart, NJW 1979, 2573, JuS 1982, S. 25–27.

Müller, Carl Christian: Interview zu Redtube-Abmahnungen. Warum wir den Abmahnanwalt anzeigen, faz.net vom 06. 01. 2014, abrufbar unter: http://www.faz.net/aktuell/feuilleton/medien/interview-zu-redtube-abmahnungen-warum-wir-den-abmahnanwalt-anzeigen-12739418.html (Stand: 10. 06. 2016).

Müller, Carl-Christian/Müller, Thomas G./Rößner, Sören: Strafanzeige gegen Rechtsanwalt Thomas Urmann vom 19. 12. 2013, zuletzt abgerufen am 21. 06. 2016 unter: http://abmahnung-medienrecht.de/wp-content/uploads/2013/12/Strafanzeige-gegen-Thomas-Urmann5.pdf. Archiviert unter: https://web.archive.org/web/20140124053020/http://abmahnung-medienrecht.de/wp-content/uploads/2013/12/Strafanzeige-gegen-Thomas-Urmann5.pdf (Stand: 25. 04. 2018).

Münchener Kommentar BGB: Münchener Kommentar zum Bürgerlichen Gesetzbuch, Bd. 6: Schuldrecht Besonderer Teil IV §§ 705–853. Partnerschaftsgesellschaftsgesetz. Produkthaftungsgesetz, Säcker, Franz Jürgen/Rixecker, Roland/Oetker, Hartmut/Limperg, Martina (Hrsg.), 7. Aufl., München 2017. Bearbeitet von Wagner, Gerhard. *(zitiert: Bearbeiter, in: MüKo-BGB)*

Münchener Kommentar StGB: Münchener Kommentar zum Strafgesetzbuch, Bd. 1: §§ 1–37 StGB, Joecks, Wolfgang/Miebach, Klaus (Hrsg.), 3. Aufl.,

München 2017. Bearbeitet von Radtke, Henning. *(zitiert: Bearbeiter, in: MüKo-StGB)*

Münchener Kommentar StGB: Münchener Kommentar zum Strafgesetzbuch, Bd. 2: §§ 38–79b StGB, Joecks, Wolfgang/Miebach, Klaus (Hrsg.), 3. Aufl., München 2016. Bearbeitet von Miebach, Klaus. *(zitiert: Bearbeiter, in: MüKo-StGB)*

Münchener Kommentar StGB: Münchener Kommentar zum Strafgesetzbuch, Bd. 4: §§ 185–262 StGB, Joecks, Wolfgang/Miebach, Klaus (Hrsg.), 3. Aufl., München 2017. Bearbeitet von Neuheuser, Stephan/Sander, Günther M./Sinn, Arndt. *(zitiert: Bearbeiter, in: MüKo-StGB)*

Münchener Kommentar StGB: Münchener Kommentar zum Strafgesetzbuch, Bd. 5: §§ 263–358 StGB, Joecks, Wolfgang/Miebach, Klaus (Hrsg.), 2. Aufl., München 2014. Bearbeitet von Hefendehl, Roland/Voßen, Nicole. *(zitiert: Bearbeiter, in: MüKo-StGB)*

Münchener Kommentar UWG: Münchener Kommentar zum Lauterkeitsrecht, Band 2: §§ 5–20 UWG, Heermann, Peter W./Schlingloff, Jochen (Hrsg.), 2. Aufl., München 2014. Bearbeitet von Jänich, Volker Michael/Ottofülling, Andreas. *(zitiert: Bearbeiter, in: MüKo-UWG)*

Münchener Kommentar ZPO: Münchener Kommentar zur Zivilprozessordnung mit Gerichtsverfassungsgesetz und Nebengesetzen, Bd. 1: §§ 1–354, Rauscher, Thomas/Krüger, Wolfgang (Hrsg.), 5. Aufl., München 2016. Bearbeitet von Becker-Eberhard, Ekkehard/Fritsche, Jörn/Rauscher, Thomas/Schulz, Andreas. *(zitiert: Bearbeiter, in: MüKo-ZPO)*

Münchener Kommentar ZPO: Münchener Kommentar zur Zivilprozessordnung mit Gerichtsverfassungsgesetz und Nebengesetzen, Bd. 1: §§ 355–1024, Rauscher, Thomas/Krüger, Wolfgang (Hrsg.), 5. Aufl., München 2016. Bearbeitet von Schüler, Stefan. *(zitiert: Bearbeiter, in: MüKo-ZPO*)

Murmann, Uwe: Die Selbstverantwortung des Opfers im Strafrecht, u. a. Berlin 2005.

Murmann, Uwe: Zum Tatbestand der Beihilfe, JuS 1999, S. 548–553.

Musielak, Hans-Joachim/Voit, Wolfgang (Hrsg.): Zivilprozessordnung mit Gerichtsverfassungsgesetz. Kommentar, 14. Aufl., München 2017. Bearbeitet von Stadler, Astrid/Voit, Wolfgang. *(zitiert: Bearbeiter, in: Musielak/Voit-ZPO)*

Naucke, Wolfgang: Der Kausalzusammenhang zwischen Täuschung und Irrtum beim Betrug. Zum Verhältnis zwischen Kriminapolitik und Strafrechtsdogmatik, in: Baumann, Jürgen/Tiedemann, Klaus (Hrsg.), Festschrift für Karl Peters zum 70. Geburtstag, Tübingen 1974, S. 109–120. *(zitiert: FS-Peters)*

Neupert, Michael: Was macht Rechtsauffassungen vertretbar? JuS 2016, S. 489–494.

Niedermair, Harald: Beihilfe durch neutrale Handlungen? ZStW 107 (1995), S. 507–544.

Nosch, Verena: Die Abmahnung im Zivilrecht. Eine ganzheitliche Betrachtung inkl. Schutzrechtsverwarnung, München 2012. *(zitiert: Die Abmahnung im Zivilrecht)*

Nürmann, Peter/Mayer, Markus A.: Rechtfertigung und Kritik von Massenabmahnungen gegen Urheberrechtsverletzungen in Filesharing-Netzwerken, ZUM 2010, S. 321–331.

Ogorek, Regina: Richterkönig oder Subsumtionsautomat? Zur Justiztheorie im 19. Jahrhundert, Frankfurt a. M. 1986. *(zitiert: Richterkönig oder Subsumtionsautomat?)*

Ohl, Albert: Der Rechtsschutz gegenüber unberechtigter Geltendmachung gewerblicher Schutzrechte, GRUR 1966, S. 172–187.

Ohly, Ansgar: Das neue UWG im Überblick, GRUR 2016, S. 3–6.

Ohly, Ansgar/Sosnitza, Olaf: Gesetz gegen den unlauteren Wettbewerb, 7. Aufl., München 2016. Bearbeitet von Ohly, Ansgar/Sosnitza, Olaf. *(zitiert: Bearbeiter, in: Ohly/Sosnitza-UWG)*

Otto, Harro: Grundkurs Strafrecht. Die einzelnen Delikte, 7. Aufl., Berlin 2005. *(zitiert: Grundkurs Strafrecht BT)*

Otto, Harro: „Vorgeleistete Strafvereitelung" durch berufstypische oder alltägliche Verhaltensweisen als Beihilfe, in: Eser, Albin u. a. (Hrsg.), Festschrift für Theodor Lenckner zum 70. Geburtstag, München 1998, S. 193–225. *(zitiert: FS-Lenckner)*

Pawlik, Michael: Betrügerische Täuschung durch die Versendung rechtnungsähnlicher Angebotsschreiben? StV 2003, S. 297–301.

Pawlik, Michael: Das unerlaubte Verhalten beim Betrug, u. a. Köln 1999.

Pawlik, Michael: Täuschung durch die Ausutzung fremder Organisationsmängel? in: Dölling, Dieter (Hrsg.), Jus humanum. Grundlage des Rechts und Strafrecht, Festschrift für Ernst-Joachim Lampe zum 70. Geburtstag, Berlin 2003, S. 690–708. *(zitiert: FS-Lampe)*

Petring, Ralf: Wer soll das bezahlen? Erstattung überhöhter Rechtsanwaltskosten bei Filesharing-Abmahnungen, Blogeintrag vom 12. April 2010, abrufbar unter: http://petringlegal.blogspot.de/2010/04/wer-soll-das-bezahlen-erstattung.html (Stand: 22. 06. 2016).

Pfeifer, Samuel: Pornografie im Internet. Von Neurobiologie und persönlicher Tragik, Psychologie und Seelsorge 2009, S. 36–40.

Pfeiffer, Gerd: Strafprozessordnung Kommentar, 5. Aufl., München 2005. *(zitiert: StPO)*

Pickl, Viktor: Stigmatisierung durch Strafverfahren und Strafvollzug, in: Haesler, W.T. (Hrsg.), Stigmatisierung durch Strafverfahren und Strafvollzug, Diessenhofen 1981, S. 33–50. *(zitiert: Stigmatisierung durch Strafverfahren und Strafvollzug)*

Piech, Xenia: Der Prozeßbetrug im Zivilprozeß, u. a. Frankfurt a. M. 1998. *(zitiert: Prozeßbetrug im Zivilprozeß)*

Protzen, Peer Daniel G.: „Prozessbetrug" durch Behaupten abstrakter Rechtssätze, wistra 2003, S. 208–211.

Puppe, Ingeborg: Anmerkung zu BGH, Urteil vom 21. 12. 1988 – 2 StR 613/88, JZ 1989, S. 596–598.

Puppe, Ingeborg: Strafrecht Allgemeiner Teil im Spiegel der Rechtsprechung, 2. Aufl., Baden-Baden 2011. *(zitiert: Strafrecht AT)*

Rackow, Peter: Neutrale Handlungen als Problem des Strafrechts, Frankfurt a. M. 2007. *(zitiert: Neutrale Handlungen)*

Ransiek, Andreas: Pflichtwidrigkeit und Beihilfeunrecht, wistra 1997, S. 41–47.

Rath, Michael/Hausen, Sebastian: Ich bin doch nicht blöd? Rechtsmissbräuchliche gerichtliche Mehrfachverfolgung wettbewerbsrechtlicher Unterlassungsansprüche, WRP 2007, S. 133–139.

Reinbothe, Jörg: Der Regierungsentwurf zur UWG-Novelle, WRP 1982, S. 387–394.

Reisewitz, Corinna: Filme, Serien und Sex aus dem Netz: Wie Anwälte Zuschauer abkassieren, ZDF-zoom, Interview in der Sendung vom 27. 05. 2015, abrufbar unter: https://www.youtube.com/watch?v=d-fNf5nz40s (Stand: 24. 04. 2018).

Rengier, Rudolf: Strafrecht Besonderer Teil I. Vermögensdelikte, 19. Aufl., München 2017. *(zitiert: Strafrecht BT 1)*

Rengier, Rudolf: Strafrecht Besonderer Teil II. Delikte gegen die Person und die Allgemeinheit, 18. Aufl., München 2017. *(zitiert: Strafrecht BT 2)*

Reuthal, Klaus-Peter: Die unberechtigte wettbewerbsrechtliche Abmahnung unter besonderer Berücksichtigung der unberechtigten Schutzrechtsverwarnung, u. a. Frankfurt a. M. 1985. *(zitiert: Die unberechtigte wettbewerbsrechtliche Abmahnung)*

Rönnau, Thomas/Becker, Christian: Grundwissen – Strafrecht: Der Irrtum beim Betrug (§ 263 StGB), JuS 2014, S. 504–508.

Rogat, Stefan: Die Zurechnung bei der Beihilfe. Zugleich eine Untersuchung zur Strafbarkeit von Rechtsanwälten nach § 27 StGB, Frankfurt a. M. 1997. *(zitiert: Zurechnung)*

Rosenberg/Schwab/Gottwald: Zivilprozessrecht, 17. Auflage, München 2010. Bearbeitet von Gottwald, Peter. *(zitiert: Gottwald/Rosenberg/Schwab-ZPO)*

Roxin, Claus: Anmerkung zum Beschluss des BGH vom 13. 01. 1983 – 1 StR 737/81 (BGHSt 31, 915), JR 1983, S. 333–337.

Roxin, Claus: Bemerkungen zur sozialen Adäquanz im Strafrecht, in: Kohlmann, Günter (Hrsg.), Festschrift für Ulrich Klug zum 70. Geburtstag, Bd. 2, Köln 1983, S. 303–313. *(zitiert: FS-Klug)*

Roxin, Claus: Strafrecht Allgemeiner Teil, Bd. 1: Grundlagen. Der Aufbau der Verbrechenslehre, 4. Aufl., München 2006. *(zitiert: Strafrecht AT 1)*

Roxin, Claus: Strafrecht Allgemeiner Teil, Bd. 2: Besondere Erscheinungsformen der Straftat, München 2003. *(zitiert: Strafrecht AT 2)*

Roxin, Claus: Verwerflichkeit und Sittenwidrigkeit als unrechtsbegründende Merkmale im Strafrecht, JuS 1964, S. 373–381.

Roxin, Claus: Zum Strafgrund der Teilnahme, in: Küper, Wilfried/Welp, Jürgen (Hrsg.), Beiträge zur Rechtswissenschaft. Festschrift für Walter Stree und Johannes Wessels zum 70. Geburstag, Heidelberg 1993, S. 365–382. *(zitiert: FS-Stree/Wessels)*

Ruhs, Svenja: Neue Wege für das Betrugsstrafrecht, in: Bernsmann, Klaus/Fischer, Thomas (Hrsg.), Festschrift für Ruth Rissing-van Saan zum 65. Geburtstag am 25. Januar 2011, u. a. Berlin 2011, S. 567–584. *(zitiert: FS-Rissing-van Saan)*

Sack, Rolf: Die Haftung für unbegründete Schutzrechtsverwarnungen, WRP 2005, S. 253–263.

Sack, Rolf: Unbegründete Schutzrechtsverwarnungen, u. a. Köln 2006.

Saenger, Ingo (Hrsg.): Nomos Kommentar Zivilprozessordnung, Familienverfahren, Gerichtsprozessverfassung, Europäisches Verfahrensrecht. Handkommentar, 7. Aufl., Baden-Baden 2017. Bearbeitet von Saenger, Ingo/Wöstmann, Heinz. *(zitiert: Bearbeiter, in: NK-ZPO)*

Sagener, Nicole, Streaming-Portale. Anwalt will auch Pornogucker anderer Seiten abmahnen, Zeit Online vom 15. 12. 2013, abrufbar unter: http://www.zeit.de/digital/internet/2013-12/redtube-abmahnungen-sexportale (Stand: 18. 06. 2016).

Satzger, Helmut: Internationales und Euroäisches Strafrecht. Strafanwendungsrecht, Europäisches Straf- und Strafverfahrensrecht, Völkerstrafrecht, 6. Auflage, Baden-Baden 2013. *(zitiert: Internationales und Europäisches Strafrecht)*

Satzger, Helmut/Schluckebier, Wilhelm/Widmaier, Gunter (Hrsg.): StGB – Strafgsetzbuch. Kommentar, 3. Aufl., Köln 2016. Bearbeitet von Satzger, Helmut. *(zitiert: Bearbeiter, in: S/S/W-StGB)*

Schack, Haimo: Urheber- und Urhebervertragsrecht, 7. Aufl., Tübingen 2015.

Schall, Hero: Strafloses Alltagsverhalten und strafbares Beihilfeunrecht, in: Graul, Eva/Wolf, Gerhard (Hrsg.), Gedächtnisschrift für Dieter Meurer, Berlin 2002, S. 103–122. *(zitiert: GS-Meurer)*

Schaub, Renate: Haftung des Inhabers eines privaten Internetanschlusses für Rechtsverletzungen im Rahmen von Online-Musiktauschbörsen, GRUR 2016, S. 152–156.

Schneider, Norbert/Wolf, Hans-Joachim (Hrsg.): AnwaltKommentar RVG Rechtsanwaltsvergütungsgesetz, 7. Aufl., Bonn 2014. Bearbeitet von Onderka, Julia Bettina. *(zitiert: Bearbeiter, in: AnwK-RVG)*

Schönke/Schröder: Strafgesetzbuch Kommentar, 29. Aufl., München 2014. Bearbeitet von Bosch, Nikolaus/Eisele, Jörg/Eser, Albin/Hecker, Bernd/Lenckner, Theodor/Perron, Walter. *(zitiert: Bearbeiter, in: Sch/Sch-StGB)*

Schons, Herbert P.: Die ersten Entscheidungen zur Geschäftsgebühr Nr. 2400 VV RVG, NJW 2005, S. 1024–1026.

Schricker/Loewenheim: Urheberrecht. UrhG, KUG (Auszug), UrhWG. Kommentar, Loewenheim, Ulrich (Hrsg.), 5. Aufl., München 2017. Bearbeitet von Loewenheim, Ulrich/Wimmers, Jörg. *(zitiert: Bearbeiter, in: Schricker/Loewenheim-UrhG)*

Schroeder, Friedrich-Christian: Nötigung und Erpressung durch Forderung von Gegenleistungen, JZ 1983, S. 284–288.

Schröder, Horst: Über die Abgrenzung des Diebstahls von Betrug und Erpressung, ZStW 60 (1941), S. 33–114.

Schröder, Horst: Urteilsanmerkung zu Urteil des BGH vom 12. 11. 1957 – 5 StR 447/57, JR 1958, S. 106–107.

Schroth, Ulrich: Der Nötigungstatbestand bei der Durchsetzung von Forderungen, in: Alexander, Christian u. a. (Hrsg.), Festschrift für Helmut Köhler zum 70. Geburtstag, München 2014, S. 653–661. *(zitiert: FS-Köhler)*

Schroth, Ulrich: Strafrecht Besonderer Teil. Ein Repetitorium, 5. Aufl., u. a. Stuttgart 2010. *(zitiert: Strafrecht BT)*

Schumann, Heribert: Strafrechtliches Handlungsunrecht und das Prinzip der Selbstverantwortung der Anderen, Tübingen 1986. *(zitiert: Selbstverantwortung)*

Schünemann, Bernd: Die Zukunft der Viktimo-Dogmatik: die viktimologische Maxime als umfassendes regulatives Prinzip zur Tatbestandsbegrenzung im Strafrecht, in: Zeidler, Wolfgang/Maunz, Theodor/Roellecke, Gerd (Hrsg.), Festschrift Hans Joachim Faller, München 1984, S. 357–372. *(zitiert: FS-Faller)*

Schünemann Bernd, Einige vorläufige Bemerkungen zur Bedeutung des viktimologischen Ansatzes in der Strafrechtsdogmatik, in: Schneider, Hans Joachim (Hrsg.), Das Verbrechensopfer in der Strafrechtspflege, u. a. Berlin 1982, S. 407–421. *(zitiert: Verbrechensopfer in der Strafrechtspflege)*

Schünemann, Bernd: Methodologische Prolegomena zur Rechtsfindung im Besonderen Teil des Strafrechts, in: Kaufmann, Arthus u. a. (Hrsg.), Festschrift für Paul Bockelmann zum 70. Geburtstag am 7. Dezember 1978, München 1979, S. 118–132. *(zitiert: FS-Bockelmann)*

Schuster, Peter: Urteilsanmerkung zu Urteil des BGH vom 05. 09. 2013 – 1 StR 162/13, NZWiSt 2014, S. 64–65.

Schwarz, Torsten: Die Mitverantwortung des Opfers beim Betrug, Berlin 2013. *(zitiert: Mitverantwortung des Opfers)*

Seier, Jürgen: Prozeßbetrug durch Rechts- und ungenügende Tatsachenbehauptungen, ZStW 102 (1990), S. 563–595.

Sieber, Ulrich: Computerkriminalität und Strafrecht, 2. Aufl., u. a. Köln 1980.

Singer, Reinhard: Zwischen Berufsethos und Kommerz: Eine Frage der Ehre!? Gedanken zur anwaltlichen Berufsethik, AnwBl. 2009, S. 393–401.

Sinn, Arndt: Die Nötigung im System des heutigen Strafrechts, Baden-Baden 2000. *(zitiert: Nötigung)*

Solmecke, Christian: Der Redtube-Fall. Eine Streaming-Abmahnwelle mit Risiken und Nebenwirkungen, CR 2014, S. 137–139.

Solmecke, Christian: EuGH – Streaming von illegal verbreiteten Kinofilmen ist eine Urheberrechtsverletzung – eine Abmahnwelle ist dennoch nicht zu erwarten, Artikel auf wbs-law.de vom 25. April 2017, abrufbar unter: https://www.wbs-law.de/urheberrecht/eugh-zu-streaming-72808/ (Stand: 15. 08. 2017).

Soyka, Till: Einschränkungen des Betrugstatbestands durch sekundäres Gemeinschaftsrecht am Beispiel der Richtlinie 2005/29/EG über unlautere Geschäftspraktiken, wistra 2007, S. 127–133.

Spindler, Gerald/Schuster, Fabian (Hrsg.): Recht der elektronischen Medien. Kommentar, 3. Aufl., München 2015. Bearbeitet von Spindler, Gerald. *(zitiert: Bearbeiter, in: Spindler/Schuster-UrhG)*

Staudinger BGB: J. von Staudingers Kommentar zum Bürgerlichen Gesetzbuch mit Einführungsgesetz und Nebengesetzen, Buch 2: Recht der Schuldverhältnisse §§ 823 E-I, 824, 825 (Unerlaubte Handlungen I – Teilband 2), Hager, Johannes (Hrsg.), 13. Aufl., Berlin 2009. *(zitiert: Bearbeiter, in: Staudinger-BGB)*

Stein, Friedrich/Jonas, Martin (Hrsg.): Kommentar zur Zivilprozessordnung, Bd. 3: § 128–252, 22. Auflage, Tübingen 2013. Bearbeitet von Leipold, Dieter. *(zitiert: Bearbeiter, in: Stein/Jonas-ZPO)*

Stöcker, Christian: Trotz Warn-Button. Millionen Deutsche werden online abgezockt, Spiegel Online vom 04. 09. 2014, abrufbar unter: http://www.spiegel.de/netzwelt/netzpolitik/abzocke-abofalle-erwischt-millionen-deutsche-a-989835.html (Stand: 06. 06. 2016).

Stratenwerth, Günter/Kuhlen, Lothar: Strafrecht Allgemeiner Teil. Die Straftat., 6. Aufl., München 2011. *(zitiert: Strafrecht AT)*

Stuckenberg, Carl-Friedrich: Zur Strafbarkeit von „Phishing", ZStW 118 (2006), S. 878–912.

Systematischer Kommentar zum Strafgesetzbuch: Wolter, Jürgen (Hrsg.), 8. Aufl., Bd. IV: §§ 212–266b, Köln 2013, Stand: November 2014. Bearbeitet von Horn, Eckhard/Wolters, Gereon. (zitiert: Bearbeiter, in: SK-StGB)

Systematischer Kommentar zum Strafgesetzbuch: Wolter, Jürgen (Hrsg.), 9. Aufl., Bd. VI: §§ 303–358, Köln 2016. Bearbeitet von Hoyer, Andreas. *(zitiert: Bearbeiter, in: SK-StGB)*

Tag, Brigitte: Beihilfe durch neutrales Verhalten, JR 1997, S. 49–57.

Teplitzky, Otto: Wettbewerbsrechtliche Ansprüche und Verfahren, Bacher, Klaus (Hrsg.), 11. Aufl., Köln 2016. Bearbeitet von Bacher, Klaus/Büch, Dirk. *(zitiert: Bearbeiter, in: Teplitzky)*

Teplitzky, Otto: Zur Frage der Rechtsmäßigkeit unbegründeter Schutzrechtsverwarnungen. Zugleich eine Besprechung von BGH „Verwarnung aus Kennzeichenrecht", GRUR 2005, S. 9–15.

Thomas/Putzo: Zivilprozessordnung Kommentar, Reichold, Klaus/Hüßtege, Rainer/Seiler, Christian (Hrsg.) 38. Auflage, München 2017. *(zitiert: Thomas/Putzo)*

Tiedemann, Klaus: Der Vergleichsbetrug, in: Kohlmann, Günter (Hrsg.), Festschrift für Ulrich Klug zum 70. Geburtstag, Band II, Köln 1983, S. 403–417. *(zitiert: FS-Klug)*

Tiedemann, Klaus: Die Auslegung des Strafprozeßrechts, in: Wasserburg, Klaus/Haddenhorst, Wilhelm (Hrsg.), Wahrheit und Gerechtigkeit im Strafverfahren. Festgabe für Karl Peters aus Anlaß seines 80. Geburtstages, Heidelberg 1984, S. 131–149. *(zitiert: FG-Peters)*

Tiedemann, Klaus: EG und EU als Rechtsquellen des Strafrechts, in: Schüneman, Bernd u. a. (Hrsg.), Festschrift für Claus Roxin zum

70. Geburtstag am 15. Mai 2001, u. a. Berlin 2001, S. 1401–1413. *(zitiert: FS-Roxin)*

Tiedemann, Klaus: Examensklausur Strafrecht. Fall zu Spezialfragen des materiellen und des Strafverfahrensrechts, JURA 1981, S. 24–33.

Tiedemann, Klaus: Subventionskriminalität in der Bundesrepublik, Reinbek bei Hamburg 1974. *(zitiert: Subventionskriminalität)*

Tiedemann, Klaus: Wirtschaftsstrafrecht. Besonderer Teil mit wichtigen Rechtstexten, 3. Aufl., München 2011. *(zitiert: Wirtschaftsstrafrecht BT)*

Tiedemann, Klaus/Waßmer, Martin Paul: Streifzug durch das Betrugsstrafrecht, JURA 2000, S. 533–540.

Timpe, Gerhard: Die Nötigung, Berlin 1989.

TNS Emnid im Auftrag des Bundesverbands der Verbraucherzentralen und Verbraucherverbände – Verbraucherzentrale Bundesverband e. V. (vzbv): Bevölkerungsbefragung zum Thema Abmahnungen wegen Urheberrechtsverstößen. Berichtsgrafiken, August 2016, abrufbar unter: http://www.vzbv.de/sites/default/files/umfrage-urheberrechtsverstoesse-vzbv-2016.pdf (Stand: 12. 05. 2017).

Trusted Shops GmbH: Trusted Shops Studie: Abmahnungen im Online-Handel 2015, abrufbar unter: http://www.trustedshops.de/info/wp-content/uploads/sites/7/2015/11/20151110_Auswertung-Abmahnstudie.pdf (Stand: 12. 06. 2016).

Ulrich, Erwin: Wann besteht ein Anspruch auf Ersatz der Anwaltskosten für die Geltendmachung oder Abwehr eines Anspruchs, wenn es nicht zum Prozess gekommen ist? MDR 1973, S 559–560.

Verbraucherzentrale Bundesverband e. V.: Untersuchung der urheberrechtlichen Regelungen des Gesetzes gegen unseriöse Geschäftspraktiken. Zusammenfassung der Ergebnisse über die durch die Verbraucherzentralen durchgeführte Untersuchung urheberrechtlicher Neuregelungen des Gesetzes gegen unseriöse Geschäftspraktiken vom 4. Oktober 2016, abrufbar unter: http://www.vzbv.de/sites/default/files/untersuchung-gesetz_gegen_unserioese_geschaeftspraktiken-2016-10-04.pdf (Stand: 13. 05. 2017).

Vogel, Joachim: Betrug durch konkludente Täuschung: „Recht auf Wahrheit" oder kommunikative Verkehrssicherungspflichten?, in: Strafrechtsprofessoren der Tübinger Juristenfaklutät und Justizministerium Baden-Württemberg (Hrsg.), Gedächtnisschrift für Rolf Keller, Tübingen 2003, S. 313–324. *(zitiert: GS-Keller)*

Volk, Klaus: Strafrecht und Wirtschaftskriminalität. Kriminalpolitische Probleme und dogmatische Schwierigkeiten, JZ 1982, S. 85–92.

Volk, Klaus: Zum Strafbarkeitsrisiko des Rechtsanwalts bei Rechtsrat und Vertragsgestaltung, BB 1987, S. 139–145.

von Heintschel-Heinegg, Bernd (Hrsg.): Beck'scher Online-Kommentar Strafrecht. Lexikon des Strafrechts: Neutrale Handlungen im Strafrecht, 36. Ed., München 2017. Bearbeitet von Rackow, Peter. *(zitiert: Bearbeiter, in: BeckOK-Lexikon des Strafrechts)*

von Hoyningen-Huene, Gerrik: Die Abmahnung im Arbeitsrecht, RdA 1990, S. 193–212.

von Ungern-Sternberg, Joachim: Die Verfolgung von Wettbewerbsverstößen durch Vielfachabmahner – ein Nachruf?, in: Herbst, Georg (Hrsg.), Festschrift für Rainer Klaka, München 1987, S. 72–98. *(zitiert: FS-Klaka)*

Vorwerk, Volkert: Unberechtigte Schutzrechtsverwarnung auf dem Prüfstand, ZIP 2005, S. 1157–1164.

Wabnitz, Heinz-Bernd/Janovsky, Thomas (Hrsg.): Handbuch des Wirtschafts- und Steuerstrafrechts, 4. Aufl., München 2014. Bearbeitet von Solf, Peter. *(zitiert: Bearbeiter, in: Wabnitz/Janovsky)*

Wagner, Joachim: Vorsicht Rechtsanwalt. Ein Berufsstand zwischen Mammon und Moral, München 2014. *(zitiert: Vorsicht Rechtsanwalt)*

Wandtke, Artur-Axel/Bullinger, Winfried (Hrsg.): Praxiskommentar zum Urheberrecht, 4. Aufl., München 2014. Bearbeitet von Kefferpütz, Martin/Schaefer, Martin/Thum, Dorothee/von Wolff, Bodo. *(zitiert: Bearbeiter, in: Wandtke/Bullinger-UrhG)*

Waßmer, Martin Paul: Betrug durch Abschluss von Versicherungen? Anmerkung zum Beschluss des Bundesverfassungsgerichts vom 7. 12. 2011 (2 BvR 2500/09, 2 BvR 1857/10) = HRRS 2012 Nr. 27, HRRS 2012, S. 368–373.

Weber, Max: Wirtschaft und Gesellschaft. Grundriss der verstehenden Soziologie, Bd. 1, 4. Aufl., Tübingen 1956 (Nachdruck 1964). *(zitiert: Wirtschaft und Gesellschaft)*

Welzel, Hans: Studien zum System des Strafrechts, ZStW 58 (1939), S. 491–566.

Wessels, Johannes/Hettinger, Michael/Engländer, Armin: Strafrecht Besonderer Teil 1, 41. Aufl., Heidelberg 2017. *(zitiert: Strafrecht BT 1)*

Wessels, Johannes/Hillenkamp, Thomas: Strafrecht Besonderer Teil 2. Straftaten gegen Vermögenswerte, 40. Aufl., Heidelberg 2017. *(zitiert: Strafrecht BT 2)*

Wittig, Petra: Das tatbestandsmäßige Verhalten des Betrugs, Frankfurt a. M. 2005.

Wohlers, Wolfgang: Hilfeleistung und erlaubtes Risiko – zur Einschränkung der Strafbarkeit gemäß § 27 StGB, NStZ 2000, S. 169–174.

Wohlleben, Marcus: Beihilfe durch äußerlich neutrale Handlungen, München 1996.

Wolff-Reske, Monika: Berufsbedingtes Verhalten als Problem mittelbarer Erfolgsverursachung. Ein Beitrag zu den Grenzen der Beihilfestrafbarkeit, Baden-Baden 1995. *(zitiert: Berufsbedingtes Verhalten)*

Wünsche, Kai: Zur Einschränkung der Anspruchsberechtigung bei mitbewerberbezogenen UWG-Verstößen, K u. R 2011, S. 16–22.

DEUTSCHES, EUROPÄISCHES UND INTERNATIONALES STRAFRECHT UND STRAFPROZESSRECHT

HERAUSGEGEBEN VON MARTIN PAUL WASSMER

Band 1 Jan-Maximilian Zeller: Folter vor dem Forum des Rechts. 2014.

Band 2 Heiko Löw: Strafrechtliche Risiken der unterlassenen Aufklärung über Vertriebsprovisionen. 2016.

Band 3 Navid Aliabasi: Die staatsgefährdende Gewalttat. Eine Analyse der §§ 89a, 89b und 91 StGB. 2017.

Band 4 Eva Maria Bongartz: Korruptionsstrafbarkeit niedergelassener (Vertrags-)Ärzte wegen bevorzugender Verordnung von Arznei-, Heil- und Hilfsmitteln. Eine Untersuchung des Phänomens, des Neuregelungsbedürfnisses der Bestechlichkeit von Ärzten und der neu eingeführten §§ 299a, 299b StGB. 2017.

Band 5 Dominik Bender: Strafrechtliche Risiken des Directors einer Private Company Limited by Shares mit Verwaltungssitz in Deutschland. Eine Untersuchung unter besonderer Berücksichtigung der nationalen Rechtsprechung im Spiegel der Judikatur des Europäischen Gerichtshofs. 2017.

Band 6 Martin J. Kirstgen: Die Strafbarkeit deutscher Ärzte wegen elektiver Wunschamputationen aufgrund von Body Integrity Identity Disorder (BIID). 2018.

Band 7 Corinna Reckmann: Strafrechtliche Aspekte des Versandes wettbewerbsrechtlicher und urheberrechtlicher Abmahnungen. 2018.

www.peterlang.com

www.ingramcontent.com/pod-product-compliance
Ingram Content Group UK Ltd.
Pitfield, Milton Keynes, MK11 3LW, UK
UKHW021838290926
8980IPUK00004B/537

9 783631 756591